U.S.-Soviet Nuclear Disarmament Negotiations
and Japan's Diplomacy, 1981-1987

米ソ核軍縮交渉と日本外交

INF問題と西側の結束 1981-1987

瀬川高央❖著

北海道大学出版会

目次

略 語 一 覧

ABM	弾道弾迎撃ミサイル(Anti-Ballistic Missile)
ACDA	(米国)軍備管理軍縮庁(Director of the Arms Control and Disarmament Agency)
ALCM	空中発射巡航ミサイル(air launched cruising missile)
ASAT	衛星攻撃兵器(anti-satellite weapon)
ASEAN	東南アジア諸国連合(Association of Southeast Asian Nations)
CDE	欧州軍縮会議(Conference on Confidence- and Security-Building Measures and Disarmament in Europe)
CDU	(ドイツ)キリスト教民主同盟(Christlich-Demokratische Union)
COCOM	対共産圏輸出統制委員会(Coordinating Committee for Multilateral Export Controls)
CSU	(ドイツ)キリスト教社会同盟(Christlich-Soziale Union)
CIA	(米国)中央情報局(Central Intelligence Agency)
CTB	包括的核実験禁止(Comprehensive Nuclear Test Ban)
DPC	(NATO)防衛計画委員会(Defense Planning Committee)
EC	欧州共同体(European Community)
FBS	前方配備システム・戦力(forward based system)
FDP	(ドイツ)自由民主党(Freie Demokratische Partei)
G7	主要先進７カ国(The Group of Seven)
GATT	関税及び貿易に関する一般協定(General Agreement on Tariffs and Trade)
GLCM	地上発射巡航ミサイル(ground launched cruising missile)
ICBM	大陸間弾道ミサイル(intercontinental ballistic missile)
IISS	(英国)国際戦略研究所(International Institute for Strategic Studies)
INF	中距離核戦力(Intermediate-Range Nuclear Forces)
IRBM	中距離弾道ミサイル(intermediate range ballistic missile)
JMTC	(日米)武器技術共同委員会(Joint Military Technology Commission)
KGB	(ソ連)国家保安委員会(Komitet Gosudarstvennoy Bezopasnosti)
LRINF	長射程 INF(Long Range INF)
LRTNF	長距離戦域核戦力(Long Range Theater Nuclear Forces)
MAD	相互確証破壊(Mutual Assured Destruction)
MAS	相互確証生存(Mutual Assured Survival)
MBFR	(中部欧州)相互均衡兵力削減(Mutual and Balanced Force Reduction)

MIRV　個別誘導複数弾頭(multiple independently-targetable re-entry vehicle)
MOU　了解覚書(memorandum of understanding)
NASA　(米国)航空宇宙局(National Aeronautics and Space Administration)
NATO　北大西洋条約機構(North Atlantic Treaty Organization)
NCND　(核コンポーネントの存在を)肯定も否定もしない(neither confirm nor deny)
NPG　(NATO)核計画部会(Nuclear Planning Group)
NPT　核兵器不拡散条約(Treaty on the Non-Proliferation of Nuclear Weapons)
NSC　(米国)国家安全保障会議(National Security Council)
NSDD　(米国)国家安全保障決定指令(National Security Decision Directive)
NSPG　(米国)国家安全保障計画グループ会議(National Security Planning Group)
NST　(米ソ)核・宇宙交渉(Nuclear and Space Talks)
SALT　戦略兵器制限交渉(Strategic Arms Limitation Talks)
SALT　戦略兵器制限条約(Strategic Arms Limitation Treaty)
SDI　戦略防衛構想(Strategic Defense Initiative)
SLBM　海洋発射弾道ミサイル(sea launched ballistic missile)
SLCM　海洋発射巡航ミサイル(sea launched cruising missile)
SNF　短距離核戦力(shorter range nuclear forces)
SPD　(ドイツ)社会民主党(Sozialdemokratische Partei Deutschlands)
SRINF　短射程 INF(Shorter Range INF)
START　戦略兵器削減交渉(Strategic Arms Reduction Talks)
START　戦略兵器削減条約(Strategic Arms Reduction Treaty)
TNF　戦域核戦力(Theater Nuclear Forces)
WEU　西欧同盟(Western European Union)
WTO　ワルシャワ条約機構(Warsaw Treaty Organization)

序章　本書の課題と構成

本書の主題

二〇〇八年一二月、カーター(James E. Carter, Jr.)元米大統領とゴルバチョフ(Mikhail S. Gorbachev)元ソ連共産党書記長・大統領らを発起人として、核兵器の全廃を目指す「グローバル・ゼロ」という国際ネットワークが発足した。このネットワークには、二〇〇七年に核軍縮法案を米連邦議会上院に提出した民主党のオバマ(Barack H. Obama)大統領と共和党のヘーゲル(Charles T. Hagel)元国防長官も名を連ねた。

二〇一五年九月現在、「グローバル・ゼロ」のムーブメントには各国の著名人三〇〇名が賛意を表明し、世界中から五〇万人の市民が参加している。オバマは「グローバル・ゼロは常に私と私の政権のパートナーである」と宣言しているが、その目的は核不拡散と核テロリズムを含む核の脅威を取り除くことである。もちろん、核テロリズム防止のため核物質を防護することも重要な課題である(1)。

「グローバル・ゼロ」の行動計画では、世界の核兵器の九〇％以上を保有する米ロ両国が核軍備を大幅に削減する交渉と、二〇三〇年までに全ての核兵器を廃絶するための国際交渉を呼びかけている。二〇〇九年六月に公表された核廃絶計画案では、米ロの核兵器を二〇二一年までに五〇〇発に削減する条約を締結することや、他の核保有国も含めて二〇三〇年までに全ての核兵器を段階的に等比率でゼロにすることが提唱された(2)。

「グローバル・ゼロ」はこの行動計画が、「いつの日か地球上から核兵器を全廃しよう」としたレーガン

(Ronald W. Reagan)元大統領の目標と、これに賛同するゴルバチョフが着手した核兵器削減プロセスに基礎を置いているとしている。このことからも明らかなように、「グローバル・ゼロ」のムーブメントは、二一世紀に入ってから突然始まったのではない。

よく知られているように、オバマも学生時代にコロンビア大学の学内雑誌で「核のない世界」を提唱する論文を執筆し、のちに連邦議会上院議員として核不拡散問題に積極的に取り組んだ。二〇〇七年、オバマは共和党のルーガー(Richard Lugar)上院外交委員長と共同で、旧ソ連構成国における大量破壊兵器の盗難防止等を支援するオバマ＝ルーガー法案を議会に提出し、成立させている。二〇〇九年四月五日にオバマがプラハで行った「核のない世界」を目指す歴史的な演説は、こうした彼の核軍縮・不拡散政策に対する政治信条に基づいていると位置付ける研究もある[3]。

これに加えて、「グローバル・ゼロ」というキーワードも、全く新しい言葉とは言い難い。この言葉は、もともと一九八一年一一月に始まった米ソの中距離核戦力(Intermediate-Range Nuclear Forces, INF)削減交渉における米側の提案「ゼロ・オプション」ないしは「ゼロ・ゼロ・プラン」を地球的規模に拡大して行うという意味で使われていた。「ゼロ・オプション」とは、ソ連の欧州部(ウラル山脈以西)に配備された中距離核ミサイルＳＳ—20を撤去し、これに対抗して西欧に導入予定であった米国のパーシングⅡミサイルなどの配備計画を撤回するという内容である。すなわち、米ソ両国ともに欧州部におけるＩＮＦミサイルの配備数をゼロ対ゼロにすることから「ゼロ・オプション」と呼ばれたのである。

冷戦期におけるＩＮＦ削減交渉の中で「グローバル・ゼロ」という言葉は、欧州部と同様にソ連の極東アジア部(ウラル山脈以東)に配備されていたＳＳ—20を含む中距離核戦力を全廃することを指していた。ソ連は、アジア部に配備したＳＳ—20は欧州の安全保障と関係がないとして、その削減と撤去を拒んだ。だが、米国はＳＳ—20の移動可能性に注目し、アジア部に残されたミサイルが欧州部に再配備される危険性を指摘して、ＳＳ—20がソ連全土から撤廃されるべきであるとの立場を貫いた。

一九八七年一二月、六年越しの交渉が実を結び、ワシントンDCで開かれた米ソ首脳会談で、両国首脳はINF全廃条約に調印した。[4] 米ソは歴史上初めて特定の核兵器を削減することに合意した。米ソによる核軍備管理・軍縮への外交努力は冷戦の幕引きを早めただけでなく、のちの戦略兵器削減条約(Strategic Arms Reduction Treaty, START)の締結にも大きな影響を与えた。このように、オバマが学生時代を過ごした一九八〇年代の国際情勢は、まさに核兵器廃絶への希望が現実味を帯びていった時期と重なるのである。

さて、読者は意外に思われるかもしれないが、米国がINF削減交渉で「グローバル・ゼロ」の立場を貫いた背景には、日米安全保障体制と日本の外交努力が深く関係している。INF全廃条約が調印されたその日、宇野《うの》宗佑《そうすけ》外相は談話で次の通り発表した。「今般INF協定が署名され、交渉開始以来米国が提案し我が国が主張してきたINFのグローバルな全廃が合意されたことを心から歓迎する」。この談話に明らかな通り、日本はレーガン政権が提案した「グローバル・ゼロ」の積極的な支持者であった。

一九八二年一一月に発足した中曽根《なかそね》康弘《やすひろ》内閣は、当初からレーガンの「ゼロ・オプション」を強く支持し、SS—20の削減・撤去について、欧州部とアジア部の間で明確な差がつけられないようにするため、米国はもとよりソ連や西欧各国の首脳、外交当局者に対してINFのグローバルな全廃の重要性を説得して回った。

その外交努力は、ソ連に対する西側の結束を強固にする礎となった。核軍縮問題における日米間、米欧間の揺るぎのない連携が、ソ連にSS—20全廃の決定を促したのである。そればかりでなく、アジア部でSS—20の最終的な廃絶を主張して譲らなかった日本の姿勢は、米国がアジア太平洋地域の同盟国に提供してきた拡大抑止の重要性を再認識させるものであった。

このことは、一九八四年から八五年にかけて外務省北米局長を務めた栗山《くりやま》尚一《たかかず》の証言からも明らかである。二〇一〇年に行われたインタビューの中で栗山は日米間の核兵器に関する議論を次のように述懐している。

日本もアメリカと相談しなければならないわけです。北朝鮮の核がありますし、中国やロシアの核もありますから。そういう核を持っている国が日本の近所に二つか三つある状況の下で、日本としてどうするか考える必要がありますけど、国内だけで考えても意味はないので、アメリカと相談しなくてはいけない。ところが戦後日本は、そういうことでアメリカと相談したことはないわけです。佐藤〔栄作―引用者注〕さんは非核三原則と核四政策と言いましたけど、それだけの話で、あんまり詰めた話はないわけですね。アメリカの核抑止力というのが一つの柱になっていますが、その抑止力の中身について日本がアメリカと議論したことは一度もないし、議論したいとも思わない。

個人的にはアメリカとそういう話をすべきだと長年思っていましたし、中曽根内閣の時に一度そういう話をし始めたことがあるわけです。それはソ連の中距離ミサイルの問題が米欧間で出てきた時に、米ソが交渉した。ヨーロッパはずるいものですから、ウラル山脈のヨーロッパ側にあるソ連のミサイルは全部撤去して、ウラルの向こう側へ運び出せばそれでヨーロッパはセーフだから、それでいいということになりかかっていた。そこで中曽根総理に「そんなことじゃとても駄目だから、アメリカにちゃんと主張してください」と言った。中曽根総理は「そうだ」と受け止めて、ウィリアムズバーグ・サミットで中曽根総理は非常によくやられて、西側の安全は不可分だということをヨーロッパに認めさせたわけです。レーガンも「そうだ」と言って、結局ソ連は、ウラルのどちら側だろうと、全部やめるという話に持っていったのです。日本が核についてアメリカと議論をしたのは、それが唯一なのです。(5)

さて、本書の主題は一九八〇年代に行われた米ソＩＮＦ削減交渉をめぐる日本の安全保障上の利益と主張に注目しつつ、西側結束を基盤にした日米の対ソ政策がＳＳ―20の全廃に結実するまでの政治過程を外交史研究として再構成することである。

日本の論壇におけるＩＮＦ問題

本書の主題である一九八〇年代の米ソ核軍縮交渉と日本外交との関係について、一次史料や当事者証言の分析に基づいた実証研究は行われていない。以下では、関連する論文や文献を整理した上で、これまでの研究史と本書との関係についてまとめたい。まず、年代を追ってＩＮＦ問題に関係する研究を一瞥しよう。

日本国内でソ連によるＳＳ—20の配備が問題視され始めたのは、一九八〇年代初頭である。一九八三年一月、ソ連のアンドロポフ(Yuri V. Andropov)共産党書記長が欧州部に配備していたＳＳ—20を撤去して、その一部を極東に移転する考えを明らかにすると、日本はこの問題にどう対応するべきかという視点から論壇での議論が始まった。なかでも、時事通信社の論説委員であった田久保《たくぼ》忠衛《ただえ》と元外交官の伊藤《いとう》憲一《けんいち》は、それぞれこの年の四月と七月に雑誌に発表した論説において、極東移転の問題が生じるまで日本がＳＳ—20の持つ戦略的意味に関心を払ってこなかったことを厳しく批判した。

「無知より怖いものはない」との書き出しで始まる田久保の論説は、「ソ連の中距離核ミサイルＳＳ20がとっくの昔から極東地域を対象に配備されていたにもかかわらず、政、財、官界も言論界も泰然自若」で、アンドロポフやグロムイコ(Andrei A. Gromyko)外相による極東移転の発言を知って「びっくり仰天している様は、欧米諸国の目にまさに噴飯ものに映じたろう」と当時の国内の状況を評した[6]。

同様に、伊藤も「それまでの日本国民一般の戦略的問題に対する関心はきわめて低く、ましてやＩＮＦ交渉については、それはしょせんヨーロッパの問題であり、日本の位置する極東地域の安全保障とは直接的かかわりのない問題であると見るのが一般的受けとめかたであった」と論じている[7]。いずれにしても、極東移転の話が持ち上がるまで、日本はＩＮＦ交渉やＳＳ—20の問題を「対岸の火事」としか捉えていなかったのである。

ＩＮＦ問題への日本の対応を考察する上で、両者がともに注目したのは、ソ連が極東アジア部に配備したＳＳ—20を政治心理的にどう用いるのかという問題であった。この点に関して田久保は、ソ連がＳＳ—20の威力を誇示することによって、日本国内の不戦論者や防衛専門家を震え上がらせる政治心理的効果を狙っていると指摘した。さらに、ソ連が日本や西独の中立化の可能性に目をつけ、日米離間策や日欧分断策の手段としてSS―20の移転を利用しないはずはないと推測している。[8]

これに対して、伊藤はソ連の「対外膨張」と「強敵迂回」という二大原則に着目しつつ、ロシア人にとってそれ自体で独立した対日外交は存在しないと指摘した。伊藤は「ソ連＝ロシアの中心はモスクワにあり、そこから西方、南方そして東方と目配りをしながら、強国を迂回しつつ、弱国のすきを突いて不断に対外膨張を図ってきた」とロシア人の対外姿勢の特徴をまとめている。つまるところ、ソ連にとって核兵器は「戦わずして、勝つ」ための政治心理的な武器であり、SS―20極東移転への日本の対応はそうしたモスクワの術策に嵌まるようなものであってはならないということである。[9]

こうした考え方を踏まえて、両者はSS―20問題解決のための日本の選択肢について、それぞれの見解を示している。まず、田久保はSS―20問題への対応策として、①ソ連に対して抗議を繰り返す、②レーガンのゼロ・オプションを支持し続ける、③米国に依頼して極東移転の回避をソ連に伝える、④SS―20の脅威に目をつぶる、という四つの選択肢を挙げた。無論、④は敗北主義であり、問題解決の選択肢とは言い難いものである。「いずれにしても、米国に頼る以外にいまの日本にとって取るべき方法はない」と断りつつも、田久保は日本が真剣にゼロ・オプション支持を貫くならば、少なくとも非核三原則のうち核搭載艦船の通過や寄港を認めなければ、欧米諸国からゼロ・オプション支持は寝言と見なされると述べた。[10]

これに対し、伊藤は日本が非核三原則を西独並みの非核二原則（核兵器を作らず、持たずのみで、持ち込みは認める）に改めたところで、極東の戦略状況が大きく変わることはないと結論付ける。彼は欧州戦域との比較を通じて極東戦域の特殊性を明らかにすることが日本の戦略策定、すなわちSS―20問題への対応策にとってまず求められていることだと考えたのである。

伊藤は両戦域の基本的な相違として、①欧州戦域に比べ極東戦域は東西陣営の境界線が明確でないこと、②ソ連から見ると欧州戦域はソ連心臓部を直撃する死活的な戦域であるのに対し、極東戦域は周辺的な戦域であること、③極東戦域には直接陸続きの国境がなく、そのことが通常戦力のバランスに影響を与えていること、の三点を挙げている。これらを踏まえて伊藤は、極東戦域には欧州戦域に存在する通常戦力の不均衡と、そのことから生じる米国の戦術核による追加的な核保証への要求は存在しないとの結論を導いたのである。したがって、SS―20極東配備に対する日本の対応策は「外交的にそのような配備に反対し、さらにSS20のグローバルな廃棄を求めるとしても、日米同盟関係の信頼性保持に努めるとともに、日米同盟の協調体制の下で独自の通常戦力整備に努力する」ことであった。[11][12]

のちの歴史が証明しているように、田久保が指摘した非核三原則の見直しは実際には行われず、時の政権も外交当局者も、伊藤が示していたアプローチに沿ってINF問題に対処していくことになった。

一九八二年から八三年にかけて外務省の調査企画部長を務めていた岡崎久彦《おかざきひさひこ》も、その著書『戦略的思考とは何か』（中公新書、一九八三年）の中で、極東が欧州よりも核戦争を避けうる可能性が高い客観的環境にあるという認識のもと、こう述べた。

　SS―20の極東配備に対する最もオーソドックスな対抗策は、日本の通常兵力強化です。つまり、日本周辺だけが脆弱な一環とならないように、侵略者に高い犠牲を払わせるように、そして、アメリカの核を使ってエスカレーションの危険を冒さなければ日本を守り切れないような状況をつくらせないように、というのが日本の重要な戦略目的であり、日本の防衛力整備もこの目的を充分念頭において行なわねばならないということです。[13]

第一章で詳しく取り上げるが、岡崎の率いる調査企画部が作成した八三年当時の内部文書では、ＳＳ—20問題への対応として日本が非核三原則を見直すことや米製ＩＮＦを導入することに対し否定的な見解が示されている。要するに、日本は防衛力の強化と日米防衛協力の推進により通常抑止力の強化を図り、対日侵攻のコストを引き上げることでソ連の太平洋進出を阻止しようとしたのである。欧州戦域に比較すれば、日ソ間の通常戦力バランスは良好であり、ＳＳ—20の配備に対抗して米国が太平洋地域の戦術核を増強したとしても、直ちに核兵器使用の敷居が低くなることはなかった。

一方、ジャーナリズムに目を転じると、ＳＳ—20の極東配備について学界や官界とは異なる見方も示されていた。例えば、元長崎放送記者で軍事評論家の前田哲男《まえだてつお》は、極東でのソ連の行動様式と日本の対応について次のように論じている。前田は、ソ連の極東部での軍事力増強の最大の目的は戦略核戦力の対米均衡を維持することであると考えた。すなわち、米本土向けに配備されたソ連の戦略核戦力の策源地（ベーリング海、オホーツク海、日本海とその周縁部）を防護し、「核の聖域」とするために、ＳＳ—20やバックファイア爆撃機が配備されたと主張したのである[14]。

彼はソ連の軍事力増強を是認せず、また、ＳＳ—20が日本の安全にとって黙視できるものではないと断りながらも、他方で田久保や伊藤が指摘したＳＳ—20極東配備の政治心理的効果と日米離間の手段としての側面については慎重に言及を避けた。加えて、前田はＳＳ—20配備をソ連膨張主義の証拠と見なして反ソ結束を呼び掛ける米国の主張を「みずからに向けられた矢を他にそらすもの」と評し、中曽根内閣の進める対抗軍拡路線は「負の交互作用」への没入であると批判した。

だが、当時はソ連がＳＳ—20を極東に配備した真の目的が何であるか、西側諸国民の前に明らかにされていなかった。また、前田の主張するようにその射程圏がグアム島やフィリピンの米軍基地をカバーするものであったとしても、ＳＳ—20の命中精度は射程距離が延伸するにつれて低下すると見られていた[15]。もし、そうだとすると核弾頭を搭載したSS―20が西側諸国に対して発射されれば、軍事施設のみならず民間中心地をも巻き込む甚大な被害がもたらされる可能性があった。このように、西側諸国にとってみれば、ソ連のSS―20配備の意図もその正確な能力も定かではなかったのである。だからこそ一般的には、その軍事的効果よりも西側に対する政治心理的効果の方が注目されたのであろう。

いずれにしても、日本にとり重要なのは、田久保や伊藤が指摘したように、ソ連がSS―20の政治心理的効果を利用して日米離間や日本の中立化を図るのを防ぐことであった。その外交的側面として米国を中心に西側の結束が図られ、軍事的側面ではデタント期にソ連優位に傾いていた核戦力を東西間で均衡させることを通じて、ソ連を軍備管理交渉に引き出す措置が講じられたのである。このような観点からすれば、ソ連の脅威に対抗する中曽根内閣期の防衛力強化もそうした措置の一角をなすものとして位置付けられるであろう。

ＩＮＦ交渉に関する戦略的考察

さて、わが国におけるＩＮＦ交渉についての学術研究は、ＩＮＦ条約が調印、批准された後の一九八八年と八九年に集中的に発表されている。いずれも、欧州とアジア太平洋地域における戦略環境の相違や、ＩＮＦ条約調印後の東西の安全保障環境の変化についての戦略的考察が中心であり、外交過程の検討に的を絞ったものではない。しかしながら、これらの研究は、SS―20問題やＩＮＦ条約の締結を契機として、米国が同盟国に提供する「核の傘」の意味が欧州とアジアとではどう異なるのか具体的に検討しており、第四章と第五章で考察する核軍縮と拡大抑止の問題に対して示唆に富む内容を含んでいる。以下では、代表的な議論のみ振り返っておきたい。

まず、交渉開始時からＩＮＦ問題について積極的に発言してきた田久保は、ＩＮＦ条約調印に至った背景を米国の「力」と「外交交渉」の角度から分析した。田久保は米軍事費の顕著な増加、欧州へのＩＮＦ配備の実現、戦略防衛構想(Strategic Defense Initiative, SDI)の提唱、サミットでの西側団結の誇示などがソ連を軍備管理交渉に誘う上で少なからぬ役割を果たしたと評価した。そして、慎重な表現ながら「ゴルバチョフが国内改革に重点を置き、ここから外交政策の目立った変化が始まったことは事実としても、米国の力がなく、かつ西側の足並みが乱れていたら、米ソ関係が曲がり角を迎えたかどうか疑わしい」と記している[16]。また、田久保は八八年一月のレーガンによる「米国の国家戦略」報告書を引用しつつ、米ソ両国が戦略兵器や通常兵力の削減交渉を進めていくにしても、「力」に基づく「交渉」の姿勢は双方とも予見しうる将来変更されまいと論じた[17]。

以上を基本認識として、田久保は当時ベストセラーとなったケネディ(Paul M. Kennedy)の『大国の興亡』に代表される米国「衰退」論と、それに対する米国保守派論客からの反論に焦点を当て、相対的ではあるにせよ、軍事、経済、政治面で圧倒的な強さを誇った米国に往年の強さがなくなったという認識が米国内で広がったと評している。つまり、米ソが東西間の勢力均衡を基本的に維持する中で、アジア、ヨーロッパ諸国が「力」を伸長させた結果、相対的に見て米国の力が「衰退」したのである。こうした状況を背景に、田久保は「ＩＮＦ全廃条約後に、日米欧の三極間で、米国の能力とコミットメント、その間の『赤字』をどの程度同盟諸国間が埋められるかという戦略上の大きな調整を必要とする時期に来ているように思われる」と結論付けた[18]。

一方、国際政治学者の中西輝政《なかにしてるまさ》は、ヨーロッパ人の視点からＩＮＦ条約締結により生じた新しい安全保障問題を描写している。中西はＩＮＦ合意後の欧州安全保障を検討するために、ヨーロッパ人がＩＮＦ条約の評価を行う際の背景に注目した。その背景とは、「米国の力の衰退」「ヨーロッパ人の核ばなれの心理」「ゴルバチョフ改革のインパクト」「東西ヨーロッパ間のミニ・デタント」の四点である[19]。田久保は米ソ関係の全般的文脈から米国の力と西側の団結にＩＮＦ合意の背景を見出したが、中西はヨーロッパ人の見方に焦点を当て、（ＩＮＦ合意への転機となる）一九八六年のレイキャビク米ソ首脳会談後に、かなり劇的な形で米国の衰退が意識されたと指摘する[20]。ただ、中西も「アメリカの力の衰退」という言葉を、他の主要国と比較した際の相対的な衰退と捉えており、その点では田久保の認識と大きな差があったわけではない。

米国の衰退とともに、重要なのは「ヨーロッパ人の核ばなれの心理」――すなわち欧州安全保障を米国の核抑止力に依存することへの疑問――が反核運動の陣営のみならず、政策エリートにまで浸透しつつあったことである。実際に、ＩＮＦ配備予定国であったオランダでは、国防大臣がＩＮＦミサイル導入に反対するという事例もあった。同時に、中西が可能性として指摘しているように、米国のＳＤＩが相互核抑止からの脱却を図るものであり、「核ばなれ」が将来の戦略構想に影響を与えること、また、西欧の反核運動が進歩的な政治性を離れ、東西欧州間のミニ・デタント状況と絡み合うことが予期された。

そうしたヨーロッパ人の心理に作用したのが「ゴルバチョフ改革」のインパクトであった。これは、ソ連の新たな対外政策や社会改革の試みが欧州の世論や政治家にソ連イメージの変化を引き起こし、ソ連の脅威そのものへの態度変化をもたらすというものである。中西は、このソ連の変化が欧州ミニ・デタントを勢いづけ、ＩＮＦ合意後の安全保障政策や北大西洋条約機構（North Atlantic Treaty Organization, NATO）の結束に対する攪乱要素となる可能性を指摘した(21)。

こうした背景を踏まえて、中西はＩＮＦ合意後に欧州諸国で混乱と不安、動揺が強く見られたのは、米国の欧州防衛公約に対する根本的な不安が存在するためであると分析した。特に、ＩＮＦ条約はＮＡＴＯの柔軟反応戦略の根幹であるエスカレーション・ラダーとしてのＩＮＦ（ソ連・東欧の通常兵力による対西欧侵攻を阻止できない場合、ＮＡＴＯは先制的に核兵器を使用する）を廃棄する試みであり、柔軟反応戦略の弱体化をもたらすと考えたのである。

ＩＮＦ合意がもたらした新たな安全保障環境については、田久保や中西の分析よりも厳しい評価がなされることもあった。たとえば、『核軍縮と平和』（中公新書、一九八六年）で米ソ核軍縮交渉の歴史を一般読者向けに解説した中川八洋《なかがわやつひろ》は、次のようにＩＮＦ合意を批評している。「ＩＮＦ条約や戦略核兵器五〇％削減（交渉）は、ソ連の絶対優位の通常戦力をそのままにしての米国の核戦力の削減になる以上、それは米国の対ソ核抑止力の縮小・削減となり、西側の対ソ核抑止政策に根本的に背馳することは否めない」。中川は、ＩＮＦ条約の評価は、平和維持のための安全保障と戦略安定の向上に寄与したか否かという点からなすべきであり、ミサイルや核弾頭の大幅削減であるか否かは評価基準として本質的なものではないと主張する(22)。

また、中川は米ソのＩＮＦ合意によって、ＮＡＴＯの柔軟反応戦略の維持が困難となったのみならず、対ソ核抑止力として最も有力な長射程ＩＮＦ（ＬＲＩＮＦ）を自ら解体したこと、そしてＩＮＦ撤去によって米欧同盟の重要な基盤である核被害の共有（ソ連との関係において米欧がともに核兵器による報復の対象になるという意味）が失われたことに対し厳しい目を向けた。さらに、ソ連が自らＩＮＦの全廃に応じる譲歩を見せた後、今度は短射程ＩＮＦ（ＳＲＩＮＦ）とより射程の短い戦術核の西欧からの撤去を迫るという「一歩後退・二歩前進」の外交を展開したことに注意を促している。

一般的に、ＩＮＦ合意はレーガン政権のゼロ・オプション提案にソ連が譲歩したことで達成されたと考えられていた。だが、中川は一九八五年以降においてはソ連が自主的に譲歩している点に注目した。そして、「めまぐるしい『譲歩』の連続は、ＳＳ―20を代償としてもパーシングⅡがない方が、〝西欧の中立化（支配）〟というソ連の長期的対ＮＡＴＯ政策の究極目標達成に役に立つとソ連が判断したことを裏付けている」と指摘したのである(23)。

ここまでは主にＩＮＦ合意の戦略的背景に関する研究を振り返ってきた。こうした戦略的考察を踏まえた上で、ＩＮＦ全廃条約の意義と限界について包括的検討を行ったのが猪口邦子《いのぐちくにこ》の研究である。

猪口はＩＮＦ合意を可能とした米ソの全般的関係をデタントⅡと呼び、次の三つの背景をその主要因と考えた。第一に、地政学的な拡張志向の強いブレジネフ（Leonid I. Brezhnev）路線を超える指導力（ゴルバチョフ政権）がソ連に誕生したこと。第二に、核軍拡財政による米ソ両国経済の疲弊が関係改善の遠因となったこと。そして第三に、核軍備技術の高度化により、安全保障戦略の行き詰まりが明白化したことを挙げている。すなわち、攻撃型核兵器の多様化と制御力向上が核攻撃の戦略的選択の幅を広げた一方で、第一撃による敵の大陸間弾道ミサイル(intercontinental ballistic missile, ICBM)基地や作戦中枢など拠点に対する正確な一斉破壊(ウィニング・ストラテジー)の可能性を高めて、従来の核戦略体系の有効性を脅かすようになったことである[24]。こうした拠点攻撃に対してレーガン政権はＳＤＩ計画を推進したが、それが財政的・技術的困難を伴い実現性が乏しいことが判明する。その段階で米当局は対ソ強硬路線からデタントⅡへ転じて、安全保障戦略の行き詰まりという問題に対する戦略的対応の不可能性を政治的対応(核軍縮交渉)をもってカバーしようとしたというのが猪口の考え方である。

実質的な核軍縮へと舵を切ったデタントⅡ状況下で、米ソはミサイル配備の上限を設定する従来の軍備管理交渉の枠組みを超えて、特定のカテゴリーに属するミサイルの全廃を条約で定め、廃棄作業を確認する抜き打ち査察や常駐査察などの検証措置を規定した。猪口はこうした点を画期的なものと評価した上で、ＩＮＦ条約の意義を以下の二点にまとめている。第一に、戦略的に見て欧州正面における限定核戦争の選択肢が後退したこと。そして第二に、柔軟反応戦略に空隙が生じたと言われながらも、核兵器に関するある種の共同管理の可能性が認識されつつあることである。

また、猪口は米ソ双方の立場から見たＩＮＦ条約の意義にも注意を向ける。米側から見ると条約には、①短射程ＩＮＦ早期撤去の合意、②迎撃体系技術の禁止対象からの除外、③高度な査察体制の制度化の三点でメリットがあった。一方、ソ連側から見た場合のそれは、技術的に陳腐で米国本土に到達し得ないＳＳ―20を廃棄する見返りに、ソ連中枢部を射程に収める最新鋭の米国製ＩＮＦミサイルを西欧諸国に放棄させることにより、自国の安全保障上の利益に対する高い政治的合理性を見出したことである[25]。

他方、そうした意義とは別にＩＮＦ条約が残した問題として、猪口は八〇年代半ばに巡航ミサイルの主流が地上発射巡航ミサイル(ground launched cruising missile, GLCM)から海洋発射巡航ミサイル(sea launched cruising missile, SLCM)に推移したにもかかわらず、潜水艦や水上艦艇発射のミサイルなどは条約の対象外であることを指摘した。特に、探知の困難な海洋配備核兵器について相互の情報量不足から戦略的安定が得られにくい危険性が懸念されるとしていた。

また、ＧＬＣＭによる限定核戦争の可能性を封じるには、ＩＮＦより短い射程五〇〇キロ以下の短距離核戦力(shorter range nuclear force, SNF)全廃を含む「トリプル・ゼロ」が必要だが、ＩＮＦ条約以降、前線国家の西独と東側配備のＳＮＦが届かない西欧諸国との間でＮＡＴＯ内の戦略観の分岐が目立っていると論じた。猪口は西欧がＩＮＦの脅威から解放されたことで、西欧諸国間の戦略的立場のずれが明確化しつつあることに警鐘を鳴らしたのである。(26)

ＩＮＦ全廃と日本の安全保障

これまで見てきたように、日本の学界ではＩＮＦ全廃条約の背景とその意義について、米国の衰退論、欧州の核ばなれの傾向、ソ連の巧妙な譲歩戦術への警戒、ＮＡＴＯ柔軟反応戦略の弱体化といったさまざまな観点から研究が行われてきたことが明らかである。だが、その一方でＩＮＦ条約締結に伴う日本やアジアの安全保障問題への影響については一般的には関心が集まらなかった。

この点について、元朝日新聞記者の阪中友久《さかなかともひさ》は『世界週報』に寄せた論説で鋭く指摘している。阪中は「日本の論調に欠ける視点」として、ＩＮＦ合意を日本と関係のない他人事のように論議していて、日本がこうした新しい事態でどのような影響を受けるのか、どのように対処すべきか、との視点からの議論がほとんど目につかなかったことを問題視した。(27)

この指摘は本書の議論と直接関係するので、もう少し具体的に見ておこう。阪中は日本の論調がＩＮＦ合意を他人事のように扱った背景の一つとして、日本政府が核戦略について独自の立場をとっているわけではなく、米ソの情報をもとに論じるしかない分野であることを指摘した。加えて、ＩＮＦ合意に際して日本がなぜ大騒ぎするのかという問題意識があってよいはずであると言及している。

当時の全国紙のＩＮＦ問題報道を一瞥すると、「日本が求めたグローバル・ゼロが実現したことさえさほどの関心を呼ばなかったようである」との阪中の表現にはやや誇張もあるように見受けられる。だが、そのことを差し引いても、ＩＮＦ合意後のアジアの戦略状況や安全保障について、官界や学界を除けば関心が薄かったのは事実であろう。

リアリズム（現実主義）の立場からＩＮＦ全廃後の安全保障を冷静に検討していた西欧諸国と比較して、なぜ日本ではＩＮＦ合意後の核抑止の将来とその変化について現実的な議論が喚起されなかったのであろうか。

この点について、阪中は「伝統的なパシフィズム（平和主義というよりももっと信仰的意味合いが強い）の金縛りにあって、核問題を戦略や国際政治の現実政治の問題として論議するよりも、核廃絶、削減は『絶対的な善』といった前提のもとで論議している事が多いように思われる」と述べている。さらに、阪中はこう続ける。「平和運動家として身を切る思いで米ソの核軍拡を憂え、平和への願望を述べるのは十分に理解出来るのだが、核戦略や国際政治をあたかも殉教者が教義を述べるように論じられるのは困る」(28)。

その背景として、阪中は「核問題はいろいろ議論しても所詮、米ソが決定することだ」から平和主義者が交渉に参加する余地はもともとないといった諦めに近い事情もあるのかもしれないと推測している。だが、阪中は日本の論調がそうした姿勢に安住して「核軍縮をはやしておれば、世界と極東と日本に平和がくると考えているとするなら、これほど知的に無責任なことはない」と厳しく批判したのである(29)。

こうした主張を受けて、日本の研究者は、ＩＮＦ全廃後のアジアの安全保障について、主に西欧との比較を通じて「核の傘」の信頼性維持に必要な長期戦略の検討を行った。その中でも代表的な業績は、川中子《かわなご》真《まこと》と防衛研究所の小川伸一《おがわしんいち》の研究であろう。

まず川中子は、欧州で強力な核システムであるＩＮＦが撤廃されるのに伴い、ＮＡＴＯ側の「核の傘」が相対的に弱まったのに対して、アジアでの状況が異なることを端的に示す。川中子は、ＩＮＦ条約により極東部のＳＳ―20一六二基が一九九一年までに撤去されたが、それが日本の安全保障に影響を与えることはほとんどないと判断した。その最大の理由は、アジアにはソ連ＩＮＦの撤去に見合って撤去されるべき米国の地上発射ＩＮＦが配備されていなかったからである。

また、川中子はＩＮＦ全廃後のアジアの安全保障問題について、①極東におけるソ連の核・非核戦力の増強に対する対応、②ＳＬＣＭの上限設定交渉から生じる影響と対応、③日本およびアジア太平洋における米ソの核バランスの安定と今後の米ソ交渉、の三点が重要であると見ていた。特に、ＳＬＣＭの上限設定交渉でソ連が核弾頭・非核弾頭を問わず交渉対象とする提案を行ったことは、米国の「いかなる国においてであれ、核兵器を構成する核コンポーネントの存在については、肯定も否定もしない(neither confirm nor deny, NCND)」政策や日本の非核政策に対して重要な影響を持つものであった。米国の「核の傘」を有効にするためには、その提供国と被提供国との同盟関係を維持・強化することが必要であることは論を待たない[30]。

そこで川中子は、アジアではＮＡＴＯと比べて、米国の核戦略と日本などの同盟・友好諸国との間の長期戦略が不十分であることを指摘した上で、戦略的安定、同盟関係、科学技術の発展の三点を基礎としつつ、三つのシナリオ(核抑止重点の世界の中での日本の核政策の見直し、非核抑止力重点の世界に即応した戦略、核のない世界を想定した戦略)による長期戦略を提案した[31]。

一方、小川は、米国の「核の傘」に全面的に依存して受動的姿勢に終始していた日本が、ＮＡＴＯのＩＮＦ配備をめぐる議論に触発され、「核の傘」の信頼性の維持・向上を課題として能動的アプローチを採る方向に進み始めた動きを歓迎すべきものと評価した[32]。

小川の研究は、西欧と日本に向けられている米国の「核の傘」の比較検討を行った上で、「核の傘」の信頼性の維持・向上、安定化に資する方策を考察したものである。小川によれば、日本は海を隔ててソ連と対峙していたため、欧州と異なり海空の軍事力均衡が中心であることから、ソ連の先制核使用（第一撃）を抑止するための報復的核使用（第二撃）の威嚇が日米間の「核の傘」の基本になっていた。冷戦時代、日米両国はソ連による通常攻撃を抑止するために核使用の威嚇を前面に出す必要はなかった。また、小川は日ソ間の地政的非対称に注目した。日本列島とソ連極東部とでは、人口稠密度や産業施設面で不等価であり、核攻撃時の損害は日本の方が圧倒的に高いため、アジアでの米国の戦域核の先行使用を容認しがたい状況を生じさせていたのである(33)。

こうした検討を踏まえて、小川は「核の傘」の信頼性の維持・向上、安定化に資する方策を、日米同盟が置かれた戦略状況に即して導出している。まず、「核の傘」の信頼性向上の前提として、ソ連が対日核攻撃を行っても米国が日本にコミットメントしない、とソ連が思い込むことがないような日米関係を維持することが必要であると説いた(34)。

次に、小川は日米間の「核の傘」は米欧間のそれに比べて、核使用の敷居は高いが核コミットメントの信憑性が低いという特徴を指摘する。核使用の敷居が高いのは日本をめぐる通常戦力バランスが欧州大陸ほど悪くなく、反対に核コミットメントの信憑性が低いのは、政治経済的な利益共同体である日米関係よりも米欧関係の方が民族的、文化的、歴史的な絆が強いからである(35)。

このような点が妥当であるとの仮定の下で、小川は日米間の「核の傘」の安定化を図るための施策として軍事的側面と非軍事的側面から必要事項を挙げた。第一に、軍事面では東アジアでのソ連の通常戦力増強が続く限り、日米防衛協力の緊密化と日本の自衛力強化を進めなければならないことである。第二に、非軍事的側面では日米間の政治経済面の協力体制を緊密化させることによって、米国にとっての日米関係の重要性を高める必要があると主張した。小川は「核の傘」の信憑性は、提供国と被提供国の総合的な関係のありようによってその程度を推し量ることができるのであるから、日米関係の重要性が高まることは、ソ連から見た米国の対日核コミットメントの信憑性を高めることにつながると考えたのである。

以上に見てきたように、ＩＮＦ全廃後の安全保障、とりわけ「核の傘」の信頼性をいかに維持していくかについて、日本国内で戦略論に即した議論が始まったのは、米ソがＩＮＦ全廃条約に調印してから一年後のことであった。

日本の非核三原則と「核の傘」の信頼性の維持・向上を図る安全保障政策との間で、明確な論理に裏打ちされた整合性を見出すのは、時代が変わってもなお難しさを伴う作業であろう。日本は冷戦終結前になってようやくこの問題と直接向き合うことになったが、それでも日米間の政府レベルで「核の傘」の内容が問われることはなかった。日米政府間で「核の傘」の内容とその信頼性の維持について本格的な議論が始まったのは、オバマがプラハ演説を行った二〇〇九年以降である。

ＩＮＦ削減交渉の外交史的研究

研究者によるＩＮＦ問題の戦略的考察とは別に、米ソ核軍縮交渉の外交過程を扱った初期の包括的研究として、関場誓子《せきばちかこ》の『超大国の回転木馬』（サイマル出版会、一九八八年）とタルボット（Strobe Talbott）の『米ソ核軍縮交渉』（サイマル出版会、一九九〇年）は、重要な文献である。両者ともＩＮＦ条約が調印・批准されて間もなく発表されているが、ＩＮＦ交渉の開始から条約調印に至るまでの外交過程を独自取材に基づいて描写している。

一九八八年当時、在米国ボストン総領事館領事を務めていた関場は、国連局軍縮課や北米局での勤務を通じて行ってきた米国外交政策分析の経験を踏まえて、デタントからＩＮＦ全廃合意に至るまでの六〇〇〇日間に及ぶ米ソ交渉の過程を豊富な資料と証言を駆使して魅力的な人間ドラマとして描いている[36]。

また、タルボットは『タイム』誌の記者、ワシントン支局長などを務めたのち、一九九四年から二〇〇〇年までクリントン（William J. Clinton）政権の国務副長官を務めた人物である。彼が一九八八年に発表した *The Master of the Game: Paul Nitze and the Nuclear Peace*（邦訳『米ソ核軍縮交渉』）は、米国の核軍備管理交渉に一貫して関わってきたニッツェ（Paul Nitze）の評伝であると同時に、ＩＮＦ交渉をめぐる米政府の政策決定の内実を明らかにした同時代史と位置付けられよう。(37)

こうした優れた同時代史が相次いで刊行・邦訳されたにもかかわらず、日本国内ではその後、ＩＮＦ交渉に関する外交史研究は行われなかった。これにはいくつかの理由が考えられる。まず、日本がＩＮＦ交渉の当事国ではなく、あくまで米ソ交渉の「助言者」的な立場でアジア部からのソ連ＩＮＦの撤廃を訴えたことである。たしかに、日米、日ソ、日欧首脳会談や主要先進7カ国（The Group of Seven, G7）サミットにおいて、核軍縮や核実験禁止交渉に対する日本政府の立場が示され、繰り返し交渉当事国に対する意見が出された。だが、いずれも日本が交渉の当事国ではなかったために、日米間の安全保障問題や経済問題など他の直接的な外交案件に比較すると、日本の核軍縮交渉へのコミットメントは大きな注目を集めなかったのである。

本来であれば、唯一の被爆国としての立場を出発点に、非核三原則を国是とし核廃絶の動向に関心を持つ日本人が、米ソ核軍縮交渉に対する日本政府の関わり方について、どのようなアプローチで臨むべきか議論を闘わせていても不思議ではなかったはずである。だが、核兵器の存在を「絶対悪」と認識していた日本のマスメディアや世論は、現実に目の前に存在する核問題については議論せず、一刻も早く核兵器は廃絶されるべきであるという主義・主張から動くことができなかった。つまり、米ソの核軍縮交渉を現実的に進めるための具体的アプローチは、核問題に関心がない層は別としても、核廃絶を強く訴える層からもほとんど提示されなかったのである。

核戦略論の専門家である岩田《いわた》修一郎《しゅういちろう》が述べているように、日本が核軍縮交渉の直接の当事国でなかったことに加えて、一九八〇年代に米欧諸国で高まった核戦争の恐怖を日本人が共有しなかったことも、ＩＮＦ問題に対する戦略的検討を、問題の把握に止め模索的なもの以上にしなかった大きな理由である。(38)

岩田によれば、冷戦時代の米欧の人々にとって軍拡と軍縮は同じコインの表と裏であり、核戦争の恐怖と核抑止の維持も表裏一体の関係にあった。そのため、米欧諸国の冷戦体験は、冷戦後にも彼らの戦略思考に重要な影響を残した。ＩＮＦ条約調印前後に、西欧で米欧離間への懸念が示され、西欧諸国の指導者がソ連の掲げた欧州非核化構想に警戒感を募らせたのも、このような背景があったからであろう。

岩田は、こうした比較検討を通じて、米欧の核抑止への依存が日本人に奇異に見えるのは、米欧の人々にはＩＮＦ交渉の経験が今日も生きているのに対し、大多数の日本人にとってＩＮＦ交渉は冷戦期の遠い思い出としての意味しか持っていないことにあると評した。無意識的にではあれ、こうした背景がＩＮＦ交渉に対する日本政府のアプローチを外交史として問い直す作業を滞らせてしまったのかもしれない。

さて、ＩＮＦ交渉に対する日本政府の関わり方について再び光が当てられるきっかけとなったのは、二〇〇五年八月一日に『朝日新聞』に掲載された記事だった[39]。この記事によって、一九八六年二月上旬にレーガン大統領が中曽根首相に送った書簡で、ＩＮＦ交渉におけるＳＳ―20の削減・撤廃について、日米間で対ソ交渉方針のすり合わせがあったことが初めて明らかにされた。同記事によると、書簡の内容は「欧州に配備されているソ連の中距離核ミサイルＳＳ20を全廃する。アジア部にあるＳＳ20は残す。その方針でソ連と交渉したいと思うが、何か意見がありますか」というものであった[40]。

この書簡の内容については第四章で詳しく検討する。ここで結論を先取りすると、日本側はレーガンの示した対ソ妥協案がＮＡＴＯ諸国の世論に配慮したものであり、アジアの安全保障と日米安保体制の信頼性に関連してなお慎重な検討が必要と判断した。そこで、米側に対し、ＩＮＦ削減の第一段階で五〇％残置されるＳＳ―20の配備先を欧州とアジアの中間点とするようにソ連に提案してほしいという対案を中曽根の返書で示したのである。

外務省による対米折衝の結果、レーガン政権は日本の対案を一部採用する形で対ソ交渉方針を修正した。新たな方針では、第一段階で欧州部の米ソＩＮＦを各一四〇基に削減し、アジア部のＳＳ―20を比例的に削減することと、第二段階で欧州・アジアの残余のＩＮＦを半減し、最終的に完全廃棄する案が示されたのである。

返書の起案者の一人である元外交官の岡本行夫《おかもとゆきお》は、二〇〇八年に刊行されたオーラルヒストリーの中で、外務省内の協議過程と対米折衝の経緯を詳らかにした。(41) こうして、書簡の一部が公にされてから間もない段階で、当事者の証言からも、日本政府がＩＮＦ交渉の方向性に一定程度の影響を与えていた事実が裏付けられた。岡本にインタビューを行った五百旗頭《いおきべ》真《まこと》は、米国から相談を受けた日本が代案を示し、ＳＳ―20を全世界から廃絶する決定への道を開いたことについて、「中曽根首相にとってはウィリアムズバーグ・サミットの仕上げを意味したであろう」とコメントしている。(42)

また、レーガン＝中曽根書簡の存在を明らかにした一人である元朝日新聞論説委員の吉田文彦《よしだふみひこ》は、二〇〇九年に公刊した著書の中で、米国の核政策を動かした要因の一つとして拡大抑止に対する同盟国の反応を挙げ、次のような表現で日米間協議の重要性を認めている。

ユーラシア大陸の大国であったソ連に対抗していくために、米国は欧州やアジアの西側諸国と同盟関係を構築し、「拡大抑止」を提供した。この「拡大抑止」の信頼性をいかに確保し、同盟の安定を維持するかは米国の歴代政権にとって優先順位の高い政策課題であり、そのことが核政策の動因となってきた。〔中略〕ＩＮＦ全廃条約成立の過程においては、日本に対する米国の配慮も動因となった。(43)

一方、戦後日本のマスメディアにおける安保政策論議を研究してきた政治学者の水野均《みずのひとし》は、レーガン書簡に対する外務省の対応を「日米両首脳の信頼関係を基盤として、〔中略〕一種の『脱同盟化』による『自立性』を『テコ』として日米同盟のソ連に対する『挑発性』を和らげ、核軍縮交渉を促進した事例」と位置付けている。(44)

この時の日米協議が生産的に行われた結果、アジアの安全保障に不利とならない形で米国の対ソ交渉方針が固められ、のちのＩＮＦ全廃条約ではアジア部のＳＳ―20が取引材料なしで廃棄されることが決まった。米国が提唱し、日本が積極的に支持し続けたＩＮＦのゼロ・オプションは、日本政府の絶え間ない働きかけによって命脈を保つことができたのである。

しかしながら、ソ連との核軍縮交渉に直接携わった米側当局者にとっては、日本とのＩＮＦ問題協議が西欧諸国とのそれよりも深い記憶として残ることはなかったようである。例えば、タルボットは、八六年二月にレーガンの命でアジアに派遣されたラウニー（Edward Rowny）大使が「中国と日本が、ウラル以東のＳＳ20を凍結するとのソ連提案は彼らに向けられたミサイルを手つかずのままに残すものであるとして不満であるということを発見し、ワシントンで報告した」と記している。[45] この例からも窺い知れるように、交渉開始の時から日本政府が首脳会談やＧ７の場でＩＮＦのゼロ・オプションを支持し、ＳＳ―20のアジア部からの撤去を繰り返し要請してきたにもかかわらず、米側当局者は訪日時の協議でようやくその問題の本質を理解する状況であった。

一方、ＩＮＦ交渉の米側交渉団長を務めたグリットマン（Maynard W. Glitman）元大使は、二〇〇六年に公刊した著書の中で、八六年七月の訪日時に日本側の閣僚、官僚、メディア関係者と会談した際に、米国のＩＮＦ交渉方針は事実上グローバル・ゼロであると強調したと述べている。グリットマンは、ＳＳ―20がソ連のどこに配備されていようがその能力は同等であり、米国とその同盟国の安全保障に影響を及ぼすものとみなしていると日本側に伝えた。彼はＩＮＦ削減条約による拘束が地球規模の範囲に及ぶものとなるように準備を重ねており、かつ条約締結の結果がソ連にとってもメリットとなるように説得するように動いていたと振り返っている。[46] グリットマンのように、ＩＮＦ交渉において米国が日本の安全保障に一定の配慮を示していたことを正確な記憶にとどめているケースは稀であろう。

米ソＩＮＦ削減交渉を扱った国内外の外交史研究でも、米ソ関係と米欧安全保障のリンケージに関心が集中してきた。[47] そのため、一九八七年一二月にＩＮＦ全廃合意が成立した際、なぜアジア部のＳＳ―20が廃棄の対象となったのか、そこに至るまでの政治過程が十分に分析、検討されてこなかった。

他方、日本外交史における中曽根内閣期の研究においても、ＩＮＦ交渉に対する日本のコミットメントは象徴的な意味合いで語られる機会が多かった。従来の研究では、中曽根がウィリアムズバーグ・サミットで「西側の安全保障は一体不可分である」という立場を米欧首脳に対し主張することにより、核軍縮問題を含む政治宣言の発表を促した側面に焦点が当てられてきた(48)。加えて、これまでの研究では、中曽根によるＮＡＴＯ二重決定への支持は、対ソ交渉を自由主義陣営に有利にするためにとったパフォーマンスであると解されてきた(49)。例えば、村《むら》田晃嗣《たこうじ》は中曽根が時として外交交渉の内容と同じようにパフォーマンスを重視したと指摘し、サミットでの「西側の安全保障は不可分である」との主張もパフォーマンス外交として位置付けている(50)。

村田とは対照的に、草野厚《くさのあつし》は中曽根がサミットで西側結束を主張した背景には、アジア部のＳＳ―20がＩＮＦ削減交渉の対象に含まれていないという日本として放置しておけない問題があったと指摘している。その上で、草野は中曽根にとってのサミットとは、ＩＮＦ交渉がグローバルな観点から進められるように訴える好機であったと位置付けている(51)。

また、友田錫《ともだせき》は、ソ連によるＳＳ―20増強に対抗して西欧へのＩＮＦ配備を予定通り実行するという内容を政治宣言として発表すべきだとした中曽根の発言が、宣言作成に難色を示す西欧諸国首脳の慎重な姿勢を圧倒したことを論証している(52)。

いずれの研究においても、これまでの関心の対象は中曽根の政治指導力、あるいはサミットにおける日本のプレゼンスの高まりに集中していたと言えよう。

本書の課題と構成

以上を踏まえると、従来の研究では、日本がなぜＩＮＦ交渉のあり方とＳＳ―20の問題で強い意思表示をしたのか、そこに至るまでの過程が明らかにされていなかったと言えよう。すなわち、首脳外交の裏側で首相以外の閣僚や外交当局者がアジア部のＳＳ―20問題についてどのように考え、対応を検討したのかという政策形成過程が解明されていないのである。

例えば、中曽根内閣成立以前と以後では、ＳＳ—20問題に対する日本のアプローチが一八〇度異なるけれども、それはどのような理由によるのだろうか。こうした疑問を解決するため、単に中曽根が核軍縮に強い関心を持っていたからであるという従来的な解釈ではなく、当時の外務省と防衛庁の問題認識を含めて、日本政府のＳＳ—20問題に関する政策形成過程を検討するのが本書における第一の課題である。

また、従来の研究では日本政府がＩＮＦ交渉からアジア部ＳＳ—20の削減が除外されないようにするため、東西両陣営の関係国に対してどのようなアプローチで外交的な働きかけを行ったのか。また、その結果はどうであったのかについても体系的には明らかにされていない。五百旗頭が指摘したように、中曽根にとってのウィリアムズバーグ・サミットの仕上げが八六年二月の日米協議であると位置付けるならば、ＩＮＦ問題に対する初期の対応からＩＮＦ全廃合意に至るまでの各段階で日本政府が示した主張と対米側面協力の内容について、史料と証言に基づいた実証研究が必要であろう。このような観点から、中曽根、レーガンらの政治指導力に注目するだけでなく、どのような国際情勢や時代背景が日米間の核軍縮に関する生産的協議を可能としたのか、その全体像を含めて描出することが本書における第二の課題となる。

さらに本書では、八〇年代当時の日本にとって、アジア部ＳＳ—20の削減交渉が先送りとされるのを避けることだけが、この問題の本質ではなかったことを指摘したい。ＩＮＦ交渉の後半で、中曽根はレーガンに対し、削減の第一段階で残置されるアジア部ＳＳ—20と均衡を保つため、アラスカ州に米ＩＮＦ弾頭一〇〇個を配備することを支持した。これは、日本政府が均衡に基づく軍縮を重視したことに加えて、拡大抑止の中心である米第七艦隊のＳＬＣＭや在日米軍の前方配備システム(forward based system, FBS)を取引材料とさせないための手段だった。そうした点において、アジア部のＳＳ—20に対する日本のアプローチを検討することは、見通し得る将来、米国が日本に提供し続ける拡大抑止の信頼性をどのように維持していくのかという戦略問題を考察する上でも重要な歴史研究になるであろう。これが本書における第三の課題である。

以上の三つの課題を念頭に、本書の構成について記したい。

まず第一章では、ソ連がSS―20を配備した背景を探り、その配備に対して米欧諸国が戦域核戦力削減交渉を含むNATOの「二重決定」に合意するまでの過程を考察する。また、アジア部に配備されたSS―20が日本に対してどのような意味を有していたのかを把握するため、一九七七年以降の歴代内閣のソ連の脅威に関する認識を比較検討する。そして、これを踏まえて中曽根内閣による「ゼロ・オプション」と「二重決定」への支持が、その後の日本外交の展開においてどのような意味を持ち得たのか論証する。

一義的には、日本がアジア部のSS―20もINF交渉の対象とすべきとの主張を西側関係国に繰り返すことで、ソ連による西側離間を封じていくまでの過程を史料分析から解明することが本章の目的であるが、中曽根のパフォーマンス外交を一過性の政治的成果として捉えるのでなく、これを当時の核軍縮外交の一環として特徴付けることが狙いである。

次に第二章では、新デタントにおける中曽根内閣の「平和と軍縮」のアプローチに焦点を絞り、INF交渉に対する日本の側面協力について検討する。本章では、ソ連の退席によって八三年末に中断されたINF交渉の再開に向けて中曽根内閣がとった対応と、対中、対ソ政策に関する日米協力について論じる。また、ロンドン・サミットにおいて穏健な対ソ政策が発出された背景を考察した上で、八四年九月に開始が予定されていた宇宙兵器禁止交渉を例に、米ソ関係改善が模索された過程を描出する。こうした作業を通して、本章では国際舞台における日本の「平和と軍縮」問題へのアジェンダ・セッティングに注目して、核軍縮交渉に対する役割を考察する。

第三章では、米ソ関係改善と再開後のINF交渉が進展する中で、日本がINF問題のグローバルな解決方式をどのように米ソ両国に浸透させ得たのかについて考察する。また、本章では従来の日本外交史では注目されてこなかったSDI研究への参加問題について、当時の報道と外務省公開資料を中心に分析を行う。その際、技術産業政策の視点のみならず、政治的にも日本が西側結束を補完しようとしたとの観点から、ＳＤＩ研究参加決定に至るまでの過程を明らかにする。

第四章では、ＳＤＩ研究における西側の協調が固まり、ＩＮＦ交渉が前進する契機となったレイキャビクでの米ソ首脳会談開催に至る道のりを考察する。本章では、レーガン政権がＩＮＦ交渉を進めるために同盟国に提示した対ソ妥協案が、日本の対案によって修正を迫られるまでの経緯を具体的に明らかにする。また、東京サミットで西側が対ソ関係の悪化を避けて軍縮交渉を前進させる意思を表明した一方で、ソ連がＳＳ―20のアジアから欧州への再移転問題をどう考え、これを対米交渉上いかに利用しようとしていたのかを外交文書から明確にする。

そして第五章では、米ソ交渉の進展を受けて、西欧内で米国の拡大抑止の信頼性に対する懸念が高まる中、ベネチアで行われたＧ７サミットでの核をめぐる議論を中心に考察する。一九八七年春のゴルバチョフによる欧州非核化案は、旧式戦術核の近代化問題を抱える西独に政治的混乱をもたらした。こうした状況で行われたベネチア・サミットで、なぜ局外者である中曽根が西側全体の対ソ政策を再定義し、結束を締め直すことが可能だったのかについて、史料と当事者の日記に基づき明らかにする。

また、本章後半では、ＩＮＦ全廃条約調印に至る米ソ交渉の最終段階を明らかにしつつ、日米間で均衡に基づく核軍縮の重要性が再確認されるまでの経緯を考察する。その上で、日本政府がＩＮＦ条約の調印と、その後予想される課題についてどのように対応しようとしていたのか、外務省公開史料から裏付ける。

最後に本書で利用した史資料について言及したい。本書における議論では米国で公刊された外交史料に加え、未公刊史料として外務省外交史料館所蔵の外交文書、財団法人世界平和研究所・中曽根康弘事務所所蔵の個人文書、レーガン大統領図書館およびＮＡＴＯの公開文書を分析に用いた。中曽根内閣の時代から既に三〇年が経過したとはいえ、同内閣期の外交文書が体系的に公開されているわけではない。そのため、情報公開法に基づいて入手した外務省の内部文書および本省と在外公館との間で交わされた電信記録を活用することで、資料面での不足をカバーした。さらに、中曽根元首相へのインタビューや外務省OBのオーラルヒストリー、回顧録を利用することで可能な限り複数の視点から客観的な叙述をすることに努めた。

なお、当事者の回顧録や日記からの引用については、史資料、プレスリリース、新聞記事との間で可能な限り各々の内容を照合し、相違があると判断した場合には注で適宜指摘した。

本書で引用した国会議録は、全て国立国会図書館「国会会議録検索システム」(http://kokkai.ndl.go.jp/)に電子化された記録を参照している。

本文中の国名、人物の役職、肩書(敬称略)などは当時のものとした。また、外務省公開文書からの引用については、読み易さを考慮して、「防ぎよ」を「防御」に、「ゆう位」を「優位」に改めるなど一部の字句を直している。年月日や距離などの数値は漢数字に統一した。

(1) Global Zero: A World Without Nuclear Weapons [http://www.globalzero.org/about].

(2) なお、二〇一四年五月現在、米国が保有する核弾頭数は一九五〇発で、うち一八〇発がドイツ、ベルギー、オランダ、イタリア、トルコに配備されている。また、ロシアも約二〇〇〇発の戦術核を欧州正面に配備している。ブラウ、エリーサーベト「『核なき世界』は見果てぬ夢に」(『ニューズウィーク日本版』二〇一四年五月二〇日号)四一―四二頁。

(3) 吉田文彦『核のアメリカ――トルーマンからオバマまで』(岩波書店、二〇〇九年)二三〇―二三一頁。

(4) その後の約一〇年間で、米国は保有する核兵器を三八%まで、ロシアは五三%まで削減した。Ronald Reagan Presidential Library Foundation, *The Ronald Reagan Presidential Library and Museum* (Simi Valley: Reagan Foundation, 2011), p. 45.

(5) 栗山尚一/中島琢磨・服部龍二・江藤名保子編『外交証言録――沖縄返還・日中国交正常化・日米「密約」』(岩波書店、二〇一〇年)二六一―二六二頁。

(6) 田久保忠衛「日本をも狙う『政治的兵器』――SS20にどう対応するか」(『世界週報』一九八三年四月五日号)一八頁。

(7) 伊藤憲一「SS20極東配備に日本はどう対応すべきか――ロシア時代から続くソ連の対外政策の原型と極東の戦略構造の

特性から導かれる対応策は」（『中央公論』一九八三年七月号）八八頁。
（8）田久保「日本をも狙う『政治的兵器』」一二三―一二四頁。
（9）伊藤「ＳＳ20極東配備に日本はどう対応すべきか」九四―九六頁。
（10）田久保「日本をも狙う『政治的兵器』」一二五頁。
（11）本書では核兵器の種類について次のような分類方法に従っている。
①戦略核兵器は、米国またはソ連本土から、相手国の領土に到達して、その都市や軍事施設等の戦略目標を破壊する兵器のことである。一般的に、射程距離が長く、大量破壊能力を持つ。
②戦術核兵器は、戦場で相手国の部隊や施設等戦術的目標の破壊を目的とした兵器のことである。一般的に、戦略核よりも射程距離が短く、その威力も小さい。
③戦域核兵器は、一九七〇年代後半に使われるようになった概念である。限られた戦域で、戦略的または戦術的に使われる核兵器のことである。一般に戦術核と呼ばれる核弾頭でも運搬手段によっては戦略的にも使用できるので、欧州のように比較的狭い地域に多くの国家が存在している空間では、運用上の概念で戦略核と戦術核を類別することは困難である。
関場誓子『超大国の回転木馬――米ソ核交渉の６０００日』（サイマル出版会、一九八八年）一九〇頁参照。
（12）伊藤「ＳＳ20極東配備に日本はどう対応すべきか」九六―九九頁。
（13）岡崎久彦『戦略的思考とは何か』（中公新書、一九八三年）二〇八―二〇九頁。
（14）前田哲男『核戦争シミュレーション』（ちくまライブラリー、一九八七年）六〇―六四頁。
（15）米国側の推定によると、ＳＳ―20の固体燃料は不均等に燃焼する傾向があり、約一〇〇〇メートルとされていた半数必中界（発射したミサイルの半数が目標から何メートルの円内に入るか、平均的誤差の指標）が低下すると考えられていた。ヘイズ、ピーター、リューバ・ザルスキ、ウォルデン・ベロ／小川明雄訳『核戦争の最前線・日本』（朝日新聞社、一九八七年）二四二頁。
（16）田久保忠衛「西側全体の戦略調整が必要に――米『衰退論』を中心として」（『新防衛論集』第一六巻第一号、一九八八年）一〇―一一頁。
（17）同前、一二頁。
（18）同前、二〇―二六頁。
（19）中西輝政「『レイキャビク』と新しい歴史の潮流――ポストＩＮＦのヨーロッパ安全保障」（『新防衛論集』第一六巻第一

号、一九八八年）二九―三〇頁。

(20) 同前、二九頁。

(21) 同前、三〇頁。

(22) 中川八洋「軍備管理と核抑止の相克――岐路に立つ西側の安全保障」（『国際政治』第九〇号、一九八九年）二〇―二一頁。

(23) 同前、二二―二三頁。

(24) 猪口邦子「中距離核軍縮に関する戦略的考察」（『上智法學論集』第三一巻第三号、一九八九年）三六―三七頁。

(25) 同前、五九頁。

(26) 同前、五九頁。

(27) 阪中友久「ＩＮＦ交渉と日本の安全保障」（『世界週報』一九八七年一〇月六日号）四頁。

(28) 同前、四頁。

(29) 同前、五頁。

(30) 川中子真「『核の傘』と日本――ＩＮＦ全廃とそれ以後」（『国際政治』第九〇号、一九八九年）一〇三―一〇五頁。

(31) 同前、一一六頁。

(32) 小川伸一「『核の傘』の理論的検討」（『国際政治』第九〇号、一九八九年）九一頁。

(33) 同前、九五―九六頁。

(34) 同前、九六頁。

(35) 同前、九九頁。

(36) 関場『超大国の回転木馬』。

(37) タルボット、ストローブ／加藤紘一・茂田宏・桂誠訳『米ソ核軍縮交渉――成功への歩み』（サイマル出版会、一九九〇年）。

(38) 岩田修一郎『核戦略と核軍備管理――日本の非核政策の課題』（日本国際問題研究所、一九九六年）七八頁。

(39) 「ＩＮＦ交渉　米案覆す『ロン・ヤス関係』が効果」『朝日新聞』二〇〇五年八月一日朝刊。

(40) 二〇一〇年一月に筆者が中曽根康弘事務所において同書簡の正文を確認したところ、レーガンは「ソ連が、かかるグローバルなゼロ・ゼロ解決へ向けて、我々とともに直ちに行動することを拒否し続けているので、私としては、欧州における米ソの長射程ＩＮＦの全廃と、これに結び付いたアジアにおけるＳＳ―20の削減―当初は少なくとも五〇％を削減し、その後の削減によりＳＳ—20の数を同じくゼロにする—を提案したいとの考えに傾いています」と記していたことが明らかになった。すなわち、レーガンは中曽根に対してアジア部配備のＳＳ—20を二段階で削減し最終的にはゼロにしたいと提案していた点に留意されたい。"Letter from Reagan to Nakasone" (February 6, 1986), p. 2. 中曽根康弘事務所所蔵。

(41) 五百旗頭真・伊藤元重・薬師寺克行編『岡本行夫——現場主義を貫いた外交官（九〇年代の証言）』（朝日新聞出版、二〇〇八年）一三六—一五〇頁。

(42) 同前、三三三頁。

(43) 吉田『核のアメリカ』二一九—二二〇頁。

(44) 水野均『「世界」は日米同盟に反対していたのか——総合雑誌の安全保障論を検証する』（並木書房、二〇一二年）一三三—一三四頁。なお、「脱同盟化」とは「同盟の存在そのものは（消極的に）受け入れ、また同盟の中に残留しはするが、同盟の政策や行動に完全に同調するわけではない」ことを指す。

(45) タルボット『米ソ核軍縮交渉』三一九頁。

(46) Glitman, Maynard W., *The Last Battle of the Cold War: An Inside Account of Negotiating the Intermediate Range Nuclear Forces Treaty* (New York: Palgrave Macmillan, 2006), pp. 150-151.

(47) 近年の研究では、金子譲『ＮＡＴＯ　北大西洋条約機構の研究——米欧安全保障関係の軌跡』（彩流社、二〇〇八年）および、和田修一『米ソ首脳外交と冷戦の終結』（芦書房、二〇一〇年）および、Gala, Marilena, "From INF to SDI: How Helsinki reshaped the transatlantic dimension of European security" in Nuti, Leopoldo (ed.), *The Crisis of Détente in Europe* (New York: Routledge, 2009), pp. 111-123; Young, John W., "Western Europe and the end of the Cold War, 1979-1989", in Leffler, Melvyn P. and Odd Arne Westad (ed.), *The Cambridge History of the Cold War, Vol.III: Endings* (Cambridge: Cambridge University Press, 2010), pp. 289-310 が代表的である。また、これまで本章で取り上げてきた文献のほかに、最近ではロシア側の一次史料を利用してＩＮＦ全廃合意に至るソ連の対外政策の転換過程を再検討した外交史研究がある。これについては、岡田美保「ソ連による弱さの自覚と対外政策の転換——ＩＮＦ交渉の再検討」（『国際政治』第一五七号、二〇〇九年）を参照。

(48) 一般的に「西側の安全保障の一体不可分」とは、一九八三年当時のサミット参加七カ国だけでなくＮＡＴＯ加盟一六カ国を含む西側全体の安全保障が欧州・アジア間で不可分であることを指す。

(49) 北岡伸一『自民党——政権政党の三八年』（読売新聞社、一九九五年）二一一—二一二頁。および、田中明彦『安全保障——戦後五〇年の模索』（読売新聞社、一九九七年）二九八—三〇〇頁。
(50) 村田晃嗣「『国際国家』の使命と苦悩——一九八〇年代の日本外交」五百旗頭真編『戦後日本外交史〔第三版補訂版〕』（有斐閣、二〇一四年）一九七—二〇〇頁。
(51) 草野厚「中曽根康弘——大統領的首相の面目」渡邉昭夫編『戦後日本の宰相たち』（中公文庫、二〇〇一年）四一八—四二一頁。
(52) 友田錫『入門・現代日本外交——日中国交正常化以後』（中公新書、一九八八年）一二一—一二八頁。

第一章　中距離核戦力（ＩＮＦ）削減交渉の開始

私は先日、ある宿題を課せられた。今から百年後にロサンゼルスで開けられる予定のタイムカプセルがあり、そのカプセルに入れる手紙を書いてほしいとある人から頼まれたのだ。われわれの住む世界では、大国どうしが破壊兵器である恐ろしいミサイルを装備し、互いに相手に照準を合わせている。このようなミサイルはほんの数分で相手の国に到達し、私たちが暮らすこの文明世界を事実上破壊してしまう。そのとき、私はとつぜん悟った。今から百年後にこの手紙を読む人々は、そうしたミサイルが発射されたかどうかを知っているだろう。私たちが難題を克服できたかどうかも知っている。われわれが今まで経験してきたような自由を彼らが享受しているかどうかは、私たちが今ここで何をするかにかかっているのだ。

――ロナルド・レーガン、一九七六年八月(1)

一九八二年一一月に成立した中曽根康弘内閣は、鈴木善幸《すずきぜんこう》前内閣期に悪化した対韓、対米関係を修復した。また、北東アジア地域で軍備拡張を図るソ連の脅威に対応していくために、八三年五月に米国のウィリアムズバーグで開かれた主要国首脳会議（サミット）では西側の結束を固め、レーガン大統領が進めようとしていたソ連との核軍縮交渉を支持することに外交努力を傾注した。

八三年一月にソ連のアンドロポフ共産党書記長が発表した中距離核ミサイルＳＳ―20の極東アジア部への移転構想は、それまでＩＮＦ問題に対して具体的な戦略的アプローチを欠いてきた日本政府の意識を一変させた。中曽根内閣は、西側の安全保障が不可分であるという論理の下で、アジア正面と欧州正面に展開されたＳＳ―20の削減交渉に差を設けることを認めない姿勢を米欧諸国に示した。それと同時に、中曽根はＮＡＴＯのＩＮＦミサイル配備を支持する首脳外交を展開することで、日本が国際安全保障の問題に関与していることを明確にしたのである。

本章では、第一節でソ連がＳＳ―20を配備した背景を探り、その配備に対して米欧諸国が戦域核戦力削減交渉を含む「二重決定」に合意するまでの過程を考察する。また、アジア部に配備されたＳＳ―20が日本に対してどのような政治的意味を持っていたのかを把握するため、一九七七年以降の歴代内閣の安全保障・軍縮外交に対する認識を比較検討する。

これを踏まえて、第二節では中曽根内閣の成立から間もない時期に浮上したＳＳ―20極東移転の問題と、これに対する日本政府の対応策の検討過程を明らかにする。特に、政治レベルではＳＳ―20の極東移転阻止に対応の比重が置かれていたのに対し、事務レベルではアジア部に既に配備されていたＳＳ―20の削減・撤去についての議論に重点が置かれていた事実を資料と証言から裏付ける。

そして、第三節では日本がＩＮＦのゼロ・オプションとＮＡＴＯの「二重決定」に政治的支持を示すことによって、米欧諸国から「ＩＮＦ交渉でアジアの安全保障を犠牲にしない」との言葉を引き出すまでの過程を考察する。

一　アジア部のＩＮＦ問題

米ソ冷戦下、ソ連が配備した中距離核ミサイルＳＳ―20は、西欧諸国と日本を含むアジア諸国に対する脅威であった。デタント末期の一九七〇年代後半、ソ連は第一次戦略兵器制限条約(ＳＡＬＴ―Ⅰ、SALT：Strategic Arms Limitation Treaty)の規制に含まれていなかった中距離核兵器の分野で核戦力の増強を開始し、米国に対する軍事的優位を目指した。その一環としてソ連は一九七七年一二月から、自国領土内の欧州部(ウラル山脈以西)とアジア部(ウラル山脈以東)のミサイル基地にＳＳ―20の実戦配備を開始した。

ＳＳ―20は固体燃料推進で車載移動式の中距離弾道ミサイル(intermediate range ballistic missile, IRBM)である。(2) 個別誘導複数弾頭(multiple independently-targetable re-entry vehicle, MIRV)三個の搭載時には射程約五〇〇〇キロメートル、単弾頭の搭載時には最大射程約七五〇〇キロメートルの投射能力を有していた。(3) 半数必中界は約一〇〇〇メートルで、一九八三年までにその配備数は欧州部二三〇基、アジア部一〇〇基に達した。

米ソ間の第二次戦略兵器制限交渉(ＳＡＬＴ―Ⅱ、SALT：Strategic Arms Limitation Talks)がまとまりかけていた一九七〇年代後半に、ソ連軍の指導部がＳＳ―20を配備した目的は、陸上に固定配備された液体燃料推進の中距離核ミサイルＳＳ―4(射程二〇〇〇キロメートル)およびＳＳ―5(射程二三〇〇キロメートル)の更新であった。(4) これらのミサイルの更新について、ソ連のウスチノフ(Dmitri F. Ustinov)国防相は、一九八〇年七月のシュミット(Helmut Schmidt)西独首相との会談で「ＳＳ20計画は装備の近代化にすぎない」と公式に表明している。(5)

他方で、ゴルバチョフが明らかにしているように、ＳＳ―20の配備決定がのちに西欧で議論を巻き起こしたことから、「ＮＡＴＯが対抗措置をとることなど全く考慮せずにミサイルの更新が行われた」とする見方もある。(6) ブレジネフ書記長をはじめソ連の政治局指導部は中距離核兵器の近代化という軍事的観点からＳＳ―20の配備を承認した。だが、実戦配備の決定は西側諸国に対しては言うまでもなく、ソ連外務省やその出先機関である各国のソ連大使館、国家保安委員会(Komitet Gosudarstvennoy Bezopasnosti, KGB)にすら事前に知らされていなかっ

た。皮肉なことに、国外に駐在するソ連の外交官がＳＳ―20の配備を知ったのは西側メディアの報道を通じてであった。(7)

こうしてソ連はＳＳ―20を実戦配備し始めた。旧式の中距離核の更新にすぎないというソ連軍部の解釈は、結果的に政治局指導部の思考力を鈍らせ、ＳＳ―20の配備が西側諸国にどのような脅威に映るかという政治的作用を予測困難にしたのである。(8)

アジア部ＳＳ―20配備の背景

ソ連はＳＳ―20の実戦配備によって西欧諸国だけではなく、日本や中国などのアジア諸国の領土も中距離核ミサイルの射程に収めた。ソ連が中央アジアやシベリアにまでＳＳ―20を配備した直接的な理由は、欧州正面のそれと同様に旧式のＳＳ―4、ＳＳ―5の更新である。ただし、アジア部での配備に関しては、背景の一つとしてソ連が中国からの核攻撃を恐れていたことについても指摘しておく必要があろう。

一九七五年秋、ブレジネフはシュミット首相との会談で中国の核戦力の脅威について語り、ソ連が東方に兵力を追加配備して軍備を拡大する決定を下したことを明らかにしている。当時、ソ連は中国の核戦力が弾頭とミサイルの両面で進歩し、モスクワも射程圏内に置かれていることを強く恐れていた。米国とのＳＡＬＴ―Ⅱ交渉でも、ソ連側は中国が将来強大な力を持つのは「明日」の問題であると主張していた。だが、これに対して米側は、中国が強大な力を持つのは「明後日」の問題だという認識を示した。一九七二年二月に中国と和解した米国と、なお国境問題等で中国と対立を抱えていたソ連との間では、中国の核戦力に対する脅威認識が一致していなかったのである。(9)

果たして、ソ連は中国による核戦力の強化を恐れてＳＳ―20を配備したのだろうか。たしかに、ウラル山脈以東のバルナウル（ソ連中央部）とドロブヤナヤ（バイカル湖南東）のＳＳ―20基地は、モンゴルを隔てて中国領土を射程に入れていた[10](次頁の図を参照)。一九六九年に発生したウスリー川での国境紛争以来、一般的に見て中ソ関係は良好ではなかった。中ソ関係が行き詰まっていた時期に、ブレジネフはソ連東方の兵力・軍備を拡大する決定を下したのである。

だが、ソ連がSS—20の配備を突出して行ったと考えるのは間違いである。むしろ、中ソ国境沿いに展開するソ連の通常兵力の強化と並行して、中距離核ミサイルも含めたアジア部の防衛力を全体的にレベルアップしたと考えた方が妥当であろう。

一九八〇年代に入ると、ソ連外務省と軍関係者は米国が太平洋に配備したSLCMと在日米軍三沢基地に配備されたF—16戦闘機に対抗するためSS—20を配備したと言及するようになる。だが、ソ連がアジア部にSS—20を配備し始めたのは、米国が太平洋での海洋核戦力を強化する以前の一九七七年のことである。したがって、米国の海洋核戦力に対抗するためSS—20を配備したというソ連の言説は客観的事実に基づくものではない。ソ連はブレジネフがアジア部へのSS—20配備の根拠を明らかにしなかったことを利用して、論点をすり替えようとしたのである[11]。

NATOの二重決定

ソ連の新型中距離核ミサイルの配備に対して西側諸国の中で最初に強い懸念を示したのは、SS—20の射程圏内に置かれた西ドイツだった。一九七七年一〇月、英国を訪問したシュミット首相は国際戦略研究所(International Institute for Strategic Studies, IISS)で、SS—20配備が西欧にもたらす脅威について講演した。シュミット講演の論点はSALT—Iが米ソ間の戦略核の均衡を法典化し、そのために欧州での戦術核と通常戦力に関する東西間の不均衡がおおきくなっているというものだった[12]。その上で、シュミットはソ連のSS—20による西欧への攻撃に対して、米国がソ連との全面核戦争を覚悟してまで戦略核を使用してソ連に報復攻撃をする蓋然性は低いと考えた。要するに、シュミットは「米国はソ連の脅威からボンを守るためにワシントンを犠牲にすることはないであろう」と認識していたのである。

こうした問題提起は、ソ連のＳＳ―20配備がＮＡＴＯに対する米国の「核の傘」を機能不全に陥れる危険性を指摘するものであった。これは、ＮＡＴＯがＳＳ―20配備による米欧の戦略的離間に対していかに対応するかを考えねばならないということを意味した。シュミットの問題提起を受けて、そののち数年間をかけて米欧間で戦域核問題に関する議論が尽くされた。

一九七七年五月開催のＮＡＴＯ防衛計画委員会(Defense Planning Committee, DPC)で策定された長期防衛計画では、通常戦力強化のため加盟国が国防費を年率三%増額することに合意した。また同計画はＳＳ―20の登場に関連して、ＮＡＴＯの戦域核戦力近代化の方向性について言及した。その後、ＮＡＴＯの核計画部会(Nuclear Planning Group, NPG)の下に戦域核問題を議論するための高級部会が設置された。一九七七年一二月から七八年三月まで、ＮＰＧ構成国の国務・国防関係の上級代表者がブリュッセルとロスアラモスで開かれた高級部会で意見交換を重ねた(13)。

そして、一九七九年一月六日には戦域核問題に関する米欧間協議を政治レベルに引き上げるため、カリブ海のグアドループ島で米英仏独の四カ国首脳会談が行われた。この会談でカーター米大統領、ジスカール＝デスタン(Valery Giscard d'Estaing)仏大統領、キャラハン(James Callaghan)英首相、そしてシュミットの四者は戦域核戦力の削減についてソ連と交渉を行うが、一定期限までに交渉が成立しない場合には、ＮＡＴＯが米製の新型戦域ミサイルを西欧に配備するという「二重戦略」に合意した(14)。

グアドループ会談での合意は、一九七九年一二月にブリュッセルで開かれたＮＡＴＯ外相・国防相会議において「二重決定」として公式化された。ただし、フランスは同会議に参加しなかった(15)。ジスカール＝デスタンが「二重決定」を推すシュミットの立場を支持できなかったため、独仏関係は一時冷却化した。大西洋主義者として

「中距離核戦力（INF）交渉」（1983 年 2 月 9 日）2007-00564-14、5 頁の図を基に作図。

親米派と見られてきたジスカール＝デスタンであったが、西欧の同盟国に対して米製ミサイルの配備を積極的に奨めることはできなかったのである。[16]

「二重決定」では、第一に、ソ連が一貫して質・量両面にわたってＳＳ—20やＴｕ—22Ｍバックファイア爆撃機をはじめとする長距離戦域核戦力（Long Range Theater Nuclear Forces, LRTNF）の優位を目指してその近代化を強化してきたのに対し、西側のＬＲＴＮＦ能力は停滞したままである、と欧州戦域の現状を評価した。[17]

こうした現状を踏まえて、ＮＡＴＯは柔軟反応戦略の信頼性を確保するため「アメリカ製の既存のパーシングⅠａに代わる一〇八基のパーシングⅡ型ランチャーと全て単弾頭の四六四基の地上発射巡航ミサイル（ＧＬＣＭ）から成るアメリカ製の地上発射システムのヨーロッパ配備によって、ＮＡＴＯのＬＲＴＮＦを近代化する」ことを決定した（第七項）。[18][19]

そして第二に、ＮＡＴＯは「一層安定した米ソ間の低水準かつ全面的な核バランスを達成するための軍備管理努力の中に、米ソ両国のＬＲＴＮＦを含めるべき」ことを明記した。[20] これは、米ソの第三次戦略兵器制限交渉（ＳＡＬＴ—Ⅲ）の枠組み内でＬＲＴＮＦの制限ないし削減のための交渉を進めることを示していた。

この決定によってＮＡＴＯは、欧州部からのＳＳ—20の削減を求める軍備管理交渉をソ連に迫った。そして、もしソ連が交渉に応じず、引き続きＳＳ—20の配備と増強を推進するならば、西欧に米製の新型戦域ミサイルを配備することによって、欧州での核戦力の均衡を図ろうとしたのである。

ただし、米国と西欧諸国の間には、「二重決定」をめぐってそれぞれの思惑が存在した。すなわち、西欧諸国がＬＲＴＮＦを配備するという強硬な姿勢をとることで対ソ交渉上の立場を固め、新たな軍備管理交渉を行うことを二重決定の狙いとしていたのに対し、米国はこの決定を根拠にＬＲＴＮＦの配備実施に固執した。米国はＬＲＴＮＦの配備によって東西対立を煽り、米欧関係を再強化しようとしたのである。[21]

ＩＮＦ削減交渉とＳＴＡＲＴの開始

一九八〇年一一月の大統領選挙で、テヘラン米大使館員人質事件に際して自らの指導力不足により問題を解決できなかったカーターは、強い米国の復活を掲げるレーガン候補に惨敗した。対ソ・デタント政策の継続に失敗し、新冷戦開始を宣言したカーター民主党政権の置き土産である二重決定を、レーガン共和党政権は対ソ優位回復を目指す軍事戦略の柱の一つとして位置付けた。

一九八一年一一月一八日、ナショナル・プレスクラブで演説したレーガン大統領は、就任後初めて、ソ連との核軍備管理交渉を前進させるために四項目から成る提案を行った。

一、戦域核に関し、ソ連がＳＳ―20、ＳＳ―4、ＳＳ―5ミサイルを撤廃するなら、米国もパーシングⅡおよび地上発射巡航ミサイルの配備を撤回する用意がある（ゼロ・オプション）。

一、戦略兵器については大幅な削減を目指して来年早々交渉を開始することを提案する。

一、欧州における通常兵器に関しより低いレベルで均衡を図ることを提案する。

一、奇襲攻撃の危険性等を軽減する為の欧州軍縮会議にソ連が参加することを要請する。(22)

なお、この時レーガンは戦域核の定義が不明確であることと、「戦域」を意味するTheater（舞台）のもつ響きが滑稽であるとのシュミットからの批判に配慮して、戦域核戦力（ＴＮＦ）という用語を中距離核戦力（ＩＮＦ）に改めた。(23) ゼロ・オプションのもととなった考え方を最初に示したのもシュミット率いる西独の社会民主党だった。(24)

レーガンが提案したゼロ・オプションについて、モスクワは一九八二年二月九日に公表した「欧州中距離核戦力削減交渉についてのソ連側の六項目提案」の中で次の通り辛辣な批判を加えた。

一、ソ連指導者は、ワシントンが打ち出した「ゼロ・オプション」は決して真剣な提案と呼べない、全く非現実的なものであるとの原則的な判断を一度ならず表明した。

一、この「ゼロ・オプション」の本質は、ソ連がただソ連欧州部に配備されている中距離ミサイルだけでなく、我が国の東部諸地域に配備されており、したがって欧州の核軍備問題とは何のかかわりもない中距離ミサイルを一方的に廃棄しなければならないというものである〔中略〕。

一、中距離核兵器について欧州で成立しているおよその均衡を激しく破り、それによって米国に有利な形で全般的な、グローバルな戦略バランスを変更しようとするあからさまな企てが見受けられる。西方でも東方でも戦争の脅威が全く弱まっていないのに、ソ連に対して正《まさ》しく一方的な軍縮が求められているのである。これは一方的な、正しく馬鹿げた立場である。(25)

ソ連側の不満の背景には、NATO側が欧州戦域で九八六基の中距離核手段を保有しているのに対し、ソ連は九七五基であること。そして、ゼロ・オプションが実現すれば、NATOの中距離核手段がそれほど減らないにもかかわらず、ソ連欧州部の中距離核の数が現状の半数以下に減らされるのではないかという警戒感があった。また、ソ連は英国とフランスが保有する核戦力をINF交渉の対象に含めることを主張して譲らなかった。この問題について六項目提案では、英仏両国がINF交渉に参加していないことは問題ではないと断りながらも、「両国の対応する兵器がNATOの戦力構成部分と見なされるべきであることは明らかである」(26)と言及した。こうしたソ連側の反発からも明らかなように、INF交渉は開始当初から行き詰まったのである。

三月三一日、レーガンは戦略兵器削減交渉(Strategic Arms Reduction Talks, START)の開始を前に、再び軍備管理問題についてステートメントを発表した。この中でレーガンは、恒久平和と安定を保証するため、核兵器を劇的に削減することと、核・通常兵器いずれにあっても現実的な軍備管理取り決めを追求すること。そして、戦略核兵器については戦争の危険を減らし、軍備の水準を下げ、グローバルな安全保障を強化するような取り決めを求めるとの考えを打ち出した。

今回のレーガンのステートメントはソ連の交渉姿勢を意識しながらも、その目的は当時連邦議会に提出されていたジャクソン＝ウォーナー決議案（ＳＴＡＲＴ促進決議案）への公式支持を表明することであった。[27] この決議案に支持を与えたことで、レーガンは米国内の反核派が示した核兵器即時凍結・削減案を拒否した。

続いて行われた質疑応答でも、レーガンは「実のところ、総じてみればソ連は〔核兵器につき―引用者注〕明白なる優位の幅を有しており、いわゆる脆弱性の窓が存在する。したがって現状での凍結は米により不利であるのみならず、危険なものであり、かつソ連が削減に応じる意欲を失わせることになる」と述べた。[28] またレーガンは、米国が同盟国の要請によりＳＳ―20への抑止力としてＩＮＦの欧州配備を決定したため、ようやくソ連がＩＮＦ削減交渉に応じたことを引き合いに出して、即時凍結拒否の論理を正当化した。

一方で、レーガンは五月九日に行われたユーレカ大学卒業式における講演で、六月末までのＳＴＡＲＴ開始をソ連に呼びかけた。この講演では、先のステートメントよりも具体的な削減水準が示された。まず、第一段階で米ソの弾道ミサイルの弾頭を少なくとも現水準の三分の一にまで削減し米ソ同水準とし、ＩＣＢＭの弾頭は残った弾頭数の半数以下とすること。そして、第二段階で米ソの弾道ミサイルの投射重量を米国の現水準を下回る同じ水準にまで削減する、という内容だった。

これに対し、ブレジネフは一八日にモスクワで開催された第一九回コムソモール（青年共産主義同盟）大会における演説で、次の通り応えた。

一、ソ連は従来より他の案件と結びつけずに戦略兵器削減交渉を行う用意を表明して来たところであり、米大統領の交渉開始用意の表明は正しい方向である。

一、しかし、提案内容は全く一方的性格のものである。米が目下集中的に開発中の戦略兵器は対象外とせんとしている。〔中略〕米大統領の提案は、交渉の成功を目指すものではなく、米の対ソ優位を狙ったものである。

一、ソ連としては、新しい戦略兵器は全面禁止ないし最大限の制限を行うことを提案する。

一、ソ連は米ソ交渉開始時点より現有戦略兵器の数量的凍結及びその近代化の最大限の制限を提案する。(29)

このようにブレジネフは、レーガンの提案を「正しい方向」と受け取る一方、同提案がソ連にだけ戦略兵器削減を迫るものであり、米国の新規の戦略兵器近代化計画に何ら制限が加えられていない点を不服とした。また、INF交渉についてもブレジネフは二月の六項目提案とほぼ同じ立場を繰り返した。特に、「ソ連の東部地域配備の核兵器についても凍結ないし全廃せよとの要求はばかげている」として、アジア部のSS—20撤去を全面的に否定している。ソ連は、これらINFの制限ないし削減はソ連のミサイルが対峙している核手段を保有する国(米国、英国、フランス、中国)との交渉を通じてのみ対処し得るとの姿勢を貫いたのである。(30)

こうしたソ連の立場に対し、当然ながら日本政府は「今回ブレジネフ書記長が表明した立場は遺憾である」との見解を示した。(31)

「森の中の散歩案」

膠着状況を打開しようと、一九八二年七月には米ソINF交渉首席代表の非公式協議がジュネーブで開かれ、妥協案がつくられた。この妥協案の大枠は、米ソ両国が欧州地域に配備するINFミサイルの上限を双方七五基とするもので、協議の開催地にちなんで「森の中の散歩(The Walk in the Woods)案」と呼ばれた。

妥協案ではソ連側首席代表のクヴィツィンスキー(Yuli A. Kvitsinsky)が、ウラル山脈の東側および東経八〇度以西に中距離核ミサイルを新たに配備しないこと、また、東経八〇度以東において既に九〇基が配備されている中距離核ミサイルの数を増やさないこと。そして、欧州部配備のＳＳ—20を削減し、一九八七年までに七五基に制限することで米側に譲歩した。その見返りとして、米側首席代表のニッツェは西欧に配備予定のＧＬＣＭランチャーを七五基に制限すること、また、西独に配備されていた旧式の中距離核パーシングⅠの近代化計画の余地を残しつつ、新型のパーシングⅡを配備しないことを提案した(32)。

この非公式協議で、ニッツェはアジア部配備のＳＳ—20を現状で凍結することについて「中国、日本、韓国に対し、欧州における軍備管理がアジアを犠牲にして行われた訳ではないと言い得る」と考えていた(33)。これはアジア部配備のＳＳ—20の完全な撤去を望む日本にとって、不利な取引が米ソ間で行われることを意味した。

だが、「森の中の散歩案」が日の目を見ることはなかった。九月一二日に開かれた国家安全保障会議(National Security Council, NSC)の場で、レーガンはニッツェに対し「ソ連の『早い飛行体』〔ＳＳ—20—引用者注〕に米国の『遅い飛行体』〔ＧＬＣＭ—引用者注〕で対抗するのは公正でないし危険だと思う」と指摘した(34)。結局、ＩＮＦ交渉ではゼロ・オプションを追求し続けるというレーガンの決定を受けて「森の中の散歩案」は葬られたのである。シュルツ(George P. Shultz)国務長官も、この決定に同意した。

なお、「森の中の散歩案」に対しては、八月頃から保守派のワインバーガー(Casper Weinberger)国防長官やパール(Richard Perle)国防次官補を筆頭とする国防総省高官の多くが強い反対を表明していた。

その後、クヴィツィンスキーから米側に対する正式な接触はなかった。いずれにせよ、妥協案に望みを託そうとするニッツェの立場は時間の経過とともに政権内で孤立していかざるを得なかった。

九月二九日、米ソ両国の首席代表はジュネーブに集まりＩＮＦ交渉を再開させたが、この時までにクヴィツィンスキーもソ連国内の保守派により妥協案を潰されていた。モスクワは英仏の核戦力に対する完全なトレードオフが提供されないことと、ＳＳ—20の射程が欧州域外に制限されることを理由に妥協案を拒否した。こうして米ソの首席代表は妥協案に基づく交渉を諦めたのである[35]。

政治的兵器としてのSS—20

ソ連がアジア部に配備したSS—20は、日本や中国などのアジア諸国の領土をその射程に収めていた。表向きには、アジア部のSS—20も西欧に対するのと同様に、米国とアジアの友好・同盟国をデカップリング(離間)させることを狙った政治的兵器であった。

欧州部とアジア部でのSS—20問題の相違は、米国とその同盟国が取り得る防衛戦略の違いにある。ソ連が西欧諸国を武力攻撃した場合、通常戦力でワルシャワ条約機構(Warsaw Treaty Organization, WTO)に劣るNATOは、中部欧州での地上戦開始から数日目に戦術核兵器を先制使用し、相手側の補給路を寸断するという軍事戦略を有していた[36]。こうした柔軟反応戦略に基づき、西独は七〇年代にパーシングIaを配備した。のちに西独はSS—20の実戦配備を受けて、通常戦力だけでなく戦域核ミサイル戦力でも東西間に「際立った不均衡」が生じると警戒した[37]。西欧では、この不均衡を怖れる心理が米欧安全保障のデカップリングという問題を生じさせる要因となったのである。

これに対し、極東アジアの戦略環境はどのようになっていたのだろうか。まず、極東アジアで米ソの直接的な軍事衝突が起きた場合には、朝鮮半島を除いて陸上戦闘はほとんど想定されていなかった。米軍はソ連の原子力潜水艦と戦略爆撃機の西太平洋への進出を阻止する。また、米国本土に配備したICBMおよび西太平洋配備のSLCMと戦略爆撃機によりソ連の核ミサイル基地を攻撃する態勢をとる。このような軍事態勢を見る限りでは、アジア太平洋地域で米国が欧州戦域と同様に、日本や韓国などの同盟国にINFの地上配備を検討する必要はなかったと言えよう。したがって、米国がアジア地域において、ソ連のSS—20の削減と取引し得るようなINFミサイルは存在しなかったのである。

このことは、日本のゼロ・オプション支持の立場に直接関わる問題であった。とりわけ、非核三原則を維持してきた日本にとって、アジア部に配備されたＳＳ―20への対応策は、側面から米国のＩＮＦ交渉の方針を支持することのみであり、ほかに取り得る有効な選択肢は存在しなかった。ＩＮＦ交渉が欧州を主舞台とした問題であると同時に、日本側にソ連との取引材料が存在しない以上、日本の主張や立場を米欧諸国に理解してもらうには相当の外交努力を必要としたのである。

鈴木首相の認識

次に、アジア部のＳＳ―20問題に対する日本の対応について、問題が表面化した鈴木善幸内閣期から中曽根康弘内閣期にかけて、政治と事務の両レベルで対外協議の姿勢がどう変化したのかを比較検討しよう。

ＩＮＦ交渉の開始当初、鈴木内閣はソ連に対しＩＮＦを全廃すべきとの主張を繰り返した。一九八二年六月九日に、鈴木首相はニューヨークで行われた第二回国連軍縮特別総会で演説し、レーガン政権によるＩＮＦ交渉の開始を高く評価しつつこう述べた。

　最近ソ連が、高度の性能をもつ移動性中距離核兵器の配備を著しく増大したことにより、欧州においては、これに対応する中距離核兵器の配備計画を余議なくされております。また、それはアジアにおいても安全保障上の懸念を高めているのであります〔中略〕。

　私は、中距離核兵器について、昨年末よりジュネーヴにおいて、米ソ間で交渉が開始されたことを高く評価しております。この交渉を通じ、ソ連が地上発射中距離ミサイルをその全土からすべて廃棄し、これに対応して米国も欧州への配備を取りやめ、もって、欧州のみならずアジア、ひいては世界の安全保障が大きく高められることを求めるものであります(38)。

この演説で鈴木はＩＮＦ交渉を全面軍縮の一環として位置付けていた。しかし、ＩＮＦ交渉に言及した一節には、西側の交渉方針であるＮＡＴＯ二重決定に関する直接的言及はない。これは、鈴木が力ではなく話し合いによって問題解決を図る「和の政治」を貫き、国際情勢に対しても「ハト派」の姿勢を自認していたことと関係があるのかもしれない。

一方、鈴木が米ソ間の軍事力の均衡に立脚した軍備管理の現実を把握していた点にも留意すべきであろう。例えば、八二年一月二五日に開会した第九六回国会における施政方針演説の中で鈴木は次の通り述べている。

今日の国際社会が、力の均衡を基礎としていることは、否定できない現実であります。しかし、東西両陣営が競って軍備の増強を続ける結果となっては、人類の幸せは望むべくもありません。我々は、力の均衡が平和と安定を支えているという現実を認め、その均衡の維持に努めるとともに、その水準をできるだけ低くする努力を続けなければなりません。軍縮と軍備管理は、世界がこぞって努力すべき課題であり、それによって生じた余力を開発途上国への協力と世界経済の発展に向けていかなければ、真の平和は得られません。(39)

また、国連軍縮特別総会前の五月三一日に東京で行われた日中首脳会談で、鈴木は趙紫陽総理に対し、こう述べた。

米のレーガン政権は、ソ連の軍事力に対処していくためには、軍縮、軍備管理の交渉をするにしても、対ソ優位の軍事力を背景として交渉にあたらなければ、ソ連は真剣に交渉に応じてこないとの考えに立っており、そうしたアプローチで軍事予算等の増強をしているものとみている。(40)

こうした鈴木の言葉には、レーガン政権がソ連と軍備管理交渉を行う目的で、やむを得ず対ソ優位を築くため軍備のレベルアップを図っていることへの理解が示されている。すなわち、鈴木の国際情勢認識はすぐれて現実主義に基づいていたのである。

ところが、ＳＴＡＲＴやＩＮＦ交渉に対する日本の具体的な考え方に議論が及ぶと、鈴木の姿勢は急速に委縮してしまう。この時の会談でも彼は、「米ソが大局的世界平和の立場から話合うことにより、実りある実質的軍縮交渉になることを期待する」と述べるに止まり、日本政府としてアジア部のＳＳ―20配備の問題にどのように向き合っていくのか具体的に言及することはなかった(41)。

以上の発言を見る限り、鈴木は米ソの均衡に立脚した軍備管理交渉を理解した上で、ＩＮＦの全廃が欧州とアジアの安全保障を高めることにつながると認識していた。鈴木の軍縮論に欠けていたのは、日本の安全保障を脅かしつつあったアジア部のＳＳ―20問題に対して、日本がどのような外交アプローチから米ソ核軍備管理交渉にコミットするのかという基本戦略であった。

櫻内外相の立場

鈴木改造内閣で外相に就任した中曽根派の櫻内義雄《さくらうちよしお》も、ＩＮＦ交渉に対する日本のアプローチについて具体性に欠ける議論を行っていた。六月一日に東京で開かれた日中外相会談で、櫻内外相は黄華外交部長と国連軍縮特別総会に対する互いの関心について話し合った。この席で黄は、中国が本当の軍縮を主張しており、それが国際平和を擁護する努力と結びつけられなければならないと述べた。

彼が考えていた本当の軍縮のために有利な条件とは、第一に「国連憲章の準則を擁護し、世界のあらゆる地域での覇権主義に反対せねばならない。特に、武力で他国の主権と領土を侵犯する行為に反対しなければならない」。第二に、米ソの「二つの超大国が、大量の軍縮をしてから、他の核保有国、またその他の軍事力の大きな国家が、合理的に比例をとって軍縮しなければならない」。そして第三に、「世界の全ての国は、核保有国であるか否かを問わず、一律に平等の立場で、軍縮を協議し、参加し、監督する権利をもつ」の三点であった。(42)

軍縮に関する中国側の原則的立場を説明した黄に対して、櫻内はこれを理解し評価すると回答した。そして、ソ連の軍事力強化が続けば八〇年代半ばに東西不均衡が生じるため、レーガン政権が低いレベルでの軍事力の均衡を目指しつつ、ソ連との対話を行わなければならないという国際世論の認識を紹介した。

こうした認識を踏まえて彼は、米ソ間でSTARTの協議が始まり、INF交渉などが行われていることは良いことであり、日本としては「核保有国の核軍縮を最優先すべき」との立場を示した。また、日本政府として「核兵器開発の歯止めを含む核軍縮、核不拡散条約の普遍性の実現」などを国連軍縮特別総会で提起したいと語った。(43)

黄は、自国の核削減は米ソの核軍縮が開始されるまで棚上げとし、軍縮問題の解決に各国が平等の立場で参加することを主張して、核軍縮と通常兵器削減を結びつけようとする原則を理路整然と説明した。これに対し、櫻内の答えは軍縮に対する日本の大局的な見方を紹介したにすぎない。つまり、日本が核軍縮に向けてどのような働きかけを関係各国に対して行っていくのかといった具体的なアプローチを語るまでには至らなかったのである。(44)

国連軍縮特別総会の折、八二年六月九日にニューヨークで行われた日ソ外相会談で、櫻内は具体的なアプローチや交渉相手に対する取引材料を欠いた軍縮外交がいかに無力であるかを思い知らされることになる。この時の会談で、櫻内はソ連に対しアジア部配備のSS—20を撤去するよう直截に求めた。これに対し、グロムイコ外相は櫻内の要請をあっさりと退け、中距離核問題の核心は軍備管理についてのソ連との現実的協定に米国が参加する意志にあると反論した。(45) グロムイコは核軍縮問題を議論し合う相手として日本を見ていなかったのである。

これまで検討してきたように、鈴木首相と櫻内外相の主張には自らが政治的コストを負担することなく、日本に安全保障上の脅威を与えうるアジア部のSS—20が米ソ交渉で廃棄されれば良いとする姿勢が見え隠れする。注意しておかなければならないのは、アジア部のSS—20をINF交渉の成り行きに任せようとする姿勢は政治レベルに限ったことではなく、外務省の事務レベルにも共通していたことである。その一端は、当時の日ソ事務レベル協議におけるやり取りから窺い知ることができる。

国連軍縮特別総会の半年前、一九八二年一月二二日にモスクワで開かれた第二回日ソ事務レベル協議では、核軍縮交渉を含む国際情勢が討議された。本協議では、スタシェフスキー(Gennadi Stashevsky)国際機関部次長がINF交渉について「米側が我々にとり受諾不可能な提案を出すことにより交渉を長びかせ、他方では本件交渉を西欧における核兵器配備のための時間稼ぎのための政治的な衝立てとして利用しようとしている」と言及し、レーガン政権のゼロ・オプションを批判した。

これに対し、柳谷謙介《やなぎやけんすけ》外務審議官は、米ソ双方の努力で困難な交渉がまとまることを望むとした上で、「この交渉が欧州を対象とするに留まることは好ましくない」とコメントした。そして柳谷は日本側の希望としてアジア部に配備されているSS—20も含め、ソ連が全体としてINFを削減する立場で交渉に臨むことを期待した。しかし、柳谷のコメントに対し、ソ連側代表のフィリュービン(Nikolai Firiubin)外務次官は、ソ連のミサイルを撤去すれば、米国のミサイルが一方的に日本に残ることになりかねず、ソ連は自国の利益を守ることができなくなると反論し、ソ連のみが軍縮を行うことは起こり得ないとこれを一蹴した。(46)

国連軍縮特別総会を目前に控えた五月二一日には、軍縮問題を集中的に討議する日ソ事務レベル協議が開かれた。外務省の門田省三《かどたしょうぞう》国連局長を代表とする日本側は、ペトロフスキー(Vladimir Petrovsky)国際機関部長が率いるソ連側代表団に対し、ソ連全土からのSS—20撤廃を要請した。その上で、ソ連に合わせ米国もINFの西欧配備を撤回することが国際安全保障を高め、核軍縮につながると主張した。

だが、日本側の主張に対してソ連は全く取り合う姿勢を見せず、アジア部のＳＳ―20の問題はＩＮＦ交渉と別の問題であると反論した(47)。ソ連側は、米国による核抑止力の庇護の下、核軍縮問題で一切政治的コストを払わず、一方的にＳＳ―20の撤去を求めてくる日本政府を対等な交渉相手として見ていなかったのである。

以上の例を見る限り、鈴木内閣の下では事務レベルにおいても、アジア部のＳＳ―20問題の解決をＩＮＦ交渉の成り行きに任せるか、もしくは米国のゼロ・オプション固持を唯一の頼みの綱としていけば良いとする姿勢に安住していたと言えよう。

歴代首相の問題認識

ただし、このような姿勢は鈴木内閣に限ったことではなかった。桃井眞《ももいまこと》が指摘しているように、従来の日本の首相は「安全保障音痴」とさえ誤解をうけることもあった(48)。

例えば、具体的な時期は特定できないが、田中角栄《たなかかくえい》元首相は、ＳＳ―20の極東配備について「せっかく〔ミサイルが―引用者注〕あるんだからどこかに並べておくということだろう」と発言していた。田中は、ソ連からすれば北海道に上陸侵攻することよりもシベリアを開発するほうが得だろうと考えていた(49)。

ＩＮＦ問題が表面化しつつあった福田、大平内閣においても、時の首相がＳＳ―20の脅威を強く懸念していたという形跡は見られない。

全方位平和外交を推進した福田赳夫《ふくだたけお》首相は、一九七八年秋にシュミット首相や中国の鄧小平副総理と会談した際に、世界情勢について意見交換を行い「東西関係に世界の緊張の原因がある」という認識で一致した(50)。

近年公開された外交記録によれば、七八年一〇月一二日に行われた日独首脳晩餐会の場で、ソ連の中距離核について質問を受けた福田は次のように回答し、シュミットに間違いを正される場面もあった。

（シュミット）首相：日本がソ連の中距離ミサイルにどの程度脅威を感じているか、機会あらば御教示願いたい。(51)

（福田）総理：先般御質問のあったソ連の中距離ミサイルだが、これは主として西欧に向けて配置されているものであり、日本としてはさほど脅威を感じていない。

（シュミット）首相：それは大きな間違いである。八年前ならこの種のミサイルは地下壕内に固定されていたが、現在ではトラックで移動可能であり、その気になれば日本、中国、パキスタン、イラン、中東、西欧と全周辺地域を攻撃出来る。中距離核搭載爆撃機はもとよりどこからでも発進出来る。(52)

福田はこの年の八月に長年の懸案であった日中平和友好条約の締結に踏み切り、ソ連の冒険的政策に対する日米中提携を固めた。だが、財政家・経済政策家の福田にとり、外交の中心課題は第二次石油危機、日米核融合協力開発などエネルギー問題への対応や東南アジア諸国への開発援助、国際協調と自由貿易拡大へのコミットメントであった。(53)

福田内閣期には、防衛庁が有事法制研究を開始し、「日米防衛協力の指針」の策定作業が進む中で、初の日米共同訓練が実施された。一九七七年一二月には自衛隊の対潜・防空能力の増勢も国防会議で決定されている。しかし、かつては岸信介《きしのぶすけ》の改憲再軍備論に共鳴して政界入りした福田が、安全保障問題で自らリーダーシップを執ることはほとんどなかった。むしろ福田は「日本は軍事大国にならない」と宣言することで、アジア諸国との外交・経済関係の深化を有利に進めていった。この頃既に、アジア部でのＳＳ―20の配備が始まっていたが、福田内閣の対ソ外交の中心は領土問題と漁業水域問題への対応であり、そこにＩＮＦ問題が入り込む余地はなかった。

総合安全保障研究を含む九つの政策研究グループを立ち上げた大平正芳《おおひらまさよし》首相は、「日米安保・自衛力のほかに政治・経済・文化の総体の力で『日本はいい国だ』と思わせることが外国に侵略する気を起こさせない、つまり安全保障だ」と考えていた。

そのため、彼は福田内閣が研究を始めた有事法制についても、「軍事力だけを偏重する考えはとらない」として、現行法で有事対処ができるとの見解を示した。大平のこうした考えは一九七九年四月にスタートした総合安全保障研究にも反映され、「自衛力と日米安保条約というこれまでの軍事に重点を置く考え方に、非軍事的な要素――経済的アプローチ、さらには教育・文化などによるアプローチの可能性と重要性を探ること」が求められた[54]。

外交面において大平は、七九年四月のカーターとの首脳会談で初めて公式に米国が同盟国であることを表明した。福田の進めた全方位外交に対して大平はあまり感心せず、対米協力を自明のことと捉えていた[55]。また、同年のイラン・イスラム革命とソ連によるアフガニスタン侵攻を受け、八〇年一月の施政方針演説では「自由主義陣営の一員」としての日本の立場を強調した。モスクワ五輪ボイコットや対ソ輸出規制の強化、対イラン禁輸措置への協力など、大平は西側との協調を明確に示した。だが、他方で大平はソ連が侵略的な国家であるとは考えず、むしろ自己防衛の非常に発達した国と捉えていた。大平は、ソ連は「防御的国家だから、どこまでも自分の勢力範囲に入れておかないと自分のところを守れないという発想で、侵攻するのだ」というケナン(George F. Kennan)の思想に影響を受けていた[56]。

このような大平の認識は、七九年一二月に北京で開かれた日中首脳会談での発言にも垣間見ることができる。この席で大平は、日ソ関係について領土問題解決の気配が見えていないことは遺憾であるとしながらも、経済、貿易、文化その他の実務関係は堅実に伸びているとの見方を示した。また、大平はソ連の軍事動向について「ソ連は、北方領土に軍事力を増強しており、わが国はこれに重大な関心を持っている。なぜこの時期にそれが行なわれているのか不明であるが、ソ連は行動により平和をおびやかしている」と述べた。

大平は同時期にNATO諸国で対応が協議されていたSS―20の問題について関心を示さなかった。この問題については、華国鋒総理の方が深い関心を示していた。彼は「ソ連は西欧に対しSS20ミサイルを強化するなど装備を強化」しており、西欧諸国はこの脅威に対処するため自衛力を強化すべきであると考えていると述べた。また華は、産油国を有する中東という「弱い腹部」にソ連が攻勢をかけていることが欧州への迂回包囲の体制となっており、ソ連は戦わずして西欧諸国に勝つとの考えをもっているのではないかと分析していた[57]。おそらく華は、こうした洋の東西を問わないソ連のグローバルな戦略の一部としてSS―20の配備を見ていたのであろう。一方、大平は日本が「西側の一員」であることを自覚しながらも、自らこのような見方を示すことはなかった。

防衛庁の認識

これまで検討してきたように、鈴木内閣以前においても政治レベルではソ連によるSS―20の配備が西側離間を意味し、日本に対する安全保障上の脅威であるとの理解になかなか達し得なかった。他方、外務省の事務レベルも、日本がINF交渉の成り行きに任せる形でアジア部SS―20の撤去を求める、という消極的姿勢を最初からソ連側に見せてしまった。これでは、ソ連が何らの取引材料を持たない日本を交渉相手として見るはずもない。そもそもINF問題に関する米国やNATO諸国との具体的な連携や協力関係もなしに、独自の核抑止力を持たない日本がソ連全土からのSS―20撤去を要求すること自体、非現実的で戦略性を欠いたアプローチだったのである。

それでは、日本に対する軍事的脅威や国際軍事情勢を分析していた防衛庁はSS―20の配備を具体的にどのように認識していたのか。当時の『防衛白書』をもとに検討してみたい。

『防衛白書』にSS―20が初めて登場したのは一九七八年である。金丸信《かねまるしん》防衛庁長官の下で刊行された白書は、「ソ連の軍備のすう勢と西側の対応努力」と題する項において、SS―20の性能と脅威をこう論じた。

ソ連の核ミサイルの中で注目されるのは、一九五〇年代後半及び六〇年代初期に展開されたSS―4及びSS―5の代替とみられるMIRV弾頭とう載のSS―20である。同ミサイルは移動式のM／IRBMで、既に欧州及び極東に展開されつつあるとされ、これがNATO後方地域を効果的に攻撃することができるとの観点から西側諸国は懸念を深めている(58)。

この年の白書が論及しているのはSS―20が欧州に及ぼす脅威に対して、米国とNATO諸国が戦術核戦力の近代化を進めているという話であり、極東に展開されつつあるSS―20がアジア諸国に対してどのような意味をもつのかについては述べていない。

『防衛白書』がSS―20の対日脅威に初めて言及したのは一九八〇年版である。この年、大村《おおむら》襄治《じょうじ》長官の下で刊行された白書は、前年末にNATOの二重決定が行われたことを受け「戦域核戦力」を独立した項目として取り上げた。その中で白書は「今日、ソ連は、SS―20IRBM、バックファイア爆撃機といった、ソ連本土から西欧諸国や日本等の周辺諸国を直接核攻撃できる長距離戦域核戦力を保有するに至っている」と記した(59)。ここでもSS―20脅威への対応はNATO諸国の動向を中心にまとめられている。

白書はNATO諸国が戦域核戦力の近代化に着手したのは、「ソ連のSS―20やバックファイアといった新型兵器は、米国の戦略核戦力あるいはその国土に対して、核攻撃の脅威を与えることとはならず、ソ連が米国のヨーロッパの同盟国に対して、これらの兵器を使用するとの核の脅威を与えても、ソ連の国土に対する米国からの報復攻撃を受けるおそれを考慮する必要はない、との誤った判断をするかもしれないこと」を懸念しているからだと説明した(60)。これはシュミットのIISSでの講演に依拠した内容であり新味はない。

特筆すべきは、この年の白書で初めてSS―20の脅威に対して日本が取り得る対応が記されたことである。白書は「SS―20は、極東ソ連のほとんどの地域から日本全土を射程内に納めるとみられるが、わが国としては、米国の核抑止力に頼る以外に対抗手段を持ち得ないことから、緊密な日米安全保障関係を維持していくことによって、米国の核抑止力の信頼性を高めていく必要があろう」と述べた(61)。米国の核抑止力に頼るとの記述は、日米安全保障条約やそれに関連する法体系、核四政策、防衛計画の大綱、日米防衛協力の指針などから導き出されたものと考えられる。

ただし、当時の防衛庁は「自衛隊管理庁」と呼ばれていたことからも明らかなように、日本の核軍縮政策を所掌する官庁ではなかった。拡大抑止を含む日米安保体制に関係する政策は基本的に外務省が管轄していることから見て、防衛庁が独自にSS―20問題への対応に関して踏み込んだ見解を示すことは難しかったであろう。八一年版の『防衛白書』では先に引用した文章の後段が削除されて、単に「移動式で命中精度の高いSS―20は、極東ソ連のほとんどの地域から日本全土をその射程に収め得るとみられている」と改められた。なお、八二年版の白書でも同様の記述が踏襲されている(62)。

伊藤宗一郎《いとうそういちろう》防衛庁長官の下で刊行された一九八二年版の『防衛白書』は、INF分野でソ連が米国に対して「既に優位に立っている」との認識を示した。その上で、白書はソ連が「SS―20を一週間に一基以上の割合で配備し、バックファイアを月間約二・五機の割合で配備してきている(63)」「戦域核戦力としては、SS―20やバックファイアがそれぞれソ連全体の四分の一～三分の一程度〔極東に―引用者注〕配備されている(64)」と具体的数値を用いた推測を掲載している。また、SS―20の性能についてこれまでの見解を修正し、「優れた性能を有しており、旧来のSS―4及びSS―5の改良型というよりむしろ画期的なIRBM」と記した(65)。

さらに、八一年一一月末に米ソのINF交渉がジュネーブで開始されたことを受け、「最近、西欧を中心に核をめぐる国際的論議が高まっているが、SS―20ミサイルが極東に配備されていることもあって、米ソ交渉の動向について注目していく必要がある(66)」と記述している。こうした表現は、日本国民に対してINF問題への関心を喚起しようとしていたものと思われる。

しかし、これまで検討してきたように防衛庁のSS―20問題に対するアプローチは、あくまで国際軍事情勢の中でのINF問題の位置付けや、核ミサイルの性能、増勢の推移を分析することに主眼が置かれている。したがって、この問題を解決するために防衛庁が独自の政策を練ることはなかったと考えられる。当時の防衛庁の主な課題は、ミグ25事件を受けた低空域警戒監視能力の強化、在日米軍駐留経費負担の増額、シーレーン防衛に必要な装備品調達、日米共同訓練の実施などであり、SS―20の脅威に対して防衛庁・自衛隊が出る幕はなかった。

二　中曽根内閣によるINF問題への対応

中曽根内閣の成立

一九八二年一〇月一二日、鈴木首相は翌月に予定されていた自民党総裁選への不出馬を明らかにし、退陣を表明した。当時、日米関係は鈴木の「同盟関係は軍事的意味合いを持つものではない」という発言が米国に不信感を抱かせただけでなく、米国からの武器技術供与要請に対し一年以上も決断を下せなかったことなどを背景に冷え切っていた。また、朝鮮半島における安全保障を確保し、韓国の軍事的負担を肩代わりする意味合いで韓国に対し日本が経済協力を行うための協議も、鈴木の指導力不足で政治決断できない状況であった。

鈴木の退陣表明から一カ月後の一一月二四日に行われた総裁予備選挙では、中曽根康弘が、河本敏夫《こうもととしお》、安倍晋太郎《あべしんたろう》、中川一郎《なかがわいちろう》を抑えて圧勝し、翌日第一一代自民党総裁に就任した。

一一月二七日に発足した中曽根康弘内閣は、八三年一月一一日の首相訪韓で素早く経済協力問題に決着を付け日韓関係を修復した。続いて、中曽根は一月一七日に訪米し、レーガンとの首脳会談で日米同盟を再確認し、両国が太平洋を挟んだ「運命共同体」であることを表明した。また、一九日のワシントン・ポスト紙との会見で、中曽根は日本列島のまわりに側壁を設けてバックファイア爆撃機などの侵入を許さず、有事の際に三海峡を封鎖するという「不沈空母」の考え方を示した。こうした中曽根の発言は、訪米前に決定された防衛費増額と対米武器技術供与の実施と併せて、米側の対日不信感を一気に吹き飛ばすほどの効果があった。[67]

さらに、中曽根内閣はアジア部ＳＳ―20問題に関する前内閣までの消極的な対応を一八〇度転換する。まず、中曽根自身が米欧の戦略観、とりわけＮＡＴＯ核抑止戦略の理解者であった。[68] また、中曽根がかつての防衛庁長官の経験（第三次佐藤栄作内閣）から、デタント下でも増強の著しいソ連太平洋艦隊の海軍力が日本に対する政治心理的な強制の道具となり得ることを指摘していたことも注目に値しよう。[69]

こうした認識を基に中曽根は、一九八三年一月二四日の施政方針演説において、核軍縮問題に対する自らの考えを明らかにした。中曽根は「世界の平和と安全は、核兵器を含む力の均衡によって維持されて」いる現実を直視し、「このような恐怖〔による均衡―引用者注〕から脱却することが、全人類の念願であり、軍縮は、この均衡の水準を、確実な保障のもとに、可能な限り引き下げる現実的な努力」であると位置付けた。そして、「わが国の使命として、国連活動等を通じて、軍縮の一層の推進を強く訴えてまいりたい」と表明した。[70] この一週間前に、中曽根はレーガンとの初会談でＩＮＦ交渉でのグローバルなゼロ・オプションに対する支持を再確認していた。[71]

中曽根のＩＮＦ交渉に対する認識については、外相の安倍晋太郎も共有していた。一九八四年六月一二日に安倍は、日本の閣僚として初めてジュネーブ軍縮会議で演説しＩＮＦ交渉のグローバルな解決を強調した。演説後の会見で安倍は「現実には『力の均衡と抑止』が平和をもたらしているが、これだけではなく、軍縮、核廃絶に結びつける外交の力が必要だ。『均衡と抑止』に安住するのは危険だ」と主張している。[72]

また、八四年九月に刊行した著書の中で、安倍は一九八〇年代最大の日本外交の課題は平和と軍縮であると述べた。特にＩＮＦ交渉については、「米国とソ連両国だけの問題ではなく、またヨーロッパだけの問題でもない。

アジア、日本との関係においても非常に重大にとらえなければならない問題」であると力説した。そして、「日本としてはこの中距離核の問題は、アジアとかヨーロッパとかいうことではなくて、グローバルな形で取り上げるべきだ」と強調している(73)。

こうした安倍の主張は、前述した中曽根の施政方針演説における軍縮推進論と基本的に一致するものであろう。安倍は三年間にわたり中曽根内閣の外相に留まり、外務省に対する影響力を確固たるものにした。安倍が自民党内派閥の領袖であり、外交政策面での党内の異論を抑え、首相との連携を強化できたことも自らの積極的な外交を可能にした一因であろう。当時、外相秘書官を務めた安倍晋三《あべしんぞう》によれば外遊回数は三九回に及んだ(74)。

中曽根外交に寄与する形で、安倍が自らの「創造的外交」を展開したことから見ても、外交政策を巡って首相と外相との間で大きな意見の不一致はなかったものと考えられる。当時、外務省出身の首相秘書官であった長谷《はせ》川和年《がわかずとし》の証言によれば、安倍自身が「中曽根・安倍外交」の柱に自らを位置付ける機会も多かった(75)。

以上の通り、中曽根内閣では首相、外相ともにSS—20の問題はアジア部を除外せずグローバルに解決されるべきだとする考えを前提として対外交渉を推進した。そして、目標実現のためには日米同盟の強化、防衛費増額、NATOの二重決定支持といった当時の国内世論からすれば不人気な政策も着実に実行し、自ら政治的コストを払うことも厭わなかった。

従来の日本の首相とは異なって、アジア部SS—20問題を米ソ交渉の成り行き任せにせず、西側結束を固め東側とも対話を確保するという中曽根の外交姿勢は、グローバルな安全保障問題にコミットしているという日本の立場を次第に鮮明にしていくこととなる。

アンドロポフ構想——SS—20の極東移転案

INF問題に関し、日本が積極的な対応を迫られる契機となったのは一九八二年末に浮上したソ連のSS—20

極東移転案であった。当時、開始から一年を経たＩＮＦ交渉は、依然として膠着した状態が続いていた。

一九八三年一月一二日、ソ連のアンドロポフ共産党書記長は、西独のフォーゲル(Hans-Jochen Vogel)社民党党首に対し、米国がＩＮＦの西欧配備を中止すれば欧州部のＳＳ―20を七〇基削減し、撤去した後のＳＳ―20を極東アジア部に移転すると発言した[76]。この提案が実行されれば、アジア部のＳＳ―20の総数は既に配備された一〇〇基と合わせて一七〇基に増加することになる。さらに移動式ランチャーに乗せられたＳＳ―20は、アジア部から欧州部への再移動も可能となる。すなわち、ソ連が欧州で削減したＳＳ―20を廃棄せずに、国際軍事情勢の変化に応じ欧州・アジア間でミサイルを移動させることによって、そのつど米欧・日米の離間を図る可能性が生じたのである。

ただし、当時の米国から見るとＩＮＦ西欧配備に反対するソ連の宣伝工作や中東でのソ連の影響力強化など米ソ関係全般に関わる問題の方が、ＳＳ―20の極東移転問題よりも優先順位が高かった[77]。こうした状況で日本がＳＳ―20極東移転を重大な脅威として強調すれば、ＮＡＴＯの二重決定に従いソ連との妥協を探っていた米欧諸国の立場から日本が孤立する可能性があった。当時、米欧諸国首脳はゼロ・オプションの早期実現が困難であると考え、欧州部先行でＳＳ―20を削減するという暫定協定の検討に入っていた。

アンドロポフの発言は西欧諸国のＩＮＦ交渉妥結への期待を高め、米国に暫定協定の検討を急がせた。しかし、このことは同時にゼロ・オプションの実現を先送りにする可能性を高めるものであった。米ソ間で暫定協定に基づく合意が成立すれば、ソ連が旧式のＳＳ―４とＳＳ―５を全廃し、欧州部配備の二三〇基のＳＳ―20を半減する。その見返りに、米国はパーシングⅡの西欧配備を中止し、ＧＬＣＭの配備計画を縮小しなければならない(ゼロ・プラス・オプション)。だが、この暫定協定ではアジア部に配備されていたＳＳ―20が現状の数のままで凍結され、レーガンのゼロ・オプションを支持する日本の立場が損なわれることを意味していた。

ルンスＮＡＴＯ事務総長との協議

このような流動的な情勢下で、日本はＳＳ―20の極東移転案を問題視し、ソ連に妥協しないよう西欧諸国に働きかけを開始した。それは、中曽根内閣の発足から間もない一九八二年一二月のことであった。首相就任直後、中曽根はＳＳ―20の極東移転が外交上の重要な問題であることを認識した上で、自身の政権で打開する考えを持っていた(78)。日本の西欧諸国への働きかけは、事務レベルからスタートした。

この年のＮＡＴＯ外相理事会の後に、日本はＮＡＴＯとの間で直接協議の機会を得た(79)。一二月一三日、徳久茂《とくひさしげる》駐ベルギー日本国大使は、ルンス(Joseph M. Luns)ＮＡＴＯ事務総長をブリュッセルの同機構本部に訪ねた。この時の協議で、徳久はＮＡＴＯとワルシャワ条約機構がゼロ・オプション以外の中間的解決を図ろうとしていることに懸念を示し、ＩＮＦ交渉は世界的規模で行われなければならないとする日本政府の考え方を伝えた(80)。

これに対して、ルンスは日本政府の心配は無用であることを保証するとした上で、ＩＮＦ交渉ではアジア部に既に配備されたＳＳ―20を含めグローバルな観点から議論を行っていると答えた。しかし、彼は日本側に対し、ＳＳ―20全廃への過大な期待を抱かせないように留意していた。この時、ルンスはソ連がゼロ・オプションを完全に受け入れる可能性は極めて低く、ＮＡＴＯとしてはＩＮＦの大部分を削減するよう努力したいと答えるに止めた。さらに、彼は「ＳＳ―20が全体として一〇〇基に減り、そのうち七〇基が欧州向け、三〇基が極東向けであるといった事態の方が現在の状況よりましであることも確かである」とＮＡＴＯ側の考え方を伝えた(81)。ルンスはソ連のＳＳ―20を全廃することがいかに難しいかを日本側に理解させようとしたのである。

なお、このＩＮＦ問題に関する徳久とルンスとの協議に際して、官邸からの指示は特に出されていない。中曽根自身も、当時このような協議が行われたことについて外務省から知らされていなかった(82)。

西欧諸国との連携

次に、政治レベルでのグローバル・ゼロ解決への働きかけについて検討しよう。その端緒となったのは、一九八三年一月の安倍訪欧時の日英外相会談および日・西独外相会談である。(83) 安倍は一月四日に英国のピム(Francis Pym)外相と会談し、核軍縮・軍備管理問題につき討議した。当時、サッチャー(Margaret H. Thatcher)政権はNATOの二重決定に基づき、INF交渉が成功しない場合には八三年末から米国のGLCM一六〇基を受け入れる立場にあった。

本会談では、ピム外相が「八三年の最重要課題は核軍縮、軍備管理問題である」と切り出した。そして、彼はソ連の中距離核の一部たりともアジアに向けられることになれば極東の安全に重大な影響が生じるとの認識を示した。その上で、INF問題にはグローバルなアプローチが不可欠であり、米欧の努力に対する日本の支持を期待すると述べた。(84) こうしたピムの言葉は、西側結束を図ることを目的として訪欧した安倍にとって大きな収穫であった。

そのことは、会談記録に記された安倍の回答からも読み取ることができる。この席で安倍は、安全保障問題への包括的取り組みに対するNATOの寄与を高く評価し、ゆえに日本も西側がINFのグローバル・ゼロ・オプションを堅持・貫徹することを期待していると答えた。(85) ピムが先述の通り日本からの支持に期待を示したことは、後に中曽根が西側の安全不可分を主張するのに際し、日本の国際安全保障への積極的関与を後押しする「追い風」ともいうべき発言であった。

六日、安倍は西独のゲンシャー(Hans-Dietrich Genscher)外相と会談し、アフガニスタンやポーランドなどの政治問題について討議した。また、INF交渉についても活発な意見を交わした。西独は八二年一〇月にドイツ社会民主党(Sozialdemokratische Partei Deutschlands, SPD)のシュミット政権からキリスト教民主同盟(Christlich-Demokratische Union, CDU)のコール(Helmut J. M. Kohl)政権に交代して間もない時期であった。コール首相は前政権の政策を継承し、八三年末からパーシングII一〇八基およびGLCM九六基の国内配備に応じる構えであった。
会談でゲンシャーは、ソ連のアフガニスタン侵攻の泥沼化と戒厳令下のポーランドにおける政治経済的困難によって、共産圏内では予想を超える行き詰まりが生じているとの見方を示した。また、その際、ソ連は共産圏内での困難から西側の注意をそらすためにSTARTとINF交渉を利用して米欧離間を図ろうとしていると述べた。そして、INF交渉については、八三年末に西欧へのミサイル配備が実施されるとソ連が確信した時に初めて良い結果が出るだろうと断言した。(86)

こうした分析に対し安倍はおおむね賛意を示した。ただし、ゲンシャーがSS—20の極東移転について言及しなかったことに対し、日本側から注意を喚起する意味で、安倍はこう主張した。「SS—20に関するわが国の立場は、これをソ連全土を対象として撤廃すべきということであり、欧州から撤去されたミサイルが極東に配備されたのでは、極東の安全に対する重大な脅威となる」。また、安倍は「その意味で、アンドロポフ提案は危険な要素であり、わが国としては米国の主張するゼロ・オプションをあくまで支持する」と述べ、INF問題に対する日米間の結束の固さをゲンシャーに示したのである。(87)

これに対し、ゲンシャーはアジア部の問題にまで配慮する余裕がなかったのか、「ゼロ・オプションは独の発明である」と答え、あくまで米国の提案がレーガンのオリジナルではないことを強調するに止めた。(88)

安倍=ゲンシャー会談では、先の日英外相会談に比べると日本側の成果は乏しいように思われる。だが、少なくともSS—20の極東移転は日本にとり容認し難い事態であり、ゼロ・オプションに基づくSS—20のソ連全土からの撤廃以外にINF問題の完全な解決はないとする立場を西独側に認知させ得たことは間違いない。

以上のように、安倍の欧州歴訪時の外相会談では、極東移転に基づく暫定的解決案に西欧諸国が乗ぜられないようにするため、西欧との間でグローバル解決を確認するという日本の初期目標は達成されたかに見えた。帰国後の国会で安倍は「今回の訪欧を通じて、日欧間の相互理解を一段と深めることができた。〔中略〕政治面での協力を一層充実して、建設的な協力関係を築いていくよう尽力したい」と述べた[89]。

ゼロ・オプションをめぐる認識相違

ところが、こうした安倍の外交努力を水泡に帰すような事態が進行しつつあった。というのも、米欧首脳は早期のゼロ・オプション実現を困難と考え、欧州部先行でSS—20を削減するための暫定協定の検討に入ったからである。ここで、米欧指導者のINF削減交渉に対する立場の相違、すなわち「ゼロ・オプション堅持」か「暫定協定推進」かをめぐる主張の違いについて触れておこう。

まず、レーガン大統領は一月二五日の教書演説で、INF全廃を強調しつつ、ソ連との軍備削減を達成するため西側が断固たる姿勢を維持することの重要性を説いた[90]。しかし、レーガンが同演説においてゼロ・オプションを交渉の最終目標として位置付けていたことは、米国が早期にINF全廃を実現するのは難しいと考えていることの証左であった。

一月末には、ジュネーブでのINF交渉に出席するニッツェと欧州歴訪中のブッシュ(George W. H. Bush)副大統領が、米国はゼロ・オプションに固執しないとの考えを示した。彼らは、SS—20の極東移転がINF交渉全体に関わる問題でないと認識していた[91]。米国は、西欧諸国もSS—20の極東移転を肯定的に評価しており、暫定協定を求める欧州の空気は無視できない状況にあるとの認識から、極東移転をめぐり欧州とアジアとの利害対立が表面化することに懸念を抱き始めていた[92]。

ジュネーブでINF交渉が再開されると、西欧諸国もゼロ・オプションに固執しない米国の意向を汲み、暫定協定の早期実現へ向け協議を開始した。一月二八日にはコールがレーガンに書簡を送り、INF交渉で合意を達成するために米国がゼロ・オプションにこだわらず、暫定協定による合意の可能性を探るよう要請した[93]。これを受けて三一日、ボンで行われたコールとブッシュの会談では、二重決定とゼロ・オプションを再確認するとともに、両国は真の核軍縮を実現するために暫定協定を含むあらゆる可能性を検討する意向を表明した[94]。

当時、西独ではコール政権発足後初となる議会総選挙を三月六日に控えていた。結論を先取りすれば、総選挙でコールが率いる保守勢力が圧勝し、パーシングⅡの配備反対へと政策を一八〇度転換したSPDが敗北したため、八三年末のミサイル配備に向けて政治的環境が整うことになった。

だが、この年コールはソ連の平和攻勢に刺激された国内の反核運動を無視できない政治状況であった。保守政権安定後の六月には西独国内で反核デモ隊と警官隊が激しく衝突する事態が発生した。こうした事態を受けて、野党のSPDはパーシングⅡ配備の実施はINF交渉の結果を待たない見切り発車だとコール政権を攻撃した。これに対し、国内世論の分裂を見かねたコールは、INF交渉期間中のパーシングⅡ配備はあり得ないと議会で答弁せざるを得なかった[95]。このような状況を踏まえると、コール政権にとってゼロ・オプションは保持しつつも、暫定協定の実現に向けた方向性が定められれば、パーシングⅡ配備をめぐる国内の政治的混乱を緩和できる可能性も見出すことになったであろう。

西独に次いでGLCMの受入国となる英国も、INF交渉で暫定協定を模索すべきと考えていた。二月九日、サッチャーはブッシュとの会談で暫定協定に賛意を示した。ただし、サッチャーは米国が交渉の最終目標であるゼロ・オプションを断念せずに、ソ連側のINF削減と米側のINF配備数の削減とが欧州での均衡を維持できるような暫定協定を探るよう要請した[96]。この年、サッチャー政権も議会総選挙を六月九日に控えていた。国内の反核運動を意識して「総選挙戦の準備期間中、あるいは選挙戦の期間中でデモのために警察力が手薄になっている時に、〔GLCM―引用者注〕配備の兆候がはっきりと見える事態は避けたい」というのがサッチャーの希望だった[97]。

以上のように、アンドロポフの提案が西欧諸国にINF交渉早期妥結への期待感を高め、米国に暫定協定による解決を急がせたことは、ゼロ・オプションの実現を困難にする可能性を秘めていた。かりに暫定協定が成立すれば、ソ連が欧州部のＳＳ―４とＳＳ―５を全廃しＳＳ―20を半減する見返りに、米国はパーシングⅡとＧＬＣＭの西欧配備を中止しなければならない。これに加えて、暫定協定ではアジア部配備のＳＳ―20が現状凍結されることが確実となるため、ゼロ・オプションを支持する日本の立場が損なわれかねなかった。一月三〇日、外務省はＩＮＦ交渉が暫定協定を軸に動き出すことになれば、ゼロ・オプションを支持してきた日本は「二階に上げられてハシゴを外されたようなみっともない格好になる」と強い不快感を示した(98)。

暫定協定に関する日米協議

米国がＩＮＦ交渉をめぐって日本と西欧諸国の間で「板挟み」の状況にある中、シュルツがアジア諸国を歴訪しこの問題の収拾に当たった。シュルツは一月三一日に訪日し、中曽根、谷川和穂《たにかわかずお》防衛庁長官、安倍と個別に会談した。一連の会談でシュルツは、暫定協定に関して米国が日欧間で「板挟み」となる状況を解消しようとした。

シュルツは、まず中曽根を表敬訪問した。総理官邸で開かれた会談で、シュルツは次の通り述べた。「平和の基礎は『力』であり、交渉能力の背景にも『力』がある。必要とする『力』を達成するため、貴総理が種々の措置を執っておられることを高く評価している。日米両国はソ連の脅威によりおじけづかされる(intimidate)ことはないことをソ連は知るべきである(99)」。

シュルツは日米同盟の強固さをこう評価した上で、ＩＮＦ問題についても世界的観点から交渉を行っており「ヨーロッパにとっては好ましいことであっても、世界のこの地域(東アジア)にとって好ましくないものであれば、合意することはない」と言明した(100)。シュルツの力強い発言に対し、中曽根はこれを「欣快《きんかい》に耐えない」と評し、彼の発言を日本国民に知らせ得ることは大きな喜びであると答えた(101)。

続いて開かれたシュルツと谷川との会談では、谷川が日本の関心事を考慮に入れてＩＮＦ交渉が行われることを希望し、ＳＳ―20の極東移転に反対する姿勢を示した。これに対し、シュルツは日本の関心事を念頭に置いて、米国は欧州同盟国の全会一致の支持とともにグローバルな立場でＩＮＦ交渉に臨むと約束した。また、彼は「ソ連は西側を脅かすことと、その閉鎖的思考から自らの不十分性を証明するような表面的提案を試みる。この文脈でソ連は欧州配備のＳＳ―20をアジアに移転し日本を脅かそうとしているのだ」と指摘した(102)。

この指摘からは、シュルツがＳＳ―20の極東移転を喫緊の軍事的脅威ではないと認識していたように思われる。シュルツの随行者も、米国は日本に対しアジア部配備のＳＳ―20の撤去を含む解決案に同意するとの言質を与えなかったと表明し、ゼロ・オプション以外でもソ連と妥協する方法が存在し得ることを示唆した(103)。ところが日本側は、シュルツがＳＳ―20極東移転の阻止と同時に、後述するアジア部配備のＳＳ―20の撤去も交渉対象にすべきだとする日本側の要望を受け入れたと思い込んでいた(104)。つまり、米側はＩＮＦ交渉をめぐる日欧間での「板挟み」を解消できると自信を深めたのに対し、日本側は米側からゼロ・オプションの確約を得たと誤解していた。ここで米国と日本の問題認識に明確な落差が生じていたのである。

安倍はこうした日米間の認識落差に気づき、これを埋め合わせるために、外相会談の場で、極東移転阻止だけではなく、アジア部配備のＳＳ―20の撤去をＩＮＦ交渉で取り上げるようシュルツを説得した。安倍は「ＳＳ―20をウラル以東の極東に向けるとの話は、論外である」と同時に、アジア部に配備されたＳＳ―20が手つかずでは、真のＩＮＦ削減にはならないとする立場を示した(105)。

安倍の説得に対して、シュルツはようやく「本件に関する日本の見解を理解した。削減に際しては、グローバルな観点から全体的レベルの削減をはかりたい」と答えたのである(106)。会談の終わり際に、安倍がシュルツの回答は日本に安心感を与えると言及している点から見ても、この場で日本側に不利な提案はなされなかったものと考えられる。

これに加えて重要なのは、本会談でソ連による日本国内の世論操作が議題に上ったことである。安倍はソ連が一月の日米首脳会談について「軍事同盟」とレッテルを貼り、さらに中曽根首相の「不沈空母」発言を「軍国主義化への道」と批判したことを、「日本の国内世論の分断」を図るものとして糾弾した。こうしたソ連の対日世論工作に対応するため、安倍は米国の核軍縮交渉への努力について、国会や国民に正確に説明できるよう、米側の情報を早急に日本政府に知らせてほしいとシュルツに依頼したのである。

するとシュルツは「交渉の過程で生ずる進展については、逐一情報を提供したい」と述べ、安倍の要請に応じる構えを見せた。安倍はこの回答に納得した上で「ソ連は、恫喝等あらゆる秘術をつくして世論工作を行っており、我々政府としても、自信をもって対応していくために、情報提供は是非とも必要である」と述べた[107]。こうした安倍の強い意向に対して、シュルツも日本側関係者への詳細なブリーフィングを行いたいと答えた。そして、日本の国会と世論に対して、米国が提供している公表・不公表の資料も明確にした上で、レーガンが軍縮交渉の達成を意図していることを明らかにしたいと付言した[108]。日米両外相は、ソ連による対日世論操作に共同で対処する姿勢を固めたのである。

外務省による対応策の検討

シュルツ国務長官の訪日によって改めて浮き彫りとなった日米間の認識落差は、ゼロ・オプションの早期実現に期待を寄せてきた外務省の懸念を一層強めることになった。例えば、二月九日付の国連局軍縮課の内部文書では、ＩＮＦ交渉に関する米ソ両国と西欧諸国の動向を踏まえ、次のように日本の立場を説明している[109]。

まず、米国に関しては二月四日にブッシュ副大統領がジュネーブで行った演説で「ソ連のいかなる建設的提案にも最大限真剣な検討を行っていく」と発言した点に注意を向けた。またレーガン大統領による米ソ首脳会談開催の提案は、ソ連を受け身の立場に追い込む意味で評価しうると述べている。

次にソ連については、アンドロポフ書記長による提案の問題点を指摘した。外務省は欧州部における米ソのＩＮＦ戦力が均衡しているとするソ連の主張が事実に反し、英仏の核ミサイルがＩＮＦ交渉の対象になり得ない点を再確認している。つまり、ソ連のＩＮＦ戦力が米欧側よりも圧倒的に優勢であるということである。これに加えて、「高性能・移動性のＳＳ―20は、欧州部から他へ移転するだけでは不十分。同時に極東の安全にとって脅威」であると記した。

そして西欧諸国の動向について、外務省は暫定協定の可能性に強い反応を示した。文書は「一月ゲンシャー独外相、サッチャー英首相等が、ゼロ・オプションを基本としつつも段階的、あるいは中間的解決策もありうる趣旨の発言」をしたと明記している。ここには、ＳＳ―20極東移転というソ連の西側離間策に西欧が乗ぜられるのではないかという外務省側の不安を垣間見ることができる。

こうした動向を踏まえ、外務省はわが国の立場としてＳＳ―20問題で欧州と極東との間で解決に差がつけられることに対し、以下の通り強い懸念を示した。

極東のＳＳ―20等中距離核兵器の廃棄は我が国にとり重要。交渉の結果欧州向けＳＳ―20が極東へ移転されれば我が国の安全保障に重大な影響。その他欧州におけるＳＳ―20については削減が行われ、アジアのＳＳ―20は手つかず等の「アジア軽視」の感情を高めるような解決も我が国にとって困難な問題を惹起。[110]

ここで言及されている「我が国にとって困難な問題」とは、同盟国である米国との相互信頼関係に亀裂が入ることを意味する。当時、日本は米国との同盟関係を強化し始め、特に海上・航空防衛面での任務・役割の分担を深化させる途上にあった。日本も米国からＮＡＴＯ諸国に対するのと同様に防衛支出の増額を求められていた。

このようにソ連の極東での軍備拡張に対応するため、安全保障面で日米間の信頼性を高める必要に迫られている時期に、ＩＮＦ交渉が欧州部とアジア部において全く異なる方法で解決されることは、日本にとって決して望ましい展開ではない。こうした事情を勘案すれば、右の懸念は同盟国である米国に対する一つの警句とも受け取られるであろう。

とはいえ、ＩＮＦ交渉の当事者ではない日本の直接的な働きかけの手段は限られていた。それは「ゼロ・オプションを支持するとともに、世界的な観点に立ち我が国を含む極東の安全保障が損なわれないような形で解決が図られることを期待」するという外務省の記述に示されている。(111) つまり、外務省にできるのは米国のみならず西欧諸国とも緊密な連携を図り、その中で日本政府の立場に対する西側諸国からの賛同を得るための外交努力を執念深く継続することだったのである。

前述した軍縮課の「アジア軽視」に対する懸念は、二月一〇日にジュネーブ軍縮委員会で行われた今井隆吉《いまいりゆうきち》大使(軍縮委員会日本政府代表部)の演説の中でも示された。今井は、軍縮交渉に当たって「力の均衡を維持しつつ、その均衡を可能な限りより低い水準に引き下げていくことが肝要」であることを前提に、ＳＴＡＲＴおよびＩＮＦ交渉の実質的進展を図ることを米ソ両国に要請した。そして、アジア部ＳＳ―20のＩＮＦ交渉での扱いについて次の通り主張した。

我が国は、かねてよりソ連の高性能かつ移動性のＳＳ―二〇に代表される中距離核ミサイルがソ連全土において撤廃されるべきことを求めてきております。中距離核戦力交渉の結果、アジアに向けて既に配備されているＳＳ―二〇に加え、欧州向けに配備されているミサイルが極東に移転される場合には、アジアの平和と安全にとって更に新たな脅威がもたらされることが懸念されます。〔中略〕我が国は、本件交渉については、米ソ双方があくまでも世界的な観点に立って、欧州はもとより我が国の位置する極東を含め世界各地域の安全保障が損われないような形で解決が図られることを強く求めるものであります。(112)

今井はこの演説でＳＳ―20の極東移転の可能性を示唆したソ連指導者の発言を遺憾とし、ＳＳ―20の削減および撤去に関して、欧州とアジアの間で解決に差をつけないことの重要性を説いたのである。

外務省の「試論」

ここに至り、外務省の調査企画部は具体的な対応策を検討すべく「極東におけるSS—20への対応(試論)」と題する文書を二月一六日に作成した[113]。なお、当時の調査企画部長は岡崎久彦であったが、文書の起案者は企画課長とのみ記されている。以下では、この文書に依拠しながら外務省事務方がアジア部SS—20問題をどのように捉えていたのかについて検討しよう。調査企画部の文書は「ゼロオプション支持」を起点として、「欧州から極東移転」「極東に既配備のSS20への対応のオプション」「オプションの検討」の四部により構成されている。

まず、「ゼロオプション支持」では、日本は「この方式によってINF交渉が妥結することが我が国の安全保障にとって最も望ましい」と記した。外務省は、いわゆる中間案(暫定協定)等が言われるようになったが、「現時点においても欧州諸国を含めゼロオプションを支持することが基本的立場であることは一致しており」、我が国として現在のところゼロオプション支持の基本的態度を修正しなければならない状況ではない、と現状認識を綴っている。しかし、その半面で「ゼロオプションではソ連との間の交渉の進展が望めないので何らかの別の方法を考えるべきであるという動きは、特に欧州において現実のものとしてあり、今後米国が米欧関係を考慮してその方向に進む可能性も排除されないところ、かかる場合における我が国の対応は考えておく必要がある」と判断した[114]。

次に、「欧州から極東への移転」では、暫定協定で解決が図られた場合、日本はSS—20の極東移転と、アジア部に配備済みのSS—20の問題を分けて考える必要があると説いている。前者の問題については、アジアの安全保障を犠牲にしたINF交渉の妥結に反対するという日本の主張が米欧諸国に対しても説得力を持つと判断された。しかし、後者については日米欧の間で十分な認識の共有ができていないという問題が指摘された[115]。

そして、「極東に既配備のSS20への対応のオプション」では、暫定協定に基づいてINF交渉が進められる場合、アジア部のSS—20が欧州部のそれと同様に削減される保証は全くないという認識を示す[116]。だが、交渉の成り行き次第でアジア部SS—20が現状凍結されれば、ソ連の対日脅威が残置されることになる。これに対し、外務省は次の四つのオプションを検討した。

第一のオプションは「ゼロオプション貫徹」である。ここでは、(a)「極東部のSS20は我が国に対する重大な脅威となっているから何が何でも撤廃してもらわねばならない」、(b)「米国内の状況からして妥協案に基づく交渉が行われる可能性は少ないであろうとの見通しの下に従来の態度を変えるべきではない」、(c)極東部のSS20の削減について「我が国として有効な交渉材料を持ち合わせていない、つまり他に方法がない以上、あくまで最大限の要求を貫くべきである」という三つの考え方が示された。

問題は日本がゼロ・オプション貫徹を主張すれば、「妥協を求める欧州側から我が国は何らの代償も提供せずに欧州の安全保障を妨害しているとの批判を惹起することになりかねない」ことだった。また、ゼロ・オプション支持の立場を取り続けたにもかかわらず、米ソ間で暫定協定に基づく合意が成されれば「米国は日本のことなど考えないではないか」との批判が日本国内でより強くなることが予想されていた[117]。

第二のオプションは「極東のSS20を対象とする交渉」である。INF交渉の取引材料として外務省は(a)「欧州にならって地上配備INFの導入」、(b)「今後太平洋艦隊に配備予定のSLCM」、(c)「米国の戦略核」の三つを取り上げ、それぞれにつき問題点を検討している。

まず、「地上配備INFの導入」については、我が国の非核三原則を持ち出すまでもなく欧州との地理的状況の違いから極東地域にINFを配備することは、対ソ軍事的な意味は大きくなく、交渉材料になり得ないとして切り捨てた[118]。

次に、「太平洋艦隊に配備予定のSLCM」について見ると、米海軍のSLCMは、ソ連の増強された軍事力に対抗するためのもので、対地型は海軍基地攻撃等を主たる目的としており、ＳＳ―20のみに対抗することを意図したものではない。したがって、米国としてもＳＳ―20とＳＬＣＭを取引する意図はないと考えられるとし、やはりこの交渉材料も有望ではないと判断している[119]。

そして、「米国の戦略核」については、米ソ間の全体としての核軍縮交渉の中で極東のＳＳ―20だけ手つかずというのはあらゆる意味で片手落ちであることから、もう一つの交渉であるＳＴＡＲＴの枠内で取り扱ってもらうことにしてはどうかという考え方である。外務省は、ソ連のバックファイア爆撃機、米国のＳＬＣＭと空中発射巡航ミサイル(air launched cruising missile, ALCM)等が、未だＩＮＦ交渉の対象となっていないことを指摘している。そこで、アジア部のＳＳ―20もＳＴＡＲＴの対象に含めていくことは不可能ではないと考えたものとみられる。ただし、ソ連側からＳＳ―20は戦略核ではないとの反論が出ることも予想されている[120]。

第三と第四のオプションは、欧州ＳＳ―20削減が実現した場合に、極東ＳＳ―20の「一部削減」ないし「凍結」を受け入れることである。このオプションには、欧州部のＩＮＦ交渉を妨害しないという利点がある。しかし、日本国内世論の米欧諸国に対する不信感にどう対処するかという問題が残る。また当然ながら、残置されるアジア部ＳＳ―20の脅威に対して、日本の安全保障は米国が提供する戦略核抑止力に依存せざるを得ない[121]。

試論の最後の「オプションの検討」では、日本が実際に採り得る選択肢について考察されている。ここでの基本スタンスは、第一にアジア部ＳＳ―20に対して日本が対抗能力を備えるか、さもなければソ連にＳＳ―20を削減させること。第二は、ＳＳ―20の扱いをめぐり日米欧の結束に乱れが生じ、ソ連に乗ぜられないようにすることの二点である。

その際に考慮されるべき要素として次の五点が挙げられた。

（イ）　欧州諸国は、極東のＳＳ20の削減が図られないことによって交渉が進展しないことには反対するであろう。

（ロ）米国としても基本的にＩＮＦ交渉は欧州地域を対象として行っているので、欧州の意向をより尊重せざるを得ない。

（ハ）ソ連は、バーゲンの材料がなければ、極東のＳＳ20について交渉しない。

（ニ）我が国としても、また、米国としてもこの地域でＳＳ20と取引できる材料を有していない。

（ホ）日米同盟関係、西側の一員としての我が国の立場に対し、国民の不信感が増大するようなことがあってはならない。(122)

以上の要素を勘案して、外務省は「我が国が取り得る選択肢としては、極東のＳＳ20を戦略核兵器削減交渉で取り上げてもらうこととしかないのではないかと思われる」と記した。この選択肢ならば日本がＩＮＦ交渉を妨害しないし、同時にアジア部ＳＳ―20問題の放置を避け得るので、米ソ両国も交渉がしやすいのではないかと考えられた。(123)

実際には、外務省が考案したこれらのオプションが政治レベルに引き上げられて表舞台に登場することはなかった。だが、事務方による検討は日本にとってＳＳ―20の問題が政治的にどう位置付けられるのかを明確にしたと言えよう。

要するに、事務方は次の三点に苦慮したのである。第一に、極東移転問題よりもアジア部に配備済みのＳＳ―20問題の解決が日本の安全保障にとって重要であること。第二に、アジア部ＳＳ―20の現状凍結をもって米ソ交渉が妥結されれば、日本国内で対米不信感が高まるという深刻な事態を招くこと。そして第三に、ソ連との取引材料を持たない日本がアジア部ＳＳ―20の削減を主張すれば、欧州側からＩＮＦ交渉の妨害と受け取られることである。

こうした外務省内におけるSS―20問題の検討の積み重ねが、やがて首脳外交と事務レベル協議の両面において、ゼロ・オプションによる解決を求める際の理論的支柱となっていく。

政治＝事務レベル間の認識相違――「極東移転」と「極東既配備」

しかしながら、アジア部SS―20の問題については政治レベルと事務レベルの間に認識の相違があったことも事実である。当時、中曽根は外務省のようにSS―20問題を「極東移転」と「極東既配備」の二つに分けて考えていなかった。中曽根は八三年五月に開かれたウィリアムズバーグ・サミットについても、「配備済みのミサイルを撤去するとか認めないというところまでは、意識がいかなかった。すでに配備済みのSS―20に手を付けようという話は、出ていなかった。それにはよほどの政治力がないとできない」と証言している。(124)

すなわち、中曽根はソ連が既に一九七七年からアジア部に配備していたSS―20を撤去させるのは困難であり、それに手を付けるならばソ連の離間策に乗ぜられない強力な西側の団結と交渉力が必要だと考えていた。したがって、まずは阻止できる可能性が大きい極東移転の問題に重点を置いた議論を進めようとしたのである。中曽根にとって、極東へのSS―20の再配置は、「日本の安全保障上の危機であり、絶対に阻止しなければいけない問題」であった。(125)

こうした中曽根の認識に対して外務省は、「極東移転」よりも「極東既配備」のSS―20をどのようにして削減・撤去させるかに重点を置いて対応を検討していた。先の試論でも外務省は、極東移転への対応について「アジアの犠牲において欧州の軍縮交渉を妥結させることは反対であるとの我が国の主張は、十分の説得力を持つものであり、米国は勿論のこと欧州諸国もこれを認めているし、認めざるを得ない議論である」と楽観的な見方をしていた。しかも、外務省は「この点についてはあらためて我が国の対応を検討するまでもなく、これまでの主張を貫けば良」いと記している。(126)

これは、西側諸国が日本のSS—20移転反対の考えを理解しているのだから、日本は従来通りの主張を繰り返すだけでも十分であろうという認識であった。こうした背景から、外務省は「極東に既配備のSS—20への対応」を検討することを重視し、のちの米国やソ連との事務レベル協議においても、既配備分の削減に関して交渉を進めることを促している。

だが、後述するように、ウィリアムズバーグ・サミット開催までの間に行われた西側各国との協議を通じて、外務省も国際交渉の場で「極東既配備のSS—20」の削減を主張することの難しさを痛感させられていった。結論を先取りすれば、中曽根と外務省との間の問題認識の相違は、ウィリアムズバーグ・サミットに向けて「極東移転」の阻止に重点を置く方向へ収斂することになる。

サミット後の六月に外務省調査企画部が他の関係部局とともに作成した国会対策用の想定問答によれば、かりに野党議員などから「現在ソ連のアジア部にあるSS20の削減についても主張したのか」との質問が出された場合、次のように答弁することになっていた。

その答えとは「今回のサミットにおいては我が国よりINF交渉を含む核軍縮はグローバルに実行すべきである旨述べたところであるが、交渉の行末、解決の姿が明らかでない現状ではアジアでの削減か凍結かというような点について具体的な議論を行う時期ではなく、今回の御指摘の点について特に議論は行われていない」という内容だった[127]。つまり、日本政府全体としてサミットではアジア部に配備済みのSS—20について一切議論を行わなかったのである。それでは、どのような背景から外務省は中曽根の問題認識に歩調を合わせるに至ったのか、次に考察していきたい。

レーガン大統領の交渉戦略

日本がアジア部SS—20問題の解決策をめぐり試案を練っていた頃、レーガンはINF交渉の早期妥結を求めるサッチャーとコールからの要請を受けて暫定的解決案の内容を検討し始めた。三月一八日、レーガンはホワイトハウスで開かれた国家安全保障計画グループ会議(National Security Planning Group, NSPG)の場でＩＮＦ交渉について議論をした。その際に、レーガンは同席したニッツェに対し「ゼロ・オプションがわれわれの究極的な目標であることを主張しながら、ソ連に暫定的なミサイル削減案を提示すべきである」と話した(128)。

この日、ＮＳＰＧで検討された暫定的解決案の選択肢は次の通りだった。

オプションＡ：ソ連が長射程ＩＮＦミサイルの廃棄に同意するならば、米国はＩＮＦミサイルを配備しないことを提案する(ゼロ・オプション)。

オプションＢ：ソ連が米国と同等の水準にＩＮＦを削減し、かつ最終的にその全廃を目指す交渉に同意するならば、個別の水準で配備を終えることを提案する。

オプションＣ：ＩＮＦミサイルランチャーに搭載する弾頭の上限を地球規模で各々三〇〇発とすることを提案する。弾頭三〇〇発は米国の最小限の軍事的要請に見合う。ソ連は一〇〇〇発以上のＳＳ—20の弾頭を三〇〇発に削減する。

オプションＤ：米国はＩＮＦ弾頭の数をゼロないしそれ以上とするのみならず、現在のポジションの他の構成要素(発射機と弾頭を勘定する際の単位、グローバルな制限からヨーロッパとアジアを分離しサブシーリングを設ける、爆撃機数、米国の短射程ＩＮＦシステムの数)も変更することを提案する(129)。

レーガンはこれらの選択肢について検討することを認めたものの、ＮＳＰＧの場で決定を下すことはしなかった。特に、ソ連がゼロ・オプションに応じる姿勢を示していない状況では、どの選択肢もそのまま採用するのは難しかった。

翌日、レーガンは休暇のためキャンプ・デービッド山荘に赴いたが、彼はそこでＩＮＦに関するこれまでの交渉戦略を見直すメモを書き上げた。その内容は次のようなものだった。

ソ連代表団はＳＳ―20の数を一六二基まで減らすことも厭わないと示唆しているが、同時にこの場合に予想されるＮＡＴＯ側のミサイルの数はゼロのままである。これでは、現在の状況から事実上何も変わらないことになる。ソ連は約一三〇〇発の弾頭を四八六発まで減らすつもりだが、それに対抗する抑止力が全くないという意味で、ＮＡＴＯ諸国を標的にした中距離ミサイルの独占状態は続くことになる。ここで問題になるのは、ソ連とＮＡＴＯは抑止のための核戦力を持つべきなのか、あるいはそうするべきだと強調するのかということである。欧州とアジア大陸の情勢を安定させるための中距離核戦力は全くないのだ。

兵器の数に関して合意に達することができれば、ソ連が兵器を解体しわれわれの要求する数まで削減を進める間に、米国は合意された数まで、計画された配備の段階的な実行を開始する。合意に達することができなければ、われわれは信頼できる抑止を提供するのに必要な水準まで配備を続けるだろう[130]。

レーガンはこのメモをクラーク（William P. Clark, Jr.）国家安全保障問題担当大統領補佐官に渡し、安全保障政策の体系に組み込むよう指示した。数日後、レーガンの考えた交渉戦略は、国家安全保障決定指令（National Security Decision Directive, NSDD）第八六号に盛り込まれた[131]。

中曽根＝レーガン書簡――極東移転の否定

一九八三年三月二三日、レーガンは敵国の弾道ミサイルを地球軌道上に配備した宇宙兵器で迎撃するＳＤＩを発表した[132]。ＳＤＩの公表はソ連の反発を招くと同時に、レーガンの核軍縮に対する姿勢に疑問符が付いた。だが、同時期に行われたＩＮＦ暫定協定の検討は核軍縮問題での米欧間の結束を高める上で好都合であった。しかも、レーガンは暫定協定の立案過程で西欧諸国だけでなく、日本との間でも首脳・事務レベル両面での「事前協議」を認めた。

まず首脳外交面について見ると、三月二三日にレーガンは西側の関係国に書簡を発し、暫定協定案公表の用意を各国首脳に伝え意見を求めた。ＮＳＰＧでの検討結果を反映したレーガン書簡では、ゼロ・オプションが米国にとって最善の解決であり、ＮＡＴＯの二重決定を引き続き確固として追求しながらも、次のような措置に合意することを可能としていた。それは、「ソ連が全世界的な基礎に立ち、中距離核ミサイルの弾頭の数を米国と同等のレベルまで削減するならば、米国もその地上発射中距離ミサイルの弾頭の数が特定の数（現段階では具体的数は特定されていない）に到達した段階でミサイルの配備を停止する用意がある」というものであった。(133)

これに対し、中曽根は三月二五日付でレーガンに返書を送り、ＩＮＦ交渉を進めていくために、米国があらゆる可能性について検討していることを評価した。

その一方で、核兵器についてはは西側全体の安全保障を考慮してグローバルな解決が図られるべきであり、アジアの犠牲の上にＩＮＦ交渉の解決が図られることは受け入れられないと明記した。また、中曽根はＳＳ―20の極東移転を認めない立場を改めて示したほか、「極東移転を含まない場合においても、ヨーロッパとの対比においてアジアの安全保障に対し適切な配慮がなされていることが重要」であるとし、アジア部に配備済みのＳＳ―20問題について配慮を要請している。(134)

このような強いトーンのレーガン宛て返書が送られたのはなぜか。それは、米国が対西欧関係を重視するあまり、アジアの安全を軽視する形でＩＮＦ問題解決のための対ソ暫定協定案を作成しているのではないかという懸念が日本側にあったからにほかならない。八三年一月頃より中曽根は、米国の欧州重視、アジア軽視の姿勢が濃厚であるとの報告を外務省から受けていた。このことを憂慮した中曽根は、米国の目をアジアの安全に向けさせるために、ＩＮＦ問題に対する日本の立場をレーガンに直接申し入れることにしたのである[135]。

日本からの要請に対し、レーガンは三月二九日付で中曽根に再び書簡を送り、「全世界的な〔ＩＮＦの―引用者注〕制限という原則を保持しつつ、ソ連によって行われる削減は日本及びその他のアジアの友人に対する脅威を増大しないことを我々は確保するよう努めます」と明言した[136]。しかし、当時の新聞では、三回に及んだ書簡のやり取りを通じて、米国はアジア部配備のＳＳ―20を現状凍結したあと、第二ラウンドの交渉で、その削減をソ連に求める方針を日本側に伝えたと報じられた[137]。つまり、米国が日本に約束したのは「極東移転の否定」でしかなく、外務省が強く求めていたアジア部に配備済みのＳＳ―20の削減は二の次にされたのである。

こうした米側の姿勢について中曽根は、米国外交はＮＡＴＯを中心に行われており「アジアのことはほとんど第二の選択みたいな感じになっていた」という印象を持った。それとともに、日本の首相としてこれを是正しなければならないという意思を強くした[138]。

書簡でのやり取りを見る限り、アジア部配備のＳＳ―20の削減についても、中曽根がレーガンに対し配慮を求めていたことは明らかである。だが、レーガンからの返書は日本政府にとって満足のいく解決案ではなかった。もっとも、レーガンが三月一九日のメモで明らかにしたように、米国は直ちにゼロ・オプションを目指すのではなく、ソ連との暫定的合意の枠組みに基づいて西欧にＩＮＦを配備する方向へと交渉戦略を軌道修正していた。当時、日本側がそうしたレーガンの対ソ戦略の見直しを知る術はなかった。

この直後に行われた日米間の事務、閣僚レベルの協議では、米側がアジア部配備のＳＳ―20問題について曖昧な態度をとったため、外務省はさらに慎重に対応しなければならなくなった。

日米ＩＮＦ協議と暫定協定案公表

日米首脳間の書簡交換を受けて、事務レベルではどのような対米交渉を展開したのだろうか。以下では、八三年三月三〇日に東京で開かれた日米ＩＮＦ協議を例に検討したい。

　この協議には米側からウォルフォウィッツ(Paul Wolfowitz)国務次官補が、日本側から北村汎《きたむらひろし》北米局長、加《か》藤吉弥《とうよしや》欧亜局長、丹波實《たんばみのる》欧亜局ソ連課長らが参加した。

　日本側出席者は、まず政府として米国のＩＮＦ暫定協定案を支持する考えを伝えた。それと同時に、暫定協定案が欧州部配備のＳＳ―20だけを削減し、アジア部配備のＳＳ―20を削減しない結果になれば、日本国内で日米安保体制に対する信頼性の問題が再燃する恐れがあるとの懸念を示した。

　つまり、米国がアジアよりも欧州の安全保障を優先させるのではないかという懸念が日本国内で大きくなれば、暫定協定案に基づく米ソの合意は日米間の相互信頼にダメージを与えるというのである[139]。これは、二月一六日に外務省調査企画部がまとめた「試論」の見解に基本的に一致していた。

　これに対し、米側はＳＳ―20の配備について、欧州とアジアの間で問題を差別化することには反対すると述べた。また、米側出席者はアジア部のＳＳ―20をＩＮＦ交渉の枠外で個別に議論するつもりはないと明言した[140]。この発言によって、アジア部のＳＳ―20をＳＴＡＲＴの枠内で扱うとした外務省のオプションは協議で持ち出すまでもなく、米側から先に封じられたのである。

　本協議で日本側はアジア部ＳＳ―20問題の最終的な解決について、米側から明確な回答を得ることはできなかった。しかしながら協議終了後、在日米国大使館は日本が抱えている問題を次のように分析して国務省に打電した。

> 本協議での日本政府の関心の高さと主張の両方が、日本はＩＮＦ問題のディレンマに巻き込まれているという重大な留意点を示している。日本はワシントンがＩＮＦ問題で慎慮に応じるという見通しを抱いている。日本は日米安保の信頼性を計るリトマス試験紙として、ＩＮＦ問題の重要性を誇張する傾向があるかもしれ

ない[141]。

この電信を見る限り、米国は暫定協定案に基づいてソ連との交渉を進めていくにしても、日米相互信頼を図る観点から日本の主張を軽視するのは難しい状況となっていた。それと同時に、米国は日本側がＩＮＦ問題を必要以上に誇張することによって日米安保体制の信頼性を試すことに懸念を抱いていた。

日米協議が開かれたのと同じ日、レーガンは次に示すＩＮＦ暫定協定案を公表した。

ＩＮＦ交渉で取り上げている戦力は同盟諸国の安全保障に直接関わるものである。ソ連が何百と配備したＳＳ―20は欧州の同盟諸国およびアジアの友邦・同盟諸国の都市・防衛施設を攻撃しうる。

米国としては、第一にソ連がアジア部配備分も含めて長射程ＩＮＦミサイルの弾頭数をグローバル・ベースで削減するならば、米側はゼロと五七二基の間でソ連側と均等の水準にまでパーシングⅡおよびＧＬＣＭの配備計画数を削減する。

第二にゼロ・オプションを究極目標として維持する、との内容の暫定的取り決めについて交渉する用意がある[142]。

レーガンの暫定協定案公表に対し西側諸国は相次いで歓迎する意向を示した。日本政府も安倍外相の談話で暫定協定案への支持を表明し、米国の交渉姿勢を評価した[143]。談話は「今次レーガン大統領提案を契機として交渉が実質的に進展し、世界的な観点に立ち我が国を含むアジアの安全保障が損われないような形で解決が図られることを期待する」と記している[144]。

だが、外務省内の反応は複雑であった。ある外務省幹部は、第一ラウンドとしてはアジア部ＳＳ―20凍結でやむを得ないとする心境を明らかにしたが、暫定案の内容は満足のゆくものでないと述べた。その上で外務省は、西欧諸国がアジア部SS—20の問題まで考える余裕のない状況では西側の結束を図るのが困難であることを憂慮し、この問題について米国に注文をつけていく方針を明らかにした(145)。

グロムイコ外相の回答

四月二日、グロムイコはレーガンの暫定協定案に対する回答を示した。この中でグロムイコは、第一に暫定協定案は英仏両国が保有する一六二基の弾道ミサイルを含む中距離核運搬手段を考慮に入れていないこと。第二に、同案は西欧および航空母艦に配備されている米国の核兵器搭載航空機を考慮に入れていないこと。そして第三に、ソ連アジア部のSS—20が欧州の安全保障に関係を持たないにもかかわらず廃棄しなければならないとしていること、を理由に暫定協定案を拒否した(146)。

また、グロムイコはSS—20の極東移転を「われわれの権利」と断った上で、かりに欧州でINFが必要でなくなった場合でも、これをアジア部で維持する理由について説明している。彼は、ソ連のアジア部が多くの米軍基地の輪によって包囲されており、日本周辺海域、南朝鮮、インド洋のディエゴ・ガルシア基地はソ連の全アジア部(シベリアおよびタイミル半島)に到達する核兵器で満ちている、と認識していた。したがって、ソ連には米国の核兵器に対抗するために防衛目的でSS—20を保有する権利があると解釈していたのである(147)。

同じく二日、米国務省はグロムイコの回答に失望し、ソ連がより柔軟な姿勢をとることを期待すると表明した。その上で、米国がアジア部SS—20の廃棄をソ連に要求したのは、その一部がウラル山脈以西に移動可能で欧州に対する脅威となり得るためだと言及した(148)。これはアンドロポフの極東移転案を逆手にとった西側離間策への反論であった。

翌日、日本政府もINF合意達成後にSS—20を極東移転させる権利があるとしたグロムイコの発言について、

「全く論外であり、わが国として到底これを受け入れることは出来ない」と厳しい反応を示した⑭⁹。さらに外務省は、日本とその周辺海域に米国の核兵器が配備されているとするソ連側の指摘について、非核三原則の堅持と日米安保体制の効果的運用を楯に、「これをもって極東への核兵器の配備を含む一層の軍備増強を正当化しようとするソ連の主張はまったく本末転倒の議論に他ならない」と結論付けた[150]。

いずれにせよ、レーガンが示した暫定協定案は、五月にソ連が対案を提示するまで棚上げされた。この間に日本はＩＮＦ問題に関して関係国との直接対話を進め、アジア部のＳＳ―20削減を求める立場をより明確にしていく。次に、西側の結束とアジア部のＳＳ―20問題がどのように関係していたのか、日米および日ソ間で行われた協議を通して見てみたい。

西側の結束に向けて

四月一四日、安倍は来日したセイヤー（Paul Thayer）米国防副長官と会談し、暫定協定案への支持を表明した。この席でセイヤーは、ＩＮＦ交渉の進展は米連邦議会とＮＡＴＯが西欧核配備に向けた動きを躊躇しないことにかかっていると述べた。また、このことはＮＡＴＯが二重決定の実行を決意したのだとソ連に理解させるために必要であるとの見方を示した[151]。

三月に行われた日米ＩＮＦ協議と同様に、セイヤー副長官もＳＳ―20のグローバルな削減について明確な言及をしなかった。この時点で米側は、暫定協定案に対するソ連の反発が当面続くものと予想し、八三年末に二重決定を実行するため西側結束の地盤固めを図ろうとしていた。本会談でも、米側が暫定協定案に対する日本側の支持を取り付けつつ、日本側が求めるＩＮＦのグローバルな削減について態度を曖昧にするという構図に変化はなかった。

結局、米国との間でＩＮＦ問題をめぐる認識相違を残したまま、日本政府はＳＳ―20問題の当事国であるソ連政府と接触することになった。けれども、日ソ間協議では新たな成果はなく、むしろ両者の議論が噛み合わないことを露呈するだけであった。

この時期、核軍縮問題をめぐる日ソ間の協議は立て続けに三回行われた。まず、四月四日に高島《たかしま》益郎《ますお》駐ソ連日本国大使とチーホノフ(Nikolai Tikhonov)首相の会談がモスクワで開かれた。本会談で高島は、ソ連がアジア部ＳＳ—20の規制を掲げた暫定協定案を拒否したことを強く批判し、ＩＮＦ交渉でのソ連の態度に落胆していると表明した。また、高島はアジア部ＳＳ—20の脅威に対して、日本政府は自国の防衛力を最低限必要な水準まで整備することを決定したと述べた[152]。

すると、チーホノフは高島の批判を制して、レーガンの暫定協定案には英仏保有の核ミサイルや爆撃機の規制が含まれていないから拒否したと反論した。また、日本側の不安を打ち消すためか、チーホノフはソ連政府が日本を軍事攻撃するような意図は持っていないし、アジア部のＳＳ—20も対日攻撃用ではないと答えた[153]。

続いて四月一二日に東京で開かれた第三回日ソ事務レベル協議でも、両者の議論は平行線を辿った。ソ連側代表のカピッツァ(Mikhail Kapitsa)外務次官は、最近のアジア情勢悪化の原因はレーガン政権にあるとした上で、ソ連が核先制不使用の提案を行っているにもかかわらず、日本は軍縮に積極的ではないと批判した。彼は米ソ軍縮交渉について、日本が米国に影響を与えることを通じ、もっと積極的な役割を果たすことができると指摘した。そして、「責任ある政府であるならば、ソ米双方の文書を較べれば、どちらに交渉促進のための圧力を加えるべきかよく分かるであろう」と述べた[154]。カピッツァは日本政府に対し、ソ連ではなく米国に軍縮交渉促進のための圧力を加えさせることを意図していたのである。

また、カピッツァは日米の同盟関係は戦争準備であり、ソ連としても対応措置を取らざるを得ないと言及した。他方で、日本が非核三原則を堅持するならば善隣関係を築く用意があると示唆した。さらに、アジア部のＳＳ—20はソ連を狙う米軍のＳＬＣＭに対抗するものであり、ソ連は核ミサイル保有国の米英仏と軍縮交渉の用意があると述べた[155]。こうした主張は従来のソ連の日米離間を踏襲するものであった。

これに対し中島敏次郎《なかじまとしじろう》外務審議官は、日本が軍縮問題で積極的に貢献していないという見方は間違いであり、「我が国が国連、軍縮委等で積極的に活動していることは国際的にも認められていると思う。これは我が国が唯一の被爆国であることに根ざしている」と反論した[156]。また、中島は軍縮問題に関する米ソの提案について、米国のみならず西欧諸国とも緊密に協議しているので充分に把握していると説明した。そして、ＩＮＦ交渉についても、日本は米国が示した暫定的解決案を交渉への「真剣な姿勢」を示すものであると評価し、これを強く支持していると紹介した[157]。

翌日、カピッツァは安倍と会談し、ソ連は自国に脅威を与える米国の核兵器に対抗するため、アジア部ＳＳ—20の撤去には応じられないとする立場を明らかにした[158]。このように三回に及んだ日ソ間協議で、日本はアジア部ＳＳ—20配備の権利を主張するソ連側の論理に圧倒されてしまっていた。独自の取引材料を持たない日本は、米核兵器に対するソ連側の脅威認識を覆すことができなかった。もし、それを覆そうとすれば、米国が日本に提供する「核の傘」の信頼性を危険にさらしてしまうというディレンマに直面せざるを得なかったであろう。

ソ連の対日圧力戦術——ハートマン駐ソ連米国大使の見解

ところで、当時米国は日ソ関係をどのように見ていたのだろうか。四月九日、ハートマン(Arthur A. Hartman)駐ソ連米国大使は日ソ関係についての所見を本国に打電した。その中でハートマンは、「中曽根首相は米国との軍事協力に向けて外交活動を加速させた。これは『極東での日本の役割が変わった』というモスクワの認識を最悪な形に発展させてしまった」と分析した。加えて、日本の経済力が米国の軍事力や中国、韓国といった地域勢力と結び付くのではないかというモスクワの恐怖が現実になりつつあると指摘している[159]。

また、ハートマンはＳＳ—20問題について、極東移転の可能性はソ連の対日圧力戦術の中心であるだけでなく、ソ連の欧州部ＩＮＦ増強のスピン・オフであり、この問題で日本と協議することについてソ連側の関心は低いと記した。このように、ハートマンはモスクワの視点から日ソ関係を分析し、日米同盟協力が深まることにソ連も一抹の不安を感じていることを本国に伝えていたのである。

さて、五月三日にソ連はレーガンの暫定協定案への対案を示した。アンドロポフは米国が西欧にＩＮＦミサイルを配備しない限り、ソ連欧州部におけるＩＮＦの配備を凍結し、米ソ合意達成から五年間で双方のＩＮＦを三〇〇基以下に制限するという案を示した。加えて、アンドロポフは右の三〇〇基のうち英国の核ミサイル（六四基）およびフランスの核ミサイル（九八基）を合わせた数と同じ一六二基までＩＮＦミサイルを削減する用意を示し、核弾頭数についても欧州での戦力均等化に合意する意向を表明した[160]。

このアンドロポフの対案を踏まえ、レーガン政権はソ連を真剣にＩＮＦ交渉の席に着かせるためにも、西側結束を示す必要に迫られた。五月中旬、米国はウィリアムズバーグ・サミットの参加国に対し、全体会議で採択する政治声明について事前の協議を呼びかけた。

これを受けて、日本政府は西側の政治結束があればこそ米国は強い立場でソ連との交渉に臨み得ることを理解した。それとともに、ＩＮＦ交渉をグローバルな観点から進めるべきだとする日本の主張について、サミット参加国に理解を求めることが必要と判断した。日本は米国主導のサミット政治声明の採択に前向きの姿勢を示したのである[161]。

一月の安倍訪欧に同行し、三月の日米ＩＮＦ協議に出席した加藤欧亜局長は、サミット政治声明における日本側の主張をとりまとめることになった。加藤はかつて国連において、あるアフリカ諸国の代表が「平和は不可分」であるという言葉を演説で使っていたことを思い出し、この表現を日本のＩＮＦ問題に対する基本的なアプローチに応用した[162]。すなわち、「安全保障は不可分なのだから、ＩＮＦ問題の解決はグローバルでなければならない」とする立場である。

こうして、中曽根がサミットで西側結束を支持し、ＩＮＦのグローバル・ゼロの重要性を訴えるための土台が築き上げられていった。

三　ウィリアムズバーグ・サミット――西側安全保障の不可分

村田経済局長によるサミット基本戦略

一九八三年四月、外務省の村田《むらた》良平《りょうへい》経済局長は「ウィリアムズバーグ・サミットにのぞむ中曽根総理の基本戦略」と題するペーパーを、長谷川を通じて中曽根に提出し、そのコピーを安倍と松永信雄《まつながのぶお》外務次官、本野盛幸《もとのもりゆき》外務審議官の三名に配布した。

村田は、Ｇ７サミットを経済局長にとって最も重要な仕事と位置付けていた。首相の個人代表であるシェルパ（本野）が行う事前の主要討議事項の内容的な詰めの作業を除いて、サミットの中身と具体的準備について一般的責任を負うのは経済局長であった[163]。このとき、村田が提出した基本戦略の冒頭には「本来サミットは、象徴的性格を持つ行事であり、今次サミットでは西側の結束が誇示されれば、それだけでも成功と評価し得る」と綴られている。基本戦略の本文には村田独自の情報分析に基づき、サミット出席者たちの考え方と立場が次の通りまとめられていた。

主要各国首脳の行動と中曽根総理の立場

一、米国。ホスト国の大統領であるレーガンは、会議を成功裏に終了することに強い利益を有している。レーガンは、経済に詳しい人ではないので、技術的討議に入ることはなく、大局的な観点から大筋の意見を述べるであろう。
二、フランス。ミッテラン大統領はフランスの「独自の姿勢」を出すべく努めるであろうが、レーガンに対して対決的に出てくるとは思われない。
三、ドイツ。コール首相は控えめのお人柄であり、経済に詳しい人でもないので積極的にドイツの意見を強く打ち出すことは控えるであろう。コールにとって最大の危惧は、ドイツにとって同程度に重要なアメリカ、フランス両国間が対立するようなことである。これは是非避けたい。もしそのような事態が生じる場合には、アメリカとフランスの間の妥協をもたらすべく、コールは努めるであろう。
四、英国。サッチャー首相は国内の選挙戦による日程上の制約もあり、またサミットで成績を上げるよりは、失点を稼がないようにするだろう。総じて、派手には動かないだろう。
五、中曽根総理がサミットにおいてとられるべき立場。以上に鑑み、中曽根総理としては、サミットが対立、分裂に終わらず協調の雰囲気で終了するように持っていくことを最大の眼目とされるべきであろう。[164]
この基本戦略を執筆した村田は、自身の回想録で「心血をこめてというと大げさであるが、私としては熟慮に熟慮を重ねた上でこの文章を書いた」と振り返っている。サミット前にこのような基本戦略が経済局長の手によって執筆されたのは初めてのことだったが、中曽根はこれを熟読して「俺の立場に立って書かれていて、戦略的なペーパーとなっている」と高く評価していた。[165]中曽根の回想によると、村田のサミットに関する基本戦略は一九八七年六月のベネチア・サミットまで継続して提出されていた。[166]後述するように、中曽根はこの基本戦略に沿って、サミットにおける各国首脳間の議論をまとめていく役割を担うことになった。

五月二三日、中曽根は鈴木前首相と懇談し、サミットでの経験話に耳を傾けた。鈴木との懇談で、中曽根はサミット全体会議で「どういうふうに手をあげたらいいのか、いろんな人の癖とか会議の手順」についての情報を得た[167]。各国首脳がそれぞれどのような国内状況を抱えてサミットに臨むのかについては、出発前に三回行われた勉強会や各省担当者からのブリーフィングで十分把握していたものと考えられる。首相として初のサミットに臨む中曽根は、準備に余念がなかった。外務省がサミット用に用意した分厚い書類に目を通すだけでなく、自ら演説原稿を手直しする日々が出発直前まで続いた。当時の中曽根の睡眠時間は五時間であった。

米国に出発する直前の二六日午後の会見で、中曽根はサミットに臨む自らの抱負をこう語っている。

> 今度のサミットは世界中が注目しており、いままでより以上に重要な会議になる。世界中が景気回復を待っている。〔中略〕東西の軍備問題にしても西側が一致団結してほしい。レーガンさんがアンドロポフ書記長といずれ近いうちに首脳会談をやり、核兵器の削減交渉を成功させる素地をつくりたい。〔中略〕核兵器の怖さは、地位が高ければ高いほどわかるもの。安心して暮らせる平和な世界にしたい[168]。

サミット個別会談――西側結束の立証

五月二七日午前、ホワイトハウスのキャビネットルームで日米首脳会談が行われた。

一月の訪米以来二回目となるレーガンとの会談で、中曽根は米ＩＮＦの西欧配備が八三年末に実施されなければ、ソ連が真剣な交渉に応じてこないのではないかという考え方を示した[169]。

この日、中曽根は『官邸日記』に首脳会談の模様をこう記している。

> ・当方、レーガンの確固たる対ソ戦略の成功を述べ、㋞も内心認め、㋹との間に何をとり何を与ん〔ママ〕か模索中と思う、と述べる。〔中略〕
> ・ついで㋞の情報として、アンドロポフはクレムリンは握ったが地方はチェルネンコの支配下にあり、体も

弱く、政権の基礎固まらず、農業の不作に《悩》み、対米交渉につき苦慮していると思うと述べる。交渉のチャンス生れ《〔ママ〕》る可能性もある。[170]

中曽根は、対ソ会談の時期と方法はレーガンが選ぶよう進言しつつ、ソ連の内情が厳しく、やがて対米交渉の機会が訪れる可能性を示唆した。そして、自分はその環境醸成のためにウィリアムズバーグ・サミットで西側諸国と協力して、レーガンの対ソ交渉の足場造りを行うと述べた。

二八日午後、ヴァージニア州ウィリアムズバーグに入った中曽根は、西欧諸国の指導者と相次いで会談した。まず、午後三時から日独首脳会談が行われた。

コールとの初会談で、中曽根は「ＩＮＦ問題はアジア人、日本人として最大の政治的関心事」であり、この問題の台風の目に位置している西ドイツの行動は影響が大きいと切り出した。

これに対しコールは、ＩＮＦ交渉はゼロ・オプションの理想だけでは進まず、ソ連を真剣な交渉に導くには米ＩＮＦ配備のスケジュールを守らなければならないが、それには国内世論の反発から見て勇気がいると答えた。ただし、コールは「グローバルな削減、撤廃が必要だという西ドイツの立場は維持していくので、日本は安心して欲しい」と約束した。[171]

『官邸日記』によれば、このとき中曽根は「㋞が応ぜずば断呼タイムテーブル実行を云う」としたコールの言葉に共鳴し、「〔ＩＮＦの――引用者注〕グローバルと00オプションと米ソ首脳会談の足場造らん」と提案した。[172]

続いて、午後五時から日英首脳会談が開かれた。「サミットには、具体的に何を期待しているのか」と訊くサッチャーに対し、中曽根は「西側の結束の立証だ」と即答した。そしてサミットでレーガンの対ソ交渉のための足場を固め、パーシングⅡを予定通り配備すべきだと述べた。[173]西側の集団的平和攻勢とミサイル配備により、ソ連は一時的にモスクワに引っ込むが、必ず対米交渉に出てくるというのが中曽根の読みであった。

サッチャーはこうした中曽根の考え方に賛同しつつ、米ソ首脳会談は東西間の軍縮交渉で具体的成果が挙がってから実現するものだと思うと答えた。また、サッチャーは「ＳＳ20を西から東に移しても問題の解決にはならない。全世界的な解決を、という日本の考えを理解する」とし、アンドロポフ構想を批判した。[174]『官邸日記』に従えば、この会談で中曽根はＩＮＦ配備に関して既定方針の実行を強く主張するサッチャーに賛意を示し、日本は「憲法、非核三原則の枠内で、世界政治に西の一員として協力」すると答えている。こうして日英首脳は、ＩＮＦのグローバルな全廃について認識を一致させたのである。[175]

ミッテラン大統領との初会談

午後六時三〇分、中曽根はミッテラン(François Mitterrand)仏大統領を訪ねた。この日の『官邸日記』には特にＩＮＦ問題に関しての議論は記されていない。しかし、その後の中曽根とミッテランの関係を考察する上で、次のような見過ごすことのできない記述がある。

日仏。ミッテランを訪ねる。戸外に待つを仏語で話しかける。彼驚く。昨年国会の演説に感銘したという と、ニッコリした。[176]

中曽根がミッテランとの初会談で、フランス語で話しかけることを提案したのは総理秘書官の長谷川和年である。サミットの数週間前に、長谷川は「総理が英語をある程度話せることは他の首脳も調査して知っているが、フランス語が出来るとは思っていない。だから、ミッテランをびっくりさせて、取り込みましょう」と中曽根に提案した。旧制三校時代にフランス語を学んだ経験のある中曽根は、長谷川の提案にすぐに応じ、首相官邸での休憩時間を利用して日常的なフランス語の挨拶を習得した。

会談当日、フランス語で話しかけてきた中曽根に、ミッテランは一瞬「きょとんとした」が、それがフランス語だとわかると、満面の笑みを浮かべて迎え入れた。長谷川によると、この時の挨拶で、ミッテランの中曽根に対する第一印象が完全に変わり、中曽根がサミットでいろいろな発言をしても、ミッテランがそれを受け入れる素地ができたという(177)。以下に、当時の会談記録と報道から二人の対話を再現しよう。

ミッテラン　自分は長い間日本に対し関心を有して、二回訪日したが、前回の訪日で世の中における日本の地位、日本国内の現実というものに対する理解が深まったと思う。自分は日本を単に物を造り、売る国、つまりエコノミック・アニマルとして見るのではなく、世界の大国として、世界の政治、経済にそれなりの影響を与える国として見たい。

中曽根　昨年、ミッテラン大統領が国会で演説され、仏の国防政策、核政策につき明確に立場を述べられたことに印象づけられた。経済、及び科学技術分野での関係強化とならんで世界経済、安全保障、ＬＤＣ〔低開発途上国―引用者注〕との関係といった分野での意見交換を仏と行っていきたい(178)。

ミッテラン　フランスと英国が独自の核を持つのがいけないという（ソ連の）議論は容認できない。実際に西側が（核を）配備して、初めてソ連を真剣に討議に参加させることが出来る。

中曽根　核の問題については、私は貴国のガロワ（Pierre Gallois）将軍らの核理論をかつて勉強し、フランスの核保有も自分なりに理解している。ソ連は米欧と日米を分断しようとしており、それに乗ぜられることなく、西側が一致して核軍備を進めることが必要だ。日本は核武装をする考えはないが、フランスが独自の核抑止力を維持するというミッテラン氏の決意に感銘を受けた(179)。

これまで見てきたように、中曽根は西欧首脳との初会談で米ソ関係や国際安全保障問題について深く議論し、対ソ交渉における西側結束の重要性を訴えた。そして、日本が米製ＩＮＦの西欧配備を予定通り実施することを支持するのと引き換えに、西欧側からはＳＳ―20極東移転への反対とＩＮＦのグローバル・ゼロ解決を理解するとの発言を引き出したのである。

晩餐会での激論

二八日午後九時、レーガンの隣に立って記念撮影を済ませた中曽根は、首脳晩餐会に臨んだ。冒頭、レーガンが西欧へのＩＮＦ配備の目的について説明した[180]。『官邸日記』の記述によれば、サッチャーとコールがＩＮＦ問題で共に「断固タイムテーブル遂行」を訴え、イタリアのファンファーニ（Amintore Fanfani）首相もパーシングⅡの配備実行に同調していた。しかしこの時、カナダのトルドー（Pierre Trudeau）首相が、対ソ抑止力と均衡の観点からＩＮＦ配備の実行を訴えるサッチャーと激論を交わし、「㋞を刺激する勿れ」という立場から「実質は同感だがアプローチに慎重」な姿勢を示し始めた[181]。サッチャーとトルドーの意見対立で、一時紛糾した議論に対し、中曽根は次の五原則を並べることで、議論の方向を正そうと試みた。

①世界に平和と経済回復を示し、意思表示すべし。軍縮と景気のサミット。
②抑止と均衡に基づき、ＩＮＦはglobalで00オプション基調。アジアを犠牲に解決は認めない。
③㋞をテーブルに引き出すため、若し㋞が応ぜずば、既定の諸計画は実行すべし。
　グラグラしたら㋞に軽んぜられる。
④米ソ首脳会談を期し、足場造りに結束しよう。
⑤対ソ交渉は粘り強く且〔ママ〕相手に余地を与える。追いつめぬこと[182]。

しかし中曽根の五原則に対し、今度はミッテランが「仏はNATOの指揮下に入らぬ。核抑止、均衡論に讃《ママ》成している故に、仏は独自の核を持ち、自ら国を守る。パーシング展開に讃《ママ》成であるが、NATOの行動に関与し讃《ママ》成した形はとれない」と発言した[183]。つまり、ミッテランはサミットで政治声明を出すことに反対したのである。中曽根の回想によれば、この時のミッテランの反対は、政治声明に西側の安全保障問題が「全体的であり、且つ不可分である」と記述される点にあった。西側安全の不可分論は、ミッテランに「アメリカの風下に立つことに成りかねず、アメリカの枠に嵌め込まれる怖れがある」という懸念を抱かせたのである[184]。

ミッテランの反対により、会議の決裂を思わせる空気が流れた。決裂を回避し、ソ連を喜ばせないためには、他の首脳がいかにしてミッテランを説得するかが焦点となった。中曽根は、ミッテランの置かれた状況を理解し「実質的に讃《ママ》成なのだから、一項目立て、仏の立場を明にしつつ、讃《ママ》成を明にしたらよい」と妥協点を探した。そして「日本もNATOに入らず、独自の憲法、非核三原則を持ち、然も世界的政治戦略から讃《ママ》成している」と自らの立場を説明した[185]。

続けて中曽根は、声明を出すのは「西方の結束示して㋞を交渉に引出し、妥当な結果を生むためである。この際西側の分裂や乱れをみせることは避けねばならぬ。今、世界戦略上最も大切な時だ」と述べ、声明発出の対ソ交渉における政治的価値を説いた[186]。中曽根によるミッテランへの説得は、同時に、日本がNATO加盟国でないにもかかわらず、「西側の一員」としての立場からNATOの二重決定を支持し、パーシングⅡの西欧配備に理解を示すことを意味していた。それと引き換えに、中曽根は米欧諸国に対してSS—20の極東移転を含む削減案でソ連と妥協しないことを求めていたのである。

中曽根の発言を受けて、議長のレーガンも米国は欧州には存在していないが自由と民主主義を守るために、犠牲に耐えなければならないという意思を示し「デモンストレーションの効果で対ソ交渉を有利に導くことも考えてほしい」と述べ、ミッテランを説得しようとした[187]。

続いてコールが「仏反対ならば独も讃《〔ママ〕》成できない。西欧の一致が必要」と発言すると、サッチャーも「㋞には、力には力で対抗以外にない。その約束ではないか」と述べて、ミッテランに再考を促した。この時、英独両首脳の肩には、パーシングⅡとGLCM配備の是非をめぐり動揺する国内事情がのしかかっていた。特に、サッチャーはINF配備に対する西欧の一致がなければ、選挙を戦えない状況であった。そして、当初はサッチャーと対立していたトルドーも、INFに関わる声明を出すことに慎重な検討を要するとしつつ、「内容の本質には反対ではない。表現が問題なのだ」と自ら階段を降りる格好で、賛成側につく素振りを見せた[188]。だが、各国首脳による説得が続く中、ミッテランはなおも「ノン」と言い続けた。

そこで、中曽根がもう一度説得を試みた。中曽根は「日本には憲法九条があり、憲法上は国内的にも外国と同盟的提携を結ぶことは出来ないことになっている。にも拘らず、私は国内的抵抗があることを承知の上で賛成する。だからミッテラン大統領、日本の憲法のことは良くご存じだろうと思うが、日本もそういう考えで協力するのだから、貴方も不可分であり全体的であるという、その言葉について同調してほしい」と述べた[189]。

政権に対する国内的批判を厭わず、政治声明発表に尽力する中曽根の言葉に圧倒されたのか、ミッテランは沈黙した。その瞬間、レーガンが「それでは止めようか。又は外相にとにかく案を作らせようか。案を作らせて明日又議論しようか」と議論の総括に入った。結局、ミッテランが黙ったまま、英独伊日四カ国首脳の賛成により、声明案を翌日までに作成することが決まった。この時、中曽根は声明文に「グローバル・ベースと00オプションを入れよ」と要請した。レーガンはこれを「take note する」として直ちに受け入れている。

レーガンの指示により、各国外相の間で、欧州から中距離核の全廃を目的とする交渉を継続しつつ、新型ミサイルを配備するという「二重」政策を再確認する声明案が作成された。ところが、二九日の朝になって、ミッテランとトルドーはこの声明案を支持できないと述べ、事実上レーガンたちを新型ミサイルを配備したがる戦争挑発者(warmongers)だと呼んだ[190]。前日の合意を破棄しようとする二人の言動に、温厚なレーガンも怒りを禁じ得ず、ＩＮＦ交渉に対する米国の立場を二〇分間にわたり説明した[191]。午前の全体会議では、自らの立場を固守する仏加と合意を支持する米英日独伊との間で白熱した議論が続いた。午前中に同意が得られなかったため、昼食は一時間遅れた。昼食時も、両者は言葉を交わさないほど緊張していたという。午後の全体会議において、レーガンらは合意の精神に水を差さない形でミッテランとトルドーが納得するよう、声明案の修正作業を外相たちに依頼した[192]。この後、議題は経済サミット本来のテーマである貿易政策の自由化に移った。

三〇日午前に開かれた全体会議では、レーガンに基調発言を求められた中曽根が、「特に、経済回復に灯を増し、西方の団結で軍備管理を前進させ、Williamsburg を希望の街たらしめん」と述べて、一昨日の晩餐会で明確となった西側諸国のスタンスを既成事実として認めた。そして中曽根は、前年ミッテランの提案で出来た科学技術一八項目を推進し、その中で癌対策に関わる問題や遺伝子工学による生命操作の問題に対して、各国の協力を促した。すると独伊首脳のみならず、トルドーやミッテランからも、日本の首相から生命倫理に関わる厳粛な問題が提起されたのはサミット史上初めてであるとして賛意が示された。政治問題に続き、科学技術の問題でも積極的に西側協力をリードした日本に対する西欧首脳の印象は、かつての「エコノミック・アニマル」からは大きく異なるイメージに変化していた。

午後の閣僚協議会では、シュルツが用意した政治声明文の検討が行われた。『官邸日記』によれば、この時声明は「宣言」に改められた。そして案文についても、「最初、昨日の如く、仏、加より原則と文章の問題指摘あり、ついで修正が論ぜられ、仏の要望で五項を二分し、前の上、下の部に分割挿入し、パーシングについては、既に周知のパーシング展開と改め、仏が参加していな(い)ことを明にする」形で合意ができた。

長い議論の末に完成した政治宣言での軍備管理に関する言及は次の通りである。

我々は真剣な軍備管理交渉を通じ軍備のより低い水準を達成したいと考える。

〔中略〕実効ある軍備管理取極めは、平等の原則に基づき、かつ検証可能なものでなくてはならない。特に中距離核戦力(ＩＮＦ)の分野において、我々はソ連に対し、交渉の成功のために建設的に貢献するよう呼びかけるものである。

フランスや英国のような第三国の抑止力を算入することを提案することにより、西側の分断を図ろうとする試みは失敗するであろう。これらの兵器体系はＩＮＦ交渉においていかなる考慮の対象ともされるべきではない。

サミット参加国は、均衡のとれたＩＮＦ合意が近く達成されるよう強い希望を表明する。〔中略〕もしこれが実現されない場合には、良く知られている通り関係諸国は当該米国兵器体系の欧州配備を計画通り一九八三年末には実施するであろう。

サミット参加国は、軍備削減に向けての努力において結束しており、引続き徹底した緊密な協議を続けるであろう。我々サミット参加国の安全は不可分であり、グローバルな観点から取り組まなければならない。我々の国内世論に影響を与えることによって真剣な交渉を回避しようとする試みは、失敗するであろう。(193)

宣言発表後の記者会見に応じたミッテランは、今回のサミットを次のように評した。

今次サミットの大きな課題は安全保障問題であり、世界経済の回復であった。〔中略〕安全保障に関する声明につき合意するのには多くの時間を費やした。世界平和に関するこのテキストは宣言(declaration)の性格をもつものである。日本を含む西側がその責任を自覚していることを表明したものである。〔中略〕唯一の新しい要素と云えば日本がＩＮＦ問題にアソシエートされたことである。グローバル・アプローチが述べられているが、これはＩＮＦ問題に限定される。ＩＮＦはＳＳ20の移動性故に好むと好まざるとにかかわらず日本と欧米を結びつけた。[194]

また、初めて会談した中曽根の印象について、ミッテランは「総理はサミットのフォローアップとしての科学技術に大きな関心を持っていた。生物学の話もした。中曽根総理が最も懸念していた点は安全保障、ＩＮＦの問題と理解している」と語った。[195]このような発言を見る限り、サミットでの中曽根の言動がミッテランの記憶に深く刻まれたと見て良いであろう。

再浮上したＩＮＦ暫定協定案

ウィリアムズバーグ・サミットでの西側結束による対ソ外交上の影響力は、八月二六日にアンドロポフがＳＳ―20の極東移転を撤回したことで早くもその効果が示された。ただし留意しておきたいのは、サミット政治宣言の発表時には西側結束が直ちに極東移転を撤回させることにつながるとは誰も正確に予想し得なかったことである。これについては中曽根も、西側結束の誇示がソ連にどのような影響を与えるのか「予測はしていなかった」し、「そのときの時間帯においては、意識はなかった」と認めている。[196]つまり、ソ連によるＳＳ―20極東移転の撤回は、あくまでも西側がサミットで強い結束を示した結果である。したがって、はじめから政治宣言そのものに極東移転を撤回させる意図があったとは言い得ないのである。

極東移転の可能性は消滅したが、その後もアジア部配備のＳＳ―20の動向に関しては予断を許さない状況が続いた。例えば、サミット後の六月二四日に槇《まき》田《た》邦彦《くにひこ》安保課首席事務官が英外務省関係者とロンドンで行った協議でも、アジア部配備のＳＳ―20について現在の数以上に増加させない上限を設けることができれば、それ自体で大きな意味があるのではないかとする見解が英側から示されていた。[197]東西欧州こそ冷戦の最前線であるという認識に従えば、こうした見方が西欧で再び優勢になることも否定しえず、サミット閉幕直後もＩＮＦ交渉でのアジア部ＳＳ―20の扱いが二次的存在でしかない事実に変わりはなかったと言えよう。

東西外交の展開

さて、一九八三年夏に関係国はＩＮＦ暫定協定の合意に向けて再び東西外交を展開した。六月二八日、モスクワで開かれたソ連・東欧七カ国首脳会議は西側に対抗して共同声明を公表し、東西間の核軍拡競争と対決の潮流を、軍縮とデタントへ転換することを訴えた。同声明は、米ＩＮＦの西欧配備を中止させるのと同時に、ソ連が欧州部に配備したＳＳ―20を均衡的に削減する内容の暫定合意を達成することを求めていた。[198]

この共同声明について英外務省は、割合に柔軟な声明が出されたと反応しつつも、これでソ連による東欧諸国への核配備の可能性が消えたと解釈するのは時期尚早である、と厳しい見方を示した。[199]

こうした中、七月五日から行われたコールのソ連訪問は国際的な注目を集めた。アンドロポフが健康上の問題を抱えていたために、予定されていた三回の会談のうち一回目が中止となったものの、残りの会談で両首脳はＩＮＦ問題について長時間の討議を行った。この会談で両国は、米ＩＮＦが西欧に配備される時間切れまでに、精力的に交渉を継続し合意を達成することは可能であるとの点で一致したと報じられた。[200]

だが、実際の会談では、コールはＩＮＦ交渉で具体的成果が上がらない限り、一九八三年末に米ＩＮＦの国内配備を開始すると言明していた。これに対し、アンドロポフは激しい口調で、その場合には「対抗措置」（射程九〇〇キロメートルのＳＳ―22の東欧配備）を取ると述べていた。アンドロポフは、米ＩＮＦが配備されればソ連は譲歩するだろうという西側の期待をきっぱりと否定したのである。[201]

以上のような独ソ首脳会談の内容が明らかになると、日本の外務省はＩＮＦ交渉の年内妥結の可能性は少なく、ＩＮＦの西欧配備が予定通り進められる可能性が高いと判断した。[202] こうした外務省の予想を裏書きするかのように、二四日に行われたソ連・ハンガリー首脳会談では、米ＩＮＦの西欧配備によってワルシャワ条約機構の安全保障が脅かされることになれば、同条約機構は効果的な報復措置を取ると警告する内容の共同声明が発表された。

東側結束の切り崩しを試みる日本

八三年夏、日本は上記のようなソ連の外交攻勢を念頭に置きつつ、東側結束の切り崩しを試みようとしている。八月一日から五日にかけてデンマークと東欧二カ国を訪問した安倍は、滞在先でＩＮＦ交渉のゼロ・オプションとグローバルな核軍縮を支持する日本の立場を丁寧に説明した。このうち、デンマークのシュルター(Poul Schlüter)首相とルーマニアのアンドレイ(Stefan Andrei)外相からは日本の立場に深い関心と理解を得ることができた。

また、ルーマニアのチャウシェスク(Nicolae Ceaușescu)大統領との会談で、安倍は東側から初めてＩＮＦのグローバル全廃への支持を引き出すことに成功した。安倍は共同新聞発表においても、両国外相が「軍縮とりわけ核軍縮を促進するようあらゆる可能な努力を払うことの必要性を強調した」と明らかにしている[203]。

この時の外遊で、安倍の主張に反論してソ連の立場を全面的に擁護したのはブルガリアのムラデーノフ(Petar Mladenov)外相だけであった。両大臣の共同新聞発表には核軍縮についての言及は一切記述されなかった。帰国前の会見で安倍は、「ルーマニアとの間でＩＮＦ問題について、共通の認識をもつことができたことは大きな成果だ」と強調した上で、日・東欧間の政治対話を積極的に進める方針を明らかにした[204]。

安倍が欧州歴訪で一定の成果を上げる一方、安全保障・軍縮問題について米国との調整に当たったのは谷川防衛庁長官であった。八月二二日、訪米した谷川はワインバーガー、ダム(Kenneth W. Dam)国務副長官と個別に会談し、ソ連問題と軍備管理交渉について協議を重ねた。谷川はワインバーガーとの会談で、ソ連が極東の軍事力増強に比重を置き、日米離間を狙っているとの考えを示した。ワインバーガーはこの考えに同意しつつ、ソ連が軍事力を増強しても民主主義と自由主義には大きな強さがあるので、日米の間を裂くことはできないと答えた(205)。

また、谷川は核軍縮が米ソ間の政治問題であると同時に、西側諸国の運命がかかっている問題であり、先のウィリアムズバーグ・サミットで西側結束を表明したことの重要性に言及した。その上で、西欧へのＩＮＦ配備計画を必ず実行することが対ソ交渉上も大事であり、それが西側の連帯強化に寄与するとの考えを表明した。さらに、ＳＳ—20を単に極東に移すことは西欧に対する脅威の減少にならず、日米の信頼関係にも影響を与えるとの観点から、グローバルなゼロ・オプションを支持するとの立場を示した(206)。

ワインバーガーはこうした谷川の主張に賛同して、ＳＳ—20問題を局地的に処理することは日本にとって危険であり道徳的にも認められないと述べた。また、ＳＳ—20はウラル山脈以東に移しても数時間で欧州正面に移動できる能力があるため、米国は西欧へのＩＮＦ配備を通じて、全世界的な見地でソ連に対抗していくとの考えを明確にした(207)。

続いて行われたダムとの会談でも、谷川はワインバーガーに示したのと全く同じ考えを述べた。これに対し、ダムは米国がウィリアムズバーグ政治宣言の立場からＩＮＦ交渉に臨む意思を明確にしつつ、ＩＮＦ問題をグローバルな観点で解決する必要性を強調した。そして「極東、日本にしわ寄せが来る形での交渉の決着は何ら考えていない」と言い切った。ダムは会談の終わり際に、ＩＮＦ交渉の過程においてＮＡＴＯおよび日本と密接に協議していきたいとの考えを示している(208)。

訪米中の会談で、谷川が米側高官から日本の立場に対する肯定的な反応を引き出せたのはなぜだろうか。参考までに、八月二四日に国務省情報調査局が作成した「中曽根の対外政策の国内要因」と題する文書を一瞥しよう。

同文書は、まずアンドロポフによるＳＳ—20の極東移転というソ連の唐突な対日攻勢は、軍事問題に対する日本人の機微な心理を傷つけ、日本の国内世論とマスメディアによる中曽根政権への批判を鈍化させたと分析する。そして、中曽根政権はアンドロポフの声明に積極的に対抗する意思を示すことで国内世論の機先を制し、日本の安全に対する再保障への約束を取り付け得たと評価している。こうした方法は自民党政権がこれまで好んできたやり方ではあるが、今回のＩＮＦ問題に関しては従来以上に多く用いられたと米側は考えていたのである。(209)

また文書は、中曽根政権がレーガンによるゼロ・オプションの提案とＩＮＦ暫定協定への試みを強く支持していることについて、「日本はこの方法が自国の安全保障を図る上で最善の道だと確信しているからだ」と指摘している。そして、日本の国内世論もこの政府決定に明確な賛意を示しており、中曽根によるＩＮＦ西欧配備の支持に反対した野党やマスメディア、それに自民党内の反中曽根派からの反発は驚くほど短期間で終息したと結論付けている。

こうした分析と評価からは、中曽根がアンドロポフの対日攻勢をうまく逆手に取り、日本の世論の方向性を米国の進める均衡のとれた軍備管理アプローチに近付けていったことが明らかである。先に見た通り、ワインバーガーとダムは谷川との会談で、ゼロ・オプションに対する日本の支持を是とし、ＩＮＦ交渉をグローバルな観点から解決するという意思を見せた。そこには、軍縮問題で日本の国内世論をレーガンのアイデアに引き寄せた中曽根政権に対する米側の評価が反映されていたのではないだろうか。

防衛庁における認識の変化

さて、ここで改めて、中曽根内閣成立後のＩＮＦ問題に対する防衛庁の認識について触れておきたい。谷川の下で八三年七月に刊行された『防衛白書』は、ＩＮＦ交渉について「交渉の背景」「米国の立場」「ソ連の立場」「わが国との関係」という四つの項目を設けて詳述している。中でも、「わが国との関係」ではＩＮＦ交渉に対する日本の外交面でのコミットメントのあり方について、次の通り具体的に言及している。

ソ連は、アジア地域にも、一〇八基のＳＳ―20を配備しており、ＳＳ―20はわが国の安全保障にも深刻な影響を及ぼしている。わが国としても、ＩＮＦ交渉が進展し、ＳＳ―20がグローバルなベースで撤廃ないし削減されることを強く期待しており、わが国及びＮＡＴＯ諸国が結束することが、この交渉における米国の立場を支援しその実現に資することとなる。この意味で、本年五月ウィリアムズバーグで開催された主要国首脳会議において、参加国が東西間の真剣な軍備管理交渉を望み、平和を探究する決意を有していることを明らかにしソ連に対してこの目的のために努力するよう呼びかけるとともに、西側の安全が不可分であり、ＩＮＦ交渉はグローバルな観点から取り組まなければならないとの共通の認識を明らかにしたことは意義深いことであった。(210)

従来の『防衛白書』が、ＳＳ―20の問題について、その配備数や西欧と日本への脅威に的を絞って論述していたことと比較すれば、八三年の白書は次の点で画期をなしたと言えよう。第一は、ＳＳ―20がＩＮＦ交渉の下で全地球規模的に廃絶されることを強く望むと言及したことである。そして第二は、西側の結束を強化することが米国の対ソ交渉の足場固めになると明記したことである。

第一節で検討したように、従来の内閣は米国やソ連に対し直接、ＳＳ―20についてＩＮＦ交渉での削減を要請することに終始していた。これとは異なり、中曽根内閣はＳＳ―20削減に関して、日本とＮＡＴＯ諸国が結束して米国の交渉上の立場を支え、ソ連を真剣な交渉の場に引き出すという外交アプローチを採用した。こうした政策上の変化が、防衛庁の公式見解にも大きな影響を与えたのである。

大韓航空機撃墜事件――国連安保理における攻防

九月初旬のＩＮＦ交渉の再開に合わせ、米ソ両国はスペインのマドリードで開かれる予定であった外相会談に向け準備を進めていた。この時期、東西諸国間ではＩＮＦ暫定合意に向けた政治対話が順調に進んでいた。

ところが、その矢先の九月一日未明に、サハリン沖のソ連領空内に誤って侵入した大韓航空機KAL〇〇七便がソ連軍の戦闘機によって撃墜される事件が発生した。日本人二八名と米国人六一名を含む乗員乗客二六九名全員が死亡した大韓機撃墜事件は、ソ連が行った武力行使の非人道性を国際社会の前で明らかにする契機となった。[211]以下、近年公開された資料に基づき、同事件が東西関係の文脈でどのように扱われたのか振り返っておきたい。

撃墜事件の翌日、日米韓、カナダの四カ国が国連安全保障理事会公式会合の開催を要求し、二日から八日までの間に計五回の会合が開かれた。最初の会合で、事件の当事国であるソ連のトロヤノフスキー(Oleg Troyanovsky)国連常駐代表は、大韓航空機のソ連領空侵犯は米国によるスパイ行為であると主張し、事件は米国の反ソ宣伝の一環だと述べて撃墜の事実を認めようとしなかった。[212]

これに対し、米国のリヘンシュタイン(Charles M. Lichenstein)大使は、ソ連の行為は計算され、かつ故意な仕業であることは全く明らかであり、民間機に対するソ連の対応は乱暴で無責任極まりないものだと強く非難した。[213]さらに、リヘンシュタインはトロヤノフスキーの前で「ソ連代表の発言で最もグロテスクであったのは、ソ連がこの航空機の破壊はレーガン政権の利益の向上につながると述べたことである。そうであるならば、ソ連はなぜ撃墜したのか」と鋭く追及した。[214]ソ連はこの米側の問いに答えることができなかった。六日午前の第二回会合でもトロヤノフスキーは「米国は、今次事件を政治的に利用し、軍拡競争に新しいはずみを与えようとしている」と繰り返していた。[215]

しかし、六日午後に開かれた第三回会合でそれまでの状況は一変する。米国のカークパトリック(Jeane Kirkpatrick)国連常駐代表が「日本との協力により本件についての真実を示すため今からはっきりとした証拠を示すこととした」と発言し、一五分間にわたって事件当日の四機のソ連戦闘機と地上との交信記録を公開したのである。カークパトリックは、ソ連機が大韓機に警告を与えず、ソ連領内の空港に同機を強制着陸させるために誘導した形跡もなく、さらに交信記録の中でソ連機が大韓機を「TARGET(目標)」としか言及していない点を強調した。その上で、彼女は「このソ連の行為は世界に脅威を与える為の意図的な行動である」と断定したのである。[216]

常軌を逸したソ連の蛮行が白日の下に曝されると、会合に参加していたベルギー、イタリア、ナイジェリア、スペイン、マレーシアなどの各国代表の多数が、今回の領空侵犯に対するソ連の反応は「全く均衡を欠くもの」であり、いかなる意味でも正当化し得ず、国際法や航空の安全に対する重大な違反だと発言した。[217]この交信記録を傍受し米国に提供した日本政府も、ソ連側の無法かつ野蛮な行為を強く非難し、ソ連が真相究明をはじめ誠意ある対応を示すことにより、人道上および国際法上の義務を全うすることを要求した。[218]

続く七日の第四回会合でもグアテマラ、アイルランド、ドミニカ、ケニアがソ連の行為を非難し、撃墜を正当化し得ないと判断した。しかしながら、東欧圏に属するポーランド、ブルガリア、東独はソ連の立場を擁護した。このうちブルガリア代表に至っては、米国が「対決的雰囲気を助長しMXミサイルの配備を正当化しようとしている。乗客はその犠牲となった」と述べてレーガン政権を強く非難した。[219]

このようなソ連擁護論があったとはいえ、前日に公開された交信記録の内容について反論ができないソ連は、撃墜事件の責任が米国にあるという立場を維持しつつも、ソ連軍が大韓機を撃墜した事実を間接的に認める発言をした。

レーガン政権で首席副報道官を務めたスピークス(Larry Speakes)は、二転三転したソ連の回答を批判しつつ、事件の真相を次のようにまとめている。

　ソ連はかたくなにすべてを否定しようとする。まず、問題の機が墜落したことを否定した。次に、ソ連側が撃墜したことを否定した。さらに、同機をスパイ機としてソ連領空に送り込んだと米国を非難した。一週間近くたってから、ようやく撃墜の事実は認めたが、事件当夜は視界が悪く、民間機であることが確認できなかったと弁解した。しかし、視界が悪いどころか、じつは半月が出ていた。しかも、ソ連のジェット戦闘機は、KAL機の周りを一周してから撃墜している。KAL機の機内は平常どおり照明がつき、機体に「コリアン・エア」と明示してあるのだから、民間機であることを確認できないはずはない[220]。

ともあれ、日本が傍受した交信記録の提供と公開は、ソ連に撃墜の事実を認めさせることに成功した。これを受けて翌日、日米英など一七カ国の共同提案により、「国際民間航空機に対するかかる武力行使は、国際的行為規範及び人間性に対する基本的尊重に悖るものであること」を宣言した安保理決議案が上程された。しかし、一二日に行われた票決では拒否権を持つソ連がこれに反対票を投じたため決議案は否決されることになった[221]。

ＩＮＦ交渉の継続

大韓機撃墜事件の衝撃が冷めやらぬ中、レーガン政権は九月末の国連総会で公表するＩＮＦ新提案を準備していた。レーガンは大韓機撃墜事件をソ連による虐殺および蛮行だと厳しく糾弾した。だが、彼はソ連との軍縮交渉を中断することはなかった。

同様に、大韓機事件に関してソ連に厳正に対処するとした中曽根も、九月二日の段階で「核兵器廃止・縮減、ＩＮＦ交渉が、これによって影響を受けないことを希望する」と発言した[222]。さらに、六日には「ＩＮＦやＳＴＡＲＴについては、いままでどおりやるとレーガン大統領も言っているように、私もその考えを支援している」と述べ、大韓機撃墜事件と核軍縮交渉は別の問題であることをはっきりさせている[223]。

九月一〇日、レーガンはＩＮＦ交渉について中曽根に意見を求めるため書簡を送った。その中で、彼は三月に行った暫定合意提案では「ニッツェ大使が交渉の進展をはかる可能性を探求しうるよう最大限の柔軟性を与えるため、いくつかの要素をあえて明確に示さないこととした次第」を初めて明らかにした。そして、今秋の交渉ラウンドで暫定合意提案をさらに詳細なものにすることは有用であり、このために必要な措置をとる準備をすべきであると述べた[224]。そのアプローチの実質的要素は次の三つである。

一、ソ連及び西側の国民に対して、現在のソ連の配備レベル及びＮＡＴＯが計画している配備レベルから相当の削減が行われるような合意の下においては、我々はパーシング・Ⅱ及び地上発射巡航ミサイルを、しかるべき配分により、削減する用意があることを、保証する用意があるべきであります。

二、我々は、長射程中距離核ミサイルに関する均等かつグローバルな制限を課す合意の枠組の中で、ソ連のグローバルな長射程中距離核ミサイルの配備全体を、米側の欧州における長射程中距離核ミサイルの配備によって全て相殺することはしないとの米側の約束について検討する考えを提案すべきであると思います。

三、我々は、米ソ両国にとっての最大の関心事である長射程中距離核ミサイルに引き続き焦点をあてていく必要がありますが、また、ＩＮＦ合意に関する同盟諸国の課した条件と矛盾しないような米ソ両国の長射程中距離核搭載機にかかわる提案を検討する用意をすべきであります[225]。

なお、レーガンは第二のアプローチを検討するに当たり、日本およびほかのアジアの友人や同盟国の安全保障上の利益を念頭に置き、ソ連がＳＳ―20によって日本に対する脅威を増大せしめるような合意を米国は受け入れるものではないと明言している[226]。また、「ＩＮＦ交渉に臨むＮＡＴＯ諸国の姿勢に対する日本の支持は確固たるものであり、アジア諸国と西欧諸国との間にくさびを打ち込もうというソ連の努力を失敗させる結果となっております」と、これまでの中曽根の側面協力を高く評価した[227]。その上で彼は、中曽根に対し上記諸提案についての見解を求めた。

これに対し、中曽根は一五日にレーガンへの返書を発出し、その中で提案の第一については基本的に異論はないとの考えを示した。一方、提案の第二に関しては「交渉の結果合意される具体的な態様が欧州との対比においてアジアの安全保障についても適切な配慮がなされたと認められるものになることについて特別の関心を持つもの」であると明記した。そして、提案の第三についても、グローバルな観点から可能な限り低い水準に向けて努力が行われることが重要であるとの考えを示した[228]。

こうした中曽根の迅速な回答に対して、レーガンは二〇日付の返書で謝意を示しつつ、「私は、貴方が書簡の中で取り上げられた特別な関心を十分に理解しております。〔中略〕私は、現在かつ将来のINF交渉の進展に関する我々の協議が、今後も緊密なものであることを保証致します」と約束したのである。そして、ニッツェに対し二二日にジュネーブで米国の提案をソ連側に通告するよう指示したことを明らかにした[229]。この時、日米首脳の個人的信頼が厚かったとはいえ、米国が対ソ交渉に関する提案の細部について、事前に日本側に相談を求めてくるのは極めて異例の出来事であった。

一九日、西独政府は米国から受け取ったとする新提案の概要を公表した。これについて一部のマスメディアは、米国がINF交渉を合意に導くためにグローバル解決方式を撤回し、アジア部配備のSS―20の削減問題を交渉から除外する方針が入っていると報じた[230]。

二一日には、日本の外務省も米側からINF新提案の説明を受けた。日本側は、その提案の中に米国が「グローバルなゼロ・オプションという基本を保持しながら、現実の交渉では戦術的な方針変更があり得る」ことを確認した[231]。米側は、一部のマスメディアで報じられた「アジア部のSS―20を現状レベルで凍結し、欧州部での削減を先行させる」との考え方をとらないと繰り返し日本側に説明した。米側の新提案は米ソのINFにグローバルな総数規制の枠を設けるのと同時に、欧州部INF配備数の上限について合意し、アジア部SS―20の配備数については欧州部における配備数との差だけを認めるというものである。外務省はこの新提案について「日本にとっても了解できる範囲のもので、日本を出し抜くような形の極東凍結、欧州削減というものではない」と解した[232]。

しかし、こうした動向を見て、中曽根は米側の新提案では日本のこれまでの主張が後退するのではないかという危機感を拭えなかった。そこで中曽根は松永外務次官との間で対応を検討し、国連総会に出席する安倍にレーガン宛ての親書を託して、INFは全地球的規模で削減すべきだとする前提を新提案に盛り込むように依頼した[233]。

訪米前の二四日に、安倍は来日したワインバーガーと会談し、大韓機撃墜事件への対処とINF新提案について日米間の基本認識を一致させた。この会談で、ワインバーガーは日本が最大の関心を払う新提案について次の三点を強調した。第一に、INF交渉に対する日本の立場を重々心得ていること。第二に、移動性のSS—20は総数規制が重要であること。そして第三に、低水準かつ均衡のとれた解決を図りアジアに犠牲を強いることはないことである[234]。

米側が閣僚級会談でINF問題に関し「アジアを犠牲にしない」と明言したのは、これが初めてのことだった。大韓機撃墜事件発生時の交信記録の提供を通じて日米間の連携は一層強化されつつあったが、INF問題でも日米間の認識相違は以前より小さくなったのである。

二六日、国連総会演説でレーガンは中曽根の主張を取り入れたINF削減のための新提案を公表した。彼は、長射程INFの配備が地球上から禁止されることについて、欧州とアジアの諸国民が深い関心を持っていると前置きした上で、「ソ連が世界的規模のミサイル削減および制限に同意するならば、米国は欧州でのINF配備によってソ連の全世界におけるミサイルの配備総数と取引をするつもりはない」と述べた[235]。

これに呼応して二日後の国連総会では、安倍がINF問題についてアジアを含む全世界的観点から交渉すべきだとする日本の立場を力説した。

日本側の主張がレーガンの新提案に盛り込まれたことについて、中曽根は二七日に「この問題〔アジア部のSS—20配備—引用者注〕については先方に任せてある。政策形成の中で、極東での削減を取り入れてほしいと言っである」と発言しており、両国間の意思疎通が比較的順調に進んだことを窺わせている[236]。また、後藤田正晴《ごとうだまさはる》官房長官も同じ日の記者会見で、国連本部において安倍外相がレーガンと会談した際に首相からの親書を手交し、外相からも改めて首相の考えを述べたところ、大統領がこれに深く頷き了解の意を表したことを認めた[237]。

だが、こうした日米連携の強化に対して焦燥感を募らせていたアンドロポフは、レーガンの新提案を拒否した。しかも、ソ連は大韓機撃墜事件を機に軍事情報協力を深める日米関係について、「ワシントンは日本の軍国主義を復活させ、それを西側陣営の軍事戦略に組み入れる努力さえ行っている」と非難したのである[238]。

こうしたソ連の姿勢は西側だけでなく、隣国の中国からも反感を買う結果となった。当時、ソ連は中国との関係正常化のため定期協議を重ねていたが、大韓機事件を機に中国側の対ソ姿勢は硬化した。SS―20の配備により日米欧の結束に楔を打とうとしたソ連の政策は、大韓機事件を契機として欧州とアジアの両正面から一層追い詰められることとなったのである。

日独「東京声明」

西独へのパーシングⅡの配備が迫る中で、中曽根は「秋の外交ラッシュ」を迎えた。一一月には、コール、レーガン、トルドーら西側首脳が相次いで来日した。中曽根は各国首脳との国際情勢に関する討議の中で、INF問題に関する日本の立場への理解を再度取り付けようとした。まず、一〇月三一日にはコールが公賓として来日した。一一月一日午前の第一回首脳会談でコールはこう告げた。

ウィリアムズバーグで言った通り、〔パーシングⅡの―引用者注〕配備後も実際の核軍縮のための交渉は進められる。しかし、アジアの犠牲において欧州について合意をとりつけることは問題にならない。この立場は不変であり、〔日本の―引用者注〕国会演説でもこの点をはっきり述べる[239]。

コールがＩＮＦ交渉でアジアを犠牲にしない立場を明示したことに対し、中曽根は「ＩＮＦ問題はアジア、極東で重要な問題であり、強い関心がある。日本、極東の安全保障が犠牲にされる形で解決されてはならない。削減されたＳＳ20は廃棄されるべきで、移動、保存されてはならない。〔中略〕米ソ間の総量規制で解決すべき問題である」と念押しした(240)。この中曽根の発言に呼応してコールも「日本の犠牲の上で欧州の問題を解決するようなことは論外である」と繰り返した(241)。

図らずも先の大韓機事件が、それまで可能性が低いと見られてきた極東でのソ連の武力行使を立証した結果、コールも中曽根の説く西側安全の一体不可分を直視せざるを得なくなっていた(242)。一日午後に行われた第二回会談後、両首脳は「サミット参加国の安全は不可分であり、グローバルな観点から取り組まなければならない」とする東京声明を発表し、ウィリアムズバーグ・サミットでの政治宣言を再確認した(243)。

同夕、迎賓館で行われた晩餐会において、中曽根がウィリアムズバーグでの初会談に触れ「初対面にも拘わらず、閣下に対して、言い知れぬ親近感を覚えたのであります」と振り返ると、コールも「今日行われました我々の会談は私の期待に余すところなく沿うものであり、又前回同様特別な親近感と友好に包まれたものでありました」とこれに答えた(244)。

翌日、コールは中曽根に約束した通り、参議院本会議場で行った演説で次のように述べた。

七九年十二月十二日の同盟（ＮＡＴＯ）の二重決議は歴史的な決定だ。ジュネーブ交渉が決裂した場合、その原因はソ連の頑なな態度にある。我々は妥協の、また譲歩の用意がある。しかし、一切を犠牲にしてまでも交渉に決着をつけるつもりはない。自己の安全保障、平和、我々の平和と独立を犠牲にしてまでもだ。さらに、日本、東アジアの友人たちの犠牲においてまでもそれを望むつもりはない(245)。

コールは日本の国会で、西独がＩＮＦ交渉でアジアの友好国の安全を犠牲にしないことをはっきりと約束したのである。帰国後の七日、コールは記者会見において「極東のＳＳ―20による脅威を日本が如何に深刻に受け止めているかに感銘を受けた」と述べている[246]。

米加首脳の訪日――グローバル・ゼロの確認

続いて九日に来日したレーガンも、中曽根との軍備管理に関する話し合いにおいて、ソ連のＳＳ―20をグローバルに可能な限り低い水準に削減することを求めると保証した。レーガンは、ＩＮＦ交渉においてアジアの安全に不利になるようないかなる行動もとらないと固く約束した[247]。また、中曽根の要請に応じ、レーガンは先に日独が発表した東京声明を支持した[248]。

訪日に際し、レーガンはＩＮＦ交渉に臨む米国のグローバルなアプローチを日本国会で演説すべきであるとの進言を国務省から受けていた[249]。レーガンは一一日午前に衆議院本会議場で行った演説で、国務省の進言に沿って次の通り述べている。

私は、日本国民の安全と安寧にかかわる問題についての交渉に臨んでは、私たちの責任を強く自覚しています。ひとつはっきり申し上げましょう。より射程距離の長い中距離核ミサイルの脅威を、ヨーロッパからアジアへ移しかえるような、いかなる取り決めも私たちは絶対に受け入れてはならないし、また受け入れるつもりもありません[250]。

アンドロポフによるＳＳ―20の極東移転構想が潰えたいま、レーガンの演説は、長射程ＩＮＦが欧州とアジアで同時に削減ないし撤去されなければならないこと、また、アジアの安全保障を犠牲にするような中間的な解決策を受け入れないことも意味していた。

演説終了後、中曽根はレーガンを日の出山荘に招待し、囲炉裏を囲んで昼食会と首脳会談を開いた。本会談では在日米軍厚木基地の空母艦載機夜間離着陸訓練の移転先について、具体的な話し合いが初めて行われた[251]。日米首脳会談が成功裡に終わってから間もなく、中曽根は急遽訪日したトルドーを官邸に招いて、軍縮イニシアティブを中心議題とする首脳会談を開いた。

本会談でトルドーは、中部欧州相互均衡兵力削減（Mutual and Balanced Force Reduction, MBFR）交渉の活性化や欧州軍縮会議（Conference on Confidence- and Security-Building Measures and Disarmament in Europe, CDE）に対する政治力の注入、核兵器不拡散条約（Treaty on the Non-Proliferation of Nuclear Weapons, NPT）体制の強化と核軍縮に強い意欲を示した上で、「ウィリアムズバーグで合意したように、平和のためにあらゆる努力を傾ける所存である」と語った[252]。

これに対し、中曽根は原則的にトルドーの軍縮イニシアティブを強く支持する考えを示し、ＩＮＦ交渉が成功すれば東西関係の改善と軍縮への展望につながるという見解を述べた[253]。やや意外であったのは、中曽根がＩＮＦ交渉を成功し得るものと考えているのに対し、トルドーは「ＩＮＦ交渉は失敗したのであり、それ故、新しい提案を行なっている」と述べたことである。その真意は、欧州へのＩＮＦ配備が差し迫り、もはや二重決定アプローチでは交渉が成功する見込みがないということであった。したがって、先の日独東京声明や軍縮イニシアティブが重要になってくるというのがトルドーの考え方であった[254]。

会談中、中曽根はトルドーの軍縮イニシアティブがＩＮＦ交渉を阻害する口実とならないよう配慮する必要があると考えていたが、幸いトルドーにはＩＮＦ交渉に直接介入しようという意図はなく、二重決定を支持する立場に変更はないと付言している[255]。

ここまで検討してきたように、西独へのパーシングⅡ配備が刻々と迫っていた時期に、日独、日米、日加の間で西側結束を再確認し、ソ連の西側離間策に毅然と対抗していく姿勢を打ち出したことは、西側諸国を安易な対ソ妥協に向かわせないようにしたという意味で、日本外交に有利な政治的環境を整備したと言えよう。

ＩＮＦ交渉が中断されたのは、このようにして日本の主張が米欧に理解され始めた最中であった。一一月二二日、西独議会がＩＮＦ配備を承認したことを受けて、ソ連はＩＮＦ交渉からの退席を西側に通告し、対抗措置として東欧に短距離核ミサイルＳＳ―22（単弾頭）を配備すると宣言した。日米欧の離間に失敗したソ連は、西欧への米ＩＮＦ配備を許す結果を招き、自らも軍備増強とこれに伴う軍事費増の重圧に直面する中で、対抗措置の発動を余儀なくされたのである（詳しくは次章で扱う）。

日中軍事情報交換の実質化

中曽根は一カ月の間に西側三カ国の首脳と相次いで会談し、アジアの安全保障を犠牲にしない形でＩＮＦ交渉を進めることを再確認した。さらに、中曽根は胡耀邦中国共産党総書記との会談でもこの問題について議論を行っている。一一月二四日に開かれた日中首脳会談の全体会議で、中曽根は日中両国の間でＳＳ―20の問題につき情報や意見の交換を図り、対策を考えていくことが大切であるとして改めて中国側に協力を要請した。そして、国際関係の諸懸案については理性的に話し合い、漸進的な解決策でも良いからこれを求めていくとの方針を示し、交渉のテーブルから決して離れないことが肝要であると述べた。中曽根は、この二日前にソ連がＩＮＦ交渉を中断したことに遺憾の意を示し、ソ連が交渉の席に戻って話し合いを継続することに期待を示した(256)。

中曽根の力説に対し、胡はＩＮＦ問題には直接踏み込まなかった。彼は、中ソ間の不正常な関係は中ソ両国にとって不利益であり、アジア・太平洋の平和と安定にとっても不利であるとの見方を示した上で、中ソ間の三大障害の解消の重要性を唱えた(257)。ここで胡が述べた三大障害の中には、アジア部配備のＳＳ―20の問題も含まれていた。そのことは翌日に開かれた日中外相会談において一段と鮮明になった。

胡に随行して訪日した呉学謙外交部長は安倍との会談で、過去三回の中ソ協議の結果、両国関係は幾分改善したが、関係正常化にはほど遠いことを明らかにした。「三大障害は中国に対する現実的脅威を形成している」というのが、中国側の率直な対ソ認識であった。呉によれば、三大障害の一つである中ソ国境配備のソ連部隊の撤退の中には、ＳＳ―20の大幅な削減・撤去が含まれていた。

また、呉は米国からの情報に基づいて、ソ連がＩＮＦ弾頭三〇〇個をアジアに配備していることを伝えた。加えて、彼は中国にとってソ連の核は脅威であり、米ソＩＮＦ交渉の中断が国際情勢の緊迫の度を高めたのは事実と認識しつつも、それゆえに二つの超大国がすぐに矛を交えることはあり得ないとの見方を示した。国際社会の当面の課題は米ソ両超大国がＩＮＦ交渉に関して誠意を示し、話し合いで合意を達成するよう圧力をかけていくことだというのが中国外交部の現実的な認識であった[258]。

こうした説明を受けて、安倍は三大障害の除去なしに中ソ関係正常化があり得ないことを十分に理解したと述べ、中国がソ連との協議でＩＮＦの大幅削減・撤廃を強く要求していることを評価した。さらに、安倍は「呉部長の訪米時にはソ連のＩＮＦの極東配備は一〇八基であったかもしれないが、現在既に一一七基になっており、近いうちに一四四基に増加する」との情報を明かした。これは呉が先に紹介した三〇〇個（ＳＳ―20のミサイル基数に換算して一〇〇基）を超える核弾頭の配備が進んでいることを示していた[259]。

実は、この情報は翌日の報道で公にされるまで米側の軍事機密であった。米国が入手していた情報ではＳＳ―20の配備総数は四五〇基に達していた。その内訳は、欧州正面のソ連西部地区に一五三基、同中央部地区に一八〇基、同東部地区に一一七基であった。ソ連東部地区では中ソ国境に近い中国東北部の西側に三つの基地が新設されていた。ここに一四四基のＳＳ―20が配備を完了すれば、四三二個の核弾頭が中国や日本、朝鮮半島、フィリピンを含む東アジア全域を射程に入れることになっていた[260]。安倍はこの米側の機密情報が公になる前の日に配備基数を含む詳細な状況を中国側に説明していたことになる。

これは、九月二九日の日中外相会談で合意された軍事情報交換が具体的な形となって現れた瞬間であった。こうした情報交換は、日中両国がアジア部ＳＳ—20の脅威に事実上協力して対抗することを示していた。日中間の連携強化に直面して、ソ連もまたＩＮＦ問題で中国が米国の世界戦略に与していることを認めざるを得ない状況に追い込まれたのである。(261)

一九八三年の軍縮外交の意義

本章で検討してきたように、中曽根内閣は従来の政権とは異なり、アジア部のＳＳ—20問題に関する米国の対ソ交渉努力を無批判的に受け入れることを避けた。中曽根内閣は、ＩＮＦ交渉を日本の国益と安全保障に関わる重要な外交問題として捉え、交渉の関係国と綿密な議論を重ねることを通じて、交渉妥結の際に欧州部とアジア部で問題解決に差がつけられないよう主張し続けた。中曽根内閣はソ連による日米欧離間を阻止する西側諸国の一翼を担うことになった。

本章の第一節では、歴代内閣と中曽根内閣との間で、ソ連のＳＳ—20配備に対する脅威認識が具体的にどう変化したのかについて比較検討を行った。また、中曽根内閣の下で外務省国連局軍縮課と大臣官房調査企画部が、それぞれアジア部ＳＳ—20問題への対応策を子細に検討し、日本政府として選択可能なオプションを明らかにしていく過程を一次史料に基づき分析した。

前者の比較検討からは、従来の内閣においてもＩＮＦ交渉に対する日本の政治的コミットメントを確認することができた。しかし、その基本姿勢は対日脅威であるアジア部ＳＳ—20の削減の行方を、米ソ交渉の成り行きに任せるという受け身的なものであることが明らかとなった。たとえば、鈴木内閣では首相の国連軍縮特別総会演説のほかに、櫻内外相と外務省事務レベルによるソ連へのＩＮＦ問題解決の要請など、各レベルで個別的な対応が行われていた。鈴木内閣には日本にとってＳＳ—20が軍事的脅威であり、これを撤去させることが望ましいとの認識はあっても、この問題で日本が米ソ交渉にどのような方法でアプローチすべきかという基本戦略がなかったのである。

これに対して第二節で検討したように、中曽根内閣では首相と外相、外務省とが一体となってアジア部ＳＳ―20問題の解決に向け、米ソ交渉がグローバルな観点から行われるように政治環境を徐々に整備していった。中曽根の軍縮外交の基本戦略は、力の均衡が世界の平和を維持しているという現実を直視しながら、軍縮交渉を恐怖の均衡から脱却する一過程として位置付け、日本の使命として軍縮を推進していく現実主義的な国際政治観に基づくものであった。この基本戦略の下で、外務省はＩＮＦ交渉の当事国である米国、ソ連だけでなくＮＡＴＯ、西欧諸国、中国などの利害関係国とも軍備管理問題について複数の角度から議論する機会を得たのである。

さて、中曽根内閣の軍縮外交を加速した背景には、アンドロポフによるＳＳ―20極東移転構想と、レーガンによるＩＮＦ暫定協定案の公表という二つの外的要因があった。この二つの要因が、アジア部ＳＳ―20の現状での凍結は日米同盟関係の信頼性に深刻な影響を与えかねないことと、アジア部ＳＳ―20問題に対する西側諸国との認識の共有は必ずしも十分ではないことへの外務省の意識を高めることにつながった。

米国のＩＮＦ暫定協定案に対して、日本政府はＳＳ―20極東移転の阻止と、アジア部での削減をＩＮＦ交渉に関係付けるように政治、事務レベルで働きかけを活発化させた。ただし、既にアジア部に配備されたＳＳ―20をソ連に撤去させるには相当の時間と力が必要であることから、首相官邸側は極東移転の阻止に焦点を絞って米国との協議に臨んだ。

レーガン宛ての書簡を通じた中曽根の要請は、暫定協定案ではアジア地域へのＩＮＦ問題の波及を抑えるという言葉を米側から引き出すことに成功した。だが、米側からの回答は外務省の担当者を満足させる内容ではなかった。この時、外務省は極東移転への反対が西側各国でも既定路線として定着しつつあるので、日本は従来の主張を貫くだけで十分と考えていた。外務省が懸念していたのは、アジア部に配備済みのＳＳ―20が削減されなければ、日本国内で米国はアジアよりも欧州の安全保障を優先しているのではないかという不安が高まり、日米同盟関係の信頼性に傷がつくことであった。

第三節では、それまでの対米交渉においてアジア部SS—20削減の明確な約束が得られなかった日本政府が、ウィリアムズバーグ・サミットで西側の結束を主体的に固めていった過程を分析した。サミットの個別会談において、中曽根はSS—20極東移転に反対する強い意思を前面に打ち出すことで、西側首脳と認識を一致させた。中曽根は村田経済局長が提出した「基本戦略」を参考に、ソ連に対して西側結束を鮮明にすることの重要性を各国首脳に説き、INF問題のグローバル・ゼロ解決を支持するよう理解を求めた。そして、全体会議ではNATO戦略の指揮下に入ることを拒んだミッテランの反対を抑えつつ、「サミット参加国の安全は不可分である」ことを政治宣言に盛り込むことに成功した。結果的にはこれがソ連のSS—20極東移転構想を撤回させることにつながった。

従来の研究はウィリアムズバーグ・サミットでの中曽根の行動を、単にレーガンの対ソ交渉上の優位を築くための「パフォーマンス政治」であると位置付けてきた。そうした側面があったことも事実だが、中曽根がこのような行動をとった背景には、日米関係の信頼性に深く関わるSS—20極東移転阻止についての確かな約束を米欧諸国から勝ち取るという安全保障上の利益が存在していたのである。

サミットに至るまでの日本の対米交渉の経緯を振り返ると、米国は西欧首脳が主張するINF交渉の欧州部での解決に傾斜し、アジア部のSS—20削減は交渉の第二ラウンドで扱う方針を固めていたことが明らかである。しかし、かりに米国が欧州部先行のINF交渉の妥結を図ろうとすれば、INF問題の解決で日欧間に明確な差が生じることになったであろう。それは、西側結束の切り崩しを狙うソ連の立場を優位にする恐れがあった。こうした推論に基づけば、アジア部SS—20の削減をINF交渉に関連付けるには、多少なりとも日本がINF問題にアプローチしている姿を西側首脳に強く印象付ける必要があったのではないだろうか。

そこで、中曽根はアジア部配備のＳＳ—20削減をＩＮＦ交渉と関連付けようとする外務省の主張を最初の段階から前面に押し出すよりも、ＮＡＴＯの二重決定を政治的に支持することをもって、ソ連に対するサミット参加国の結束を固めることを優先した。日本が西側の安全保障問題に明確にコミットしている姿をサミットでアピールできれば、暫定協定案の実施によって生じる日米関係の信頼性危機を回避し、西側結束を強化できる機会が増す。中曽根がサミットのまとめ役を自ら買って出た背景には、このような計算が少なからず働いていたものと考えられる。

サミット後には、中曽根内閣の外交に対する米側の評価も変化した。サミット前、米側は日本がアジア部のＳＳ—20の脅威を誇張していると認識していた。だが、サミットで西側結束を再確認した後、米国は日本の軍縮外交の活発化を歓迎するようになった。一九八三年八月に作成された米国務省の文書では、ソ連の対日攻勢が中曽根の西側接近に関する日本国内世論からの批判を鈍化させたと分析した。また、ＩＮＦを含む安全保障問題で、日本がＮＡＴＯや中国との協議を積極的に行っていることについて米国は何ら異論を差し挟んでいない[262]。こうした文脈からすると、米国はＩＮＦ交渉でアジアの安全を犠牲にすべきではないという中曽根の主張を是認した方が、ソ連による日米・米欧離間を阻む上で有効と考えたのであろう。

本章の最後では、ソ連軍による大韓航空機撃墜事件の発生により、極東での米ソ角逐は本質的脅威ではないと捉えられてきた認識が覆され、アジア部のミサイルを軍縮交渉から除外すべきでないとする日本の立場が西側諸国に共有されるまでの過程を検討した。撃墜事件に関する日本の情報提供は、ソ連側の責任を国連安保理で明確にしようとする米国の期待に応えた。撃墜事件への対処で日米間の結束は一層強化された。ワインバーガーが示したように、米国は日本側に対しＩＮＦ交渉でアジアの安全保障を犠牲にしないことを約束したのである。

大韓機撃墜事件は図らずも極東地域が米ソ軍事対立の主舞台であることを立証し、アジア部ＳＳ—20問題の解決に対する日欧間、日中間の連携強化のきっかけとなった。日米欧の結束に中国も間接的に加わったことを受けて、ソ連はＩＮＦ問題で欧州・アジア両正面から追い詰められることになり、ＳＳ―20配備を通じた西側離間に事実上失敗した。八三年末に米製ＩＮＦが西欧に配備され始めた時、ソ連には軍縮交渉から退出する以外の選択肢は残されていなかった。

以上に検討してきたように、一九八三年における中曽根内閣の軍縮外交はＩＮＦ交渉でアジアの安全保障を犠牲にせず、グローバルな観点からＳＳ―20の削減をソ連に求めていくという約束を西側諸国から引き出すことに成功した。こうして、ＩＮＦ交渉に対する中曽根内閣の取り組みを一つの契機に、日本の外交的地平が西側全体に拡大したのである。

（1）ワプショット、ニコラス／久保恵美子訳『レーガンとサッチャー――新自由主義のリーダーシップ』（新潮選書、二〇一四年）一五一―一五二頁。
（2）一基のミサイルが複数の弾頭を搭載し、各々の弾頭が個別の目標に向かって飛行するもの。
（3）ＳＳ―20の特徴と性能については、コックバーン、アンドルー／赤羽龍夫訳『脅威――ソ連軍事機構の実体』（早川書房、一九八五年）三〇〇―三〇三頁、および、ヘイズ、ピーター、リューバ・ザルスキ、ウォルデン・ベロ／小川明雄訳『核戦争の最前線・日本』（朝日新聞社、一九八七年）二四二―二四三頁を参照。
（4）金子譲『ＮＡＴＯ　北大西洋条約機構の研究――米欧安全保障関係の軌跡』（彩流社、二〇〇八年）二三三頁。
（5）シュミット、ヘルムート／永井清彦・片岡哲史・内野隆司訳『シュミット外交回想録』下巻（岩波書店、一九八九年）一三一頁。
（6）ゴルバチョフ、ミハイル／工藤精一郎・鈴木康雄訳『ゴルバチョフ回想録』下巻（新潮社、一九九六年）六八頁。
（7）John Lewis Gaddis, *The Cold War* (London: Penguin Books, 2007), p. 202.
（8）ゴルバチョフ『ゴルバチョフ回想録』下巻、六八頁。
（9）シュミット『シュミット外交回想録』下巻、六二―六三頁。
（10）『読売新聞』一九八七年一二月一一日夕刊。二面に掲載の地図「ソ連のＳＳ20配備場所と基数」を参照。

（11）ＳＳ―20の配備をめぐるソ連側の論点のすり替えについては、木村汎『遠い隣国――ロシアと日本』（世界思想社、二〇〇二年）三六〇―三六一頁を参照。

（12）Schmidt, Helmut, "The 1977 Alastair Buchan Memorial Lecture," *Survival*, Vol. XX, No.1 (Jan/Feb 1978), pp. 3-4.

（13）金子『ＮＡＴＯ　北大西洋条約機構の研究』二〇二頁。

（14）アッシュ、ティモシー・ガートン／杉浦茂樹訳『ヨーロッパに架ける橋――東西冷戦とドイツ外交』上巻（みすず書房、二〇〇九年）一一四頁。ただし、近年公開された外務省史料によるとシュミットに随行したルーフス首相府局長の話として、会談では戦域核問題について結論を得なかったとの記録が残っている。在ドイツ吉野大使発園田外務大臣宛電信第六〇号「グアダループ会議（内話）（Ａ）」（一九七九年一月一三日）戦後期外務省記録二〇一二―二六二一、二頁、外務省外交史料館所蔵。

（15）渡邊啓貴『フランス現代史――英雄の時代から保革共存へ』（中公新書、一九九八年）二〇三頁。

（16）渡邊啓貴『米欧同盟の協調と対立――二十一世紀国際社会の構造』（有斐閣、二〇〇八年）五〇頁。なお、フランスはＩＮＦが西欧に配備される段階になると、「二重決定」はＮＡＴＯ統合軍事機構による決定であるとして、この決定への関与を否定した。山本真智子「一九七〇年代及び一九八〇年代におけるフランスの『抑止、防衛、デタント』政策」（『国際政治』第一五七号、二〇〇九年）五一頁参照。

（17）NATO, "Special Meeting of Foreign and Defence Ministers (The "Double-Track" Decision on Theatre Nuclear Forces)" (December 12, 1979), [http://www.nato.int/cps/en/natolive/official_texts_27040.htm], accessed on June 3, 2013.

（18）パーシングＩａの表記について、当事者の日記、史資料では「パーシングＩ―Ａ」「Ｐ１Ａ」「Ｐ―Ｉａ」等と記されているが、本書では煩雑さを避けるため、全体に「パーシングＩａ」で統一した。

（19）Op. cit.

（20）Ibid.

（21）橋口豊「デタントのなかのＥＣ　一九六九―七九年――ハーグから新冷戦へ」遠藤乾編『ヨーロッパ統合史』（名古屋大学出版会、二〇〇八年）二一九頁。

（22）Public Papers of Ronald Reagan, "Remarks to Members of the National Press Club on Arms Reduction and Nuclear Weapons" (November 18, 1981), [http://www.reagan.utexas.edu/archives/speeches/1981/111881a.htm], accessed on November 15, 2013. なお、レーガンはこの演説に先立ち一一月一七日に、ブレジネフに対し書簡を介して四項目提案の詳細について伝えている。"Letter from Reagan to Brezhnev," (November 17, 1981), in *The Reagan Files, Letters Between President*

Reagan and General Secretary's Brezhnev, Andropov, Chernenko and Gorbachev, [http://www.thereaganfiles.com/19811116.pdf], accessed on January 2, 2015.

(23) 国際連合局軍縮課「レーガン大統領の平和・安全保障問題に関する演説について」（一九八一年一一月三〇日）外務省開示文書二〇〇七―〇〇五三七―五（以下、開示請求番号のみ表記）、五―六頁。

(24) 関場誓子『超大国の回転木馬――米ソ核交渉の６０００日』（サイマル出版会、一九八八年）八七頁。

(25)「欧州中距離核戦力削減交渉についてのソ連側の六項目提案（概要）」（一九八二年二月九日、モスクワ）外務省編『わが外交の近況――外交青書』（一九八三年版）、四六三頁。

(26) Matlock, Jr., Jack F., *Reagan and Gorbachev: How the Cold War Ended* (New York: Random House, 2004), pp. 38–45; Nitze, Paul H., *From Hiroshima to Glasnost: At the Center of Decision—A Memoir* (New York: Grove Weidenfeld, 1989), pp. 373–375.

(27)『毎日新聞』一九八二年四月一日夕刊。なお、ジャクソン＝ウォーナー決議案の骨子は次の通り。一、米国はソ連に対し、公平に大幅に削減されたレベルでの長期にわたる相互に検証可能な核戦力の凍結を提案すべきである。一、米国はソ連に対し、事故や誤認による核戦争の危険を減らすため、および、テロリストを含む第三者による核兵器の使用を妨げるための実際的な方策を提案すべきである。一、米国はソ連に対し、両国国民の英知を核軍備増強から別の方向に向けさせ、両国国民の活力と資源を貧困、飢餓、病気という昔からの人類の敵に対する戦いに集中させるというこの歴史的努力に加わるよう呼びかけるべきである。一、米国は、地上の武器庫からのすべての核兵器の廃絶を目指し、均衡のとれた安定的な軍備削減を達成するための継続した努力を払うべきである。

(28) 軍縮課「三月三一日のレーガン米大統領軍縮関連発言」（一九八二年四月一日）二〇〇七―〇〇五三九―一、五頁。

(29) 軍縮課「ブレジネフ書記長の第十九回コムソモール大会における戦略兵器削減交渉等に関する演説（取敢えずのコメント）」（一九八二年五月一九日）二〇〇七―〇〇五三九―五、四―五頁。

(30) 同前、四頁。

(31) 同前、二―三頁。

(32) "Memorandum of Conversation of Paul Nitze's Walk in the Woods" (July 16, 1982), in *The Reagan Files, The Euro-Missile Crisis to the 1987 INF Treaty*, Document #7, [http://www.thereaganfiles.com/nitze-walk-in-the-wood.pdf], accessed on January 2, 2015, pp. 13–15.

(33) タルボット、ストローブ／加藤紘一・茂田宏・桂誠訳『米ソ核軍縮交渉――成功への歩み』（サイマル出版会、一九九〇年）一八五頁。Nitze, *From Hiroshima to Glasnost*, pp. 373-375.
(34) 同前、一八八頁。
(35) Matlock, *Reagan and Gorbachev*, pp. 38-45; Nitze, *From Hiroshima to Glasnost*, pp. 373-375.
(36) シュミット『シュミット外交回想録』下巻、八八頁。
(37) 同前、五九頁。
(38) 宇治敏彦『鈴木政権・八六三日』（行政問題研究所、一九八三年）四四六頁。および、「第二回国連軍縮特別総会一般討論における鈴木内閣総理大臣演説」（一九八二年六月九日、ニューヨーク）外務省編『わが外交の近況――外交青書』（一九八三年版）、四〇〇―四〇一頁。
(39) 「第九六回国会における鈴木内閣総理大臣施政方針演説」（一九八二年一月二五日）外務省編『わが外交の近況――外交青書』（一九八三年版）、三六一頁。
(40) アジア局中国課「趙紫陽総理訪日会談記録」（一九八二年六月一〇日）情報公開法に基づき開示した行政文書のうち歴史資料としての価値が認められる文書（写し）〇四―一〇二六（以下、文書番号のみ表記）、五頁、外務省外交史料館所蔵。
(41) 同前、五―六頁
(42) 同前、三五―三六頁。
(43) 同前、三七―三八頁。
(44) 米ソ関係や国際安全保障に対する日本の働きかけが期待されたのは、この時が初めてではなかった。鈴木内閣が発足して間もない一九八〇年九月四日、北京を訪問した伊東正義外相（大平派）は黄華外交部長との車中での談話で、次のように問いかけられている。「ソ連〔ブレジネフ政権―引用者注〕の攻勢に対し米〔カーター政権―引用者注〕は弱体で、対抗する地位も能力もない。従ってソ連に対抗するため欧州に働きかける必要があり、また第三世界との関係を良くする必要がある。〔中略〕米欧関係は重要であり、米国は弱体化したとはいえ、最大・最強の国であり、米国を盛り立てつつ欧州との意思疎通を図る必要がある。この点に関し日本が米欧に対し働きかけを行ったら如何」（中国課「伊東大臣の訪中（項目別会談記録）」（一九八〇年九月五日）〇四―一〇二五、二頁、外務省外交史料館所蔵）。ソ連との間で国境問題を抱えていた中国は、一九七九年一二月に発生したアフガニスタン侵攻問題で欧州が動揺し、欧州が安全ならば他地域で対ソ関係を緩和させてもよいとする風潮に危惧を示していた。そうした懸念から、黄華は伊東に対し、ソ連の攻勢に対抗するため米国を後押ししてはどうかと持ち掛けたのであろう。だが、この問いについて伊東が明確な回答を示した形跡はない。

(45) Telegram from U.S. Department of State to American Embassy Tokyo, "Japan-Soviet Relations: Sakurauchi-Gromyko Meeting" (June 17, 1982), *Japan and the United States: Diplomatic, Security and Economic Relations, 1977-1992*, 〈hereafter cited as *JUII*〉, JUII00998.

(46) 欧亜局ソヴィエト連邦課「第二回日ソ事務レベル協議議事録（その一：国際情勢）」（一九八二年一月）二〇〇七―〇〇六八一―一、四六―四八頁。

(47)『読売新聞』一九八二年五月二二日朝刊。

(48) 桃井眞「国際安全保障への積極的参加」世界平和研究所編『中曽根内閣史――理念と政策』（世界平和研究所、一九九五年）二四四頁。

(49) 早野透『田中角栄――戦後日本の悲しき自画像』（中央公論新社、二〇一二年）二七二頁。

(50) 中国課「福田総理・鄧副総理会談記録（第一回目）」（一九七八年一〇月二三日）〇一―九三五、一〇―一一頁、外務省外交史料館所蔵。

(51) 欧亜局西欧第一課「福田総理主催シュミット首相歓迎晩餐会における主要話題」（一九七八年一〇月一一日、於総理官邸）二〇一〇―六五二二、五頁、外務省外交史料館所蔵。

(52) 欧亜局西欧第一課「シュミット首相主催リターン・バンケットに於ける総理・首相間の主要話題」（一九七八年一〇月一二日、於迎賓館）二〇一〇―六五二二、一一―二頁、外務省外交史料館所蔵。

(53) 五百旗頭真「福田赳夫――政策の勝者、政争の敗者」渡邉昭夫編『戦後日本の宰相たち』（中公新書、二〇〇一年）三四三―三五三頁。

(54) 福永文夫『大平正芳――「戦後保守」とは何か』（中公新書、二〇〇八年）二二四―二三六頁。

(55) 森田一／服部龍二・昇亜美子・中島琢磨編『心の一燈――回想の大平正芳　その人と外交』（第一法規、二〇一〇年）一八〇―一八一頁。

(56) 同前、二〇二頁。

(57) 在中国吉田大使発大来外務大臣宛電信第二六一五号「総理訪中（第一回首のう会談）（A）」（一九七九年一二月六日）〇四―五八九、三―五頁、外務省外交史料館所蔵。

(58) 防衛庁編『日本の防衛――防衛白書』（一九七八年版）、一九頁。

(59)　防衛庁編『日本の防衛――防衛白書』（一九八〇年版）、九頁。
(60)　同前、九―一〇頁。
(61)　同前、五二頁。
(62)　防衛庁編『日本の防衛――防衛白書』（一九八一年版）、七三―七四頁。
(63)　防衛庁編『日本の防衛――防衛白書』（一九八二年版）、八頁。
(64)　同前、三一頁。
(65)　同前、八―九頁。
(66)　同前、二〇頁。
(67)　世界平和研究所編『中曽根内閣史――日々の挑戦』（世界平和研究所、一九九六年）一五〇―一六八頁および若月秀和『大国日本の政治指導一九七二―一九八九』（吉川弘文館、二〇一二年）一七〇―一八一頁。
(68)　中曽根康弘／中島琢磨・服部龍二・昇亜美子・若月秀和・道下徳成・楠綾子・瀬川高央編『中曽根康弘が語る戦後日本外交』（新潮社、二〇一二年）二七二―二七三頁。
(69)　中曽根康弘『新しい保守の論理』（講談社、一九七八年）二三一―二三五頁。同書は、首相就任の約五年前に中曽根自身の政策提言としてまとめられたものである。
(70)　「中曽根総理大臣施政方針演説（第九八国会　衆議院　一九八三年一月二四日）」世界平和研究所編『中曽根内閣史――資料篇』（世界平和研究所、一九九五年）八五頁。
(71)　Telegram from U.S. Department of State to American Embassy Tokyo, "Secretary's Conversation with Visiting Prime Minister Nakasone." (January 18, 1983), JUII01093.
(72)　『読売新聞』一九八四年六月一三日朝刊。
(73)　安倍晋太郎・永野信利『創造的外交をめざして』（行政問題研究所、一九八四年）二二一―三一頁。
(74)　安倍晋三『美しい国へ』（文春新書、二〇〇六年）三三頁。
(75)　長谷川和年氏へのインタビュー（二〇一一年二月七日）。
(76)　木村『遠い隣国』三六〇頁。
(77)　From EA-Paul Wolfowitz to The Secretary Shultz, "Your Meeting with Foreign Minister Abe, 10 AM, January 19, 1983" (January 19, 1983) JUII01068.

(78) 中曽根康弘氏へのインタビュー（二〇〇九年九月一五日）。

(79) 一九八二年一二月九日に行われたNATO外相理事会では、STARTやINFなど現在の交渉においてソ連に対し建設的で現実的なアプローチを図ること、一九七九年一二月一二日の二重決定の両方の重要性を強調すること（米ソ間のINF交渉を促進することと並行して米INFの限定的な近代化を図る）を盛り込んだコミュニケが採択された。NATO, "Final Communiqué Chairman: Mr. J. Luns" (December 9, 1982), [http://www.nato.int/cps/en/SID-188AC67B-4CBE719E/natolive/official_texts_23149.htm?selectedLocale=en], accessed on November 7, 2013.

(80) 在ベルギー徳久大使発安倍外務大臣宛電信第一二三二号「NATO外相理（事務総長内話）」（一九八二年一二月一四日）二〇〇七―〇〇五四一―一二、三頁。

(81) 同前、三頁。

(82) 中曽根康弘氏へのインタビュー（二〇〇九年九月一五日）。

(83) 安倍は八三年一月二日から九日にかけ西欧五カ国を歴訪した。歴訪に際し安倍は対ソ経済制裁など東西問題での対立で西側陣営内の関係が「対決、報復の関係」にならないように「日本は米国と西欧の中間にあって、その結束、一体化を進めなければならない」とする方針を明らかにしていた。『読売新聞』一九八二年一二月二八日朝刊参照。

(84) 在西独宮崎大使発安倍外務大臣宛電信第一四号「大臣訪欧（ピム外相との会談）」（一九八三年一月五日）二〇〇七―〇〇五四一―一六、三―四頁。

(85) 同前、三―四頁。

(86) 在西独宮崎大使発安倍外務大臣宛電信第二三号「安倍大臣訪欧（ゲンシャー外相との会談、その二、政治問題等）」（一九八三年一月六日）二〇〇七―〇〇五四一―一五、四頁。

(87) 同前、四頁。

(88) 同前、四頁。

(89) 「安倍外務大臣外交演説（第九八国会　衆議院　一九八三年一月二四日）」世界平和研究所編『中曽根内閣史――資料篇』九三―九四頁。

(90) Public Papers of Ronald Reagan, "Address Before a Joint Session of the Congress on the State of the Union" (January 25, 1983), [http://www.reagan.utexas.edu/archives/speeches/1983/12583c.htm], accessed on November 15, 2013.

(91) 『毎日新聞』一九八三年一月二八日夕刊。

(92) サッチャー、マーガレット／石塚雅彦訳『サッチャー回顧録――ダウニング街の日々』上巻（日本経済新聞社、一九九三年）三三七頁。および、『毎日新聞』一九八三年一月二八日夕刊。
(93)『読売新聞』一九八三年一月二九日朝刊。
(94) 同前、一九八三年二月一日朝刊。
(95) 同前、一九八三年六月二三日朝刊。
(96) サッチャー『サッチャー回顧録』上巻、三三七頁。
(97) 同前、三三七頁。
(98)『毎日新聞』一九八三年一月三〇日朝刊。
(99) 安倍外務大臣発在米国大河原大使宛電信第七五三号「シュルツ長官訪日(総理表敬)」（一九八三年二月一日）二〇〇九―〇〇一四七―二、二頁。本記録の入手にあたり、若月秀和氏にお世話になった。記して御礼申し上げたい。
(100) 同前、二頁。
(101) 同前、三頁。
(102) Telegram from American Embassy Tokyo to U.S. Department of State, "Secretary's January 31 Meeting with JDA Director General Tanikawa" (February 1, 1983), JU01125.
(103)『毎日新聞』一九八三年二月一日朝刊。
(104)『読売新聞』一九八三年二月一日朝刊。
(105) 安倍外務大臣発在米国大河原大使宛電信第七六四号「シュルツ長官訪日(第二回外相会談)」（一九八三年二月一日）二〇〇九―〇〇一四七―一、三頁。
(106) 同前、四頁。
(107) 同前、六―八頁。なお、この年の四月には、米国に亡命した元ＫＧＢ東京駐在部付政治情報将校のレフチェンコ(Stanislav A. Levchenko)が当時のソ連の対日工作について証言し、その狙いが日米関係強化を阻止しつつ、日本の政財界に親ソ・ロビーを作り日ソ間の結びつきを強めることにあったと明らかにしている。レフチェンコ、Ｓ・Ａ『ＫＧＢの見た日本――レフチェンコ回想録』（日本リーダーズ・ダイジェスト社、一九八四年）一四八―一四九頁およびAndrew, Christopher and Vasili Mitrokhin, *The World was Going Our Way: The KGB and the Battle for the Third World* (New York: Basic Books, 2005), pp. 299-305 を参照。

(108) 前掲「シュルツ長官訪日(第二回外相会談)」、九頁。
(109) 軍縮課「中距離核戦力(ＩＮＦ)交渉」(一九八三年二月九日) 二〇〇七—〇〇五六四—一四、一頁。
(110) 同前、二頁。
(111) 同前、二頁。
(112) 軍縮課「軍縮委員会一九八三年春会期における今井大使演説」(一九八三年二月一〇日) 二〇〇七—〇〇五六四—一六、一—三頁。
(113) 大臣官房調査企画部「極東におけるＳＳ—20への対応(試論)」(一九八三年二月一六日) 二〇〇七—〇〇五六一—一。
(114) 同前、一—二頁。
(115) 同前、二—三頁。
(116) 同前、三—四頁。
(117) 同前、五—六頁。
(118) 同前、六—七頁。なお、文書はＩＮＦを「極東地域に」配備する場合を想定しているのであって、地上配備ＩＮＦを日本本土に導入する可能性については言及していない。
(119) 同前、七頁。
(120) 同前、七—八頁。
(121) 同前、八—一〇頁。
(122) 同前、一〇—一一頁。
(123) 同前、一二頁。
(124) 中曽根『中曽根康弘が語る戦後日本外交』三四一頁。
(125) 同前、三四一頁。
(126) 前掲「極東におけるＳＳ—20への対応(試論)」二—三頁。
(127) 調査企画部・北米局・欧亜局・国連局「ウィリアムズバーグ・サミットにおける政治声明　関連想定問答」(一九八三年六月一五日) 二〇〇七—〇〇三四八—四、八頁。
(128) Brinkley, Douglas, ed., *The Reagan Diaries: Unabridged* (New York: Harper Collins, 2009), p. 207.
(129) Memorandum for the President from W. P. Clark, "NSPG Meeting on INF-March 18, 1983 (S)" (March 17, 1983), in

The Reagan Files, National Security Council and National Security Planning Group Meetings [http://www.thereaganfiles.com/document-collections/national-security-council.html], p. 5.

（130） Anderson, Martin and Annelise Anderson, *Reagan's Secret War: The Untold Story of His Fight to Save the World from Nuclear Disaster* (New York: Crown Publishers, 2009), p. 125.

（131） Ibid., p. 124.

（132） Public Papers of Ronald Reagan, "Address to the Nation on Defense and National Security" (March 23, 1983), [http://www.reagan.utexas.edu/archives/speeches/1983/32383d.htm], accessed on November 15, 2013.

（133） "Letter from Reagan to Nakasone" (March 23, 1983), p. 1;「レーガン大統領発中曽根総理宛書簡（仮訳）」（一九八三年三月二三日）二〇一四—二四二四、五頁、外務省外交史料館所蔵。

（134） "Letter from Nakasone to Reagan" (March 25, 1983), pp. 1-2;「中曽根総理発レーガン大統領宛書簡」（一九八三年三月二五日）二〇一四—二四二四、一—二頁、外務省外交史料館所蔵。

（135） 中曽根康弘氏へのインタビュー（二〇〇九年九月二九日）。

（136）「レーガン大統領発中曽根総理宛書簡（仮訳）」（一九八三年三月二九日）二〇一五—〇二二九、二頁、外務省外交史料館所蔵。

（137）『読売新聞』一九八三年三月二九日朝刊。

（138） 中曽根康弘氏へのインタビュー（二〇〇九年九月二九日）。

（139） Telegram from American Embassy Tokyo to U.S. Department of State, "INF Consultation with Japan" (April 1, 1983), JUII01146; 豊田祐基子『「共犯」の同盟史——日米密約と自民党政権』（岩波書店、二〇〇九年）二四七—二四八頁も参照。

（140） Op. cit, "INF Consultation with Japan."

（141） Ibid.

（142） Public Papers of Ronald Reagan, "Remarks Announcing a Proposed Interim Intermediate-Range Nuclear Force Reduction Agreement" (March 30, 1983), [http://www.reagan.utexas.edu/archives/speeches/1983/33083a.htm], accessed on November 15, 2013; 軍縮課「（参考資料）ＩＮＦ交渉」（一九八三年六月）二〇〇七—〇〇三四五—三、一頁。

（143）『読売新聞』一九八三年三月三一日夕刊。

（144）「中距離核戦力（ＩＮＦ）交渉に関する米国提案についての安倍外務大臣談話」（一九八三年三月三一日）外務省編『わが外

交の近況——外交青書』（一九八三年版）、四二九頁。
(145)『読売新聞』一九八三年四月一日朝刊。
(146) 作成者不詳「グロムイコ外相記者会見」（一九八三年四月二日）二〇〇七—〇〇五六五—一四、一頁。
(147) 同前、二—三頁。
(148) 作成者不詳「ＩＮＦ交渉をめぐる最近の動き」（一九八三年四月）二〇〇七—〇〇五六五—一九、一頁。
(149) 作成者不詳「グロムイコ・ソ連外相記者会見に対するとりあえずのコメント」（一九八三年四月三日）二〇〇七—〇〇五六五—一五、二頁。
(150) 同前、四頁。
(151) Telegram from American Embassy Tokyo to U.S. Department of State, "Deputy Secretary of Defense Thayer's Meeting" (April 15, 1983), JUII01151.
(152) 在西独宮崎大使発安倍外務大臣宛電信第六〇六号「高島大使のチーホノフ首相との会談」（一九八三年四月六日）二〇〇七—〇〇五六五—一三、一頁。
(153) Telegram from American Embassy Moscow to U.S. Department of State, "Japanese Ambassador Calls on Tikhonov: SS-20's, Northern Territories" (April 5, 1983), JUII01148.
(154) 欧亜局ソヴィエト連邦課「第三回日ソ事務レベル協議議事録」（一九八三年四月）三六頁。本記録の入手にあたり、若月秀和氏にお世話になった。記して御礼申し上げたい。
(155)『毎日新聞』一九八三年四月一三日朝刊。
(156) 前掲「第三回日ソ事務レベル協議議事録」三七頁。
(157) 同前、三八頁。
(158)『毎日新聞』一九八三年四月一四日朝刊。
(159) Telegram from American Embassy Moscow to U.S. Department of State, "Soviet-Japanese Relations on the Eve of Kapitsa's Visit" (April 9, 1983), JUII01150.
(160) 前掲「(参考資料) ＩＮＦ交渉」（一九八三年六月）一頁。
(161)『読売新聞』一九八三年六月二日朝刊。
(162) 友田錫『入門・現代日本外交——日中国交正常化以後』（中公新書、一九八八年）二七—二八頁。

(163)　村田良平『村田良平回想録　上巻──戦いに敗れし国に仕えて』（ミネルヴァ書房、二〇〇八年）三二四頁。
(164)　長谷川和年氏へのインタビュー（二〇一一年二月二四日）。長谷川和年／瀬川高央・服部龍二・若月秀和・加藤博章編『首相秘書官が語る中曽根外交の舞台裏──米・中・韓との相互信頼はいかに構築されたか』（朝日新聞出版、二〇一四年）一四九頁。
(165)　同前、一四九頁。
(166)　中曽根康弘『天地有情──五十年の戦後政治を語る』（文藝春秋、一九九二年）五八二頁。
(167)　世界平和研究所編『中曽根内閣史──首相の一八〇六日』上巻（世界平和研究所、一九九六年）一四七頁。
(168)　同前、一五四頁。
(169)　在米国大河原大使発安倍外務大臣宛電信第四四六四号「総理訪米（日米首のう会談・テタテート）」（一九八三年五月二八日）二〇〇七―〇〇三四八―一五、二―三頁。
(170)　世界平和研究所編『中曽根内閣史──資料篇』六二五―六二六頁。
(171)　友田『入門・現代日本外交』二〇頁。
(172)　世界平和研究所編『中曽根内閣史──資料篇』六二七頁。
(173)　二〇〇七年八月に筆者が情報公開法を通じて入手した日英首脳会談録では、米ソ関係に関する記録は公開されなかった。在ウイリアムズ大河原大使発安倍外務大臣宛電信第一二号「ウイリアムズバーグ・サミット（日英首のう会談）」（一九八三年五月二九日）二〇〇七―〇〇三四八―一二。
(174)　友田『入門・現代日本外交』二〇―二一頁。
(175)　世界平和研究所編『中曽根内閣史──資料篇』六二七頁。
(176)　同前、六二八頁。
(177)　長谷川和年氏へのインタビュー（二〇一一年二月二四日）。
(178)　在ウイリアムズ大河原大使発安倍外務大臣宛電信第一五号「ウイリアムズバーグ・サミット（日仏首のう会談）」（一九八三年五月二八日）二〇〇七―〇〇三四八―一二三、二頁。
(179)　友田『入門・現代日本外交』二一頁。
(180)　Brinkley, Douglas ed. *The Reagan Diaries*, p. 231.
(181)　世界平和研究所編『中曽根内閣史──資料篇』六二八頁。

(182) 同前、六二八頁。
(183) 同前、六二八頁。
(184) 中曽根康弘氏へのインタビュー（二〇〇九年九月二九日）。
(185) 世界平和研究所編『中曽根内閣史――資料篇』六二八頁。
(186) 同前、六二八頁。
(187) 同前、六二九頁。
(188) 同前、六二九頁。
(189) 中曽根康弘氏へのインタビュー（二〇〇九年九月二九日）。
(190) Reagan, Ronald, *An American Life: The Autobiography* (New York: Simon & Schuster, 1990), p. 353.
(191) Brinkley, *The Reagan Diaries*, p. 231.
(192) Reagan, *An American Life*, pp. 353-354.
(193) 「第九回主要国首脳会議（ウィリアムズバーグ・サミット）関連文書（一九八三年五月二九日―三〇日）（ロ）ウィリアムズバーグにおけるステートメント（政治声明）」外務省編『わが外交の近況――外交青書』（一九八四年版）、四五三頁。
(194) 在ウイリアムズ大河原大使発安倍外務大臣宛電信第四六号「ウイリアムズバーグ・サミット（ＩＮＦ等に関するステートメント）」（一九八三年五月三〇日）二〇〇七―〇〇三四八―三二、一〇―一一頁。
(195) 同前、一二頁。
(196) 中曽根康弘氏へのインタビュー（二〇〇九年九月二九日）。
(197) 在英国平原大使発安倍外務大臣宛電信第一五二〇号「ＩＮＦ交渉（英内話）」（一九八三年六月二八日）二〇〇七―〇〇五六〇―一、二―三頁。
(198) 『読売新聞』一九八三年六月二九日夕刊。
(199) 在英国平原大使発安倍外務大臣宛電信第一五八〇号「ＩＮＦ交渉」（一九八三年七月四日）二〇〇七―〇〇五六〇―一、二頁。
(200) 『読売新聞』一九八三年七月六日朝刊。
(201) 欧亜局西欧第一課「コール西独首相訪ソ」（一九八三年七月六日）二〇〇七―〇〇五六五―三、二頁。
(202) 同前、三頁。

(203)「安倍外務大臣のルーマニア公式訪問に際しての共同新聞発表」(一九八三年八月五日、ブカレスト)外務省編『わが外交の近況――外交青書』(一九八四年版)、四六二―四六三頁。
(204)『読売新聞』一九八三年八月六日朝刊。
(205)在米国大河原大使発安倍外務大臣宛電信第六三六五号「ワインバーガー国防長官との会談」(一九八三年八月二三日)二〇〇七―〇〇三四六―二〇、三―五頁。
(206)同前、一四頁。
(207)同前、一六頁。
(208)在米国大河原大使発安倍外務大臣宛電信六三六七号「防衛庁長官の訪米」(一九八三年八月二三日)二〇〇七―〇〇三四六―一八、七頁。
(209)U.S. Department of State, Bureau of Intelligence and Research, "Japan: Domestic Factors in Nakasone's Foreign Policy" (August 24, 1983), JU01169.
(210)防衛庁編『日本の防衛――防衛白書』(一九八三年版)、一八頁。
(211)撃墜事件発生当時の米ソ間の政治・軍事的背景については Johnson, R. W., *Shootdown: Flight 007 and the American Connection* (New York: Viking, 1986)(ジョンソン、R・W／妹尾作太郎・大西道永訳『悪魔の飛行計画――大韓航空機撃墜の真相』上・下巻、ダイナミックセラーズ、一九八七年)を参照。
(212)国際連合局政治課「国連安保理における大韓航空機撃墜事件」(一九八三年九月九日)二〇〇八―〇〇五五〇―二、一頁。
(213)在国連黒田大使発安倍外務大臣宛電信第二一三四号「安保理(大韓航空機事件)」(一九八三年九月二日)二〇〇八―〇〇五五〇―六、一頁。
(214)在国連黒田大使発安倍外務大臣宛電信第二一四五号「安保理(大韓航空機事件)」(一九八三年九月二日)二〇〇八―〇〇五五〇―六、三頁。
(215)在国連黒田大使発安倍外務大臣宛電信第二一六四号「安保理(大韓航空機事件)」(一九八三年九月六日)二〇〇八―〇〇五五〇―一〇、二頁。
(216)在国連黒田大使発安倍外務大臣宛電信第二一六五号「安保理(大韓航空機事件)」(一九八三年九月六日)二〇〇八―〇〇五五〇―一〇、一―三頁。
(217)在国連黒田大使発安倍外務大臣宛電信第二一七九号「安保理(大韓航空機事件)」(一九八三年九月六日)二〇〇八―〇〇

五五〇―一〇、一―三頁。
(218) 安倍外務大臣発在国連黒田大使宛電信第一五五五号「大韓航空機撃墜事件(九月六日の安保理における我が国ステートメント)」(一九八三年九月七日)二〇〇八―〇〇五五〇―九、五頁。
(219) 在国連黒田大使発安倍外務大臣宛電信第二二〇〇号「安保理(大韓航空機事件)」(一九八三年九月七日)二〇〇八―〇〇五五〇―一〇、一―二頁。
(220) スピークス、ラリー、ロバート・パック/椋田直子・石山鈴子訳『スピーキング・アウト――レーガン政権の内幕』(扶桑社、一九八八年)一六二頁。
(221) 国連局政治課「大韓航空機事件(安保理)―票決結果―」(一九八三年九月一三日)二〇〇八―〇〇五五〇―三、一―四頁。
(222) 世界平和研究所編『中曽根内閣史――首相の一八〇六日』上巻、二二四頁。
(223) 同前、二二九頁。
(224) "Letter from Reagan to Nakasone" (September 10, 1983), p. 3:「レーガン米国大統領発中曽根総理宛書簡」(一九八三年九月一〇日)二〇一四―二四二四、三―四頁、外務省外交史料館所蔵。
(225) 同前、五―七頁。
(226) 同前、六頁。
(227) 同前、八頁。
(228) "Letter from Nakasone to Reagan" (September 15, 1983), pp. 1-2:「中曽根総理発レーガン米国大統領宛書簡」(一九八三年九月一五日)二〇一四―二四二四、一―二頁。
(229) "Letter from Reagan to Nakasone" (September 20, 1983), p. 1:「ＩＮＦ交渉に関するレーガン親書(仮訳)」(一九八三年九月二〇日)二〇一四―二四二四、一―二頁。
(230) 『読売新聞』一九八三年九月二〇日朝刊。
(231) 同前、一九八三年九月二二日朝刊。
(232) 同前、一九八三年九月二二日夕刊。
(233) 同前、一九八三年九月二七日夕刊。
(234) 安倍外務大臣発在米国大河原大使宛電信第五〇五四号「ワインバーガー米国防長官の本大臣表敬」(一九八三年九月二四日)二〇〇七―〇〇三四六―一一、五頁。

(235) Public Papers of Ronald Reagan, "Address Before the 38th Session of the United Nations General Assembly in New York" (September 26, 1983), [http://www.reagan.utexas.edu/archives/speeches/1983/92683a.htm], accessed on November 15, 2013.
(236) 世界平和研究所編『中曽根内閣史――首相の一八〇六日』上巻、二五四頁。
(237)『読売新聞』一九八三年九月二七日夕刊。
(238)『毎日新聞』一九八三年九月二九日朝刊。
(239) 欧亜局西欧第一課「コール・ドイツ連邦共和国首相訪日(昭和五八年一〇月三一日―一一月四日)主要会談等記録」(一九八三年一一月) 二〇〇八―〇〇五四九―一、三頁。
(240)『毎日新聞』一九八三年一一月一日夕刊。
(241) 前掲「コール・ドイツ連邦共和国首相訪日(昭和五八年一〇月三一日―一一月四日)主要会談等記録」六―七頁。
(242) 中曽根『中曽根康弘が語る戦後日本外交』三四七頁参照。
(243)「日本国内閣総理大臣及びドイツ連邦共和国首相による『東京声明』」(八三年一一月一日) 外務省編『わが外交の近況――外交青書』(一九八四年版)、四六六―四六七頁。
(244)「中曾根総理夫妻主催晩餐(十一月一日)における総理挨拶」および「コール・ドイツ連邦共和国首相挨拶」(一九八三年一一月一日) 二〇一四―〇七一七、外務省外交史料館所蔵。
(245)『読売新聞』一九八三年一一月二日夕刊。
(246) 在西独小野寺臨時代理大使発安倍外務大臣宛電信第一九〇〇号「ＩＮＦ問題(コール首相記者会見)」(一九八三年一一月七日) 二〇一四―二四二四、二頁、外務省外交史料館所蔵。
(247)『毎日新聞』一九八三年一一月一一日朝刊。
(248) 世界平和研究所編『中曽根内閣史――首相の一八〇六日』上巻、三〇二頁参照。
(249) U.S. Department of State, "Talking Points on Japan Trip" (November 9, 1983), JUII01185.
(250)「レーガン米大統領の訪日関連文書」(八三年一一月一〇日) 外務省編『わが外交の近況――外交青書』(一九八四年版)。および、『読売新聞』一九八三年一一月一一日夕刊。
(251) 長谷川『首相秘書官が語る中曽根外交の舞台裏』一七四―一七五頁。
(252) 安倍外務大臣発在カナダ御巫大使宛電信第七六八号「トルドー首相の訪日(首脳会談・軍縮イニシアティヴ)」(一九八三

年一一月一九日）二〇〇九―〇〇三七六―一、八頁。

(253) 北米局北米第一課「(トルドー首相の訪日)日加首脳会談」（一九八三年一一月一九日）二〇〇九―〇〇三七六―二、三頁。

(254) 前掲「トルドー首相の訪日(首脳会談・軍縮イニシアティヴ)」一四―一五頁。

(255) 同前、一四頁。

(256) 中国課「日中首脳会談記録(その二　全体会議)」（一九八三年一一月二四日）二〇〇六―〇一一三一―一、二―三頁。本記録の入手にあたり、若月秀和氏にお世話になった。記して御礼申し上げたい。

(257) 同前、七頁。

(258) 中国課「日中外相会談記録(二五日、一〇：〇〇―一一：四五)」（一九八三年一一月二五日）二〇〇六―〇一一三一―一、八―一一頁。

(259) 同前、一一―一二頁。

(260) 『読売新聞』一九八三年一一月二六日夕刊。

(261) 同前、一九八三年一〇月五日朝刊。

(262) U.S. Department of State, "Japan: Domestic Factors in Nakasone's Foreign Policy" (August 24, 1983), JUII01169.

第二章　米ソ軍備管理交渉の中断と再開

私たちが望んでいるのは私たち自身の安全の維持だったが、それを兵器―特に核兵器―を削減することによって行いたかったのである。

――マーガレット・サッチャー(1)

本章では、一九八四年の中曽根内閣の平和と軍縮に関するアプローチについて、米ソ交渉に対する側面協力を中心に検討する。前章で述べたように、一九八三年一一月二二日、ソ連は西独議会によるパーシングⅡ配備の承認を受けて、ＩＮＦ交渉の中断を米国に申し入れた。このことは当時、新冷戦期における軍備管理交渉で最大の危機が訪れた瞬間と見られた。だが、一九八四年を通じて米ソ両国は東西間における安全保障上の危機を煽らずに、関係改善の突破口となるＩＮＦ交渉の再開へ向けて穏健な外交を展開した。

米ソ交渉が中断していた一九八四年については、外交面においてほとんど目立った動きがなかったため、これまでの通史的研究や当事者の回想録における考察は限定的な記述に止まっている(2)。しかし、米ソ関係がＩＮＦ交渉の中断で停滞する情勢にあっても、西側諸国は軍縮交渉再開への政治的環境づくりを進めるとともに、米ソ双方の指導者に東西対話への努力を促した。実際に、八四年中盤には米ソ両国が宇宙兵器禁止交渉の開始を模索する過程で、後の包括軍縮交渉の基礎を築いていった。こうした米ソ対話再開に向けた環境づくりについては、日本の外交的協力も例外ではなかった。中曽根内閣は、米欧諸国や中国との対ソ共同歩調を軸として西側結束の強化を図り、ソ連を再びＩＮＦ交渉の席に着かせるための側面協力を続けたのである。

以上の問題認識に基づいて、本章では中曽根内閣によるロンドン・サミットでの課題設定と外交当局による多角的交渉に焦点を当てて検討を行う。第一節では、ＩＮＦ交渉中断後の西側による交渉再開努力に対して中曽根内閣がとった対応と日米協力の実相について跡付ける。第二節では、日米両首脳の訪中を機に、西側結束の方向性に中国が与していく過程と、ロンドン・サミットで穏健な対ソ呼びかけが行われた背景を分析する。そして、第三節ではソ連の提案による宇宙兵器禁止交渉が米国の厳しい条件付けにより頓挫する中で、米ソ両国が関係改善を模索していく過程を再現する。

以上を通じ、西側結束の強化、アジア部ＳＳ—20問題に関する西側の関心の惹起、首脳外交における対ソ政策の課題設定といった中曽根内閣によるイニシアティブに留意して、軍縮問題への日本のコミットメントの意義を再検討したい。

一　米ソ軍備管理交渉の停滞

ＩＮＦ交渉の中断

一九八三年は、新冷戦の中で米ソ関係が最も緊張した年であった。ここでもう一度、ＩＮＦ交渉決裂までの経緯を簡単に振り返っておこう。

レーガンのゼロ・オプションの下で一九八一年一一月に開始されたＩＮＦ削減交渉は、ソ連が英仏核戦力を交渉の対象とするよう求めたため行き詰まった。ソ連は欧州部配備のＳＳ—20の削減と英仏保有の独立核戦力の削減とを取引しようとしていた。暗礁に乗り上げた交渉で妥協点を探るため、一九八三年一月にはアンドロポフが、ウラル山脈以西のＳＳ─20の一部を極東アジア部に移転すると発表し、ＩＮＦ交渉の進展を急ぐ米欧諸国は対応を迫られた。

しかし、極東移転に強い反対を示した中曽根内閣の提案により、五月のウィリアムズバーグ・サミットでは、政治声明において西側の安全不可分の原則が確認される。この西側の強固な結束の姿勢に圧倒されたソ連は、八月にＳＳ─20の極東移転案を撤回した。

また、一九八三年三月にはレーガンがソ連を「悪の帝国」と称しただけでなく、ソ連による米本土への核ミサイル攻撃に対し、レーザー兵器などを駆使してこれを大気圏外で迎撃するＳＤＩを発表した。こうしたレーガン政権の国防力強化に対する意思表示がソ連を過度の緊張状態に置く中で、九月にはソ連空軍が同国の領空を侵犯した大韓航空機を米国のスパイ行為と誤認して撃墜する事件が発生した。

同事件を契機に米ソ関係は一時的に悪化した。一一月初旬に実施されたＮＡＴＯの軍事演習 Able Archer 83 に対し、ソ連はこれを先制核攻撃の予兆と見て最高度の警戒態勢をとった(3)。ソ連が全面核戦争の危険を覚悟するまでに緊張が高まり、米ソは互いに一歩も引かない状況にあった。西独議会が一九七九年のＮＡＴＯ二重決定に基づきパーシングⅡの配備を承認したのは、このように東西の安全保障情勢が深刻な状況に陥った中でのことであった。これを受け、一九八三年一一月二二日、ソ連はＩＮＦ交渉からの退席を西側に通告した。

交渉再開努力の失敗

ソ連がＩＮＦ交渉からの退席を通告して間もなく、アンドロポフは一一月二四日に声明を発表した。アンドロポフは、米国のパーシングⅡの西欧配備が欧州の安全をもたらすのではなく、米国が欧州国民に破局を招く危険を増大させるとしてＮＡＴＯの行動を強く非難した。また、アンドロポフは米国の行動が米ソ双方に受け入れ可能なＩＮＦ合意達成の可能性を破壊したため、ソ連は今後の交渉の参加を不可能とみなすとし、ＩＮＦ交渉の早期再開がないことを断言した。さらに、米ＩＮＦの西欧配備への対抗措置として既に開始されていた東ドイツ、チェコスロバキア両国へのＳＳ―22の配備を加速することを明らかにした。(4) 同じ日には、ＮＡＴＯ側でも西独へのパーシングⅡ配備決定に続いて、ベルギー政府が四八基の巡航ミサイルを一九八五年前半までに配備することを決定し、オランダ政府もこの流れに追随しようとしていた。(5)

このように、表向きは東西両陣営ともにＩＮＦ交渉中断を境目として欧州での中距離核配備に踏み切った。だが、水面下では交渉再開に向けた動きが全くなかったわけではない。以下では、そうしたＩＮＦ交渉中断直後の米ソ間の交渉再開努力が、なぜすぐには実らなかったのかを跡付ける。

ＩＮＦ交渉の再開については、まずソ連から西側諸国に対して働きかけがあった。八三年一一月二八日、アンドロポフはコールに対し書簡を送った。その中でアンドロポフは、ソ連がＩＮＦ交渉の中断について再検討をしていると述べ、何らかの形で交渉再開の意思を示そうとしていた。(6) 同様の書簡は、米製ＩＮＦの導入を予定している英国、イタリア、ベルギー、オランダの各首脳にも送付されたが、レーガンには送付されなかった。そのため、西側諸国はアンドロポフの書簡を西側の分断を狙ったソ連の平和攻勢であると判断して、これに取り合う姿勢を見せなかったのである。

アンドロポフの書簡をきっかけに生じたＩＮＦ交渉再開の機運は、一二月一日付のプラウダ紙の言説によって全面的に否定された。この中でソ連は、西側で報じられたＩＮＦ交渉への早期復帰説を否定した。そして「交渉再開のためにＮＡＴＯ諸国は、米ミサイルの存在しない旧状を回復させねばならない」と主張したのである。(7)

早期の交渉復帰はあり得ないとするソ連の立場は、五日に行われたソ連外務省の記者会見でも明らかであった。この席でコルニエンコ（Georgiy M. Korniyenko）第一外務次官は、西側で報道されたソ連のＩＮＦ交渉早期復帰説は「大いなる幻想」であると一蹴し、ＮＡＴＯが米製ＩＮＦ配備前の状態に戻るならば、ソ連もＳＳ―22の東欧への配備を中止する用意があるというアンドロポフの立場を代弁した。(8)

ソ連がこうした姿勢を示しているのにもかかわらず、米国は比較的柔軟な立場を貫き、交渉再開の用意があるというサインを送り続けた。それは、以下に見る米政府高官の発言からも明らかである。一二月五日から六日にかけてブリュッセルで開かれたＮＡＴＯ国防相会議において、ワインバーガーは「ＩＮＦ交渉の成功の見通しは、米ミサイルの西欧配備が始まった今が一番良い」と自信を深めていた(9)。その根拠は「ソ連は力に対してしか応えないが、われわれは今、その力を獲得しつつあるからだ」という勢力均衡の論理であった。ＩＮＦ交渉の米側首席代表であるニッツェも「当面は米国側からソ連に対し再開を提案することはない」として、あくまでボールがソ連側にあることを強調した。ニッツェは米ミサイルの西欧配備が開始された以上、米国側からソ連に対し譲歩するようなことはないことを明確にしたのである(10)。

ＮＡＴＯ国防相会議は「ＩＮＦ合意の可能性は尽きてはいない」とする声明を発表し、ソ連側に交渉再開へ向けた肯定的反応を引き出そうとした。しかし、西側が力の論理を背景とした柔軟姿勢を示せば示すほど、ソ連側の対応はますます西側の思惑から遠ざかっていった。

ＩＮＦ交渉が中断された直後に、西側では交渉早期再開への一つの可能性として、米ソ間のＳＴＡＲＴと交渉を統合する考え方も浮上した。だが、この考え方についてはワインバーガーが両交渉の一本化は問題を複雑にするだけだと懐疑的な見方を示した。また、コルニエンコもＩＮＦ交渉が存在しない段階でＳＴＡＲＴとの統合を語るのは無意味だと明確に否定していた。

こうしてＩＮＦ交渉の早期再開の目途が立たず、ＳＴＡＲＴとの統合論も立ち消えとなる中で、ソ連は一二月八日に、ＳＴＡＲＴの無期限休会を宣言した。米ソ間の核軍縮交渉は完全に停止した。ソ連は西欧諸国を射程に入れるＳＳ―22の追加配備を発表し、米製ＩＮＦ配備前の状況を回復しない限り、ＩＮＦ交渉の早期再開があり得ないことを西側に知らしめたのである。

米ソの思惑

当時、米国中央情報局（Central Intelligence Agency, CIA）の高官を務めていたゲーツ（Robert M. Gates）がのちに「最も危険な年」と呼んだ一九八三年が終わり、米ソ関係の悪化が底を打つと、INF交渉を再開するための働きかけが双方からなされるようになった。[11] 以下では、INF交渉の再開に向けた両国首脳の思惑について検討する。

INFの西欧配備により強固な西側結束を示し得たことを受けて、レーガンは一九八四年の年頭から対ソ関係改善の布石を打った。一月一六日のレーガンの演説は、従来の好戦的レトリックではなく、ソ連に対する穏やかな呼びかけを意識していた。[12]「われわれはソ連を脅かしてはいない。両国は互いに戦ったことはない。そうする必要はどこにもない」。

この年、一一月の大統領選挙で再選を目指すレーガンは、それまでの三年間で核・通常戦力における米国の対ソ劣位を挽回しつつあった。ところが、ソ連との軍備管理・軍縮合意までのステップについては、具体的な目途がついていなかった。

一方、対抗馬の民主党大統領候補であるモンデール（Walter Mondale）は、米ソ関係改善を選挙の重要な争点にはしなかったものの、レーガン政権一期目で進んだ国内経済の不振と聖域扱いの国防予算増額に攻撃の矛先を向けた。[13] 実際には一九八四年に米国経済が好転し始めたことで、増税の必要性を訴えたモンデールへの支持は急速に萎んでいった。とはいえ、レーガンが再選を確実にするには、これまでの対ソ強硬派のイメージを払拭して、連邦議会や軍備拡大に敏感な国内世論からの強力な支持を得ることが二期目の政権運営をスムーズにする上で重要と考えられた。[14] ソ連との関係改善に具体的な目途をつけることはレーガン再選の必要条件ではないにせよ、INF交渉とSTARTの再開を実現できれば、米ソ関係を全般的に改善し得る大きな転換点となるに違いなかった。

一方、ソ連に目を転じると、一九八三年末から八五年三月の間に共産党書記長が二度も交代し、政治が安定しない状況が続いた。この間、対米外交を牛耳っていたのはグロムイコを頂点とするソ連外務省であった。NATOのINF配備に対し、ソ連政府は東欧への短距離核ミサイルSS―23（単弾頭、射程一二〇キロメートル）配備やロサンゼルス五輪へのソ連選手団の不参加などを通じて対抗する意思を示した。

しかし、西独、英国、イタリアに続き、ベルギーとオランダへの巡航ミサイルの配備が確実視されるにつれて、ソ連がINF交渉再開の条件とした米ミサイルの撤去は遠のいた。それどころか、これらの米INFの射程内に、ソ連の首都圏が置かれる状況が生じたのである。また、ソ連によるSS―23の東欧配備は、西欧諸国民の反核運動を利用してINF配備を阻止しようとしてきたソ連自身の「有利な地歩」の放棄を意味した。[15]グロムイコはソ連外務省に批判的な姿勢を見せる共産党中央委員会国際部の影響力を政策決定プロセスから排除して、ソ連の対抗措置がNATOのINF配備遂行を利するだけだという彼らの見解を封じようとした。

だが、後述するように一九八四年を通じてレーガン政権が弾力的な対ソ政策をとるようになると、グロムイコ自身がソ連外務省の政策決定のあり方を見直さざるを得なくなったのである。[16]

東西欧州の関心

次に、米ソの狭間で東西の欧州諸国がINF交渉再開にどのような関心を抱いていたかについて見てみたい。

一九八四年三月、ミッテランとサッチャーは、米ソが欧州部INFに関してほぼ同等の立場に立ったことに自信を深め、新たな東西関係の構築を目指すべく交渉再開に前向きの姿勢を示した。[17]英仏首脳がINF交渉の早期再開を希望した背景には、東西欧州におけるデタントの継続があった。

当時、西欧諸国は共産圏との貿易額を堅調に増やし、経済的相互依存関係を深めていた。中でも西独は東独との経済関係を拡大させ、一九八四年の両国間の貿易額はピークに達した。また、政治面でもコールが、ブラント

（Willy Brandt）元首相のオスト・ポリティーク（東方外交）さながらに、ホーネッカー（Erich Honecker）東独最高評議会議長との間で欧州デタントを演出しようとした[18]。同時に行われた東独に対する西独の巨額の信用供与は、共産圏の紐帯を弛めかねないと考えられた。クレムリンがホーネッカーの西独訪問を断念させようとするまでに、両独間のデタントの進行はソ連にとって政治的な脅威と映ったのである[19]。

実際に、共産圏の優等生とまで称せられた東独とソ連との同盟関係は弱体化していた。ソ連によるＳＳ―23の東独配備に対し、ホーネッカーは「米国の軍事戦略的優越を防ぐために不可避だったとしても、わが国で歓呼をもって迎えられたわけではけっしてない」と述べ、ソ連に対する抵抗の意思を示した[20]。また、ソ連に忠実とされてきたチェコスロバキア、ポーランド、ブルガリアも相次いでＳＳ―23の東欧配備計画に対し不満を表明した。

このように東欧諸国がソ連の対抗措置に反対したのは、ＩＮＦの西欧配備を受けて欧州での限定核戦争に対する恐怖が現実味を増してきたからであった[21]。先に見たデタント継続への希望と、欧州が主戦場となる限定核戦争を回避したいという東西欧州間の認識の一致が、米ソにＩＮＦ交渉再開を迫る政治的環境を醸成することとなったのである。

中曽根内閣の側面協力

米ソ両国および東西欧州のＩＮＦ交渉再開に向けた動きの中で、日本は米国、西欧、アジア諸国との関係強化を軸に、軍縮交渉再開への側面協力に乗り出す機会を窺っていた。唯一の被爆国である日本の核軍縮交渉への関心の高さは、中曽根の国会演説で平和と軍縮に対する現実的アプローチが繰り返し示されたことからも明らかである。

中曽根は一九八三年九月一〇日の所信表明演説で、平和の探求と軍縮への強い決意を再確認した。その上で「中距離核戦力交渉が、アジアや日本の犠牲において進められてはならず、グローバルな観点から解決が図られるべきことを主張し、参加国全体の共通認識として」確認したことについて「わが国が、平和と軍縮の推進のため政治的役割りを果たした成果」だと位置付けた。中曽根は日米基軸と西側結束を基盤に、平和の維持と軍縮、核兵器廃絶を目指し、これに積極的に貢献する考えを強調したのである。[22]

また、一九八四年二月六日の施政方針演説で、中曽根は自ら提唱した「国際国家日本の建設」の所以として、国際社会での日本の地位向上に伴い、世界各国の日本に寄せる期待と要請がいかに大きくなってきているかを訴えた。中でも、平和と軍縮の問題については、米ソが「次第に互いの軍事力の水準を低下させ、核兵器の削減について至急に協議を成立させて、ついにはゼロにまで持っていくように訴えることは、国際緊張を緩和させ、世界の平和と安定のため必要」であると説いた。[23] また、日ソ関係については大韓航空機撃墜事件の影響で一時的な後退を強いられていたにもかかわらず、世界の平和と日ソ間の現状打開のために「対話の糸口」を広げることを訴えている。[24]

この時までに、中曽根内閣は日米同盟の強化とＡＳＥＡＮ(Association of Southeast Asian Nations：東南アジア諸国連合)諸国との協力関係の拡大に続き、サミットを通じて西欧諸国とも政治的連携を確立しつつあった。そうした西側結束の中で、中曽根は一九八三年一一月の東京声明の発表によりＩＮＦ交渉のグローバルな解決を再確認することで、ソ連に対する明確な意思を示したのである。

だが、その主眼はソ連をコーナーに追いつめることではなかった。八三年一二月三〇日の『官邸日記』で中曽根は、首相就任一年目の外交を振り返ってこう記している。「日米―基軸。この成果によりアセアン、欧、中を固め、ソに対す。ソとの冷却は覚悟、あまりに日本をナメているので、強硬を維持する。然し、対話路線は常に明示す」。[25] こうした記述からも明らかなように、中曽根が施政方針演説で世界の平和のために日ソ対話の糸口を広げることを主張した狙いは、ソ連を真剣な軍縮交渉の席に呼び戻すことにあったと言えよう。

日米間の対ソ共同歩調

各国のＩＮＦ交渉再開への思惑が交錯する中、日本は一九八三年に築いた西側結束を基盤として自由諸国の一員にふさわしい役割を果たそうとした。それは第一に、安全保障面での結束を強化した米欧諸国との協力関係を維持し、ソ連との対話再開を呼びかけることである。そして第二は、経済協力と軍事情報の交換を通じ、ソ連との国境問題を抱える中国の西側指向を維持することである。以下では、この二つの外交努力の中で、ＩＮＦ交渉再開がどのように位置付けられていたのかを検討する。

まず、日本の西側結束の要である対米関係について見てみよう。一九八四年一月一三日、レーガンは書簡で、ウィリアムズバーグ・サミットでの中曽根首相の指導力が、西側の一員としての日本の信頼性を強固にしたと称賛した[26]。またレーガンは、鈴木内閣期に一時停滞した日米の安全保障関係について、中曽根が「不沈空母」発言をもって米側の懸念を払拭したことに感銘を受け、日米安全保障関係がかつてないほどに強化されることを信じていると記した[27]。

このように中曽根内閣に対する称賛と日米同盟強化への期待を受けて、日本政府は一月末の安倍外相の訪米を決めた。二七日に訪米した安倍はレーガンと会談し、中曽根内閣の外交・安全保障政策を説明し、日本の対米基軸路線に変更がないことを強調した[28]。

続いて、安倍はシュルツとエーデルマン(Kenneth L. Adelman)米国軍備管理軍縮庁(Director of the Arms Control and Disarmament Agency, ACDA)長官と会談し、ＩＮＦ交渉中断後の情勢について意見交換を重ねた。この席でシュルツは、西独へのパーシングⅡ配備を踏まえて、「ソ連は米国と同盟国とを離反させる努力を続けてきたが、失敗に終わった」との見解を示した。彼は、ＩＮＦ交渉中断後の米ソの全般的関係を考慮に入れて、核軍縮交渉には当面進展が期待できないとの見通しを明らかにした。ただし、その一方で「米国としては力、それも軍事力だけでなく経済力や同盟国間の結束力を背景に対処し、対ソ対話を進めることが重要だ」と述べている。[29]

シュルツの発言は、パーシングⅡの配備によって「未だ配備されていない西独のミサイルとSS―20を取引することはできない」としてきたソ連側の口実が崩れ、軍備管理においてソ連が一気に守勢に立たされたことを意味していた。西欧へのINF配備が開始されたことで、米欧間の核抑止面での連携が一層強固になり、ソ連による西側離間の効果が急速に薄れたのである。

安倍＝シュルツ会談では、もう一つ軍備管理に関して重要なポイントが再確認された。それは、日本側の希望通りに「INF削減交渉では、極東配備のSS―20等を含めたグローバルなアプローチが重要であることを再確認した」ことである。[30] 中曽根がウィリアムズバーグ・サミットで西側の結束を固めることに尽力し、日本が安全保障面での対米協力を強く示した結果、上記の日本側の希望が米側に受け入れられたのは自然な成り行きと言えるかもしれない。いずれにしても、一年前の外相会談において、シュルツがアジア部配備のSS―20の取り扱いを明示しなかったのと比較すれば、本会談でのグローバル解決方式の再確認は日本側にとり大きな成果であった。[31]

この成果については、移動性の高いミサイルであるSS―20は欧州部、アジア部を問わず総数で規制しなければならないという国防総省の考えが米政権内に浸透し広く共有された証と見ることもできよう。[32] これまで国務省はINF交渉の早期妥結を狙い、アジア部SS―20の現状凍結をもってソ連と合意する暫定協定を推進してきたが、今回のシュルツの発言は従来の国務省側の姿勢を正すものであった。

チェルネンコ書記長就任と安倍外相訪ソ

訪米での成果に自信を深めた安倍は、帰国後の二月六日に行われた第一〇一回国会で外交の基本方針について所信を述べた。その中で彼は、INF交渉についてアジアの安全保障をも考慮したグローバルな観点に立った解決を図らねばならないとのわが国の主張が、西側の共通の立場として認識されていることを明らかにした。[33]

その一方で、安倍は米ソ関係を中心とする東西関係が冷却したまま推移していることに懸念を表明した。彼は、当面する外交課題について説明する中で、東西関係を安定した軌道に乗せることは世界の平和と安定にとり最も基本的な課題であり、「我が国を含め自由と民主主義という基本的価値観を共有する西側先進民主主義諸国が結束を維持しつつ、互いに協力していくことが肝要」だと述べた(34)。

注目すべきは、安倍が価値観の共有を前提とする西側の結束と、平和確保のための十分な抑止力を維持することによってソ連に伍していく必要を説明したのにとどまらず、東側諸国との対話と交渉を進めていくことが重要だと明言したことである。すなわち安倍は、西側諸国が結束を維持して「力の均衡」を確保しながら東側諸国との対話と交渉を促進することによって、ソ連が核軍縮交渉の席に戻るように強く訴えたのである。安倍が「力の均衡」を背景とする東西対話の推進に初めて言及したのは八三年一月の外交演説であり、この時が初めてではなかったが、こうした考えは先に見たシュルツの言説と重なるものであった。

東側諸国との対話を重視するとの外交演説を行った安倍は、それからわずか九日後にモスクワを訪れた。二月一〇日にアンドロポフが死去し、チェルネンコ(Konstantin U. Chernenko)がソ連共産党書記長に就任したのを受け、安倍は弔問のため急遽訪ソすることとなったのである。本来であれば首相が訪ソすべきところだが、中曽根は衆議院予算委員会が開会することを理由に弔問を断念し、安倍を葬儀に参列させることにした(35)。

一五日にモスクワ入りした安倍は、グロムイコとの会談に臨み、ソ連の新政権が米国との対話と軍備管理交渉の再開について積極的な政策をとるように要請した(36)。これに対し、グロムイコは米国との対話の必要性を認めたが、それは真剣な性格のものでなければならないと述べ、言外に米国の軍縮交渉に対する姿勢を批判した。

また、チェルネンコ書記長は三月二日に行われたソ連最高会議代議員選挙における演説で、レーガン政権がＩＮＦ問題をはじめ、レバノンやグレナダ、ニカラグアで軍国主義的政策をとっているとして対米批判を展開した。彼は米国がＩＮＦ交渉を対ソ非難の宣伝道具に使っており、このような状況が続く限り核軍縮交渉に復帰できないという立場を明確にした。チェルネンコはこの年の夏に、レーガン政権に対して宇宙軍事化防止に関する条約交渉を強く求めるようになるが、二日の演説でも米国が宇宙の非軍事化についての条約に合意すればＩＮＦ交渉の再開はありうると示唆している(37)。

また、チェルネンコは諸外国との意見交換の重要性も認識していた。彼は、この演説の直前に行われた中ソ外務次官級協議を念頭に、相互に見解の相違があるにせよ、意見交換を継続するのは有益であると考えていた(38)。諸外国との意見交換を重視するソ連の姿勢は、三月一二日に開かれた日ソ高級事務レベル協議でより明示的になった。本協議で日ソ両国は、軍縮問題や北方領土問題で意見を異にしたものの、事務レベル協議の活性化と局長級会合の制度化に合意したのである(39)。

さらに、ソ連は米国との二国間交渉であるＩＮＦ交渉およびＳＴＡＲＴと、多国間交渉である通常兵力削減とのリンケージを切り離した。通常兵力削減のための窓を開けておく方が自国の国際的孤立を回避し得るとの観点から、ソ連は三月一六日にＭＢＦＲ交渉の再開に応じた(40)。西欧へのＩＮＦ配備後、ソ連はＩＮＦ交渉再開の条件をめぐって頑なな姿勢を崩さなかった。しかしその一方では、日本を含む西側諸国や中国に対する対話の継続性を重視し、欧州でのＭＢＦＲの再開に応じることで、西側との交渉の余地があることを証明しようとしたのである。

ソ連がＭＢＦＲの再開に応じたことについて、中曽根は三月二一日に開かれた参議院予算委員会で、国際情勢はなお緊張状態にあるとしながらも、世界的に緊張緩和を求める動きが出てきていると述べた。中曽根は「これらが何らかの前兆なのか、深い注意を払っていく必要がある」と慎重な見方を示しながらも、六月に開かれるロンドン・サミットで米ソ首脳会談の開催をレーガンに要請する意向を表明した(41)。

二　西側の対ソ共同歩調

中曽根首相訪中とソ連の反応

中国訪問を直前に控えた中曽根にとって、ソ連がＭＢＦＲの再開に応じたことは、東西緊張緩和の予兆が見えてきた点でよい知らせであった。首相訪中に同行する安倍は、前年の日中首脳会談に続き中国側との間で軍縮問題に関する協調路線を強化する意向を明らかにした。安倍は三月二一日の会見で、「ソ連のＳＳ―20の極東配備問題を重視し、呉学謙外交部長との会談で、日中両国がソ連に対しミサイルの削減を要求するため、共同歩調を一層固めたい」と述べた。(42)

二三日、北京を訪れた中曽根は人民大会堂で趙紫陽総理と会談し、国際情勢全般、アジア部のＳＳ―20問題、中ソ関係について集中的に意見を交わした。会談中、趙はこれらの問題に関する中国側の見解について詳しく説明した。第一に、彼は当面の国際情勢について、戦争の脅威は依然として存在するとしながらも、ここ数年のうちに情勢は変化しており、ソ連と米国が互いに攻守し合う戦略的な膠着状態にあるとの見方を示した。(43) この発言からは、中国政府が欧州における米ＩＮＦの配備と増強に並行して、米ソ核軍縮交渉が停滞している状況を十分に認識していたことが明らかである。

第二に、趙はアジアでの中距離核問題に関して、日本との間で共同歩調をとることを宣言した。趙は日本がアジア部のＳＳ―20配備数の増加に懸念を持っていることを理解し、中国側も重大な関心を有していると述べた。また、彼は中国もソ連がアジア部でＩＮＦミサイルを配備することに反対し、米ソ双方が既に配備されている核兵器の削減を行うべきであると強調した。(44)

第三に、趙は自国の安全保障に対する主要な脅威は、ソ連から来るものと考えていると述べた。これまでの中ソ協議において三つの障害の解消を要請してきたが、この中にはアジアにおけるソ連の中距離ミサイル配備への反対も含まれていた[45]。こうした主張は、前年一一月の胡耀邦の発言とほぼ同じ内容である。

加えて、趙は本会談でアジアでの中距離ミサイル配備に関連して、中国側の核政策について注目すべき発言をしている。それは、「アジアでの中距離核ミサイル問題について、米ソとともに三カ国の会談を行うことに中国は応ずる気はない」という主張である。アジアの問題は、他の地域と異なり二つの核超大国による軍拡競争にあり、米ソ両国が大幅に核兵器を削減して初めて、アジアを含む世界の緊張が緩和できる、というのが趙の基本認識であった[46]。

さらに、趙は中国の核軍縮に関する「三つの停止と一つの協議」という考え方を提示した。これは、米ソが率先して核兵器の実験と改良、生産を停止し、核兵器とその運搬手段を五〇％削減した後で、全ての核保有国が参加する国際会議において残り五〇％の核削減交渉を行うという内容である[47]。趙は、核軍縮交渉は最も多くの核兵器を保有する米ソが率先して実施すべきであり、自国の核兵器の削減については米ソが各々五〇％削減するまで取り上げないよう日本側に理解を求めたのである。

こうした趙の説明に対し、中曽根もこれをよく理解したと答えるに止め、日本側の対ソ脅威認識とSS―20問題については安倍に発言を譲っている。会談記録を見る限り、中曽根も安倍も趙の核軍縮論に異論を挟んだ形跡は見当たらない。もし、西側が中国の意向を否定して、軍備管理交渉に中国の地上配備核も対象にすべきとの立場をとれば、今度はソ連が英仏の独立核も削減の対象とするよう強く要求してくることが考えられる。そうした観点からも日本側は、中国の核をひとまずは軍備管理交渉の対象としないことに一定の理解を示したのであろう。

本会談で安倍は、日本が歴代内閣の防衛政策を踏襲することを確認した後、極東におけるソ連の軍事的脅威について、中国側が関心を示すと思われる項目を列挙した。特に、安倍はソ連が極東で空母ミンスクやノボロシスクの回航等により海軍力を増強し、北方四島に強大な軍事基地を設けている点を強調した。また、ソ連がＳＳ―20の増強を加速している点を指摘し、前年一一月の時点で一〇八基であったものが三月の段階では一三五基に増強され、さらに一四四基まで増加されようとしているのは「間違いのない事実である」と断言した。その上で、安倍はアジアの平和と安全確保のためにも、今後の情勢変化について絶えず日中間で情報を交換し、ソ連の核戦力を削減するための努力を続けていきたいと結んだ。[48]

安倍の説明を受けて、趙はソ連の極東における軍備増強を重視しており、日中が情報交換を行うことに賛成すると回答した。[49] この会談により、日本側の訪中目的はほぼ達せられたと言えよう。日中両国は、アジア地域での中距離核問題で対ソ共同歩調をとり、極東ソ連軍に関する情報交換を継続することを通じ、アジアでの中距離核戦力を削減するための努力を続けることで一致した。

こうした動きに対し、ソ連国営のタス通信は中国が日本と手を組み、極東での米国の軍事力強化を後押ししていると非難した。[50] 当時、ソ連はレーガン政権による反ソ政策に中国が組み込まれていると認識していた。中国が日米安保体制や日本の防衛力増強を批判しなくなったことに対してもソ連は一層警戒感を強めたのである。

ところが、皮肉なことに目に見える形でアジアでの軍事的な挑発を行っていたのはソ連の方であった。四月二日にソ連は欧州部に配備していたＳＳ―20ミサイル六基の同時発射実験を実施し、その弾頭部を一〇〇〇キロメートル先のバレンツ海に着弾させている。ＳＳ―20は複数弾頭を単弾頭に換装した場合、射程が七五〇〇キロメートルまで延伸できるので、この発射実験もＳＳ―20をＩＣＢＭに転換するための準備段階ではないかと考えられていた。[51]

レーガン大統領訪中と米中戦略対話

四月二六日、レーガンは国交正常化後初めて米国大統領として訪中し、北京で中国政府要人と会談した。レーガン訪中に際し、米国は次に見るような米中関係の将来像を描いていた。二一日にＮＳＣが承認した国家安全保障決定指令第一四〇号（ＮＳＤＤ―１４０）には、三つの対中政策目標が掲げられていた。

第一に、米国は中国がソ連からの独立的指向を維持することを促すこと。第二に、米国は中国と民主主義諸国との関係拡大を後押しすること。そして第三に、前記二つの政策目標が実現可能ならば、米国は中国の国防力近代化を支援すること、である。[52]このようにＮＳＤＤ―１４０は、中国が米国にとって「非同盟の友好国」であることを再確認し、中国の自由諸国との連携強化を目標とした。これに加えて、ＮＳＤＤ―１４０は米中の軍事戦略対話のレベルを引き上げる可能性を探り、ソ連に対抗するための米中二国間協力を拡大すべく努力すると記していた。それは具体的には、アジアでの軍備管理に関する米中協力を制度化することも意味していた。[53]

それでは、実際にＮＳＤＤ―１４０を叩き台として、レーガンが中国指導部とどのような議論を行ったのか検討してみたい。まず、二七日にレーガンは北京の人民大会堂で一時間半にわたり趙紫陽と会談した。本会談の主要議題は米中二国間の目標と国際情勢全般についてであった。席上、レーガンはＮＳＤＤ―１４０に基づいて、米国が中国を「非同盟の友好国」として受け入れ、米中両国間の協力はアジア太平洋地域の平和と安定に寄与し得るとの基本認識を示した。[54]会談に出席していた中国側の関係者もレーガンの基本認識に同調した。

議題が国際情勢に移ると、趙は米国によるＩＮＦ配備とソ連の対抗措置の即時停止を求め、米ソ首脳会談の開催を要請した。趙は米ソがＩＮＦ配備を続ける中で、欧州部での軍拡競争に拍車がかかれば、国際情勢を一層緊張させることになるとしてこれに危機感を表明したのである。[55]

このような中国側の見解はある程度予想された内容であった。これに対し、レーガンはアジア部にＳＳ―20を残したままソ連とＩＮＦ削減合意に達することはないと答えた。[56]しかし、この回答は趙の要請に直接対応する内容ではない。なぜレーガンはこのような回答を会談の文脈から離れて口にしたのだろうか。

その理由は具体的には明らかでない。一つの手掛かりとして、レーガン訪中に際し国務省のＡＣＤＡがＮＳＣ

に送付したメモが残されている。この中でＡＣＤＡはアジア部のＳＳ―20問題の取り扱いについて言及している。当時、ＡＣＤＡは中国が軍備管理に関して直接的に懸念を抱いていると捉えていた。具体的には他のアジア諸国と同様に、中国もウラジオストックを拠点とするソ連太平洋艦隊の増強やシベリアでのＳＳ―20の配備に強い懸念を抱いているという内容である。[57]

ＡＣＤＡのメモに従えば、アジア地域での軍備管理について米国が中国の立場に理解を示すことは、同国の西側指向を維持するのに重要な論点であった。ただし、ＮＳＣがこのＡＣＤＡの分析をどのように解釈し、またＮＳＤＤ―１４０の策定過程に利用したのかは定かではない。また、当然のことではあるが、中国の対ソ政策がレーガン政権の思惑通りとなるわけではなかった。

米側は軍備管理問題について対中配慮を内に秘めていたが、趙はレーガンの意向と完全には相容れない姿勢を示した。彼は、米中関係の強化のみならず、中ソ関係改善の重要性を説いたのである。趙は中ソの長期的対立は両国民にとって不利であるばかりか世界平和にとって好ましくなく、平和共存を基にソ連との関係正常化を目指すと述べた。[58] これに対し、中ソ関係改善に懸念を持つレーガンは、米中関係は双方の経済的利益への願望だけで形成されたのではないとし、世界の平和はその国力を経済発展ではなく軍事力につぎ込む「ある大国」によって脅かされていると警告した。[59] レーガンの言う「ある大国」とは、言うまでもなくソ連を指していた。

ソ連を米中共通の脅威として認識し、これに対抗しようとする米国の思惑は、同じ日に人民大会堂で行われたレーガンの演説で裏目に出た。この演説でレーガンは「アメリカ軍は中国の国境に集結していない（America's troops are not massed on China's borders.）」と述べ、中ソ国境付近にソ連軍が多数配備されていることを批判した。[60] ところが、中国外務省はレーガンの第三国に関する発言を国内メディアで公表することは不適切であるとして、この発言をテレビ放映時に削除した。[61] 軍事的脅威とはいえ、ソ連と国境を接し同国との関係改善を望んでいる中国の立場について、レーガンはあまりにも無頓着であったと言えよう。

二八日に行われた鄧小平主任との会談で、レーガンは前日の発言を改めた。彼は、中ソ関係の改善がアジア地域の安全に役立つという見解を示したのである。他方で、レーガンは米国が十分な抑止力を構築するため、ソ連の東西に安定した国家群を建設することを目指しており、米欧日による西側の結束がソ連を封じ込めているという印象を鄧に与えた[62]。これに対する鄧の回答は、中国の近代化政策の実現にはアジア地域の平和が必要であるというものであった。鄧は米国の軍事力強化そのものには反対せず、米国の安全保障政策が安定した抑止に寄与するのであればこれを支持すると述べた[63]。

ただし、鄧の発言が彼の本意であったのかどうかについては疑問が残る。というのは、三月二五日のブレジンスキー(Zbigniew Brzezinski)元大統領補佐官とレアード(Melvin Laird)元国防長官との会談の際に、鄧は「米政府の軍備増強は、すでに十分過ぎる水準に達し、そろそろ他国がそれを侵略的だと感じる可能性がある」と洩らしていたからである[64]。このように、鄧は非公式の場で米国の軍事力強化に対する懸念を表明したが、それが直ちにソ連の軍事的脅威を凌駕するとは考えていなかった。つまり、鄧は米国がアジアにおいてソ連に対する抑止力を超えるような軍備を集積すれば、周辺国にとって攻撃的脅威に映るという可能性を問題視していたのであろう。

こうした米中の戦略的対話に関して、ソ連は強い不快感を示した。レーガン訪中の直前に、タス通信は「レーガンによる反ソ政策の認知と中国経済への浸透に対し、北京はこれらを受け入れる気配がある」として、米中関係の強化に厳しい視線を向けた[65]。さらに、中ソ関係改善の障害であるベトナム、カンボジア、アフガニスタン問題についても、これらのソ連の同盟国を非難する点で米中は共通の立場をとっている、として警戒感を募らせた[66]。しかしソ連の米中関係に対する警戒は、中国が米中関係推進と中ソ関係改善を軸に自主外交を進めていた実態からすれば過剰な反応であった。

以上のように、米中関係においては依然として対ソ関係改善について認識の相違が残っていた。にもかかわらず、レーガン訪中は西側の結束に中国が組み込まれていくのではないかという不安をソ連に植え付けたのである。

日欧の対ソ共同歩調

日米両首脳の訪中に前後して、西側諸国の間ではINF交渉再開への期待が高まった。

まず、三月二五日にミッテランがINF交渉再開への見通しについて語った。第一に、米ソが西独へのパーシングII配備直前の最も深刻な時期を脱したこと。第二に、ソ連はINF交渉の意義を無視しているわけではないこと。第三に、米ソ両国にとってINF交渉の再開が相互の利益につながること、の三つの観点から、ミッテランは「常識に従えば、再開は論理的帰結だ」と指摘した。[67]

また、これに続いてサッチャーもソ連のアフガニスタンへの軍事侵攻とSS—20の増強が、西側をやむなくパーシングIIの配備に踏み切らせたが、米ソが欧州のINFで同じ土俵に立った今こそ、新たな東西関係の構築に乗り出すべきだとしてINF交渉の再開に前向きの姿勢を示した。[68] また、レーガンもソ連がMBFR交渉に復帰したことを評価し、INFとSTART両交渉の席に戻るよう期待を示した。[69] だが、レーガンの意に反してチェルネンコは核軍縮交渉に関して米側に積極的な変化はないと判断し、米INF配備前の旧状回復が交渉再開への唯一の道だとする主張を貫いた。

このように八四年春に至っても米ソ関係が一進一退を続けている状況の中、日本は引き続き欧州諸国との連携を固め、西側結束の再確認を図った。中曽根内閣は、NATO本部をその首都に構えるベルギーと、この年のG7サミットの議長国である英国との間で意見交換を重ね、米ソ関係打開の方向性を探っている。

四月一二日午前、中曽根は来日したベルギーのマルテンス(Wilfried Martens)首相を官邸に招き約一時間会談を行った。前半は二国間関係や貿易に関する協議がメインであったが、後半の国際情勢についての討議ではINF問題に多くの時間が費やされた。中曽根は「SS—20の問題はアジアの犠牲により解決されるべきものでなく、グローバル・ベースによるべき」との日本の立場を説明した。また、中断している米ソ交渉が再開されるように環境づくりに努力すると述べた。

一方、中曽根からGLCMの配備時期について尋ねられたマルテンスは、米ソ交渉に成果がなければ予定通り八五年にベルギー南部のフロレンヌに四八基のミサイルを配備すると答えた。ただし、彼は米ソ間で部分的合意が成立すれば配備数を削減する可能性も残されていると言及した。そして、ベルギーは日本と同様に「SS—20の極東への移転は問題の解決にはならない」点を繰り返し主張してきたとして、中曽根の発言に理解を示した。こうして中曽根は、自国を「NATOの確固たる一員」と位置付けるマルテンスとの間で西側の結束を確認したのである。(70)

その二週間後、安倍はハウ(Geoffrey Howe)英外相を日本に招き、第一五回日英定期協議を開催した。この協議で、ハウは欧州へのINF配備はNATO側の勝利でありソ連の敗北だと述べ、西側の結束がソ連を守勢に立たせているとの認識を明らかにした。(71)そして、ソ連は対米関係改善を望んでいるが、米大統領選挙を控えた八四年内の進展は望み難く、対話を忍耐強く探らなければならないと告げた。

これに呼応して、安倍も米国はソ連との関係改善を希望しているが、ソ連は米国がINF配備を中止しなければ軍縮交渉に応じない姿勢を示しており、米ソ関係の劇的打開は容易でないとの認識を示した。

加えて、本協議では安倍がソ連極東部の軍備増強についての詳細な動向に関する情報をハウに提供し、ハウも西欧の対ソ政策に関する独自の情報を安倍に伝えた。これは安倍が目標とした日欧政治協力の成功例の一つと言えよう。さらに日英両外相は、米ソ関係打開が容易ならざるゆえに西側の結束を強化する必要があることと、INF交渉がグローバルな観点から行われるべき点でも意見が一致した。このように、日本は八四年のG7議長国である英国との間で、ロンドン・サミットへの足場を固めていったのである。

ロンドン・サミット

六月七日に開会した第一〇回主要先進国首脳会議(ロンドン・サミット)は「東西関係と軍備管理に関する宣

言」、「ロンドン民主主義宣言」など合わせて三つの政治宣言を発表し、前年のウィリアムズバーグ・サミットと同じく政治色の濃いサミットとなった。以下では、日米欧の各国首脳が示したサミットでの基本方針を概観した後、首脳会議で取り上げられた東西対話の再開について検討しよう。

まず五月二〇日に、中曽根はサミットに臨む基本方針として、ソ連に核軍縮交渉再開への呼びかけを行い、西側結束の再確認を提起することを明らかにした[72]。これは先に見た第一五回日英定期協議でも既に確認された事項である。また、中曽根はロンドン・サミットでも政治声明の取りまとめについて日本がイニシアティブをとり、核廃絶への希望や日独東京声明の精神を訴えていく意向を固めた。

さらに中曽根は六月六日、ロンドンに向かう特別機内での会議において、レーガン大統領に対ソ交渉再開の展望を質した上で対ソ交渉呼びかけのスケジュールについて議論する方針を決めている[73]。このように中曽根が対ソ交渉再開と西側結束の再確認に強いこだわりを示した背景には、オランダ政府のGLCM導入延期決定を受けて西欧諸国に動揺が生じたことが少なからず関係していた。

当時、オランダでは国内の反核運動にとどまらず、議会内においても反核感情が大勢を占めていた。これに加えて、閣内でも国防大臣がGLCM導入に反対するなど、INF配備をめぐって政治的に混乱した状態が続いていた。その結果、オランダ政府は一九八八年までにINF交渉が合意に至らず、ソ連がSS―20を増強した場合には、四八基のGLCMを導入するという折衷案を選択した。これは、当初一九八六年に予定されていたGLCMの配備開始から数えて二年間導入を延期するものであった[74]。このオランダ政府の意思決定に関して、NATO関係者は「たとえ一歩でも半歩でも、妥協は妥協であり、これによって、ソ連がINF削減交渉に応じるのは決定的に難しくなった」とコメントを発表し危機感を募らせた[75]。

こうしたオランダでのINF導入の事実上の延期を受けて、外務省はミサイルの導入に積極的に取り組む西独や英国、イタリアに関して、政府レベルで問題は出ていないものの、西欧各国政府の間で今後の展開が気になりだしたのは確かだと分析していた[76]。オランダでの事態については、中曽根も「ＩＮＦ削減交渉をめぐり、西欧各国が米国の対応について全面的な信頼を置き切れない状況が生じている」と判断した。この判断に基づいて、中曽根はサミットで対ソ交渉呼びかけと西側結束の再確認を行う前段として、レーガンに対し米ソ交渉に関する展望を質す方針を固めたのである[77]。

続いてレーガンも、ソ連に軍縮交渉再開を呼びかけるとともに、西側諸国がソ連に譲歩せず強い結束を貫いていくとの基本方針を示した。これに関連して、同日ワシントンＤＣで開催されたＮＡＴＯ閣僚理事会においても「ソ連が軍縮交渉再開の条件としている西欧配備のＩＮＦ撤去の要求に応じること等の譲歩はしない」ことが確認された[78]。三一日に採択されたＮＡＴＯ最終コミュニケには「ソ連に対し前提条件や遅滞なしに核戦力に関する交渉を再開するよう求める」という表現が盛り込まれた[79]。

しかし、レーガン政権の基本方針に対して、英仏はレーガンがサミットを政治化することに懸念を示した。サッチャーとミッテランは、サミットで東西関係や軍縮問題を実務的に議論することを重視していた。英仏両首脳は、欧州デタントの中で対ソ関係の修復を図る意向を固めており、サミットの場でソ連を刺激するつもりは全くなかったのである。

サミットの政治色をめぐって

レーガンはロンドン・サミット開幕直前の六月四日にアイルランドを訪問した。再選を目指すレーガンは、自らの対ソ強硬姿勢を打ち消そうと、レーガン家発祥の地であるアイルランドの議会で演説を行った。彼は、ここでソ連に対する軍縮交渉の再開を呼びかけている[80]。

レーガンは演説の中でＩＮＦ交渉をはじめ、ＳＴＡＲＴ、ＭＢＦＲ、化学兵器全廃交渉にソ連が真剣に臨むのならば、米ソの合意は可能であると強調した。特にＩＮＦ、ＳＴＡＲＴの両交渉については、ソ連が再開を決断すれば、米側も即座に応じる用意があると表明した(81)。そして検証が可能な二国間の合意が達成できれば、米国は西欧に配備したパーシングⅡとＧＬＣＭを撤収する意思があると語った(82)。こうしてレーガンは米ソ合意を達成するために、西側の平和への努力にソ連が参加するように呼びかけたのである(83)。

しかしその一方で、レーガンは六日にフランス北部のオマハ・ビーチで行われたノルマンディー上陸作戦四〇周年記念式典での演説で、対ソ強硬姿勢を蒸し返した。彼は、米国の西欧防衛へのコミットメントを再確認するくだりで、東欧に駐留するソ連軍の存在を第二次世界大戦時のドイツ軍にたとえて厳しく非難した。レーガンは「平和が到来したのに欧州大陸の中心に進出してきたソ連軍は撤退していない(Soviet troops that came to the center of this continent did not leave when peace came.)」と述べた(84)。これに対し、式典の主催者であるミッテランは「敵はドイツ人ではなく、当時の権力、制度、イデオロギー〔ナチズム―引用者注〕だった」と指摘し、レーガンの発言を正すとともにコールの面子を保つ一幕もあった(85)。

前の年、ウィリアムズバーグでＧ７サミットに政治色を加えることに反発したミッテランは、ロンドンでも改めてソ連問題を取り上げることに難色を示していた。ミッテランの心中には、本来はＮＡＴＯで決定すべき西欧の安全保障問題を、なぜ経済サミットの場で議論する必要があるのか、という疑問が常にあった。

加えて、ミッテランは六月二〇日にモスクワを訪問し、チェルネンコとの間で首脳会談を開く予定であった。この会談にはソ連のアフガニスタン侵攻、ポーランド問題、ＩＮＦ問題で悪化した仏ソ関係を修復する意図が込められていた(86)。こうした文脈からも、ミッテランにとっては、レーガンのオマハ・ビーチでの発言が目に余るものであったに違いない。対するレーガンは、ソ連との軍縮交渉に関して西側の結束を再確認するスタンスを貫いているため、サミット討議での米仏間の不和は避けられないと考えていた。

レーガンによってロンドン・サミットが大統領選挙向けの「政治ショー」と化す恐れについては、英国も懸念を示していた。ミッテランと異なり、サッチャーはサミットで政治問題を討議すること自体については積極的な姿勢を示していた。だが、彼女は東西関係や軍縮、国際テロリズムといった広範な国際政治問題を実務的かつ平静に議論することを重視し、サミットから「政治ショー」的な色彩を取り除く意向を固めた[87]。

実は、サッチャー政権も七月にハウをモスクワに派遣して、グロムイコとの外相会談を開くことを予定していたため、サミットの場でソ連を過度に刺激するつもりはなかったのである。このように、英仏両国はレーガンによりサミットが「政治ショー」と化すことに対して、ともに危惧を抱きながら政治問題討議に臨むこととなったのである。

ロンドン民主主義宣言

ロンドン・サミットの政治問題討議は、七日夜の英首相官邸で開催されたワーキング・ディナーの中で行われた。討議の焦点の一つは、西側の対ソ政策、すなわちＩＮＦ交渉中断によって傷付いた東西関係をいかに修復するかという問題であった。この日、西側首脳は対ソ政策に関して西側の結束という基本線を維持し、東西対話を呼びかける点で認識を一致させることができた。

しかし、八日夜にナショナル・ポートレイト・ギャラリーで開かれた二回目のワーキング・ディナーでは、特にソ連国内の人権問題の扱いをめぐって議論が紛糾した。この日のディナーでは、アフガニスタン侵攻やポーランド問題とならんで、ソ連の反体制派の核物理学者サハロフ(Andrei D. Sakharov)氏への人権抑圧が取り上げられた。そして、このような重要な問題については「はっきりとソ連に言うべきだ」とする強硬論と、「人権問題は慎重に扱わないと逆効果になる」とする意見が真っ向から衝突した。それは、ソ連国内の人権問題に関しては共同歩調をなかなかとれない西側の弱点を浮き彫りにした議論であった[88]。

この二回目のディナーが開かれる直前の状況について、レーガンは「予想していた通り、トルドーとミッテランが―ほとんど重箱の隅をつつくような―いくつかの問題で異なる見地に立った」と不満を記している[89]。レーガンが人権問題を積極的に取り上げようとしたことに対し、対ソ関係修復を目指すミッテランがこれに慎重論を唱えたであろうことは想像に難くない。なお、この時、中曽根は日本が北方領土問題を抱えていることもあり、ソ連に余計な反感を抱かせない方が良いと判断し、人権問題についてソ連に直言すべきかどうかという議論には踏み込まなかった(90)。

サミットでは「すべての市民の権利と自由を公平に尊重かつ保護」すると述べた「民主主義の諸価値に関する宣言」が発表された。八日午後、ランカスター・ハウスでの発表直前に当初あった八項目を全七項目に修正し、宣言から「軍縮」という言葉を削除する一幕もあったが、全体的に見れば前年のサミットでの強固な西側結束をやや抑えた内容に落ち着いた。

このうち、中曽根が強調した「平和と軍縮」については同宣言の第六項にまとめられた。第六項では「我々は、自由と正義を伴う平和が必要であると信ずる」との前提で、「我々はいずれも、紛争を解決する手段としての武力の行使を拒否する。我々はいずれも、侵略を抑止し、効果的な防衛のための我々の責任を果たすのに必要な軍事力のみを保持する」と記された(91)。

宣言で「武力行使の拒否」を謳った背景について、中曽根は世界の人々も侵略戦争の放棄という日本国憲法の存在については知っていたが、日本の政治家が国際政治の舞台で、その精神を主張したことがなかったと回想している。「紛争解決手段としての武力行使の拒否」という考え方をサミットの場で鮮明にし、参加各国からの共感を得ることが、その時の中曽根の使命であった(92)。それは、まさに日本が自由や民主主義、法の支配という価値観を重視していることを西側諸国に強く印象付けることにつながったのである。

またフランス側の意向で、ウィリアムズバーグ政治宣言で強調された「サミット参加国の安全は不可分である」との文言は、「我々は、今日の世界では、我々各国の独立が、我々すべてにとっての関心事であると信ずる」という表現に改められた。これは、西側の運命共同体認識がより一般化された言葉に置き換えられたことを意味していた(93)。
同時に発表された「東西関係と軍備管理に関する宣言」でも、ソ連への過度な対決色は見られなかった。同宣言では、西側連帯を再確認するとともに、①東側との政治的対話の拡大と長期的協力の探求、②可能な限り低水準の兵力での安全保障の追求、③核軍備管理交渉の前提条件なしの早期再開等が謳われた(94)。宣言はソ連に対して建設的な対話再開を呼びかけるものとなったのである。

議長のサッチャーは、サミット最終日の九日に二つの政治宣言(他の一つはテロ防止協力とテロ対策強化を謳った「国際テロリズムに関する宣言」)を発表したことを踏まえ、「今サミットは、もっとも価値があり、有益であった」と総括した(95)。

また、中曽根もロンドン民主主義宣言を発表する過程で、世界の平和と核軍縮という最重要課題について「自由と正義を伴う平和の必要」、「紛争解決手段としての武力行使の拒否」、「理性に基づく対話と交渉による国際紛争の解決」という諸原則を盛り込むことに成功した(96)。これらの原則は、いずれも日本側のイニシアティブで確認されたものであった。その点において、中曽根は前年のサミットに続き、国際政治の舞台で平和と軍縮に関する課題設定の役割を果たしたと言えよう。

包括的核実験禁止のための提案――ステップ・バイ・ステップ方式

サミット閉幕後、中曽根に同行した安倍は帰途スイスに立ち寄り、日本の閣僚として初めてジュネーブ軍縮会議に出席した。安倍は六月一二日に開幕したジュネーブ軍縮会議の夏会期初日に演説を行い、米ソが「実効的な検証を伴った具体的な軍縮を率先して進めていくこと」を求めた(97)。

また、ＩＮＦ交渉については「グローバルな、そしてわが国を含むアジアの安全保障が損われない形での解決」を改めて強調し、「ソ連に対し、核大国としての重大な責任を自覚し、速やかに米・ソ間核軍縮交渉の席に戻り、その実質的進展をはかるよう強く訴えたい」と述べた。そして、ＮＰＴ体制の維持、強化を図る観点からも米ソ交渉の進展が極めて重要であるとの立場を示したのである。

その上で、安倍は長く懸案となってきた包括的核実験禁止(Comprehensive Nuclear Test Ban, CTB)について、多国間で技術的に検証可能な地下核実験の規模を「敷居」として、この規模を超える核実験の禁止にまず合意することを訴えた。さらに次の段階として、各国の検証能力を向上させ、実験規模の「敷居」を下げていくことにより、最終的に核実験の全面禁止を目指すというステップ・バイ・ステップ方式を提案した。安倍は、ステップ・バイ・ステップ方式に基づく考え方でＣＴＢが合意された場合、日本の高度な地震探知技術を提供する用意があることを明らかにした。(98)

この安倍の提案は、八月三一日に行われたジュネーブ軍縮会議夏会期の最終日に採択された国連総会宛ての作業経過報告の中でも言及された。同報告では、ステップ・バイ・ステップ方式に関して「この方式が軍縮会議の作業を前進させ、包括的核実験禁止の実現に向けての発展的措置となり得る」との肯定的な評価が示された。こうした評価を後押ししたのは、四月の首脳会談で日本との相互理解を深めたベルギー政府であった。

他方で、インドを中心とする非同盟諸国の間からは、ステップ・バイ・ステップ方式が核実験を合法化することにつながり、核兵器近代化を阻止するという軍縮会議の目的を達し得ないのではないかとの厳しい見方が示された。最終的には、非同盟諸国もこの方式がＣＴＢ実現に必ず結び付くとの条件の下で、段階的アプローチを発展させる作業に参加する用意を表明することになった。だが、核実験全面禁止という軍縮会議の本来の目的に、ステップ・バイ・ステップ方式の軸となる核実験規模の段階的縮小という手段が適うか否かを見極めることは後の課題として残った。(99)

ジュネーブ軍縮会議での演説で、安倍はロンドン民主主義宣言を引用して、理性に基づく対話と交渉による国際問題の解決と、ＩＮＦ交渉のグローバルな解決を強調するとともに、ソ連に対し核軍縮交渉の席に戻るように強く訴えた。演説の締め括りは、安倍の掲げる「創造的外交」の本質を示すものであった。

平和の維持は、人類の共通する悲願であり、我々は、国際社会の現実を踏まえつつ、実現可能な具体的軍縮措置を地道に忍耐強く一つ一つ積み上げていくことが肝要でありますが、そのためには結局、二国間、多国間の間断なき対話と接触を通じて、相互理解、相互信頼をはかり合意点を探求していくほかに途はないと考えます[100]。

この演説で安倍の唱えた「二国間、多国間の間断なき対話と接触」こそ、「具体的軍縮措置」である核実験の全面禁止やＩＮＦ交渉の合意を実現へと導くための基礎であったと言えるであろう。

日米政策企画協議

六月二八日と二九日、ワシントンＤＣのメリディアン・ハウスで外務省調査企画部長の岡崎久彦、国務省政策企画審議会委員長のロッドマン(Peter W. Rodman)らが出席して第二九回日米政策企画協議が開かれた。この協議に臨むにあたり、米側はレーガン訪中やロンドン・サミットでの成果を踏まえて、ＩＮＦ交渉に関わるトーキング・ポイントを作成している。同文書は、八四年中盤にレーガン政権が対ソ交渉を再開するための足掛かりとして、日本や西欧、中国との関係をどのように位置付けていたのかを把握する上で重要な史料である。

まず冒頭では「米国は前提条件なしに何時でもＩＮＦ交渉を再開する用意がある」と記している。国務省はウィリアムズバーグとロンドンで築いてきた西側同盟のＩＮＦ問題における結束が非常に強固であることに自信を深めていた[101]。

問題は八三年末の交渉の中断後、ソ連が一貫して「米国によるＩＮＦ配備の撤回」を交渉再開の前提条件としたことである。この半年間、ＩＮＦ交渉とＳＴＡＲＴが再開されなかった主因は、ソ連側がこの前提条件を取り下げず、交渉の席に戻るのを拒んだことにあった。現に、チェルネンコは六月二一日の仏ソ首脳会談においても、米側が生じさせた障害（ＩＮＦの欧州配備）を取り除かない限り、交渉再開はないと強調していた。

他方で、国務省は米国と西側同盟国がソ連の示す前提条件を受け入れ、西欧へのＩＮＦ配備を停止するという一方的な譲歩案に同意することは、ソ連に対し交渉の席に戻るよう迫る上で不当であり、非生産的であると判断していた。すなわち、ＩＮＦ配備の停止は非協力的な対米姿勢をとるソ連を利することとなり、受け入れ可能な協定案にソ連が合意する最も効果的なインセンティブを削ぐことにつながると考えたのである[102]。

このようなソ連の交渉姿勢に対する厳しい見方に加えて、国務省は西欧諸国の反核世論についても辛辣に批判することを厭わなかった。非公式的にではあるが「ＮＡＴＯによるＩＮＦ配備の停止を要求する世論の声は交渉再開への助力にならないし、実際には交渉再開を妨げるであろう」というのが国務省の見解であった[103]。要するに、西欧の反核世論を抑えてＩＮＦ配備を続行し、ソ連に前提条件を取り下げさせることが、交渉再開への現実的な道と判断されたのである。

西欧へのＩＮＦ配備続行が欧州部における米国の交渉再開への足掛かりだとすれば、アジア部における足掛かりはレーガン訪中で二国間協力が深まりつつあった米中関係であった。国務省は、中国が米ソＩＮＦ協定の下でＳＳ—20が削減され廃棄されるべきとする原則を支持したことを歓迎している。そればかりでなく、国務省はＳＳ—20の問題が中ソ二国間協議の場で話し合われていることにも理解を示し、中国が米国やＮＡＴＯとの間でＩＮＦ問題について核心的な利益を共有していることに期待感を示していた。

では、実際の協議で米国は日本に何を語ったのであろうか。近年公開された外務省記録によると、米側は次のような対ソ認識を示した。

ソ連は受身的になってきているとの見方もあるが、一連の動きを見れば完全に受身的になっていないと言える。しかし、ＩＮＦ配備後予想した程ソ連は戦闘的でない。ソ連は国内経済、クレムリン内のリーダーシップ問題等に忙殺されているのではないか。

〔中略〕ソ連は、ＩＮＦ交渉には戻らないが小さな問題では点数をかせぎ、西側ともコミュニケーションだけは確保したい意向のようである。極く最近のソ連側の発言を分析すれば、西側に対する好意度は若干上がっている。

オリンピックボイコット、サハロフ問題は米大統領に対するメッセージであろうが、これはソ連が米及びその同盟国に対して象徴的に脅しをかけているだけである[104]。

こうした米側出席者の発言からは、国内問題で忙殺されているソ連に対し、米国が交渉上の優位を築いたという自信が見て取れる。この協議で、国務省はソ連を「穴ごもりしたすねた熊（sulky bear）」と呼び、その行く末を見失わないように観察し続けるとさえ表現した。

他方、米側の対中認識は対照的に好意的な内容であった。国務省は「米中関係は比較的に見てうまく行っている」、「中国は過去においては米国とグローバルな問題を話したがらなかったが、最近は軍事的な面を含めグローバルな話に応じるようになってきた」、「最近、中国の指導者は巧妙にも米国に対し笑みを浮かべるようになってきたが、これは数年前の事態からすれば考えられないことである」と米中関係を称揚した[105]。だが、こうした発言に対して在米日本大使館は、ロッドマンがキッシンジャー（Henry A. Kissinger）の直系であり、「中国の戦略的価値と米中関係を重視するトーンがやや強かった」と本国に伝達し注意を促している[106]。

当時、米国にとっては対中関係のみならず日中関係が良好であることも、対ソ政策を有利に進める上で重要な要素であった。七月三日、ロッドマンはシュルツに送ったメモランダムの中で、外交協議の増加とともに日本の対中関係が一層良好になっていると報告している。実際、日米政策企画協議の場で、東京は米中問題に関する詳細なブリーフィングをワシントンからよりも北京からより多く受けているとの発言があったことが記されている。[107]また、これまで日本が強く主張してきた極東移転の阻止と、ＳＳ―20のアジア部からの削減を意識して、国務省は単にＳＳ―20を撤去しただけでは解決として十分ではないとの考えを示した。[108]ＳＳ―20は配備場所を問わず欧州とアジアを脅かし続けると考えられたため、両地域からの削減が望ましいとされたのである。

三　米ソ関係改善の模索

宇宙兵器禁止交渉

一九八四年の夏に至っても、米ソはＩＮＦ、ＳＴＡＲＴ両交渉再開への糸口を見出すことができずにいた。これまで検討してきたように、ソ連側が交渉再開の前提条件として要求した西欧配備ＩＮＦの撤去に対して、米側はこれに一切応じる気配を見せなかった。先に見た通り、「米国は前提条件なしに何時でもＩＮＦ交渉を再開する用意がある」というのがレーガン政権の基本方針であった。ソ連側の思惑とは反対に、米側はソ連から交渉再開に協力的な姿勢を引き出すために、西欧へのＩＮＦ配備を続行しようとしていたのである。

八四年夏の時点で、核軍縮交渉の再開と首脳会談の開催が決まれば、米ソ関係改善の突破口となることは十分予想できたであろう。だが、健康状態に不安を抱え政権基盤の安定しないチェルネンコと、一一月の選挙で再選を目指すレーガンにとって、十分な準備期間を欠いた首脳会談の開催は成功の見込みが薄かった。国内外から対ソ強硬路線を批判されていたレーガンは、米ソ関係打開が再選に有利なポイントとなることを意識しながらも、米側がソ連の前提条件を受け入れるような非合理的な譲歩をすれば共和・民主両党の保守派から強い反感を買うことを気にかけざるを得なかった。

これから検討する八四年夏の米ソ宇宙兵器禁止交渉の提案は、幻に終わった軍縮提案の一つである。しかし、実を結ばなかった提案とはいえ、ソ連がこの交渉を強く望んでいるのを米側が事前に察知していたことが、後の米ソ核・宇宙交渉(Nuclear and Space Talks, NST)の基盤を成すことにつながる。以下では、ソ連側提案の真意と米側の交渉に対するスタンスを再確認した上で、米ソ交渉再開への土台が築かれるまでの経緯を跡付ける。

衛星攻撃兵器(ASAT)相互完全廃棄の狙い

チェルネンコが西欧配備INFの撤去がない限り交渉再開には応じないとの姿勢を改めて明確にしたのは、六月四日の出来事だった。彼はこの日、米INFが西欧に配備された状況下で交渉を行うことは、「諸国民の間に安全保障に対する幻想を生み出す軍拡の提唱者にフリーハンドを与えるようなものである」と述べレーガン政権を批判した(109)。この批判には、ロンドン・サミットにおける西側首脳の言動を牽制する狙いがあった。だが、ロンドン・サミットで民主主義宣言を含む三つの政治宣言が発表されると、チェルネンコは西側の結束を切り崩すことが依然難しいことを理解した。そこで、彼は米国に対してINF、START両交渉とリンケージされていない宇宙兵器の全面禁止交渉を直ちに開始するよう呼びかけを行った。六月六日、チェルネンコはレーガン宛ての書簡の中で、両国が宇宙空間の軍事化を防止し、衛星攻撃兵器(anti-satellite weapon, ASAT)を禁止するための交渉を提案した(110)。

これに対してホワイトハウスは、チェルネンコの呼びかけに「新味は全くない」と断じた(111)。というのは、八三年八月にアンドロポフ前書記長がASAT打ち上げの一方的凍結を宣言して以来、ソ連が宇宙兵器禁止交渉の提案を繰り返し米国に対して行ってきたからである。また、チェルネンコが改めて宇宙兵器禁止交渉を対米関係打開の材料として持ち出したタイミングも良くなかった。翌日、米連邦議会上院本会議はASATの実験開始について、この種の宇宙兵器を制限するための交渉努力を誠実に行うことを米政府に対して条件付ける一九八五会計年度国防支出権限法の修正案を六一対二八票で可決した[112]。既に国防総省は八四年秋からＡＳＡＴの実験を開始しようとしていた。ところが、ホワイトハウスは宇宙兵器開発とその予算に関して、皮肉なことにソ連からの要求ではなく米連邦議会の決定による制約を受けることになったのである。

チェルネンコの呼びかけに対し、ホワイトハウスは表向きこれを拒否した。だが、米政府内では高高度における宇宙兵器の実験禁止という具体的な制限交渉であればソ連の提案に応じてもよいとの姿勢が示された[113]。

こうした米側の曖昧な姿勢に対し、ソ連はジュネーブ軍縮会議の場を通じて批判を始めた。六月一九日に軍縮会議で演説を行ったイスラエリアン（Victor Israelyan）ソ連軍縮代表部大使は、米国とＡＳＡＴの制限に関する協定を結ぶための交渉を一刻も早く開始するとの意思を表明した。同時に、イスラエリアンは宇宙軍事化の阻止について米ソ二国間だけでなく、ジュネーブ軍縮会議の場でも討議するように参加各国に促した。そして、米側がチェルネンコ提案に対して示した曖昧な回答について「宇宙軍拡競争防止の可能性を封ずるために、アメリカはあらゆる口実を使っている」と非難した[114]。

国際会議におけるソ連の対米非難を看過できないと見た国務省は、ＡＳＡＴの問題に関して従来通り慎重な姿勢をとりつつ、米政府全体としては比較的柔軟な対応措置をとる可能性を示した。改めて示された米側の回答も、依然として曖昧さを拭い得ない内容であったが、ソ連側はＡＳＡＴ問題についてこれ以上の対米非難を繰り返さなかった。

ＡＳＡＴ禁止交渉に的を絞るソ連

その代わりに、ソ連は政府声明を通じてＡＳＡＴの相互完全廃棄を目的とする米ソ交渉を八四年九月にウィーンにおいて開始するという具体的な提案を米側に示した。六月二九日夜に発表されたチェルネンコによる提案では、第一に米ソ両政府から特別に任命された代表団同士による二国間交渉で、ＡＳＡＴの実験・配備の一時凍結を協議すること。第二に、有人か無人かを問わず通常兵器、核兵器、レーザー兵器、粒子ビーム兵器などあらゆる種類の宇宙兵器を協議の対象とすること。第三に、ＡＳＡＴや弾道ミサイル迎撃兵器などの開発・実験・配備を禁止し、既に開発済みの宇宙兵器を廃棄すること、の三点が掲げられていた(115)。興味深いことに、この政府声明でソ連は米国が研究を進めようとしていたＳＤＩ計画について直接言及することを避けていた。

レーガンが八三年三月にＳＤＩ計画を発表した際、当時のアンドロポフ書記長はＳＤＩ計画を米本土の防衛構想ではなく「米国の核の脅威の前でソ連を武装解除する試み」であると皮肉った。アンドロポフも宇宙軍事化防止のための条約交渉を米国に提案していたが、その後、ソ連は同じ提案を繰り返す中でＳＤＩに触れることを避けるようになった。ソ連が制限交渉の対象として焦点を絞ったのは、大気圏外の軌道上で相手国の衛星を撃墜するＡＳＡＴであった。というのも、その主要な形態と構成要素のいくつかがＳＤＩシステムのそれと重なることから、ソ連は新しく登場したＳＤＩよりも「伝統的な」宇宙兵器であるＡＳＡＴに照準を絞り「ＳＤＩを蓄の段階で切り取ろう」としたのである(116)。

実のところＳＤＩを軍備管理交渉の対象とするならば、ソ連も同様の戦略防衛計画を進めない限り、米国に対する有効な取引材料を持ち得ないことは明らかだった。これに比較してＡＳＡＴの場合、ソ連は米国が宇宙兵器システムを実戦配備するよりも前に宇宙防衛部隊を防空軍内に設置し、一九六〇年代後半から衛星攻撃兵器の実験を繰り返してきた。ソ連はまた、米国に先駆けて地球軌道上を周回するサリュート有人宇宙ステーションを軍用に転換する計画や、大気圏外で相手国の軍事衛星を直接迎撃する宇宙戦闘機の開発も推進していた(117)。ソ連がＡＳＡＴを中心とする宇宙兵器禁止交渉を米国に提案した背景には、宇宙軍事技術で両国がほぼ互角か、あるいは自国が優位に立っていると考えた可能性もあろう。

ホワイトハウスの「条件付き受諾」

六月二九日、レーガンはチェルネンコ提案に対し、ソ連側が軍備管理交渉の再開に合意するならばＡＳＡＴ禁止交渉に応じる用意があるという声明を発表した。米側の「条件付き受諾」の具体的な目的は、第一にＳＴＡＲＴおよびＩＮＦ削減交渉が再開できるという条件の下で、相互に受け入れ可能な協定について議論し妥結すること。第二にＡＳＡＴ兵器に関する検証可能で効果的な制限をリードできるような実現可能な交渉アプローチについて議論し合意を探ること、の二点である。[118]

米側の「条件付き受諾」について政権内でイニシアティブをとったのはマクファーレン(Robert McFarlane)国家安全保障担当大統領補佐官であった。彼はソ連が提案する交渉が宇宙兵器やＡＳＡＴの禁止に直ちに結びつくことを事前に認めるような事態を避けたかった。[119] そこで、マクファーレンはソ連が地上のサイロに配備している重ＩＣＢＭ(ＳＳ—18)も交渉の議題とすることによって、交渉でソ連の戦略核兵器と米国のＳＤＩを同等に扱うことを求めたのである。二九日、ホワイトハウスのシチュエーション・ルームで開かれた国家安全保障計画グループ会議(ＮＳＰＧ)で、レーガンは「宇宙の非軍事化」に焦点を絞ったソ連の提案に対して、米国は核兵器問題も含めることを話し合う用意があることを確認した。[120] レーガンはシュルツとマクファーレンからこの方針に対する同意を取り付け、先の対ソ声明を発表したのである。

翌日、レーガンはホワイトハウスのサウスローンに各国の外交官を招待してバーベキュー・パーティーを催した。レーガンのテーブルにソ連のドブルイニン(Anatoly Dobrynin)駐米大使がシュルツ国務長官を伴ってやってくると、宇宙兵器問題についていくつかやり取りがあった。その際、ドブルイニンはソ連が宇宙兵器についての話し合いを九月に米国と行うことを期待していると話した。これに対し、レーガンはソ連が拒否すると内心ではわかっていながらも、宇宙兵器問題と弾道ミサイルを含む全ての核兵器の削減について議論したいと答えた。[121]

ホワイトハウスの考えに従えば、宇宙空間における軍事化が始まったのは最初の弾道ミサイルがテストされた時であり、大気圏外で使われる弾道ミサイルと他の兵器システムの配備が開始された時であった[122]。したがって、米国は宇宙兵器禁止交渉とＳＴＡＲＴ、ＩＮＦ交渉とを同時に進めなければ宇宙空間の軍事化は防止できない、とする立場を示した。言うなれば、これは米側が核軍縮交渉と宇宙兵器禁止交渉をリンケージさせることを意味していた。三つの交渉がワンセットで進められなければ、ソ連が提案する宇宙兵器禁止交渉には応じないという米側の姿勢が明確になったのである。

しかし、こうした米側の「条件付き受諾」に対して、ソ連は問題の本質を宇宙軍事化防止から戦略核兵器問題へとすり替えようとするものだとして批判した[123]。チェルネンコ政権は、あくまで宇宙兵器禁止交渉とＩＮＦ、ＳＴＡＲＴ両交渉とを連関させないとする立場を強調した。これは、後にゴルバチョフ政権が三つの交渉をリンケージさせて、米国のＳＤＩ研究を実験室内に封じ込めようとしたのとは対照的である。

ソ連側の対米批判の根拠となったのはＩＮＦ、ＳＴＡＲＴ両交渉が米国による新型ミサイルの西欧配備によって中断されたという事実である。ソ連からすれば、米国は交渉再開のための努力をしていないばかりか、宇宙兵器禁止交渉の提案を逆手に取り、宇宙軍事化を推進しようとしているかのように見えたのである[124]。

その直後に開かれた英ソ外相会談では、グロムイコもレーガン政権の目的は秋の大統領選挙での国内票集めにあり、米国は宇宙兵器禁止交渉を望んでいないとの見方を示した[125]。ただし、クレムリンは先の回答の中で宇宙兵器禁止交渉の提案は依然として有効であるという姿勢を貫いていた。

そこで、米側はソ連外務省の発言とクレムリンの姿勢との間に存在する温度差に注目し、後者に的を絞った。七月三日、スピークス副報道官は、宇宙兵器禁止交渉に関するレーガン大統領のチェルネンコ書記長宛て書簡をソ連に一時帰国するドブルイニン大使に託したことを明らかにした[126]。レーガンの書簡には、九月一八日にウィーンに代表を派遣する用意があると記されていた。また、レーガンはソ連の出方に配慮して、重要な問題に対しては両国が受け入れ可能な交渉アプローチを見出すことをコミットメントの基礎とし、ＩＮＦ、ＳＴＡＲＴ両交渉の再開を宇宙兵器禁止交渉開始の前提条件としない考えを打ち出した[127]。同時に、米側は宇宙兵器禁止交渉の対象を具体的に特定する意思を示した。例えば、国務省は高度一六〇〇キロメートル以上の高軌道の飛翔体を撃墜できるようなＡＳＡＴの実験禁止に焦点を当てて交渉を始めることを想定していた[128]。

宇宙兵器禁止交渉に対するレーガン政権内の不一致

この時期、レーガン政権内において宇宙兵器禁止交渉に関するコンセンサスが完全に得られていたわけではない。国務省の欧州局と安全保障局は九月にウィーンでの開催が予定されていた宇宙兵器禁止交渉について、ＡＳＡＴ実験の一時凍結と弾道弾迎撃ミサイル(Anti-Ballistic Missile, ABM)制限条約の枠内でＳＤＩ研究を推進できる暫定案を考え始めていた。これに対して、ニッツェをはじめとする軍備管理の専門家は、国務省の考えている暫定的な条約やＡＳＡＴ実験の一時凍結に否定的見解を示した。ニッツェは戦略攻撃兵器と防衛兵器に関する条約を作るのであれば、ＡＢＭ条約と同じように条約の有効期間を無期限にすべきだと主張した。もし、そうでないならば宇宙兵器禁止条約の有効期間が満了した時点で、条約で禁止されるＡＳＡＴシステムの開発・配備を許すことにつながるからである[129]。

他方、国防総省はこうした問題とは別に、宇宙兵器禁止交渉においてＡＳＡＴシステムを制限することの難しさに焦点を当てて検討を重ねていた。彼らが特に問題視したのは、ＡＳＡＴシステムの制限や廃棄を確実に検証する方法が存在しないことだった[130]。ＩＣＢＭや原子力潜水艦、戦略爆撃機に搭載される戦略核兵器とは異なり、高高度の軌道上に打ち上げられたＡＳＡＴが禁止条約に従って確実に削減、廃棄されているかどうかを視認することは極めて難しい。したがって、国防総省は検証が不可能である以上、宇宙兵器禁止交渉には応じるべきではないとの立場をとるに至ったのであろう。

しかし、ホワイトハウス側は検証が困難であるという理由だけで、米ソ交渉の再開に応じないとする国防総省の立場には懐疑的だった[131]。むしろホワイトハウスはウィーンで宇宙兵器禁止交渉を開始できれば、レーガン政権の対ソ強硬路線を部分的に修正することを意味するだけでなく、レーガン再選に向けて一層の弾みがつくと期待していた[132]。レーガン自身、対ソ交渉再開の実現のため、ソ連と交渉可能な分野を再検討するように関係省庁に指示を出していた。

ウィーン交渉の挫折

レーガン政権内ではソ連の提案に対するさまざまなオプションが検討されていた。しかし、先に見た通り、宇宙兵器の開発、実験、配備の一時凍結を交渉の主目標に掲げたソ連の提案を、米側が容易に受け入れることはなかった。米側が公式回答を渋る中、ソ連外務省はタス通信を介して、宇宙兵器禁止交渉と宇宙兵器実験を同時並行的に進めることはできないと釘を刺している。さらに、ソ連は米ソ両国が交渉の席に着く前に、あらかじめ交渉の議題に枠を設けようとさえしていた[133]。

こうしたソ連の高圧的な姿勢が、レーガン政権内部で不興を買ったのは想像に難くない。ところが、米側は一転してこのタス声明を歓迎する意向を示した。その理由は、表向きにはソ連の対米非難のトーンが以前と比較して弱くなったからだと報じられた。しかし、実際にはソ連外務省が宇宙兵器実験の即時凍結に必ずしもこだわらないと発言したことが米側の態度を和らげたのである[134]。

七月上旬にはＩＮＦ、ＳＴＡＲＴ両交渉の再開を宇宙兵器禁止交渉開始の前提条件としたい米国に対して、ソ連政府内部では米側の意向も汲み、宇宙兵器禁止交渉の中で戦略核兵器とＩＮＦの問題を扱う新しいアプローチが検討され始めた[135]。ただし、この段階に至っても米国のＩＮＦが西欧に配備されている限り、ＩＮＦ交渉の再開には応じないとするソ連の立場は全く揺るがなかった。七月二一日にはチーホノフ首相が訪問先のポーランド議会での演説でこの問題に触れ、米国がパーシングⅡなどを撤去しない限りＩＮＦ交渉再開に応じるつもりはないとする姿勢を改めて強調している[136]。

一方、ホワイトハウスに目を転じると、七月二三日の会議でレーガン、マクファーレン、ワインバーガー、シュルツ、ベッシー(John Vessey Jr.)統合参謀本部議長らがソ連の求める宇宙兵器禁止交渉について回答を準備し、同交渉で核兵器削減も取り上げることを要求すると決定した[137]。この時までに、ＩＮＦ削減交渉とＳＴＡＲＴ、宇宙兵器禁止交渉のリンケージはホワイトハウスの既定方針となっていたのである。

ここまでの経過をまとめてみよう。核軍縮交渉中断以降、ソ連が西欧配備のＩＮＦ撤去を交渉再開の前提条件として位置付けてきたのに対し、米国は交渉再開を宇宙兵器禁止交渉の開始とセットにしようとした。こうした行き詰まりを打開するため、米側は宇宙兵器禁止交渉の場で核軍縮交渉の再開を議題とする意向を示した。また、ソ連政府内部でもグロムイコの反対論を抑えて、折衷的アプローチとして宇宙兵器禁止交渉で中距離、戦略核ミサイル削減の問題を扱うことを検討していた。しかし、このアプローチは宇宙兵器禁止交渉の議題を宇宙兵器問題に限定したいクレムリンの本心と相容れなかった。加えて、チェルネンコの提案に対して、ホワイトハウスから真剣な回答がないことに、ソ連側はますます苛立ちを募らせた。

このような状況下で、ウィーン交渉開始への熱意は次第に失われていった。七月三一日付のチェルネンコによるレーガン宛て書簡は、ソ連の提案の本質を米側が曲解しようとしていることを具体的な証拠を挙げて非難する内容であった[138]。特に、チェルネンコはソ連側が「宇宙空間の軍事化の防止」に関する交渉として提案したものを、レーガンが「宇宙空間の軍事化」に関する交渉と書き換えてきたことに不服であった。翌八月一日には、ソ連のベススメルトヌイフ(Alexander Bessmertnykh)外務省米国部長が九月にウィーン交渉が開始される可能性がないことを公に認めた。同日、米政府もウィーン交渉の開催を断念したと発表した[139]。ウィーンでの交渉を諦めた理由として、ソ連は宇宙兵器の開発と実験、配備の一時凍結案に対して米側が拒否する姿勢を変えなかったことを挙げた。他方、米国は宇宙兵器の開発、実験、配備の凍結についてウィーン交渉の中で協議を行い、相互規制についての可能性を探るべきであったと主張し、ソ連側が交渉開始前に一時凍結の実施を求めたことを批判した[140]。

このように米ソは互いに相容れない交渉条件を提示し続けるだけで、世界に向けて宇宙兵器禁止のための努力を続けているという宣伝をしたにすぎなかったのである。そのような宣伝は、再選を目指すレーガンには有利に働いたであろう。しかし、交渉開始を提案したソ連にとっては、時間の経過とともに交渉断念の責任を押し付けられるのではないかという不安の方が増していった。米ソ両国は、ウィーン交渉について九月一八日に協議を開始する計画を立てていたが、その当日、両国の交渉団が現地入りすることはなかった。こうして宇宙兵器禁止交渉も核軍縮交渉の再開も振り出しに戻り、交渉再開の時期は米大統領選挙の結果を待つことになったのである。

ソ連のロサンゼルス五輪ボイコット

これまで検討してきたように、八四年夏の米ソ宇宙兵器禁止交渉開催の試みは水泡に帰した。しかし、これによって両国の関係が著しく悪化することはなかった。むしろ、交渉開催に向けて米ソ両政府内で宇宙兵器問題が様々なレベルにおいて検討された結果、両国の指導者は互いにこれ以上譲歩できないラインを理解し、この問題に関する相手の出方を見極めるきっかけをつかんだのである。

七月二七日、レーガンがマクファーレン、シュルツと昼食を共にした際、彼は様々な方向からソ連を眺めてみようと二人に説いた。そして、秋の国連総会の開会式に出席するためグロムイコがニューヨークを訪れるのであれば、ワシントンDCに招待しても良いと認めた[141]。米ソ関係改善に懸けるレーガンの熱意はウィーン交渉断念の後も衰えず、八月二七日にはマクファーレン、シュルツとの三者間でグロムイコをワシントンに招待することに合意した[142]。こうして、ホワイトハウス内でグロムイコの招待に向けた準備が進められた。ただし、当時の米ソ関係は表向きには必ずしも良い状況とは言えなかった。

七月二八日に開幕したロサンゼルス・オリンピックには世界一四〇カ国から七五〇〇人を超えるアスリートが

競技に参加し、米国人選手が八三個もの金メダルを獲得して大盛況に終わった。しかし、そこにソ連を含む東側諸国の選手団の姿はなかった。ソ連は、米国や日本が一九八〇年のモスクワ・オリンピックをボイコットしたことへの報復としてロサンゼルス・オリンピックを欠場したのである(143)。

ソ連が欠場を決める直前まで、レーガンはソ連の選手団がロサンゼルス・オリンピックに参加できるよう積極的に動いた。二月二二日にシュルツとソ連問題について議論した際には、オリンピックの開会式にチェルネンコ書記長をゲストとして招待し、テレビ中継を通じて米ソ関係の改善を全世界に印象付けた上で、軍備削減や人権問題、二国間貿易について話し合うことも考えていた(144)。

だが、このようなレーガンの希望とは反対に、チェルネンコのみならずソ連の選手団もオリンピックに参加するのは難しいとの報告がモスクワからもたらされた。五月一一日、米国に一時帰国したハートマン駐ソ大使がレーガンと面会した際、同大使はソ連政治局とグロムイコとの間で対米問題をめぐる摩擦が生じており、ソ連選手団をロサンゼルスに招待するための大統領の雰囲気づくりが上手くいくとは思えないと伝えていた(145)。かりに、ソ連政治局に対米関係改善の意思があったとしても、グロムイコがソ連選手団のロサンゼルス・オリンピック参加に少なからぬ抵抗感を示したことは想像に難くない。グロムイコ自身、西側がモスクワ・オリンピックをボイコットする原因となったアフガニスタンへの軍事侵攻を決定した政治局会議のメンバーであった。一九七九年一二月、彼とウスチノフ国防相、アンドロポフKGB議長がブレジネフ書記長と相談して、ソ連軍をアフガニスタンに派遣する決定を下している(146)。

九月の国連総会に際し、グロムイコをワシントンに招待するというレーガンの考えには、対米問題をめぐりグロムイコとの対立に陥っていたソ連政治局の姿勢を、米側にとって望ましい方向に引き寄せる可能性があった。半世紀近くにわたりソ連外交に従事し、対米外交に関して「ミスター・ニェット」というモロトフ(Vyacheslav Molotov)元外相の渾名を受け継いだグロムイコを、レーガンが上手く説得できるかどうかが重要なポイントとなったのである。

一方、ソ連側は米国のSDI計画の停止と西欧に配備されたINFの脅威を取り除く必要に迫られ、核軍縮交渉再開は時間の問題であると考えるようになっていた[147]。INF交渉の中断から一年を経ずに、米ソは互いに東西欧州における中距離核兵器の増強というカードを使い果たし、関係改善への一歩を踏み出さざるを得ない状況に立たされていた。ウィーン交渉の断念とソ連によるロサンゼルス・オリンピックの不参加は、そうした米ソ関係改善の行き詰まりを一層浮き彫りにしたのである。

レーガン＝グロムイコ会談

九月二七日、ニューヨーク国連総会に出席するためグロムイコが訪米した。国連総会における演説で、グロムイコはソ連と社会主義圏の国々が核戦争を防止するという重要な目標を達成するために努力を傾注していると述べた。また、ソ連は核兵器を保有する以前も、そして核兵器を開発した後の時代においても核兵器禁止のために努力していると主張した。こう述べることで、ソ連は全ての核兵器の削減と最終的廃絶のための直接的方法を支持し続ける姿勢を示したのである[148]。

次に、彼はINFとSTART両交渉を破壊したのは米国の意図的な行為であるとレーガン政権を糾弾した。また、ウィーンで行われる予定であった宇宙兵器禁止交渉が実現できなかったのも全面的にレーガン政権の責任であると断じた。その上で、彼は東西交渉に関する米国の言動はソ連に対する優位を狙ったものであるとして、レーガン政権を厳しく批判した。そして、改めて宇宙兵器禁止交渉の開始を呼びかけ、軍縮交渉再開のために西欧配備のINFを撤去するよう要請した[149]。

米ソ交渉停滞の責任を全面的にレーガン政権に押し付けるようなグロムイコの演説の中で、唯一米側が共感できそうな内容は「現在の危険な軍事、政治対決情勢からして、（米ソ両国は話し合いの）チャンスを逸してはならない」という一節だけであった。

翌日、グロムイコはホワイトハウスのオーヴァル・オフィスに招かれレーガンと会談した。前日の国連演説でグロムイコが米国の立場を厳しく批判したにもかかわらず、レーガンはこの日を「アンドレイ・グロムイコがやってきた重大な日」と日記に書き記している。ブレジネフもアンドロポフもレーガンと会見することなく既にこの世を去っていた。チェルネンコの健康状態が危うい中で行われた今回の会談は申し分なく「米ソ頂上会談」と位置付けられていた。新冷戦の転換点となる会談を前にして、レーガンはシュルツにトーキング・ポイントを作成させただけでなく、自らキャンプ・デービッドでの休暇中に九九一語から成るディスカッションのためのペーパーをまとめるなど事前準備にも強い意欲を見せた。

レーガンの日記によれば会談は昼食を挟み三時間に及んだ。会談の冒頭では両者が約三〇分間にわたり自国の相手国に対する姿勢について語った。その中で、レーガンは米ソ両国が互いに他国を脅威と感じるのはなぜかについて指摘した。彼は過去の記録を辿って、相互に相手国が自国を脅威だと考える以上に、自国が相手国を脅威と感じるより多くの理由があることを説明しようとした。具体的な協議に入ると、レーガンは二つの大国がこの世界を破壊することもできるし守ることもできると述べた。そして、彼は米ソ両国が自分たちの立場を超大国として尊重するのを惜しむような姿勢は改める必要があると指摘したのである[150]。

シュルツが語ったように、この会談の目的は米ソ関係の停滞を一掃して、両者が対話の継続に合意することであった[151]。会談ではレーガンが建設的な米ソ関係の必要性をグロムイコに説いた。そして、彼はソ連が懸念するASATの研究を自制することと引き換えに、ソ連から交渉再開の約束を取り付けようとした[152]。実際には、レーガンの提案は米国の宇宙での軍事的優位を認める内容であったため、グロムイコは米政権の外交に肯定的変化がないと判断し、交渉再開に応じる姿勢を明確に示さなかった[153]。

レーガン大統領再選

米ソ間の議論は平行線を辿ったが、ソ連は一一月にレーガンが大統領に再選されるのは確実であるとの見通しのもとで、軍縮交渉再開に対し肯定的な姿勢を示すようになった。一〇月一七日、チェルネンコは米国が宇宙兵器の禁止と核兵器増強の凍結について実際的措置を約束すれば、交渉再開の用意があると表明した[154]。条件付きながら交渉再開に前向きの姿勢を示したソ連に対し、レーガンも機が熟せばチェルネンコとの会談に応じると述べ、対ソ関係の進展を図るため特使を新設すると明かした[155]。また、一一月四日付の書簡でレーガンは、チェルネンコ氏がソ連最高会議議長の職務を全うするならば、米国は戦争のリスクと軍備水準を低減するために建設的な対話を続ける用意があることを約束したいと述べた[156]。

要するに、クレムリンはこれ以上西欧配備ＩＮＦの脅威を放置できないと判断し、レーガンがホワイトハウスの主である間にＩＮＦ交渉の合意を急ぎたいとして交渉再開の用意を示した。この思いがけないソ連からのレーガン支持に対し、ホワイトハウスもこれに応える姿勢を見せたのである。

一一月六日、投開票が行われた米国大統領選挙において、レーガンは全米五〇州のうち四九州を制して圧勝した。対抗馬のモンデール民主党候補はミネソタ州とワシントン特別区での勝利に止まり、選挙人獲得数ではレーガンが五二五人に対しモンデールは一三人、得票数ではレーガンの五四四〇万票に対しモンデールが三七六〇万票という結果に終わった[157]。

レーガン再選を受け、ソ連は直ちに交渉再開の意思を示した。そしてソ連が西欧からの米ＩＮＦ撤去を交渉再開の前提条件としなかったことから、米ソ両外相は一九八五年一月八日にＩＮＦ、戦略核兵器、宇宙兵器を扱うＮＳＴの開始に合意した。こうして米ソは新デタントの時代へと大きく舵を切ろうとしていたのである[158]。

新デタント到来への期待

米ソ関係の改善は、西側の一員として米国との同盟関係を維持・強化し、ソ連との間で北方領土問題や平和条約交渉など多くの懸案を抱えている日本にとって注目すべき国際情勢の変化であった。

九月末にレーガン＝グロムイコ会談が実現したことを受けて、中曽根は今後の東西関係の見通しについてこう語っていた。「国連の動き、レーガン・グロムイコ会談をつぶさに検討したが、我々の政策をかえる状況の変化はない。ただ、一般的感触として、米大統領選挙後をにらみ、米ソとも模索しあっている。当面ソ連の出方を静かに見守りたい[159]」。中曽根は米ソ関係における潮流の変化をどう受け止めていたのか。当時の心境について、次のように回想している。

アメリカが対ソ交渉を開始した。アメリカはよく踏み切ったなと思った。しかし、レーガンがいずれはソ連との関係も打開すると言っていたから、いよいよ出てきたなという気がした。アメリカが方向転換をしたのに対応して、日本の対ソ外交も柔軟性をもって転換していかなくてはいけないと即座に決めた。

やはりアメリカ外交は非常に底が深いという気がした。米ソ二大国の関係は、われわれ局外者から見ると、端倪すべからざる深みをもっている。敵対関係にあるようだけれども、一夜にして転換するという柔軟性がある。だから、基本的に米ソは戦争姿勢ではなく、両方とも対話姿勢でいる。ただ、外交的姿勢としては強硬策を表に出していないと、取るべきものも取れない。そのような戦略上の立場から、駆け引きである。しかし、本音はどこにあるかを見通しておくことは、政治家にとって非常に大事なことだと思った[160]。

レーガン政権が二期目を目前にして対ソ姿勢を転換したことについて、先に見た中曽根の会見内容と当時の心境との間には微妙な差異も認められる。だが、レーガン再選が決まり、米ソ関係改善の機運が高まる状況において、中曽根が対ソ政策の基本を維持しつつ柔軟性のある外交を強く意識したことは、日ソ関係の打開に前向きとなった点で評価されよう。同時に中曽根は、再選間もないレーガンに首脳会談の開催を申し入れ、米国の対ソ関係改善の意思を自ら確かめることに注力した。

西側結束の信頼性強化とソ連の孤立

一九八四年前半、東西欧州間のデタント継続を除いて西側諸国の対ソ関係が総じて悪化した中で、日米欧各国は核軍縮交渉再開に向けた外交活動を展開した。対するソ連は、なお米欧離間策を追求し、西独と英国に配備が始まった米製ＩＮＦを撤去しない限り、交渉の席に戻ることはないとする姿勢を貫いた。また、ＩＮＦ交渉に続き、ソ連はＳＴＡＲＴからも退席することで、核軍縮交渉停止の責任を米国に押し付け、レーガン政権を牽制しようとした。

しかし、そうしたソ連の硬直した姿勢は、かえって西側指導者にＩＮＦ配備の妥当性を強く印象付ける結果を招いた。サッチャーやワインバーガーが考えていたように、ソ連は力に対してしか反応しないため、西側はその力を増強することによってソ連と対等な立場を獲得し、交渉ができる環境を整える以外に有効な方法はなかったのである。

西欧へのＩＮＦ配備が進んだ段階で、ソ連の国際的孤立は明らかだった。八四年三月、ソ連は停止中の米国との二国間交渉と欧州諸国との多国間交渉とのリンケージを切り離し、ＭＢＦＲ交渉に復帰することを発表したが、このことは図らずもソ連が孤立を回避し、西側との対話継続の重要性を自ら示すことになった。ソ連はＭＢＦＲ再開に応じるという自主的な譲歩を示すことによって、ＩＮＦ交渉再開の前提条件である米ＩＮＦの撤去を狙っていたのかもしれない。だが、現実的にはソ連が東欧に配備した通常戦力と米国が西欧に配備した核戦力を交渉で取引することは不可能である。したがって、この段階では序章で取り上げた「一歩後退・二歩前進」というソ連の譲歩戦術は未だ有効性を持ち得ていなかったと言えよう。

一方、ＩＮＦ配備を受け入れる西欧諸国内では反核世論の高まりや政治的混乱などいくつかの紆余曲折はあったものの、八四年六月までに西独、英国に続いて、イタリア、ベルギー、オランダが米製ＩＮＦの導入を決定した。その結果、ソ連の首都圏はこれら西欧諸国に配備されるパーシングⅡとＧＬＣＭの射程内に置かれることが確実となった。こうした中、日本と米国は対ソ政策について共同歩調をとりながら、国境問題などが原因でソ連との不正常な関係が続いていた中国を西側陣営につなぎとめようと努力を重ねた。

独立自主の対外政策をとる中国は、日米両国との間ではソ連の核戦力に対する脅威認識を共有し、ソ連との間では関係改善のための実務協議を進めた。また、自国の核戦力を直ちには軍備管理交渉に含めないという了解のもと、ソ連の軍事力に関して日米両国との間で情報協力を推進した。本章で述べたように、日中間の情報交換と米中間の戦略対話が極めて抑制的に行われたにもかかわらず、ソ連はこれに対し過剰なまでの反発を示した。欧州正面だけでなく、アジア正面においてもソ連を取り巻く国際環境は悪化したのである。ロッドマンらが明かしたように、当時のソ連は「穴ごもりしたすねた態」であった。

だが、政治戦略的にソ連を追い詰めることが西側諸国の目的だったのではない。西側の目的はあくまでソ連を真剣な核軍縮交渉の席に着かせること、そして核兵器の実質的な削減を達成することであり、ＩＮＦ配備による米欧連携の強化や中国を西側陣営に引き寄せることはそのための手段であった。ソ連が国際的孤立を深め、その首都圏が西欧配備のＩＮＦの射程内に置かれたことで、西側諸国はソ連を再び交渉の場に呼び戻すためのメッセージを発信できるようになった。この段階で注目すべきは、ロンドン・サミットにおいて西欧や日本ができる限りサミットの政治色を薄め、東西関係についても実務的な話し合いに重点を置こうとしたことである。

その準備の過程で、日本は米国だけでなく西欧諸国との間で核軍縮問題をめぐる対ソ政策を調整するため定期協議を開催した。こうした機会を捉えて、日本政府は西欧首脳との間で、アジアの安全保障が犠牲とならないようＩＮＦ交渉がグローバルな観点から行われるべきであるとのコンセンサスを形成し、これを維持し続けた。対ソ政策とＩＮＦ交渉への対応をめぐって、国際安全保障問題に関する日本と西欧諸国の制度化された話し合いの場が存在していたのである。

　このように中曽根内閣が将来のソ連との対話に見通しをつけるため、中国や西欧諸国との政治的関係を強化できた背景には、レーガン政権がそれまでの核軍縮交渉に対する日本の側面協力を内々に認めていたという事実が存在する。レーガンは前年のウィリアムズバーグ・サミットでの中曽根の調整力を称賛し、西側の一員としての日本の信頼性が高められたと書簡に認《したた》めた。また、米国は「ＩＮＦ削減交渉では、極東配備のＳＳ―20等を含めたグローバルなアプローチが重要である」との日本の立場を一層重視するようになっていた。本章で検討した通り、米国は西側同盟のＩＮＦ問題における結束が非常に強固であることに自信を深め、前提条件なしでソ連との交渉再開に踏み切る用意があると腹を決めていた。

　これとは対照的に、ソ連は西欧からＩＮＦが撤去されない限り交渉再開に応じないとする立場に固執した。また、ソ連は米国のＳＤＩ研究を阻止する手段として自国が技術的優位に立つ宇宙兵器の禁止交渉を提案した。だが、欧州戦域のＩＮＦで優位に立った米国から宇宙兵器禁止交渉開始の条件として核軍縮交渉の再開を提案されると窮地に立たされた。とはいうものの、宇宙兵器禁止交渉の挫折に至るまでの過程が、結果的には米ソ間の意思疎通の機会を増やし問題解決のための認識共有を促したことも確かなのである。

（1）　サッチャー、マーガレット／石塚雅彦訳『サッチャー回顧録――ダウニング街の日々』下巻（日本経済新聞社、一九九三年）一五頁。

（2）　一九八四年の米ソ関係について考察している近年の研究は次の通りである。Matlock, Jr., Jack F., *Reagan and Gorbachev: How the Cold War Ended* (New York: Random House, 2004), pp. 78-105; Lettow, Paul, *Ronald Reagan and His Quest to*

Abolish Nuclear Weapons (New York: Random House, 2005), pp. 137-149; Glitman, Maynard W., *The Last Battle of the Cold War: An Inside Account of Negotiating the Intermediate Range Nuclear Forces Treaty* (New York: Palgrave Macmillan, 2006), pp. 103-113; Rhodes, Richard, *Arsenals of Folly: The Making of the Nuclear Arms Race* (New York: Simon & Schuster, 2007), pp. 180-184; Mann, James, *The Rebellion of Ronald Reagan: A History of the End of the Cold War* (New York: Viking Penguin Group, 2009), pp. 63-90; Hayward, Steven F., The *Age of Reagan: The Conservative Counterrevolution 1980-1989* (New York: Crown Forum, 2009), pp. 345-350. ただし、これらの文献でも米ソ交渉再開と日本外交との関連についての分析はなされていない。

（3） Gaddis, John Lewis, *The Cold War* (London: Penguin Books, 2007), pp. 227-228; 村田晃嗣『現代アメリカ外交の変容――レーガン、ブッシュからオバマへ』（有斐閣、二〇〇九年）五一頁、および、セベスチェン、ヴィクター／三浦元博・山崎博康訳『東欧革命一九八九――ソ連帝国の崩壊』（白水社、二〇〇九年）一三五―一三七頁。

（4） 『毎日新聞』一九八三年一一月二五日朝刊。

（5） 『読売新聞』一九八三年一一月二五日朝刊。

（6） 同前、一九八三年一一月二九日朝刊。

（7） 同前、一九八三年一二月二日夕刊。

（8） 同前、一九八三年一二月六日朝刊。

（9） 同前、一九八三年一二月五日夕刊。

（10） 同前、一九八三年一一月三〇日夕刊。

（11） Gates, Robert M., *From the Shadows: The Ultimate Insider's Story of Five Presidents and How They Won the Cold War* (New York: Palgrave Macmillan, 1996), p. 270.

（12） Gaddis, *The Cold War*, pp. 2-3; Public Papers of Ronald Reagan, "Address to the Nation and Other Countries on United States-Soviet Relations" (January 16, 1984), [http://www.reagan.utexas.edu/archives/speeches/1984/11684a.htm], accessed on November 16, 2013.

（13） 菅野敦「ロナルド・W・レーガン」藤本一美・大空社編集部編『戦後アメリカ大統領事典』（大空社、二〇〇九年）二七九頁。

（14） 反核運動と核廃絶論者としてのレーガンとの関係については以下の文献を参照。キャロル、ジェームズ／大沼安史訳『戦争の家——ペンタゴン』下巻（緑風出版、二〇〇九年）三三八—三六六頁。および、Stone, Oliver and Peter Kuznick, *The Untold History of the United States* (New York: Simon and Schuster, 2012), pp. 440–443.

(15) 金子譲『ＮＡＴＯ　北大西洋条約機構の研究——米欧安全保障関係の軌跡』（彩流社、二〇〇八年）二三〇頁。

(16) 岡田美保「ソ連による弱さの自覚と対外政策の転換——ＩＮＦ交渉の再検討」（『国際政治』第一五七号、二〇〇九年）一七—一九頁。

(17) 『読売新聞』一九八四年三月二七日朝刊。

(18) 西独野党を含む同時代の東方政策については、アッシュ、ティモシー・ガートン／杉浦茂樹訳『ヨーロッパに架ける橋——東西冷戦とドイツ外交』下巻（みすず書房、二〇〇九年）三七六—四一二頁を参照。

(19) 広瀬佳一「『新冷戦』から冷戦終焉へ——ヨーロッパの復権をめざして」渡邊啓貴編『ヨーロッパ国際関係史——繁栄と凋落、そして再生〔新版〕』（有斐閣、二〇〇八年）二二一—二二六頁。

(20) 伊東孝之「転換期の東欧安全保障システム——ユーロミサイルの影で」（『国際問題』第三〇三号、一九八五年）三七頁。

(21) 広瀬「『新冷戦』から冷戦終焉へ」二二六頁。

(22) 世界平和研究所編『中曽根内閣史——資料篇』（世界平和研究所、一九九五年）一一一—一一二頁。

(23) 同前、一二一—一二三頁。

(24) 同前、一二四頁。

(25) 同前、六三七頁。

(26) Telegram from U.S. Department of State to American Embassy Tokyo, "Letter to Prime Minister Nakasone from President Reagan" (January 13, 1984), JUII01193.

(27) Ibid.

(28) 『毎日新聞』一九八四年一月二八日朝刊。

(29) 同前。

(30) Telegram from U.S. Department of State to American Embassy Canberra, "Visit of Foreign Minister Abe to Washington" (February 11, 1984), JUII01210, p. 2.

(31) 安倍外務大臣発在米国大河原大使宛電信第七六四号「シュルツ長官訪日（第二回外相会談）」（一九八三年二月一日）二〇〇九—〇〇一四七—一、四頁。

(32) 安倍外務大臣発在米国大河原大使宛電信第五〇五四号「ワインバーガー米国防長官の本大臣表敬」（一九八三年九月二四日）二〇〇七―〇〇三四六―一一、四頁。
(33) 「安倍外務大臣外交演説（第一〇一回国会　衆議院　一九八四年二月六日）」世界平和研究所編『中曽根内閣史――資料篇』一二二五―一二三二頁。
(34) 同前、一二二六頁。
(35) 牧太郎『中曽根政権・一八〇六日』上巻（行政問題研究所、一九八八年）二五二―二五三頁。
(36) 『読売新聞』一九八四年二月一六日朝刊。
(37) タルボット、ストローブ／加藤紘一・茂田宏・桂誠訳『米ソ核軍縮交渉――成功への歩み』（サイマル出版会、一九九〇年）二二四頁。
(38) 『読売新聞』一九八四年三月三日朝刊。
(39) 『毎日新聞』一九八四年三月一三日朝刊。
(40) 『読売新聞』一九八四年三月一五日朝刊。
(41) 同前、一九八四年三月二一日朝刊。
(42) 同前。
(43) 在中国鹿取大使発安倍外務大臣宛電信第一三二六号「総理訪中（首のう会談―国際情勢）」（一九八四年三月二四日）二〇〇六―〇一一三二―四、一頁。本文書の入手にあたり、若月秀和氏にお世話になった。記して御礼申し上げたい。
(44) 同前、一―二頁。
(45) 同前、二頁。
(46) 同前、二頁。
(47) 同前、二頁。
(48) 同前、三頁。
(49) 同前、四頁。
(50) 『毎日新聞』一九八四年四月二一日朝刊。
(51) 『読売新聞』一九八四年六月二三日夕刊。
(52) “NSDD-140: The President's Visit to the Peoples Republic of China” (April 21, 1984), *National Security Archive*

Electronic Briefing Book No. 18, China and the United States: From Hostility to Engagement, 1960-1998.

(53) Ibid.

(54) Brinkley, Douglas ed., *The Reagan Diaries: Unabridged* (New York: Harper Collins, 2009) p. 341.

(55)『毎日新聞』一九八四年四月二八日朝刊。

(56) 同前。

(57) William Staples to Charles Hill "President Reagan's Journey to China" (April 23, 1984), National Security Archive, *China and the United States: From Hostility to Engagement, 1960-1998*, Fiche 00667.

(58) Ibid.

(59) Ibid.

(60) Public Papers of Ronald Reagan, "Remarks to Chinese Community Leaders in Beijing, China" (April 27, 1984), [http://www.reagan.utexas.edu/archives/speeches/1984/42784a.htm], accessed on November 16, 2013.

(61) マン、ジェームズ／鈴木主税訳『米中奔流』（共同通信社、一九九九年）二二一―二二二頁。

(62)『毎日新聞』一九八四年四月二九日朝刊。

(63) 同前。

(64)『読売新聞』一九八四年三月二六日夕刊。

(65)『毎日新聞』一九八四年四月二一日朝刊。

(66) 同前。

(67)『読売新聞』一九八四年三月二六日夕刊。

(68) 同前、一九八四年三月二七日朝刊。

(69) 同前、一九八四年三月三〇日朝刊。

(70) 安倍外務大臣発在ベルギー臨時代理大使宛電信第一九四号「マルテンス首相訪日（日白首脳会談）」（一九八四年四月一三日）二〇一〇―〇〇〇三一―一、四―七頁。

(71) 安倍外務大臣発在英国臨時代理大使宛電信第八三五号「日英定期協議（第一回会談その一）」（一九八四年四月二五日）二〇〇九―〇〇〇七四―一、二―三頁。

(72) 同前、一九八四年五月二一日朝刊。

(73) 同前、一九八四年六月七日朝刊。
(74) 同前、一九八四年六月二日朝刊。
(75) 同前。
(76) 同前、一九八四年六月七日朝刊。
(77) 同前。
(78) 同前、一九八四年五月三一日朝刊、六月一日夕刊。
(79) NATO, "Final Communiqué" (May31, 1984), [http://www.nato.int/cps/en/SID-188AC67B-4CBE719E/natolive/official_texts_23261.htm?selectedLocale=en], accessed on November 7, 2013.
(80) 牧『中曽根政権・一八〇六日』上巻、三〇〇頁。
(81) Public Papers of Ronald Reagan, "Address Before a Joint Session of the Irish National Parliament" (June 4, 1984), [http://www.reagan.utexas.edu/archives/speeches/1984/60484a.htm], accessed on November 16, 2013.
(82) 『読売新聞』一九八四年六月五日朝刊。
(83) Brinkley, *The Reagan Diaries*, p. 354.
(84) Public Papers of Ronald Reagan, "Remarks at a Ceremony Commemorating the 40th Anniversary of the Normandy Invasion, D-Day" (June 6, 1984), [http://www.reagan.utexas.edu/archives/speeches/1984/60684a.htm], accessed on November 16, 2013.
(85) 牧『中曽根政権・一八〇六日』上巻、三〇〇頁。
(86) 『読売新聞』一九八四年六月五日朝刊。
(87) 同前、一九八四年六月二日朝刊。
(88) 同前、一九八四年六月九日夕刊。
(89) Brinkley, *The Reagan Diaries*, p. 355.
(90) 中曽根康弘／中島琢磨・服部龍二・昇亜美子・若月秀和・道下徳成・楠綾子・瀬川高央編『中曽根康弘が語る戦後日本外交』（新潮社、二〇一二年）、三六九頁。
(91) 「第一〇回主要国首脳会議（ロンドン・エコノミック・サミット）関連文書（一九八四年六月七日―九日、ロンドン）（ロ）民主主義の諸価値に関する宣言」外務省編『わが外交の近況――外交青書』（一九八五年版）、四七五頁。

(92) 中曽根『中曽根康弘が語る戦後日本外交』三六八―三六九頁。
(93) 同前、三六八―三六九頁。
(94) 「第一〇回主要国首脳会議（ロンドン・エコノミック・サミット）関連文書（一九八四年六月七日―九日、ロンドン）（二）東西関係と軍備管理に関する宣言」外務省編『わが外交の近況――外交青書』（一九八五年版）、四七六―四七七頁。
(95) 牧『中曽根政権・一八〇六日』上巻、三〇八頁。
(96) 同前、三〇四頁、三〇八―三〇九頁。
(97) 「ジュネーブ軍縮会議における安倍外務大臣の演説（一九八四年六月一二日、ジュネーブ）」外務省編『わが外交の近況――外交青書』（一九八五年版）、四一九頁。
(98) 同前。
(99) 『読売新聞』一九八四年九月一日朝刊。
(100) 前掲「ジュネーブ軍縮会議における安倍外務大臣の演説（一九八四年六月一二日、ジュネーブ）」、四二一頁。
(101) "U.S.-Japan Policy Planning Talks: Washington D.C., June 28-29, 1984" (June 28, 1984), JUII01226.
(102) Ibid.
(103) Ibid.
(104) 在米国村角臨時代理大使発安倍外務大臣宛電信第四四九〇号「第一九回日米政策企画協議」（一九八四年七月三日）二〇一五―〇〇〇九〇―一、五―六頁。
(105) 同前、三―四頁。
(106) 在米国村角臨時代理大使発安倍外務大臣宛電信第四四九〇号「日米政策企画協議」（一九八四年六月二九日）二〇一五―〇〇〇九〇―二、一頁。
(107) Memorandum from Peter Rodman to George Shultz, "U.S.-Japan Policy Planning Talks" (July 3, 1984), JUII01228.
(108) "U.S.-Japan Policy Planning Talks: Washington D.C., June 28-29, 1984" (June 28, 1984), JUII01226.
(109) 『読売新聞』一九八四年六月五日朝刊。
(110) "Letter from Chernenko to Reagan" (June 6, 1984), in *The Reagan Files, Letters Between President Reagan and General Secretary's Brezhnev, Andropov, Chernenko and Gorbachev*, [http://www.thereaganfiles.com/document-collections/letters-between-president.html/19840606.pdf], p. 5, accessed on January 10, 2015.

(111) 『読売新聞』一九八四年六月一二日夕刊。
(112) 同前、一九八四年六月一三日夕刊。
(113) 同前、一九八四年六月一九日夕刊。
(114) 同前。
(115) 同前、一九八四年六月三〇日夕刊。
(116) タルボット『米ソ核軍縮交渉』二二四頁。
(117) 具体例としては、一九七四年六月に打ち上げられたソ連のサリュート3号が、地球周回軌道上で軍事宇宙ステーション「アルマース」となり、有人宇宙船ソユーズ14号とのドッキング後に一六日間にわたって地上目標への偵察活動を実施した。武部俊一『人工衛星図鑑――はやぶさへの道のり』（朝日新聞出版、二〇一一年）一六二頁参照。
(118) Public Papers of Ronald Reagan, "Statement by the Assistant to the President for National Security Affairs on United States-Soviet Arms Control" (June 29, 1984), [http://www.reagan.utexas.edu/archives/speeches/1984/62984c.htm], accessed on November 16, 2013.
(119) タルボット『米ソ核軍縮交渉』二二五頁。
(120) Brinkley, *The Reagan Diaries*, p. 363.
(121) Ibid., p. 364; Reagan, Ronald, *An American Life*, (New York: Simon & Shuster, 1990), p. 603.
(122) Public Papers of Ronald Reagan, "Statement by the Assistant to the President for National Security Affairs on United States-Soviet Arms Control" (June 29, 1984), [http://www.reagan.utexas.edu/archives/speeches/1984/62984c.htm], accessed on November 16, 2013.
(123) 『読売新聞』一九八四年七月二日朝刊。
(124) 同前。
(125) 同前、一九八四年七月三日朝刊。
(126) 同前、一九八四年七月四日夕刊。
(127) "Letter from Reagan to Chernenko" (July 2, 1984), in *The Reagan Files, Letters Between President Reagan and General Secretary's Brezhnev, Andropov, Chernenko and Gorbachev,* [http://www.thereaganfiles.com/document-collections/letters-between-president.html/19840702.pdf], pp. 1-2, accessed on January 10, 2015.

(128) 『読売新聞』一九八四年七月四日夕刊。
(129) タルボット『米ソ核軍縮交渉』二二五—二二六頁。
(130) 『読売新聞』一九八四年七月五日朝刊。
(131) 同前。
(132) 同前、一九八四年七月七日夕刊。
(133) 同前、一九八四年七月七日朝刊。
(134) 同前、一九八四年七月七日夕刊。
(135) 同前。
(136) 同前、一九八四年七月二二日朝刊。
(137) Brinkley, *The Reagan Diaries*, p. 370.
(138) "Letter from Chernenko to Reagan"（July 31, 1984）, in *The Reagan Files, Letters Between President Reagan and General Secretary's Brezhnev, Andropov, Chernenko and Gorbachev*, [http://www.thereaganfiles.com/document-collections/letters-between-president.html/19840731.pdf], pp. 1-2, accessed on January 10, 2015.
(139) 『読売新聞』一九八四年八月二日朝刊、八月三日朝刊。
(140) Public Papers of Ronald Reagan, "Statement by the Assistant to the President for National Security Affairs Robert C. McFarlane on Arms Control Talks With the Soviet Union"（August 1, 1984）, [http://www.reagan.utexas.edu/archives/speeches/1984/80184a.htm], accessed on November 16, 2013.
(141) Brinkley, *The Reagan Diaries*, p. 372.
(142) Ibid., p. 373.
(143) 村田晃嗣『レーガン——いかにして「アメリカの偶像」となったか』（中公新書、二〇一一年）二四〇頁。
(144) Brinkley, *The Reagan Diaries*, p. 320.
(145) Ibid., p. 346.
(146) ブラウン、アーチー／小泉直美・角田安正訳『ゴルバチョフ・ファクター』（藤原書店、二〇〇八年）一三〇頁。
(147) 国際連合局軍縮課「米ソ軍備管理交渉の現状について—ＩＮＦ協定署名に対する評価と今後の予想される動き—」（一九八七年一一月三〇日）二〇〇七—〇〇五四〇—五、四頁。

（148） Anderson, Martin and Annelise Anderson, *Reagan's Secret War: The Untold Story of His Fight to Save the World from Nuclear Disaster* (New York: Crown Publishers, 2009), p. 163.
（149） 『読売新聞』一九八四年九月二八日朝刊。
（150） Brinkley, *The Reagan Diaries*, pp. 386–387.
（151） 『読売新聞』一九八四年九月二九日夕刊。
（152） タルボット『米ソ核軍縮交渉』二二七頁。
（153） 『読売新聞』一九八四年九月三〇日朝刊。
（154） 同前、一九八四年一〇月一八日朝刊。
（155） 同前、一九八四年一一月八日夕刊。
（156） "Letter from Reagan to Chernenko" (November 4, 1984), in *The Reagan Files, Letters Between President Reagan and General Secretary's Brezhnev, Andropov, Chernenko and Gorbachev*, [http://www.thereaganfiles.com/document-collections/letters-between-president.html/19841104.pdf], p. 1, accessed on January 10, 2015.
（157） 村田『レーガン』二四五頁。
（158） 当時、レーガンがニカラグアの共産主義政権に対抗する反政府ゲリラ勢力を支持したことについて、チェルネンコは中米地域での緊張がエスカレートするのではないかと憂慮していた。しかし、ニカラグア問題解決と軍縮交渉再開は明確にリンケージされておらず、両首脳の書簡においても別個の問題として扱われていた。一二月二〇日の書簡でチェルネンコは、米ソ両国がＮＳＴ開始の合意に達することを歓迎し、国際情勢全般が改善されることに期待を示している。"Letter from Chernenko to Reagan" (December 20, 1984), in *The Reagan Files, Letters Between President Reagan and General Secretary's Brezhnev, Andropov, Chernenko and Gorbachev*, [http://www.thereaganfiles.com/document-collections/letters-between-president.html/19841220.pdf], p.1, accessed on January 10, 2015.
（159） 世界平和研究所編『中曽根内閣史――首相の一八〇六日』上巻（世界平和研究所、一九九六年）五七八頁。
（160） 中曽根康弘氏へのインタビュー（二〇〇九年一一月一七日）。

第三章　戦略防衛構想（ＳＤＩ）と日本

われわれは、あの大きな周回軌道を辿って、ハレー彗星が次の世紀の半ばにふたたび地球に接近してくる時、核兵器の廃絶と全面軍縮を実現したわれわれの子孫たちがこの彗星に次のように告げることができるよう、共に努力することを誓い合いたいと思います。

「地球は一つであり、全人類は、緑の地球の上で、全生物の至福のため働き、かつ共存している」と。

——中曽根康弘、一九八五年一〇月(1)

一九八三年一二月から一年三カ月の間、中断していた米ソ核軍縮交渉は、偶然にもソ連に新しい指導者が誕生するのと同時に再開された。八五年三月のゴルバチョフ共産党書記長の就任は、ペレストロイカ（政治改革）とグラスノスチ（情報公開）の掛け声の下で、従来のソ連の政治体制に変革をもたらした。そればかりでなく、ゴルバチョフの新思考外交は、レーガンの対ソ政策にも大きな変化を促すこととなった。

レーガン自身も米ソ関係の行き詰まりを機に、核軍縮と緊張緩和を望む米国内の声に応える必要に迫られていた。レーガン政権第一期における軍備拡張と国防費の大幅な増額が、米国の財政赤字の要因の一つとなり、連邦議会や政権内部からも、対ソ政策の修正と核軍縮交渉再開への道を模索すべきだとする声が上がり始めていた。

一九八五年一月、レーガンは政権第二期の初仕事でＮＳＴの米代表団と会合した際に、対ソ交渉に真剣に臨むことを指示し、米ソがともに建設的アプローチをとることを期待した。この段階からソ連との関係改善を模索するだけの時代は終わり、米国は実質的にソ連との安定的な関係構築に向けて舵を切ったのである。

しかし、ゴルバチョフという改革派指導者の登場とレーガンの対ソ政策の修正が、すぐに一九八七年一二月のＩＮＦ条約の締結に結びついたわけではない。実際には、レーガンとゴルバチョフが初顔合わせをした八五年一一月のジュネーブ首脳会談までの間、米ソ間の核軍縮交渉はＩＮＦ、ＳＴＡＲＴ、宇宙兵器の全ての面で行き詰まっていた。

核軍縮交渉のうち、最も早く条約締結が可能と考えられていたＩＮＦ削減交渉については、欧州の安全保障に配慮した慎重な議論が求められた。ＩＮＦ交渉が急展開し始めると、米欧間のデカップリングを恐れる西欧諸国から不安の声が上がり始めたからである。

本章では、米ソ間の関係改善と再開された核軍縮交渉が新たな展開を見せる中で、日本がＩＮＦ問題のグローバルな解決方式をどのように米ソ両国に浸透させ得たのかについて考察する。また、本章では従来の日本外交史ではあまり注目されてこなかったＳＤＩ研究への参加問題について、当時の報道と外務省公開資料を中心に史的分析を行う。

ここで、ＳＤＩ問題に関する従来の研究を一瞥しておきたい。まず、ＳＤＩの冷戦史上の位置付けは次のようになる。米外交史の視点から見た場合、ＳＤＩは米本土をソ連の核ミサイルの脅威から防衛するシステムであり、多くの米国人が想起したように対ソ強硬策の一つと位置付けられる(2)。また、ＳＤＩはその実現可能性は別としても、米本土の完全な防衛と核戦争の危険を終わらせようとした点で、歴代米政権に見られないユニークな安全保障政策と評価される(3)。だがその一方で、パウエル(Colin Powell)将軍やサッチャーが指摘したように、ＳＤＩは核による相互確証破壊(Mutual Assured Destruction, MAD)を時代遅れにし、核廃絶を実現しようとしたレーガンの理想主義の表れとする見方も依然有力である(4)。

一方、レーガンによるＳＤＩの公表は、米欧間の戦略的関係を複雑な状況下に置いた。近年の米欧関係史研究によれば、ＳＤＩはレーガンが注視していた米ソの戦略核バランスを変える可能性を含んでいた。ところが、米国はＳＤＩの西欧諸国への影響を熟慮せず、英仏独との調整なしに同構想を発表した。英仏独の視点に立てば、従来のＭＡＤからＳＤＩを柱とした相互生存戦略に移行するレーガンの決定は危険な選択と映った。すなわち、英仏独はＳＤＩがソ連のＩＮＦミサイル攻撃に対するＮＡＴＯの戦略的な脆弱性を高めるのではないかとの懸念を共有していたのである。(5) 一九八六年に英仏首脳が宣言したように、東側が通常戦力で明確な優位にある中では、西欧にとって核抑止は不可欠であった。(6) ＳＤＩの持つ技術的な波及効果は別として、欧州から見ればレーガンによるＳＤＩの発表は従来のＭＡＤへの挑戦と受け取られたのである。

ＳＤＩの対ソ交渉上のインパクトについても見ておこう。近年のソ連・ロシア史研究は、ＳＤＩが冷戦を終結させた要因であるという西側の通説に一定の修正を促している。その論拠の一つは、ゴルバチョフをはじめソ連の指導部の中には米国によるＳＤＩの実現可能性を信じず、これを恐れていなかった政治家や軍人が複数存在したという証言である。(7) 当時のソ連科学界や軍参謀総長も、ＳＤＩのソ連に対する脅威は誇張されており、米国の軍備拡大に対抗するためにソ連版ＳＤＩを構築することは時間と資金の無駄遣いであると考えていた。(8) なぜならば、ソ連はより低予算で戦略核の開発を推進することも可能であったからである。ソ連は外交面でＳＤＩに強い反対を示したが、自国の安全を直ちに脅かす存在とは認識していなかった。むしろ、指導部は米国がＳＤＩによってソ連を軍拡競争に引き込み経済的に疲弊させることを警戒した。(9) こうした背景から、ソ連は首脳会談の場で米国がＳＤＩを諦めるならば、戦略核を段階的に削減しても良いとの提案を行った。米国から見れば、このことはＳＤＩが核兵器の大幅削減に同意するようソ連を促す推進剤となったと捉えられたのである。(10)

次に、冷戦史研究におけるＳＤＩの位置付けを踏まえた上で、日本のＳＤＩ参加についての分析を振り返っておこう。よく知られているように、日本のＳＤＩ参加はレーガン政権への協力を示すことにつながり、戦略面では対ソ心理戦において日米結束を誇示する効果があったと評価される。(11) 日本のＳＤＩ参加は米国の核政策に同調するものであったが、その半面、米欧諸国と比較して弾道ミサイル攻撃に対する脅威認識が低く、核抑止への依存も小さい日本にとっては、ＳＤＩの推進が直ちに米国の拡大抑止の不安定化をもたらすとは考えられていなかった[12]。日本の関心は脅威への対応というよりも、米国との政治・経済面での緊張を緩和し、日米連帯を示す象徴としてＳＤＩを活用することにあった[13]。また、日本はＳＤＩ研究に対し、自国企業の知的財産権が守られることと、米側が特許守秘規則を明確にすることについて米国から確約を得て参加すべきと考えていた[14]。だが、そうした日本側の慎重な対応は、米国から見れば技術移転の進展の遅さを示す事例として捉えられていたのである[15]。

こうした分析は日本のＳＤＩ参加を評価する上で有益である。だが、従来の研究では日本政府が西側結束を支持する中でどのような背景からＳＤＩ参加を検討し、対米交渉を通じて民間主体の参加を選択したのかという過程の全体像が十分に解明されているとは言い難い。このような問題意識から、本章では日本のＳＤＩ参加の経緯について、当時の報道と国会会議録、現段階で利用可能な外交資料の分析を基に事実関係を整理する。その際、日本が先端技術の獲得という利益のみならず、西側の対ソ結束を考慮に入れてＳＤＩ参加を検討した過程を明らかにする。

まず第一節では、一九八五年一月に再開した米ソ核軍備管理交渉を国際政治の背景として描きながら、中曽根内閣がＩＮＦ問題に関してレーガン政権とゴルバチョフ政権との間で、それぞれどのような議論を重ねたのかを明らかにする。第二節では、米国が西側同盟国にＳＤＩ研究参加を招請した際の各国の反応を探る。また、ボン・サミットの準備段階で西側諸国のＳＤＩに対する足並みが一致しない中で、中曽根内閣がＳＤＩ五原則による課題設定を行い、西側の結束を補完するまでの外交過程を分析する。第三節では、米国のＳＤＩ計画が具体的な研究段階に入る中で、ソ連がこれに否定的見解を表明し、米ソ間のＮＳＴが当初期待されたようには進展しなかった背景と経緯を考察する。

そして第四節では、ジュネーブでのレーガン＝ゴルバチョフ会談に向けて米ソ両国がＳＤＩ問題で牽制し合う中、西側同盟国が相次いでＳＤＩ研究への参加を公式に表明するまでの過程を分析する。最後に、第五節において、日本が西独の「政府間協定締結・民間企業主体の研究参加」という方式を選択し、ＳＤＩ研究への参加を決定するまでの過程を資料に基づいて検討する。

一　米ソ軍備管理交渉の再開

レーガン大統領再選後の課題設定

米ソＮＳＴ開始の決定は、西側結束を対ソ関係安定化の鍵と位置付けた日本が、レーガン政権に対する側面協力の重要性を再認識する契機となった。日米両政府は、ＳＤＩの実現可能性は未知数であるにしても、その研究・開発計画が西側の技術政策を刺激し、かつソ連を核軍縮交渉に復帰させるために大きく寄与すると考えていた。ＮＳＴで米国がソ連から大幅な譲歩を求められないようにするためにも、西側諸国はＩＮＦとＳＤＩの両面で結束を強化する必要に迫られたのである。

一九八五年の日本外交は、レーガン再選後初の日米首脳会談からスタートした。中曽根は一月二日の訪米時に、レーガンとの会談で「平和と軍縮」の問題を取り上げ、ＳＤＩに関する西側の協力がＮＳＴの成否を左右するという認識を強くすることになる。今回の訪米が決まったのは、レーガンの再選決定から間もない八四年一一月二一日であった。

訪米が正式に決定した翌日、新聞は中曽根が「平和と軍縮」問題の解決に向けた米ソ関係の打開、世界経済の再活性化と日米経済摩擦の円滑な解決、環太平洋協力構想の推進の三点で日米間の認識を一致させたいと考えていると報じた。特に、訪米初日に開かれる首脳会談で議題となる「平和と軍縮」に関しては、レーガン自身が再選決定後の会見で対ソ関係改善を優先課題とし、ソ連との軍備管理交渉を前進させる用意があることを明らかにしていた[16]。当時、米ソ間では軍縮交渉再開に向けた調整も既に始まっていた。

こうした動きを受けて、中曽根は日本としても米ソ間の対話が進むように側面協力したいという意欲を示した。それとともに、米ソ対話を再び軌道に乗せるには西側陣営の結束強化が不可欠であるという見方を強調した[17]。中曽根は記者の取材に対し、日米首脳会談に臨む考えについて「胸襟を開いてじっくり話し合う」と述べ、会談の中心テーマは「世界の平和、軍縮、米ソ関係について。経済の問題もある」と答えている。この時、少なくとも中曽根の胸中では、日米貿易摩擦など経済問題も大事だが、何よりもレーガンと話し合うべき最重要の課題は「平和と軍縮」および対ソ関係に絞られていたと推測される。

なお、首相秘書官を務めた長谷川は、米ソ対話の進展に関する側面協力は日本として当然の話であったと証言している。日本が軍事大国であるソ連と同じ土俵で渡り合うほどの力がない以上、米国の外交政策やソ連との軍縮交渉を支持していくことが、西側諸国にとって良いことであり、日本としてもいちばん得策であると判断したのである[18]。

訪米に先立ち、中曽根は一九八四年一二月三一日の『官邸日記』に首脳会談の議題と狙いを次のように記している。

・一月一日訪米の勉強。
・対ソ、ＳＤＩ、軍縮、相談。
・朝鮮半島、全提案の具体策。
・経済摩擦予防メカニズム。
・太平洋協力。

等が主題。
レーガンとの友情を更に強く固く、それが、対ソ、対中、対朝鮮半島、対アセアン、対欧、外交展開と平和確立の鍵であり、両国の財宝である。
東西関係に新体系、新水準を作る布石として基礎工事を行い、半島の長期安定のため、国連同時加入を長期目標に、中、米、北、南の四者会談を先ず馴致したい(19)。

こうした日記の記述からも、対米関係を軸とした対ソ関係の打開が対アジア、対欧州外交と並ぶ優先課題として設定されていたことが窺われる。

八四年末、次年度予算の編成に追われる永田町と霞が関では、防衛関係費の対前年度比伸び率が国の全予算要求の中で「突出」しているか否か、また防衛費の対GNP比一％枠の見直しをめぐって議論が続いていた。一二月二八日の国防会議では、防衛庁と大蔵省の間で防衛予算について折衝することを前提に、防空ミサイルの後継機として米国製のペトリオットを選定することが決まり、翌日には総理裁定によって防衛費の伸び率が六・九％に落ち着いた。

年末の慌ただしい日程を縫って、中曽根は安倍や松永外務次官らと訪米のための勉強会を重ねた。そうした中、二七日夕方に行われた訪米団結式で中曽根は「日の出山荘で作っているひょうたんが今年はよくできた。ひょうたんが小さい夏の頃、釘でロンヤスと書いた。それをお土産に持って行こうかと考えている」と語った。公務で多忙を極める中、気持ちの余裕を見せる中曽根に対して、記者陣も「ひょうたんはいいお土産ですね」と受け答えている。だが、中曽根は逸る記者に対して「ひょうたんから駒が出るので、気をつけたほうがいい」と述べた(20)。その駒が具体的に何を指すのかについて中曽根は明らかにしなかった。

一方、中曽根がレーガンとの会談でＳＤＩを支持する方針を固めたのではないかとの憶測が日本で報じられると、早速ソ連がこれに強い反応を示した。三一日、ソ連の海外向けラジオであるモスクワ放送は、「中曽根首相は、ワシントンが世界の核制覇をめざすステップとして考え出した、アメリカ政府のいわゆる戦略防衛面でのイニシアチブ確立構想を支持する方針を固めました。〔中略〕この方針は、宇宙開発を平和目的に限定している国会の決議にも、日本の法律にも、もとるものです」と批判した。[21]

ロサンゼルスでの日米首脳会談——SDI研究参加への布石

八五年一月二日午前一一時、ロサンゼルスで日米首脳会談（中曽根、安倍、レーガン、シュルツによる少人数会談）が開かれた。会談は中曽根がレーガンに「日の出山荘」のひょうたんをプレゼントするという和やかな雰囲気のうちにスタートした。[22]

この会談で、中曽根は一九八三年以降の自由世界の団結の結果、ソ連の西側諸国への対応に微妙な変化が生じ、この流れが翌週に予定される米ソ外相会談につながっていくことになったと私見を述べた。また、ウィリアムズバーグ・サミットで見せた西側団結の延長線で米国の努力を支持して、五月に開かれるボン・サミットでも東西問題を討議していきたいとの意思を伝えた。中曽根は米国の対ソ外交努力に対する日本の側面協力を再確認したのである。[23]

対米側面協力を約束するとの発言に意を強くしたレーガンは、中曽根が大きな関心を寄せているSDIについて説明を行った。レーガンはSDIの研究開発がソ連との軍拡競争をもたらすという「多くの人の誤解」を解こうとした。彼は、現在では核兵器を用いると相手も核を用いるという脅威によって抑止力が働くMADの下では、新兵器が出来るとこれを上回る兵器を作らざるを得ないディレンマから逃れられないと考えていた。レーガンはSDIが非核の防衛兵器であり、核兵器を陳腐化して究極的には核廃絶を目指すものだと話を続けた。つまり、彼はSDIには米ソが互いに銃口を頭に突きつけ合うようなMADの状況を打開する可能性があることを示唆したのである。さらに、レーガンは米国がＳＤＩ研究に成功すればこの防衛システムの国際化を検討する意向を示し、ＳＤＩが対ソ優位を目指すものでないとする立場を明らかにした(24)。

これに対し、中曽根はＳＤＩが自由世界の安全保障に関係し、非核兵器であり、ＩＮＦやＳＴＡＲＴなどの軍縮交渉推進に役立つものであることから、米国のＳＤＩ研究を「十分理解している」と応じた。ただし、中曽根はレーガンの説いたＳＤＩの道義的正当性を十分に理解するとしながらも「現在、右構想は研究段階であり、そのすがたは必ずしも明白なものではない」と慎重に言葉をつなぎ、研究の節目ごとに情報を提供してくれるよう依頼した。そして、米国からの情報提供をもとにＳＤＩを「検討していきたい」と述べた。この発言によって中曽根は、近い将来に日本がＳＤＩ研究に参加する可能性を初めて示したのである(25)。

続いて行われた拡大会談では、米ソ関係に関して議論が行われた。中曽根は先の少人数会談でも述べた通り、西側の結束によりソ連の態度に微妙な変化が見られるようになったことを繰り返した。そして、一月八日に開かれるシュルツ＝グロムイコ会談が、今後の米ソ軍備管理交渉の展望を開くものであるとして、その成功に期待を寄せた。さらに、中曽根は「大統領ができるだけ早くチェルネンコと会談できるようになることを期待している」とし、米ソ首脳会談にも期待感を示した。一方、北方領土問題などソ連との間で懸案事項を抱える日本としては「ソ連に対していささかの幻想ももっていない」として、対話再開に過剰な期待を抱かず、依然対ソ関係に慎重な立場をとっていると言及した(26)。

また、ＳＤＩについては「自由世界の安全保障、核軍縮の成功にとり、一つの要素であり、わが国としては非核の防衛兵器に係わる米国によるＳＤＩ研究を完全に理解している」と述べ、技術情報の提供を米側出席者に依頼した。中曽根のＳＤＩ研究に対する認識が、どのような理由で先ほどの「十分な理解」から「完全な理解」に変わったのかは判然としない。だが、こうした積極的な発言は、日本が米国のＳＤＩ研究を前向きに検討していることをレーガンに強く印象付ける効果があったものと思われる。

これに対し、レーガンは「チェルネンコもグロムイコも核兵器の廃絶を目標としている旨公言してはばからないが、われわれとしてもこの点は同じである。核兵器の廃絶を究極的目標として交渉の地ならしを進めており、ソ連との交渉はその方法論である」と回答した。レーガンは実務者レベルの交渉を着実に進めながら、米ソ首脳会談のタイミングを計ることを示したのである(27)。

その一方で、レーガンは仮に米ソの軍縮交渉が合意に至ったとしても、人類が一旦覚えた核兵器の製造方法は抹殺できないとの観点から、ＳＤＩ研究を進めていく考えを改めて説明した。そしてＳＤＩの研究開発が成功裏に終了すれば、新たな戦略兵器の配備の前にＳＤＩシステムの国際化を検討したいとの考え方をここでも繰り返したのである。

日本の軍縮外交に対する米側の見方

拡大会談の終盤、中曽根は米側の対ソ交渉姿勢を支持するとともに、ＩＮＦのゼロ・オプションについて「非常によい目標であり、二一世紀にあっても意味のあるものである」と高く評価した。そして、ゼロ・オプションを実現するためには実効的な検証が必要であり、検証・査察についての研究を大いに行っていくべきであると訴えた(28)。だが、中曽根がゼロ・オプションを積極的に支持したにもかかわらず、レーガンは「いずれにせよ日米はともにソ連を現実的にみている」と答えるに止まり、ＩＮＦ問題の具体的解決策を示すことはなかった。

この時、米側は日本のＩＮＦ交渉への関心を軽視していたのではない。その証しに、四日朝に行われた日米外相会談で、シュルツはＩＮＦ交渉が日本側にとって特に関心の大きい問題であることは十分承知していると述べている。そして彼は「米国としては、ＩＮＦ交渉が単に欧州のみの問題で、他の地域のことは念頭におかないという姿勢ではなく、グローバルなアプローチを維持するものである」と念を押して日本側を安堵させようとした。このシュルツの発言から明らかな通り、米側は日本のＩＮＦ問題に対する立場を正確に理解していたのである。

さらに、中曽根訪米直前にＣＩＡが作成した文書も、ＩＮＦのグローバルな解決に対する米側の関心を裏付けている。「軍縮に関する日本の利益」と題するＣＩＡ文書では、中曽根が軍縮問題に高い関心を示し、これに積極的に取り組むこと自体に国内政治上または外交上の利益を見出していると述べている。[29] ＣＩＡは中曽根が戦後日本の他の政治家と同様に、平和の問題に関与して軍縮を支持することで、戦争に巻き込まれてはならないという国内感情に応えるとともに、日米安保体制の拡大に反対する世論や野党の批判を抑えたと分析している。また、ＣＩＡは中曽根が従来の日本の政治家と異なり、軍縮交渉を支持することによって外交上の利益を得ている点にも注意を向けている。同文書は、中曽根がＩＮＦのグローバルな解決を強調したことについて、その目標が「伝統的な米国との同盟関係を越えて、日本の安全保障上の関心を西欧まで広げようとしている」ことにあると記した。[30] 中曽根がなぜ、Ｇ７サミットで西側結束を支持し続けてきたのかについては、東西間の軍縮プロセスで常に日本が取り残されていると強く感じていたためだと指摘している。

このように、ＣＩＡは中曽根が軍縮交渉に高い関心を示している理由を、①日米安保体制強化のための世論対策として利点があること、②米国だけでなく西欧とも安全保障での連携を強化する上で有益であること、③ＩＮＦ問題での日本の孤立を効果的に回避するために西側結束を利用すること、の三点に求めたのである。先に見たシュルツの発言とＣＩＡ文書を一瞥した限りでは、米国は日本の軍縮外交に対するアプローチを基本的に首肯していたと言えよう。

さて、訪米から帰国した中曽根は一月二五日に衆議院で開かれた第一〇二回国会の施政方針演説で、米ソ交渉の再開を歓迎するとともに、日本の軍縮アプローチについて次のように述べた。

> 今日、世界の平和と安定にとって最も緊要なことは、相互に信頼し得る安定的な東西関係を構築することであります。そのためには、日米欧の自由民主主義諸国が結束を維持しながら、軍備管理、軍縮を中心とす

る東西間の対話を促進するよう努力することが重要であります。

我が国は、これまであらゆる機会をとらえて、軍縮、なかんずく、核軍縮の重要性を積極的に訴えてまいりましたが、今般、米ソ両国間で、戦略核、中距離核及び宇宙兵器に関して、新たな交渉を行うことが合意されたことを歓迎するものであります。宇宙の軍備競争の防止と、地球上での軍備競争の停止、核兵器の削減、究極的にはその廃絶を目的としたこの交渉が、緊張緩和の重要な礎となることを信じてやみません。東西間の話し合いが続けられていること自体、緊張の激化を防ぐ効果を持っておりますが、さらにその交渉が、相互に信頼し得る、実効ある検証措置の合意の上に、できるだけ早く実質的な成果を上げるよう、我が国としても最大限の努力をしていきたいと考えております。(31)

この演説で、中曽根は東西対話と米ソ軍縮交渉の再開が緊張緩和の基礎になるとの見方を示すのと同時に、国際国家を標榜する日本が東西間の軍備管理・軍縮交渉に積極的に協力する姿勢を改めて示したのである。

日欧間の軍縮問題協議

さて、この時期、日本と西側諸国との安全保障上の連携はＩＮＦ交渉だけでなくＳＤＩ問題にも拡大されて、実務レベルでの調整が行われている。当時、西側ではＳＤＩに対する各国の認識に相違点が残っていたものの、フランスが一九八五年五月に開催されるボン・サミットで政治問題を取り上げることを提案した。当然のごとく、ＳＤＩ問題もサミットの議題として取り上げられることが予想された。(32)このような情勢から、外務省は日米間のみならず日欧間でもＳＤＩに関する意見交換が必要と判断し、西独およびフランスの外交当局との間で軍縮問題についての協議を開催することを決定した。

まず、二月一九日には東京で日・西独軍縮協議が行われた。本協議で日・西独両国は、第一に米ソ交渉再開を歓迎し、その早期進展を期待すること、第二にINF問題のグローバルな解決の方式を維持すること、そして第三に西独はSDI研究を支持し、日本は研究着手を理解すること、の三点で認識を一致させた[33]。

米国のSDI研究について、日・西独の外交当局者は、SDI研究がABM条約などに違反していないことを確認し、また、SDIが攻撃核兵器の実質的削減を促進して非核防御兵器の役割を広げることで、より安定した東西間の戦略的関係をもたらす可能性を秘めていると理解していた[34]。これらのことから、日・西独間ではINF問題のグローバルな解決とSDI研究の支持に関して認識の相違はなかったと言えよう。

一方、三月一一日に開かれた日仏軍縮協議では、米ソ交渉再開とSDI研究への理解で両国の認識が一致したものの、日本が主張したINF問題のグローバルな解決に関しては認識が食い違う場面があった[35]。

その原因は、仏側が自国の保有する核兵器がINF交渉の対象となることに不満を示していることに対し、非核国である日本がINF交渉の枠内でのアジア部SS―20の削減を強く望んだことに関係していた。特に、仏側は議論が英仏核のINF交渉への算入問題に及ぶと、その算入はソ連の対米優位を認めることになると主張した。また、中国の存在を考えれば国際的な核戦力のバランスについて合意することが不可能になってしまうと説明した。仏側はINF問題のアジアを含むグローバルな解決を求めれば、米ソが欧州に配備したINFだけでなく英仏の核兵器、さらに中国の核戦力も削減対象となる可能性は否定できず、ますます合意が困難となることに懸念を示したのである。

ゴルバチョフ書記長就任

三月一二日のNST開始を前に、ソ連はジュネーブでの軍縮交渉に臨む基本的立場を示した。二月二二日にクレムリンはNSTでの基本的立場として、NATOに対する軍事的優位の否定、米ソの核兵器凍結と新規配備の停止、核兵器の大幅廃棄と宇宙兵器の開発停止の三点を強調した[36]。また、ソ連は第二次世界大戦終戦時および一九七〇年代に締結された諸協定(SALT、ABM条約、ヘルシンキ宣言)の精神を米ソ両国の望む形で再確認することを提案した。

三月一〇日の夕方に、健康が悪化し昏睡状態に陥っていたチェルネンコが死去すると、ソ連共産党政治局会議はゴルバチョフを異例の早さで書記長に選出した。旧世代(ブレジネフ世代)の最長老と目されたグロムイコが、党中央委員会総会の基調演説でゴルバチョフへの支持を表明し、懐疑派の反対を制したことから、一一日までにゴルバチョフは政治局会議と党中央委総会において満場一致で党書記長に選出された(37)。

書記長選出から間もなくゴルバチョフは、チェルネンコ葬儀参列のためモスクワを訪れたブッシュ米副大統領、中曽根らと会談し、米ソ関係改善とNSTについて意見を交わした。

まず、米ソ会談では、ブッシュからゴルバチョフに対し、レーガンの書簡が手交された。同書簡でレーガンは米ソ関係改善への期待を表明し、ゴルバチョフをワシントンに招待すると述べた。また、米ソ軍縮交渉が(38)「核兵器廃絶という共通の最終目標に向けて前進するための正真正銘の機会をわれわれに与える」ことを希望した。

そして、レーガンはいつでもゴルバチョフとの首脳会談に応じると強調した。レーガンの書簡を受け取ったゴルバチョフは、米側の関係改善の申し出に応じるとしながらも、具体的にレーガンといつ会談するのかについては明言しなかった。それと同時に、ゴルバチョフはソ連と東欧の安全保障上の権利を絶対的に守ると答えて、米側の宥和的姿勢を牽制している。

この会談から二週間後、ゴルバチョフはレーガン宛て書簡の中で、平和的競争を基にした米ソ関係改善の必要性を訴え、米ソの責任と共通の利益は「両国に破局的な結果をもたらす核戦争の勃発を許す事態を招かないことにある」と主張した。書簡の中でゴルバチョフはレーガンの招待を受け入れた。だが、いまは首脳会談で文書に署名して結論を出すべき段階にはなく、相互理解を探る会談にすべきであると慎重な姿勢を示した(39)。既に米ソ関係は雪解けの時期に入っていたが、依然としてゴルバチョフが共産圏の安全保障上の利益を死守しようとしていたことは、この書簡からも明らかである。

中曽根＝ゴルバチョフ会談

次に、日ソ首脳会談でのやり取りを見てみよう。中曽根は、モスクワに乗り込むべきでないと進言した外務省を押し切り、三月一四日にゴルバチョフと直接会談した。[40] 会談では日ソ経済・文化協力に加え、ＮＳＴを含む国際問題と日本の外交・防衛政策に対する両者の認識について意見交換が行われた。

まず、中曽根は国際問題について世界の平和および核軍縮推進を熱望していると切り出した。そして、核廃絶実現のための米ソの積極的努力に期待感を表し、日本もＮＳＴを側面支援すると付け加えた。[41] 対するゴルバチョフの回答はおおむね好意的であった。ゴルバチョフは、米ソがＮＳＴに建設的アプローチで臨めば核兵器を一層削減し、宇宙兵器禁止に希望が持てると述べたのである。[42]

しかし、日本の外交・防衛政策に議論が及ぶと日ソ間の認識相違が露呈した。中曽根は、日本の外交・防衛政策は平和を念願し、専守防衛の名の下で他国に対する脅威を与えないものだと明言した。その上で非核三原則を堅持していることに言及した。また、日本は軍事的に微力であり、米国との間で防衛的性格を有する安全保障条約を結んでいると説明した。そして、隣国であるソ連は日本と平和・友好関係を発展させていく運命にあると論じたのである。[43]

すると、ゴルバチョフは強く反論した。彼は日本の外交・防衛政策に従来にはなかった傾向が見られるとして、第一にＮＡＴＯの軍事的行動に対し日本は直ちに賛意と連帯を表明していると指摘した。第二に、戦後四〇年間、誰も日本に脅威を与えていないにもかかわらず、日本が防衛的軍備を保有するという説明には説得力がないと反駁したのである。[44] さらに、非核三原則についても厳しい視線を向けた。ゴルバチョフは、日本に米国の核搭載艦船が寄港しており、在沖米軍基地に核兵器が存在することは非核三原則に矛盾するとして中曽根を挑発したのである。[45]

こうした反論に対し、中曽根は、日本はＮＡＴＯとの間で軍事的協力をしていないとした上で、日本に核兵器は一切存在しないとしてソ連側の疑念を払拭しようとした。[46] 中曽根は在沖米軍基地の核配備を否定し、ゴルバチョフの挑発を制した。

両者間の議論で看過できない点は、ゴルバチョフが日米欧結束について懸念を深めていた事実である。これまで検討してきたように、日米欧の間ではＩＮＦ問題のグローバルな解決に関する具体的方法については相違が残るものの、全廃が望ましいとする総論では認識が一致していた。

また、既に見たように、ソ連を軍縮交渉の席に着かせるため、核軍縮に関する日米欧協力を補完する形でＳＤＩ研究に対する理解においても西側の認識が一致しつつあった。この期に及び、ゴルバチョフが日本とＮＡＴＯの連帯に懸念を抱くのはごく当然の成り行きであったと言えよう。

一方で、こうした西側の結束は、ソ連にアジア部ＳＳ―20の存在意義を見直す契機を与えた。ゴルバチョフにとり、日本が交渉の行く末を案じているアジア部ＳＳ―20の削減は、ソ連がＮＡＴＯと日本の政治的連携に楔を打ち込む上で再び重要な外交カードとなる可能性を持つものであったからである。

実際に、ゴルバチョフはその後アジア部ＳＳ―20の現状凍結を宣言し、廃棄についても曖昧な姿勢をとり続けた。そして第四章で詳述するように、ソ連はアジア部ＳＳ―20の五〇％の残置をＩＮＦ交渉における最後の対米カードとして利用することとなるのである。

二　ＳＤＩ推進による西側結束の補完

西欧ＩＮＦ配備の進展

一九八五年三月一二日に始まったＮＳＴ第一ラウンドで、米ソ両代表団は交渉の対象を戦略核兵器、中距離核戦力、宇宙兵器の三分野とし、これらを相互に関連付けながらも、分野別に協議することで合意した(47)。ＮＳＴの米側顧問に就任したニッツェは、忍耐強い交渉を重ねればレーガン政権二期目に米ソ間で合意に達成する可能性があることを示唆した。

ニッツェは、短期的にはゴルバチョフ書記長の就任がソ連側の軍縮交渉に対する従来のアプローチに変化をもたらすものではないと分析し、今後もソ連が絶えず西側の結束の乱れを利用しようとして平和攻勢を展開してくると推測した。これを踏まえて、ニッツェはソ連を真剣な交渉に引き出すため、日本や西欧諸国がＳＤＩ研究に対し一層の協力姿勢を示すことを期待したのである(48)。

この時期、西側の結束は、ＩＮＦ配備を決めかねていたベルギーとオランダがＧＬＣＭの導入決定に舵を切ったことで強化されようとしていた。三月一五日には、ＩＮＦ配備予定国の中でオランダと同様に決定を先送りにしてきたベルギーがＧＬＣＭ四八基のうち最初の一六基を導入することを発表した。一方、オランダ政府は八五年一一月一日の時点でソ連のＳＳ—20が三七八基を超えた状況にあればＧＬＣＭを国内に配備する方針を固めた。既に三月の時点でＳＳ—20が四一四基配備されていた状況に照らせば、オランダのＧＬＣＭ配備が自動的に決定されることはほぼ確実であった(49)。

このように、ＮＡＴＯの二重決定により米製ＩＮＦを導入予定の西欧五カ国(西独、英国、イタリア、ベルギー、オランダ)全てのミサイル配備決定が濃厚となり、ＩＮＦ交渉における西側の結束はより強靭な性格を持つものとなったのである。

協力合意なきＳＤＩ研究への参加

一方、米国が西側諸国に参加を呼びかけたＳＤＩ研究については、日米欧間で正式な協力の合意は達成されていなかった。そこで、米国は五月に開催されるボン・サミットで、ＳＤＩに関する政治宣言を採択することをＧ７各国に提案した。同提案は三月二三日から二五日にかけて行われたボン・サミット準備会議で示された。米側は、ウィリアムズバーグ・サミットの政治宣言を通じた西側の結束が、結果的にソ連をＩＮＦ、ＳＴＡＲＴ両交渉のテーブルに戻すのに成功したことを受けて、新たにＳＤＩに関する政治声明を発表することがＮＳＴを成功に導くと考えていた(50)。

三月二六日、ワインバーガーはＮＡＴＯ国防相会議において、西欧の同盟国と日本に対しＳＤＩ研究への参加招請を公式に行ったことを明らかにした。その内容は、第一に同盟国は各種技術分野で関心のある分野を知らせてほしいこと。第二にＳＤＩ研究の内容について今後同盟国に説明する用意があること。そして、第三にＳＤＩ研究参加への関心の表明は六〇日以内に行ってほしいこと、の三点であった(51)。

当時、ＳＤＩ研究への参加問題については、次のように各国で意見が分かれていた。まず、西独はＳＤＩの非核防御システムとしての可能性を認識し、これを正当なものとして支持していた。しかし、コールは三月二一日にＳＤＩ研究参加の是非について「われわれの態度は未定で、欧州として共通の立場を追求」していくと控え目な態度を示した(52)。コールはボン・サミット開幕前の四月一八日にも、米欧の安全が切り離されず、ＮＡＴＯの抑止戦略が維持されうるという「基本的な条件がまだ満たされていない」として、ＳＤＩ研究参加に対し慎重な姿勢を示した(53)。西独はＳＤＩの実現が欧州から米国を引き離すことにならないのか、またＳＤＩへの協力が欧州から米国への頭脳流出につながるのではないか、という懸念を抱えていた(54)。

次に、英国の反応について見てみたい。サッチャーは一九八四年一二月二二日と八五年二月二〇日の米国訪問時に、レーガン政権のＳＤＩ研究を強く支持していることを公にした。その一方で、彼女は、ＳＤＩの実現が核兵器のない世界への一歩であるというレーガンの考え方に対して懐疑的な見方を隠さなかった[55]。サッチャーはSDIの開発が、レーガンの唱えるように核廃絶につながるのであれば、欧州でソ連が通常戦力や化学兵器で圧倒的優位に立つことを許し、結果的にソ連の侵略に対する西欧防衛に影響が出ることを懸念していた[56]。二月二〇日、サッチャーはレーガンに対し「核兵器は悪いもの、不道徳なもので、防御体制の開発によってまもなく必要とされなくなるだろうなどと思わせるような発言をしてはならない」と進言している[57]。

こうしたサッチャーの見方を踏まえて、ハウ外相も三月に行ったパリでの講演でSDI研究の必要性を認め、これを支持すると述べた。ただし、ハウはSDI支持の前提として、SDIの配備を東西交渉の対象とし、NATOの抑止力が損われないことを挙げた[58]。英国はSDIが東西間の戦略的安定性を危うくすることなく、MADに代替し得るものか否か疑問視していたのである[59]。

英国と同様に、フランスもSDIに対し懐疑的な見方を示した。三月二六日、デュマ(Roland Dumas)外相は「宇宙軍事化と過剰軍備の危険についてのフランスの立場は、英、西独も共有している」と述べ、SDIへの協力を回避する方向でNATO西欧諸国の認識を一致させたいとする方針を示した[60]。

このように西独、英、仏がいずれもSDI研究への参加に慎重な姿勢を示したことは、欧州共同体(European Community, EC)での議論にも影響を及ぼした。三月二九日に開催されたEC首脳会議で、ドロール(Jacques Delors)EC委員会委員長はSDIへの欧州共同参加を提案したものの、加盟各国の冷淡な反応を受けて共同参加への態度を留保した。特に、フランスはあくまで欧州の主体性を守ることを強調し、欧州の抑止戦略に対し米国による独断の影響が及ぶことに警戒感を示した。一方、英国はSDI研究には関心があり調査研究に貢献できるが、参加は各国の決定に従属すべきものであるとして、欧州としての共同参加には慎重な立場を示した[61]。

さらに、NATOのキャリントン(Lord Carrington)事務総長もSDIの開発と配備に慎重な姿勢をとった。四月三日に訪米したキャリントンは、ジョージタウン大学で行った講演でSDI研究に支持を表明しつつも、S

ＤＩは通常兵器の開発費を犠牲にするだけでなく、実戦配備されれば通常戦力の不均衡を招く恐れがあると語った。また、彼はＳＤＩの開発・配備によってより優れた戦略が達成され得ると確信できるまでは現在の戦略を維持すべきだと述べたのである。[62]

四月二三日には、英仏独など七カ国が加盟する西欧同盟(Western European Union, WEU)の外相・国防相会議がボンで開かれ、参加者はＷＥＵを「欧州による欧州防衛」を推進する主体として再始動させる方針を発表した。だが、ＷＥＵもＥＣ首脳会議と同様に、ＳＤＩ研究について欧州として一致した姿勢を打ち出すことができなかった。[63]

以上の通り、ＳＤＩ研究参加招請に対する西欧各国、ＥＣ、ＮＡＴＯの表向きの反応を見る限り、欧州は必ずしも米国の呼びかけには共鳴していなかったのである。他方で、西欧諸国は、ＳＤＩ関連技術が科学的に見て最先端技術であることを理解し、民間レベルで研究に参加することによって、自国企業が先端技術を獲得できることについては価値を見出していた。

しかし、長期的に見た場合にはＳＤＩが実戦配備を迎える際に、米国がソ連との間で締結したＡＢＭ条約に関する解釈をどのように変更して規制を克服するのかという法的問題が未解決であった。また、仮にＳＤＩが実戦配備されれば、これに伴って米国の拡大抑止およびＮＡＴＯの抑止戦略と英仏の独立した核抑止力の効果が相対的に低下するのではないかという懸念が西欧諸国内で生じることとなった。

ＳＤＩ研究への「理解」を貫く日本

その頃、日本はＳＤＩ研究への参加について、先の日米首脳会談で理解を示すに止まり、研究参加の意思表示は留保していた。[64] なお、日本のＳＤＩ研究に対する「理解」と「支持」の違いについては、三月八日に開かれた衆議院予算委員会で安倍が次のように説明している。

日本としてはこの〔ＳＤＩ―引用者注〕研究に対しては理解を示したわけでございますが、〔中略〕今後、この研究が進む段階において情報の提供を受けたい、同時にまた、その後の問題についても協議をしたい、こういうことでアメリカとの間には基本的に合意がなされておるわけでございまして、最終的な判断というのは、〔中略〕日本の憲法その他の基本的な日本の立場というものを踏まえて判断をしていかなければならぬと思うわけでございますが、しかし少なくとも研究段階においてはこれを理解する、〔中略〕これは支持というのとは、基本的には相当な隔たりといいますか、〔隔たりが―引用者注〕あるのではないか、私はそういうふうに理解をしております。(65)

つまり、安倍はＳＤＩについて米国が研究段階にある間は、日本はこれを理解するという考え方を示した。したがって、日本がＳＤＩ研究に正式に参加する判断をした場合には、これを支持するという表現に切り替わるということになろう。

米国が日本にＳＤＩ研究への参加について公式要請を行った三月二八日、中曽根は記者懇談でワインバーガーからの書簡に関する報告が官邸にはまだ来ていないと明かした。「米はサミットで西側諸国の同意をとりつけたいのではないか」とする記者の質問に対し、中曽根は「少なくともサミットでの話に入っていない」と答えている。この日の午後、中曽根は外務省を通じてＳＤＩ研究参加招請に関する文書が自分のもとに届いてから「よく検討する」と述べ、具体的な検討は安倍をメインに進める意向を示していた。(66)

ワインバーガーからの書簡が官邸に届くと、中曽根は安倍、藤波孝生《ふじなみたかお》官房長官と個別に協議し、官邸と外務省との間で具体的に米国の招請について検討した上で、日本政府の対応を決定する方針を示した。(67) ただし、中曽根はＳＤＩ研究参加に対する関心の表明を六〇日以内に行ってほしいとのワインバーガーの言葉について、「あれは一応希望的なものだ」と受け止めていた。こうした発言を見る限り、中曽根は日本のＳＤＩ研究参加について急いで結論を出さずに、官邸と外務省の間で慎重に検討を重ねた上で判断を行いたいと考えていたと言える。

後日、この中曽根の勘は間違っていなかったことが米側の会見によって証明される。四月一日、ワインバーガーは国防総省で開いた会見で「ＳＤＩはまだ研究中で成功するかどうか探っているところで、どこに配備するかなどは全く議論する段階ではない」と明かした。そして、欧州の一部の国が招請に対し慎重な姿勢を示していることについても、今回の招請が「最後通告のように伝えられているがそういうことではない。ただ参加を求めただけだ」と語ったのである[68]。

ところが、そうしたワインバーガーの発言を脇に置いて、ホワイトハウスは四月半ばにＳＤＩをボン・サミットの主要議題とする方針を正式に決め、西側諸国に対して協力を求めた。未だＳＤＩ研究参加への対応を決めかねていた外務省はこの動きに困惑した。これまで見てきたように、西側諸国のＳＤＩ研究参加への対応が一致せず、フランスや西独が協力に慎重な姿勢を崩していない状況が続いていたからである。そうした中で、サミット参加国が一体となりＳＤＩ計画の推進を核廃絶への道筋として支持する、という決意表明を行うことは不可能と考えられた[69]。

ただ、ＳＤＩ参加問題がサミットで扱われることが確実になったのは間違いなかった。そこで、安倍は四月一三日にシュルツとワシントンＤＣで会談する際、日本のＳＤＩ研究への姿勢を説明することにした。この会談では、まずシュルツがＳＤＩ研究を「今世紀中に核廃絶を実現するための道筋」の一つと考え、これを「人類共通の最大の道義的課題」であると力説した。また、ボン・サミットでＳＤＩを取り上げることを示唆して、言外に日本の協力を求めた。

対する安倍は一月の首脳会談で中曽根が示したＳＤＩ三原則（ＳＤＩが非核兵器、防御兵器であり、核廃絶実現に寄与すること）を前提に、日本はＳＤＩに関する米国の説明には理解を示しているが、研究参加については依然として慎重に検討を重ねていると答えた[70]。日本に帰国後の一六日午前、安倍はシュルツとの会談を踏まえ、中曽根に対してボン・サミットでＳＤＩ問題が重要な政治課題として議論され得ると報告し、日本政府として対応を急ぐように進言した[71]。

日米外相会談から間もない四月一五日、松永信雄駐米大使がワインバーガーとＳＤＩ問題について会談した。この際、ワインバーガーは同盟国にＳＤＩ研究への参加を求めた件について「書簡で六〇日以内の回答を求めたが、あれは最後通牒のようなものではない」と述べた[72]。

書簡の発出から六〇日目が期限とすれば、同盟国による対米回答の最終期限は五月二六日であるが、ワインバーガーは必ずしもその期日にはこだわらない考えを示したのである。ただ、その上で彼は「ＳＤＩ研究は既に進行中であり、研究に参加するならば早めに通知してほしい」と松永に伝えている。結局、ワインバーガーは具体的に期限を設けないと言及しながらも、早期の参加決定を日本に促した。

四月二五日の夜、外務省内ではボン・サミットでのＳＤＩ問題に関わる対処方針について、柳谷謙介事務次官と関係局長の間で協議が重ねられた。そして、米国のＳＤＩ研究には引き続き理解を示す一方で、日本政府が参加するか否かについては「さらに検討する」という両論併記で臨むことで一致した。外務省がこのような結論を得た背景には、米国も西側各国のＳＤＩ参加への態度留保を考慮し、サミットで研究への一致した参加や支持を強く求めてくることはないという判断があった[73]。先の安倍＝シュルツ会談で、直接的にＳＤＩ研究に参加するように求められなかったことも、このような判断を後押ししたのであろう[74]。

安倍も四月一六日に開かれた参議院外務委員会での質疑で、ボン・サミットにおけるＳＤＩの扱いについて「サミット参加国の合意が今の段階で得られるかどうかということになりますと、まだまだそういう状況は熟していない」と思っていると答えていた[75]。

なお、外務省の判断に前後するが、四月二五日には、駐西独日本大使館員が西独外務省のルート軍備管理・軍縮局長を訪ね、ボン・サミットでのＳＤＩの扱いについて質している。これに対しルート局長は、米国はＳＤＩ

について一文なりともコール議長の声明に入れたいとの話はあるが、具体的には難しいと答えた。西独としてはSDIにおける米ソの協調的解決を声明で謳うことができれば、それだけでも有意義であると考えていたのである。(76)

外務省と同様に、中曽根もサミットでレーガンがSDIについて各国首脳に説明する機会を設け、西側にSDI研究での協力を要請してくると予想していた。ただし、中曽根も西欧諸国がSDI研究参加に対する慎重な姿勢を崩していないことから、レーガンがサミットで西側に協力の一致を求めるといった強い姿勢をとることはないと確信した。(77)

二七日、中曽根はボン・サミットに臨む基本方針を、西側結束の維持・発展の重要性を強調すること、SDI問題でも西側の足並みを揃えること、SDI研究に理解を示す基本線を維持して憲法や非核三原則の枠内で慎重に対処すること、の三点に絞った。

特に、SDI問題で西側結束を示すことが重要であるとの点に関して、中曽根は米国によるSDIの提案がソ連との核軍縮交渉再開を促したとの理解から、今後の交渉を維持するためにもSDIを含む国際政治上の対応をとらざるを得ないと考えていた。日本の具体的な対応としてはSDI研究に理解を示し、参加について慎重に検討するとの従来の路線を維持することが賢明であった。加えて、中曽根はボン・サミットでSDIを支持するといった積極的な姿勢をとらず、米欧間の仲介までは考えていなかった。(78)中曽根は全体会議の前に、SDIを推進するレーガンと、議長国としてG7の意見をまとめるコールに対し、個別に対応を質して米欧間の妥協点を探ることを考えていたのである。(79)

これまで見てきたように、SDI研究への支持や研究参加に対する西側諸国の考えは、レーガンが当初思い描いていたほどには熟さなかった。これを受けて、米国もサミットを目前に控え、SDI推進への西側の一致した決意表明を得ることを断念したのである。

技術供与を求める米国

八五年一月の首脳会談で中曽根が述べたように、日本政府は米国に対してＳＤＩ研究に関わる情報の提供を繰り返し要請していた。しかし、当時の報道を見る限りでは、米側から日本側にＳＤＩ研究の核心に触れる情報が提供された形跡はない。むしろ、米国でＳＤＩ研究の実験が進むにつれ、未だ政府レベルで研究参加を正式決定していない日本に対して、米国から技術協力の要請がなされる状況であった。

三月二八日、ワインバーガーのＳＤＩ研究参加招請を記した書簡が安倍の手元に届くと、研究参加と技術協力をめぐる日本国内での議論が活発化した。

まず、三月二九日の参議院予算委員会で、中曽根はＳＤＩへの技術協力について、日本の憲法あるいは非核三原則、国会決議等のもとで行わなければいけない、とする基本認識を示した。これは上田耕一郎議員（日本共産党）の質問に答えたものであった。上田はこの日の予算委で、ＳＤＩの一部として米国で研究されているエックス線レーザー技術が核爆発を利用するため核兵器とみなされるのではないかと質問した。すると、中曽根は「私がレーガン大統領から直接承ったのは非核兵器だという話であります。しかし、ＳＤＩがどういうふうな兵器体系を持ってくるのか、まだよくわかったところではありません。これから展開してくるところもあるんだろうと思います。ですから、研究に参加方の手紙が来たわけで、これから研究が始まるという姿勢なんじゃないでしょうか」と答え、引き続き慎重に参加への道を探る姿勢を示した(80)。

また、この日の予算委で中曽根は、日本がＳＤＩ研究に技術協力するとしても、防御兵器システムの開発や配備に参加しない研究段階では、憲法やその他の国是には抵触しないとの認識を明らかにした。そして、日本がＳＤＩ研究に参加するか否かの決定については、米側から日本に専門家を派遣すると言われており、ＳＤＩの性格や将来の展望、技術的側面などについて慎重に検討したいと述べるに止めた(81)。

中曽根が答弁した通り、四月三日には国防総省の研究・技術担当のマッカラム博士を団長とする専門家グループが来日し、日本のオプトエレクトロニクス(光電子工学)とミリ波について現地調査を実施している。SDI研究関連で米調査団が来日するのはこれが初めてであったが、国防総省が関心を寄せる両分野には、正確な情報通信や大容量の情報伝送、大陸間弾道弾を破壊するレーザー光を可能にする技術が含まれていることから、日本の先進的な通信技術をSDIに応用することを考慮していると見られていた(82)。同調査団の派遣目的は、SDI研究に関する情報を日本政府に提供するだけでなく、日本が持つ高度技術を米国のSDI研究に応用できるかどうかを確認することであった。

一方、国会ではワインバーガーが研究参加決定の期限を六〇日間としてきたことについても疑問が出された。四月八日に開かれた衆議院安全保障特別委員会で、上田哲《うえだてつ》議員(日本社会党)は、ワインバーガー書簡について「アメリカが六十日以内にやるかやらぬかはっきりしろと言ってくるのも外交手法としては乱暴だ」と述べ、書簡を受け取った安倍に答弁を求めた。すると、安倍は「シュルツさんからいただいたわけではなくてワインバーガーさんからいただいたわけですから、〔中略〕六十日と今期限をつけられてもちょっと困ったなという気持ちが出るのは、これは当然のことです〔中略〕当初はけげんな気持ちを持ったことは偽らざる心境でございます」と率直に答えた。

安倍は米国に対して、SDIの専門家を派遣するように要請し、日本側としてもSDI問題を深く調査研究した上で参加するか否か決定したいとして、六〇日間の回答期限にはこだわらない姿勢を示した(83)。安倍は翌日行われた参議院外務委員会での答弁でも、SDI研究参加決定の時期には固執しないとして、「研究の方もそう簡単に進むわけじゃないでしょうから、十分SDIの全貌を見て、それをつかんだ上でないと決められないと思うんですね。ですから、余り時期なんかもちろんこだわる必要は全くない。それでもって日本が取り残されてもこれはやむを得ないと思っています(84)」と方針を明らかにしている

さて、日本が期待していた米側からの情報提供は四月二三日から二日間にわたり外務省で開かれた日米専門家

会議でなされた[85]。米側からは国防総省SDI局のヨーナス(Gerard Yonas)次長代理、同国際安全保障政策局のファーニス担当官、そして国務省政治軍事局のゴードン次長代理ら五名が参加した。本会議で米側はSDIの戦略的側面、技術的側面、国防総省の中の研究体制と予算との関係について説明を行った。

会議に出席した栗山尚一北米局長はSDIの技術面について、弾道ミサイルを探知・捕捉して識別する技術、ミサイルを追跡する照準追随に要する技術、標的を破壊する技術、そして全体のシステムを運用するための戦闘管理技術の四分野について説明を受けたと翌日の国会答弁で明らかにした[86]。

また、ワインバーガー書簡に示されていた「六〇日間以内の回答」について、米側は四月一五日の同長官発言を踏まえ「SDIの研究には複雑な技術上の問題点もあり、同盟国の知恵を借りたいので協力を期待しているが、どの分野でどの国に協力を求めるか、という話をする段階にはない」と慎重な姿勢を示した[87]。

ここまでの議論をまとめると、SDI研究に関する日米双方の立場は次のようになろう。米国は日本に対し、回答期限は六〇日で切らないが、できるだけ速やかにSDI研究に対する参加の意思を示してほしいという希望を抱いていた。一方、日本は米国に対してSDI研究には引き続き理解を示すが、日本が研究に参加するか否かについては時期にこだわらず、他の西側諸国の動向も見極めながら慎重に検討したいと考えていた。

日本国内の背景としては、SDI研究参加は従来の安全保障問題と異なり、政府・省庁間の議論と政治決定だけでなく国会や民間とも慎重な調整が求められること。また、SDI研究と日本国憲法、非核三原則、宇宙開発の平和利用決議との法的な整合性を明確にすること。さらに、SDI研究によって新たに生み出される高度科学技術の帰属先を明らかにすること、といった要因が複雑に絡み、短期間で結論を示すことはできなかったのである。

ソ連の不安

SDI研究参加をめぐる西側諸国の動きに対して、ゴルバチョフは対抗措置をとることを示唆した。ゴルバチョフは四月二三日のソ連共産党中央委員会総会における演説で、米ソ関係の「現在の情勢の責任は軍拡競争を進め、軍縮を妨害し、宇宙にまで軍事化をすすめようとしている米国の支配層にある」としてレーガン政権のSDI研究を批判した[88]。これに続き、四月末に開催されたワルシャワ条約機構会議で、ゴルバチョフはワルシャワ条約の期限を二〇〇五年まで延長することを決定したが、その原因は東西軍事同盟の同時解体に応じないNATO側にあると強調した。そして、西側でSDIの準備が継続されるならば、我々は対抗措置をとる以外に道はないとし、戦略攻撃兵器を増強・改善すると述べた[89]。

こうしたゴルバチョフの言動を見るまでもなく、ソ連はレーガン政権が推進しようとするSDI研究に対して不安を抱えていた。それとともに、ソ連はSDIにおいては技術的に対米優位が確保できない状況から、戦略攻撃兵器の増強・改善を示唆することで、米国に対し宇宙軍事化を思い止まるよう警告したのである。

また、ソ連はSDI問題でも西側諸国の米国からの離反を目的とした宣伝活動を続けていた。ソ連の国営タス通信やプラウダをはじめとする主要紙は、ボン・サミットへの直接的な批判や論評を避けながらも、毎日のように反SDIの論陣を張っていた。四月二九日には、プラウダ紙が日米間の軍事的密着を非難し、世界平和と日ソ関係改善のためには言葉より実際の行動で示すべきであるとの論説を掲載している。かりに、ボン・サミットで西側諸国のSDIに対する一致した見解が示されなければ、そのことはソ連が八四年末から続けてきた反SDIキャンペーンの勝利であると東側に受け取られる可能性があったと言えよう[90]。

日・西独間の認識一致

四月三〇日、中曽根はサミット参加国首脳の中で最も早く西独入りし、同日午後にコールとの第一回日・西独首脳会談に臨んだ。会談の議題はソ連情勢、ジュネーブ交渉、INF問題、SDI研究問題と多岐にわたったが、ここではボン・サミットで中曽根が結果的に米欧仲介の役回りを演じる端緒ともなったSDI問題に絞って検討したい。

会談では、まず中曽根が日本のSDIに対する認識を説明した。中曽根はSDIが非核かつ防御兵器であり、究極的に核廃絶を目指すものであるというレーガンの説明の道義的正当性を認めるとし、これに理解を示していると述べた。そして、SDI研究については、第一に一方的優位を否定すること、第二に西側全体の抑止力を維持すること、第三にABM条約の枠内であること、第四に配備等については事前にソ連と協議すること、という四条件を提示した。また、SDIが軍事技術問題であると同時に政治的問題であるという認識から、ジュネーブ交渉の成功のためにSDI問題で西側が分裂してはならないし、政治的交渉におけるバーゲニング・チップとしてのSDIを「みなで大切に使うことを考えるべきである」と提案した。(91)

これに対し、コールは中曽根の見解に完全に同意すると述べて「そのまま紙にサインしても良い程」であるとSDI四条件に賛意を示した。また、交渉材料としてのSDIの意味合いについても全く同感だと答えた。このように日・西独会談で両首脳は、中曽根が提示したSDI四条件に対しコールが賛意を示すことによって、米国のSDI研究が道義的に正当であるとの見解で一致したのである。

ただし、自国領土内に米国のパーシングⅡを配備し、独立した核戦力を保有する英仏の立場も考慮しなければならない西独と、非核保有国の日本との間には「抑止力」に対する認識で相違が見られたことも事実である。とりわけ、コールはSDI四条件のうち、二番目の「西側全体の抑止力の維持」に関して、「核抑止力の堅持」を強調することに固執した。(92)

コールは、SDI研究が従来の核抑止理論を根底から覆すことに対して強い懸念を抱いていた。このことは、彼が米国は「SDIの道義的正当性を強調する余り、いずれにしても今後抑止力として一〇年ないし一五年は使わねばならぬ核抑止力を非道義的なものとしてしまう矛盾を犯してしまった」と評したことに示されている。(93)

これに対し、中曽根はSDIを「全体の抑止力の一つ」として考えるという一般的な表現に止め、核抑止力との関係について触れることはなかった。ＳＤＩと核抑止力の関係について、日・西独間では認識が完全には一致しなかったのである。五月一日午前の第二回日・西独首脳会談の終了後に発表された「世界の平和と繁栄のための日独ステートメント」でも両首脳はＳＤＩに直接言及せず、記者会見の中で「われわれ二人は、米国のＳＤＩ研究が正当だという点で意見が一致した」と述べるに止めた。(94)

後日、中曽根が国会においてＳＤＩの正当性の意味を説明した際、彼は「核の廃絶を求めるという意味で道義的正当性を認めた」と発言した。一方、コールがＳＤＩ研究の正当性を認めたことについては「ソ連への対抗上正当だという意味だ」と述べている。(95)こうした発言から、両首脳間にＳＤＩの道義的正当性について認識の相違が残っていたことが明らかである。

いずれにしても、コールとの会談を通じて中曽根は、欧州諸国がＳＤＩに対して抱いている猜疑心を解くことの重要性を痛感した。「ヨーロッパにＳＤＩを認めさせるけれども、アメリカがこれを推進する上では、ある程度ヨーロッパが理解できる条件というか、考えの打ち方をアメリカに説明させる必要がある」(96)。このように考えた中曽根は、レーガンとの会談で先のＳＤＩ四条件を提示することにした。

ＳＤＩ五原則

コールとの間でＳＤＩ四条件につき合意した成果を携えて、中曽根は五月二日午後二時に在西独米国大使公邸にレーガンを訪ね会談に臨んだ。この会談には安倍とシュルツも同席した。レーガンは中曽根に対し、開口一番に「ＳＤＩの研究への参加をお願いしたい。また、サミット参加諸国からの参加も望んでいる」と述べた。さらに、「将来可能になれば生産・配備については西側同盟諸国と相談して行くものであり、ソ連との協議も考えている」と語った。(97)

これを受けて、中曽根は「ＳＤＩは非核兵器であり、防御兵器であり、核兵器全体の根絶を目ざすものである」とのレーガンの説明を引用して、そこには道義的正当性があるので、ＳＤＩの研究について理解したいと表明した。そして、コールとの間で合意したＳＤＩ四条件に「攻撃的核兵器を削減すること」という条件を付加してＳＤＩ五原則とし、研究参加については今後の展開の方向をよく見て検討していきたいと告げた。最後に、中曽根はこれまでのサミットで自らが主張してきたことと同じく、「世界の平和と安全保障はグローバルな観点より考えられなければならないし、自由世界の安全保障は不可分である」と述べた。(98)

中曽根から明確な研究参加への同意を得られなかったものの、レーガンとシュルツは中曽根の発言に対し、「全くその通りである」と全面的に同意した。そして、レーガンは「ＳＤＩはあくまで核廃絶を目的にしたもので、これが成功すれば、通常兵器についても同様の態度で臨みたい」との考えを表明した。(99)

こうして中曽根は、自ら示したＳＤＩ五原則についてコールとレーガンから同意を得た上で、ＳＤＩ研究参加を頑なに拒んでいるミッテランとの会談に臨んだ。二日の夕方、在西独フランス大使公邸を訪ねた中曽根は、約四〇分間にわたりミッテランと会談した。初めに、中曽根は七月一三日から四日間の日程で訪仏したいとの意向を示した。ミッテランはこれを歓迎し、中曽根のフランス公式訪問が決定した。

しかし、サミットで主要議題となるＳＤＩ問題については認識が完全には一致しなかった。ミッテランは米国がサミットでＳＤＩ計画を提案しようとしているが、自分はその内容を知らないので、フランスは明確な姿勢を示すことができないと告げた。また、ＳＤＩ研究への参加についてフランスを除く西側六カ国では合意できるかもしれないが、フランスを含めた七カ国で合意できるかどうかは疑問だと述べ、厳しい姿勢を示した。これに対し、中曽根は「七カ国で合意できるようお願いしたい」とフランスの歩み寄りを求めている。ミッテランはこの説得にはっきりと応じなかったが、ＳＤＩ問題に関して西側諸国内で譲歩や妥協点を探ることは可能だと答えた。(100)

なお、この会談で中曽根は先にコール、レーガンと相談したＳＤＩ五原則について言及しなかった。もし、そうした日独・日米間の「先約」の存在をこの場でミッテランに告げてしまえば、かえって彼のＳＤＩに対する印象を悪くすることも考えられる。五原則の内容を伏せて、「七カ国で合意できるのが望ましいこと」に的を絞った中曽根の説得は、ミッテランのＳＤＩに対する姿勢を軟化させるきっかけをつかむ上で妥当な判断だったと言えよう。

レーガン＝ミッテラン会談

この日、レーガンも中曽根と同様に、コール、ミッテランとの会談を行っている。彼の日記には、コールに対しビットブルク戦没者墓地に花輪を捧げる自分のスケジュールを称賛する報道について特に心配する必要はないと請け合ったこと（同墓地には一九四四年のバルジの戦いで戦死した一九八三名のドイツ軍兵士のほか、四九名のナチス武装親衛隊が眠っていた）、また、中曽根との間では主に貿易問題について議論したことが記されている。しかし、この二人との間でＳＤＩについて議論したことはいっさい書かれていない。これは、レーガンにとってＳＤＩに関する日・西独首脳との意見交換がうまくいったことを意味しているのかもしれない。

一方、ミッテランとの会談について、レーガンは為替レートの問題や金融問題で二年間も米仏間協議を行ってきたが、依然としてフランス側の満足を得られていないと記している。また、ＳＤＩについてもレーガンは研究の重要性を説明したが、いかなる形であれＳＤＩ研究に参加することに関してミッテランが不本意であることを感じ取っていた[101]。

ボン・サミット政治宣言

こうして中曽根とレーガンは、五月二日一八時開会のサミットに臨んだ。サミットでの政治問題討議は、二日夜のシュロス庭園・ファルケンルスト宮殿での首脳晩餐会と三日午前のパレ・シャウムブルク旧大閣議室での首脳会議で行われ、「第二次大戦終戦四〇周年に際しての政治宣言」が採択された。宣言は第五項で「平和と軍縮」

の問題を取り上げ、以下のように言及した。

国連憲章において確認されているとおり、すべての国家は、国際の平和及び安全を維持すること及びそのために武力による威嚇と武力の行使を慎む共同の責任を有する。

我々は、民主主義的自由を擁護しつつ、平和を維持する決意を共有している。そのために、優位を求めず、また自らの防衛も怠らずに可能な限りの低い水準における安定した軍事力の均衡の維持及び強化に向けて我々の一人一人が努力する。

我々は、東西を分断している深刻な相違に対処するために高いレベルにおける対話を探求する用意がある。

我々は、平和を強化する努力及び現存する核兵器の水準の意味ある削減交渉、通常兵器の制限、化学兵器の禁止及び紛争の危険の減少を通じ、抑止を高める努力を強く支持する。

我々は、ジュネーブにおける交渉の開始を歓迎する。

我々は、アメリカ合衆国の積極的な提案を評価する。

我々は、同交渉において有意義な合意が達せられるように、ソ連が積極的かつ建設的に行動するように求めるものである。[102]

今回の政治宣言でも、前年のロンドン民主主義宣言と同様に、サミット閉会後のソ連の反応を意識して、西側が防衛面で対ソ優位を築かないこと、東西間の高級レベル対話(米ソ首脳会談)の用意があること、ジュネーブでのNST開始を歓迎し核兵器の実質的削減への努力を支持すること等が謳われた。同宣言の背景説明を行った米政府高官は「我々は、アメリカ合衆国の積極的な提案を評価する」との文言が入ったことについて、このくだりは米国の戦略的立場に対する西側の支持表明と捉えているとした上で、SDIへの支持も含まれると解釈していた。[103]

なお、中曽根がコールおよびレーガンとの会談で再確認した「自由世界の安全は不可分である」というウィリアムズバーグ以来の西側結束の原則は、宣言第三項の「北米、欧州及び日本の間の連携は、世界の平和と安定を保証するものである」という文言にまとめられた。「各国の独立が、われわれすべてにとっての関心事である」とした前年の宣言と比較すると、西側の運命共同体意識の上に築かれた日米欧の連携そのものが世界の平和と安定を保証するという具体的な表現に改められたことになる。

政治宣言を採択した三日の首脳会議の際、丸テーブルを囲む形でG7首脳が着席する中で、中曽根はレーガンの隣に座っていた。この時、中曽根はレーガンに対し「ゴルバチョフ書記長にできるだけ早く会うよう話した」。するとレーガンは手を出して中曽根の手を握ったという。会議後の会見で、中曽根は自分の説明がレーガンに通じたのではないかと考えていると明かし、「いろいろ紆余曲折はあろうが、そのように平和あるいは軍縮の問題について一生懸命やろう、また、チャンスをつかもうとの気持ちであるということは、はっきりしている」と思っていると語った(104)。

先送りされたSDI協力合意

一方、政治宣言ではG7によるSDI参加について直接言及することを見送った。二日夜の首脳晩餐会で、レーガンはSDIへの全会一致の支持を取り付けようとしただけでなく、全員に対し研究への参加を要請した。レーガンの要請に対し、これに呼応するサッチャー、コール、クラクシ(Bettino Craxi)伊首相の三名からSDIへの研究参加希望が示された。中曽根は個別会談の時と同様に、SDI研究に理解は示すが参加については慎重な検討を重ねると告げた。

他方、ミッテランは「戦略的な選択なしには独立も自由もない」としてSDIを研究すること自体に異議を唱えた。また、マルルーニ(Brian Mulroney)加首相も、SDIが米国の一方的な対ソ優位をもたらす危険性を懸念し、研究自体に慎重な立場を表明した。
翌日、ゲンシャー西独外相は、パレ・シャウムブルク旧小閣議室で開かれた首脳・外相合同ワーキング・ランチの席で外相討議の内容に言及し、ジュネーブで行われているＮＳＴについて「他の方法がない限り抑止戦略は重要」との認識で一致したことを明らかにした(105)。当初、この討議の内容が西側諸国のＳＤＩに対する立場を表明していると伝えられたが、実際には米国が議長総括の中に各国の前向きな対応を明確な表現で盛り込むように主張したことに対し、フランスが強く反対する状況が続いていた。米仏間で行われた非公式の事務レベル協議でも、フランス側はＳＤＩについての各国の対応を議長総括に盛り込むことに反対するとの立場を示した。フランス側の反対論の焦点は、仮にＳＤＩ研究に参加すれば自国の核防衛戦略の根本が崩れるかもしれないという懸念にあった(106)。

　こうしてＳＤＩ研究への支持と参加をめぐりＧ７の政治討議が紛糾する中、コールは先のＳＤＩ五原則を拠り所として仏加首脳を説得しつつ、議長総括で米国によるＳＤＩの説明に触れることを提案し、全員がこれに賛同した(107)。この妥協案は、ＳＤＩ研究に異議や慎重論を唱えるフランスとカナダへの配慮ではあったが、これによりＧ７の足並みを表面上は揃えることができた。四日に発表された議長総括では、東西関係の政治討議でＳＤＩが議題となったことが明らかにされた。また、レーガン大統領がＳＤＩは対ソ優位を求めず、同盟国内の結束を固め平和を維持する性格を持つものであること、攻撃兵器と防御兵器間のバランスが平和をもたらすこと、等に言及したことも公表された(108)。

　サミット終了後の会見で中曽根は、自身のボン・サミットの総括として「ジュネーブ会談を成功させて、平和と軍縮の時代にもっていこうとの目的は十分達せられたと思っている」と述べた。また、中曽根はサミットでのＳＤＩの扱いについて「米の考えをうけたまわったが、首脳の間では議論せず、特に議題として採り上げなかった。しかし、外相間では意見交換が行なわれ、いろんな議論があった様である」と明かした。外相会談ではＳＤ

Iについて米国から情報を得る必要性や、研究の発展性についての議論がなされただけで、米側もこの場で西側が結束しSDI研究を一致して支持することまでは期待していなかったのである。

そして、中曽根は自ら提案したSDI五原則が議長総括の中に活かされたことについて、SDI研究を「理解」するという態度であり、日本政府の従来の立場から踏み出すものではなく「米にくぎを差した性格のもの」だと表現した(109)。中曽根はSDI五原則の内容は外務省および自民党の首脳部とよく相談して決めたことを明らかにし、レーガンが五原則に理解を示したことを大きな成果として受け止めていた。

ミッテラン大統領の不満

しかしこの時、次回東京サミットの議長を務める中曽根にとり、大きな懸念材料が持ち上がった。ボン・サミットの期間中、ミッテランはSDI問題だけでなく政治宣言における軍縮交渉への言及や多角的貿易交渉(新ラウンド)問題など、主要議題の大半で異議を唱えていた。また、彼は話し合いの場に徹するべきサミットが、他の諸国に代わって意思決定を下す場に変貌していることに対しても強い不満を表明していた。ボンでの米仏首脳会談およびサミット首脳会議の席上、SDIや新ラウンドに関する討議でレーガンとの対立を深めたミッテランは「来年の東京サミットには出席する気はない」と不参加の意向まで表明した。

これに対し、中曽根は米仏間の議論に割って入り「サミット参加国が結束することがいかに大事か、ということが理解されていないのは残念だ。アジアから一国だけ参加している日本としては敗戦国ということと同時にアジア全体のことも念頭におかなければならない。アジア各国の関心はあなた方の想像以上に高い。欧州だけの利害で発言しないでほしい」と釘を刺した(110)。しかし、ミッテランは中曽根の言葉の真意を図りかねたようである。この時、ミッテランは中曽根に対し、米仏間の意見対立に関し「なぜ日本が止めに入らなければならないのか」と答えている。

サミット閉会後間もなく、ミッテランは四日夕方の会見で「レーガン大統領に、フランスはSDIに参加しないと言ってやった。(西独などがSDIに参加しても)欧州技術の最良の部分が、欧州のものでない(アメリカの)計画に持って行かれないように望む」と不満を表明した[111]。そして、彼は再び「東京サミットには出席しない」と述べたのである[112]。こうして、次回サミットで議長を務める中曽根にとって、ミッテランから「参加」の意思を引き出すことが、西側の結束を維持する上でも重要な外交課題の一つとなった。

SDI研究「理解」の本質

ボン・サミットでの政治問題討議を経て、中曽根内閣は米国のSDI研究を理解し、参加を前向きに検討する姿勢を明確にした。五月六日、安倍はウィーンでの記者懇談会において、SDI研究への参加招請に関する米国への回答は、九月のニューヨーク国連総会に並行して開催されるG7外相会談での各国の対応を見てからでも遅くはないという判断を示した[113]。

また、帰国後の五月一〇日に開かれた衆議院外務委員会で、安倍は木下敬之助《きのしたけいのすけ》議員(民社党)と岡崎万寿秀《おかざきますひで》議員(日本共産党)の質問に答え、SDIについて「常識的に言えば、研究に参加すれば、支持につながるといえるだろう」と述べた。この答弁により、安倍は日本がSDI研究に参加すれば、これまで貫いてきた研究への「理解」から「支持」に踏み込むことになるとの見解を初めて明らかにしたのである[114]。

一方、中曽根はSDI研究への「理解」について、国民向けに分かりやすく説明しようとした。五月一四日夜に、NHKテレビの『総理にきく』に出演した中曽根は、加藤寛《かとうひろし》慶應義塾大学教授らとの対談で、次のように語っている。

ソ連はすでにABMを制限条約の枠内でモスクワ付近に配備している。SDIはこれに対抗するもので、野蛮な核戦争をなくすためのものだ。私はこの道義的な根拠を十分理解できる。科学だけではなく、政治的意味を持つもので、トランプのカードと同じだ。研究がすんで展開できるようになったらお互い（核兵器を）パーにしようという夢で、その夢をつぶすわけにはいかない[115]。

ここで中曽根が指摘したソ連のＡＢＭとは、一九六四年頃からモスクワ周辺に配備されたガロッシュ・ミサイルの後継システムを指すものと推測される。一九八〇年代半ばまでに、ソ連のＡＢＭは旧式のガロッシュから長距離ミサイルや短距離迎撃ミサイルを組み込んだ多層式の迎撃ミサイル網に進化していた。しかし、これに対抗する米国の新型ＡＢＭは、一九七二年のＡＢＭ条約の締結以前に、開発費の高騰と資金不足を理由として計画自体が中止されていた。こうした事情も踏まえて、中曽根はＡＢＭの分野で米国がソ連の後塵を拝しており、米国がソ連と同じ程度の研究の蓄積を持たないと、米ソ間で核軍縮をしようにも話し合いにならないことを強調した。その上で、中曽根はＳＤＩの道義的正当性を理解し、これを対ソ交渉の政治的武器として利用する構想をレーガンとの間で共有していると述べたのである。

このようにＳＤＩはソ連に対する一方的な優位や軍備競争を煽るものではなく、ソ連を真剣な軍縮交渉の席に座らせるための交渉材料であるというのが、中曽根のＳＤＩ研究に対する理解の本質であった。

ＳＤＩ実験の加速

ソ連のＡＢＭシステムの実戦配備に後れをとっていると判断した米国は、西側同盟国に対するＳＤＩ研究参加と技術提供を要請するだけでなく、研究室の外でもＳＤＩや宇宙兵器に関係する実験を開始した。

五月一四日には、米国防総省ＳＤＩ局長のエイブラハムソン（James A. Abrahamson）が日本に対し、コンピューター、光電子工学、レーザー光線の三分野における技術協力を要請する意向を明らかにしている。光電子工学に関する協力要請は四月のマッカラム博士による日本での現地調査を踏まえての判断であろう。また、これに呼応してワインバーガーも五月二三日に、ＳＤＩへの研究参加問題について、西側同盟国の政府が公式に研究への支持を示さない場合でも、同盟国の企業や科学者は研究に参加できると表明した。これは、ＳＤＩ研究参加への態度を政府として明確にしない同盟国であっても、民間レベルでの研究参加が可能であることを意味していた。[116]

こうした同盟国への協力要請と並行して、米国は研究室外でのＳＤＩ実験を加速させた。四月二九日に打ち上げられた米国航空宇宙局（National Aeronautics and Space Administration, NASA）のスペースシャトル「チャレンジャー号」では、無重量を利用して、敵の弾道ミサイルが発する赤外線を探知するのに有効な素材とされた硫酸三グリシン塩の結晶を作る実験が行われた。

これに続き六月一七日に打ち上げられた「ディスカバリー号」では、スペースシャトルの貨物室に設置された鏡に、ハワイ島のレーザー発射装置から放出された光を照射するという高精度トラッキング実験も実施された。[117]

さらに九月一三日には、米国防総省が軍事衛星を標的にしたＡＳＡＴの実験を行い、完全な成功を収めたと発表した。[118] これは米空軍のＦ―15戦闘機を高度二万メートルまで上昇させ、垂直姿勢で機体からＡＳＡＴミサイルを発射し、軌道上にある敵の偵察衛星や海洋監視衛星を直接攻撃して破壊するという防衛システムであった。[119] 実験成功に際してワインバーガーは、「ソ連は以前からＡＳＡＴ実戦能力を保有し、有利な立場にあるだけに、不均衡を是正する上で、アメリカは実験を継続して行うことが必要である」として、米国のＡＳＡＴ分野での実績づくりが、ソ連を本格的な宇宙兵器制限交渉の場に引き出すことになるとの考えを強調した。

米議会のＳＤＩ予算承認と対日協力要請

米連邦議会も研究室外でのＳＤＩ実験が成功を収めたことを受けて、レーガン政権の求める国防予算を承認した。六月二〇日、連邦議会の下院本会議はＳＤＩ関係予算として二五億ドルを認める決定を賛成二五六、反対五〇で可決した。また、これとあわせて下院本会議も、ＳＤＩ技術の研究・開発について同盟諸国の参加を要請する法案を可決した(120)。こうした動きは、ホワイトハウスのみならず連邦議会もＳＤＩに対する同盟国の協力を強く望んでいることを改めて示すことになった。

一方、連邦議会の対日要求はＳＤＩ分野以外の通常防衛力面にも及んだ。六月一〇日に加藤紘一《かとうこういち》防衛庁長官が訪米し、ワインバーガーとの間でシーレーン防衛や洋上防空を含む防衛力整備について意見交換が行われると、米議会はすぐに具体的な対日防衛要求を決めた(121)。米連邦議会上院は加藤訪米の翌日、日本が一九七六年策定の「防衛計画の大綱」を公式に再検討することと、一〇〇〇海里シーレーン防衛を一九九〇年までに達成できるように防衛庁の昭和五九年度中期業務計画を作成することを求める対日決議案を採択した。これは自衛隊の弾薬、兵站、継戦能力の不足を補うため、同分野の予算を毎年二〇％ずつ増やすことを含むものとするという具体的な要請であった(122)。

このように米議会が対日要請の水準を一気に引き上げる状況が顕著になった。こうした中、レーガン政権は、五月末に外務省を通じて中曽根内閣に対しＳＤＩ関連技術の対米供与を求めていた。また、加藤も訪米時に国防総省から説明を受けた際に、日本企業が持つ先端技術をＳＤＩに応用することについて米国が強く期待を寄せていることを理解した(123)。

六月半ば、日本政府は対米武器技術供与に関する交換公文に基づく初の供与要請が米国からなされたのを受けて、具体的な対応について省庁間（外務省、通産省、防衛庁）の協議に入った。供与要請のあった技術はＳＤＩに応用される可能性が高いミサイル追尾誘導技術であった。こうした事情から防衛庁は六月一九日に、同技術の供与要請に応じる場合、前提としてＳＤＩ研究参加への日本の態度も決定せざるを得なくなる、との見方を明らかにした。日本の持つミサイル追尾誘導技術は既存の軍事科学技術を集積したものであるが、米国の供与要請に応じた場合、それがＳＤＩに応用される可能性は十分考えられる、というのが当時の日本政府の認識であった。すなわち、日本のミサイル追尾誘導技術の供与は、結果的に見て米国のＳＤＩへの研究参加につながることを意味したのである。

外務、通産、防衛の三省庁間による検討を通じ、この年の秋には最終的に供与に応じる方向で結論を出す見通しとなっていたことから、中曽根内閣としては技術供与と研究参加の両面で方針の決定を迫られることとなった[124]。ただし、これはＳＤＩ研究への参加について、欧州諸国の動向も見極めながら進めていきたいとしてきた中曽根内閣の当初の行程表に大幅な見直しを迫るものではなかった。

西側諸国の動向——ユーレカとの両立

もっとも、日本がＳＤＩ研究への参加を検討するために参考とした西側諸国は、各国各様の意思決定スタイルをとった。フランスやノルウェーのように当初からＳＤＩ研究に不参加を表明した国もあれば、カナダのように「政府レベルでは不参加・民間レベルでは自由」との妥協案を選択した国もあった。ボン・サミットで議長総括を支持した西欧主要国も、ＳＤＩ研究参加に対して慎重な姿勢を崩さなかった。

五月二〇日、議長総括をまとめたコールはシュツットガルトで開かれた北大西洋評議会で演説した際に、ＳＤＩ研究への参加を前向きに検討する意向を示す一方、フランスが提案した欧州技術共同体構想（ユーレカ＝欧州独自の先端技術研究を目指す構想）の考えにも支持を表明した[125]。すなわち、コールは米国のＳＤＩとフランスのユーレカを両立させようとする姿勢を打ち出したのである。同じ日、パリで開かれたＷＥＵの総会で西独、英国、フランスをはじめとする西欧七カ国は、ＳＤＩ研究への参加問題に関する協議の開催を八五年末まで先送りとすることで一致した[126]。このように、サミット後も西側諸国のＳＤＩに対する立場は揺れ動いていたのである。

米国の思惑通りに一九八五年末までにＳＤＩ研究参加のための対米覚書に署名したのは英国だけであり、西独とイスラエルはやや遅れて八六年の春に対米協定を結んだ。イタリアに至っては、日本が研究参加方針を決定した直後に対米協定を締結している。こうした状況を見る限り、欧州諸国の動向を見極めながらＳＤＩ研究参加の判断を下すとしていた中曽根内閣の対応が、慎重の上に慎重を重ねたものとなるのは当然のことだったと言えよう。

三　核・宇宙交渉（ＮＳＴ）開始後の米ソ対立

暗礁に乗り上げたＮＳＴ

第二節で検討したように、ボン・サミットでは米国のＳＤＩ研究に対するＧ７諸国の一致した支持をめぐって議論がまとまらず、西側の抑止戦略に関しても米仏間の意見相違が生じた。特に、ミッテランが一九八六年の東京サミットに参加しないと発言したことは、議長を務める中曽根にとって懸念材料となった。

他方で、ボン・サミットではソ連のゴルバチョフ新政権についての議論がなされた。その政治宣言において、西側諸国が対ソ交渉に臨むレーガン政権を支持するとともに、米ソ首脳会談開催への期待を示したことは一つの成果であった[127]。このようにサミットで米ソ首脳会談開催への期待が示された背景には、何があったのだろうか。以下では、開始当初からほとんど進展がなかったジュネーブＮＳＴが米ソ関係に与えた影響について考察したい。

ＮＳＴ第一ラウンドは、ボン・サミット前の四月二三日に閉会した。三〇日には米側交渉代表団のカンペルマン（Max Kampelman）、タワー（John Tower）、グリットマンがボンへ発つ直前のレーガンに対して、ＮＳＴの進展状況についてブリーフィングを行った。このブリーフィングでは第二ラウンドに向けた準備について議論が行われた。この日、レーガンは「われわれは極めて意味のある軍備制限を達しうる最善のポジションにある。忍耐と力と西側の団結によって、ジュネーブ交渉は成功するだろう」と楽観的な見方を示した[128]。しかしながら実際には、レーガンは代表団から第一ラウンドでソ連がさまざまな対西側プロパガンダを行っているとの報告を受けており、先行きは明るくなかった[129]。

同日、ある米政府高官も「ソ連は今回の交渉を過去とは違う全く新しい交渉として様々な提案をしてきているが、八三年一一月にジュネーブでのＩＮＦ削減交渉から手を引いたときと比べれば後退している」と漏らしている[130]。こうした状況を見る限り、ＮＳＴは当初期待されたような進展を見せていなかったのである。

ＮＳＴ第一ラウンドが進展しなかった背景については、五月一日にニッツェ米大統領特別顧問がナショナル・プレス・クラブで行った会見で明らかにしている。ニッツェによれば、ソ連はＮＳＴ第一ラウンドでＩＮＦ交渉についてアジア部のＳＳ―20を凍結すると提案した。ＳＴＡＲＴについては米側のＡＬＣＭを含む射程六〇〇キロメートル以上の巡航ミサイルの全面禁止を提案した。また、そして、宇宙兵器についても、その定義からソ連が保有するＡＢＭシステムを除外するという方針を示した[131]。

これらは、いずれも中断前のＩＮＦ交渉、ＳＴＡＲＴおよび一九八五年一月の米ソ外相会談でのソ連提案から後退した内容となっている。結局のところ、第一ラウンドでのソ連側の提案は、米側に一方的譲歩を迫ると同時に、ソ連側に優位な現状の固定化を狙ったものであった。ボン・サミットの政治宣言で西側諸国が米ソ首脳会談の開催を支持し、米ソ交渉の進展に期待感を示した背景には、ＮＳＴ第一ラウンドにおけるソ連側の交渉姿勢の後退を受け、ソ連がより真剣に交渉に臨むようにとの意図が込められていたのであろう。

ＮＳＴを阻むＳＤＩ

しかし、サミット政治宣言のソ連に対する肯定的な効果はすぐには現れなかった。五月三〇日から七月一六日の会期で行われたＮＳＴ第二ラウンドの開始に際し、米ソは非難の応酬を繰り返した。

五月一四日にウィーンで米ソ外相が会談し、米ソ首脳会談の開催とＮＳＴに関する意見交換が行われた。会談後、グロムイコは、NSTについて米側の非建設的な姿勢に憂慮を表明した。彼は「シュルツ国務長官の言明からは、軍備制限に関する米政権の意見表明を実際の政策に反映させるつもりがあるのかどうか、結論の引き出しようがない」と批判したのである[132]。

グロムイコによる対米批判の背景にはソ連が懸念しているSDI研究について、これを宇宙軍備競争阻止の枠組みの中で扱うこと、またINF交渉、STARTとSDIを相互に関連付けることに対して米側が難色を示し続けているという事情があった。さらに、グロムイコは中東、中米、アジア等の内政問題に対して、米国が自国の意思を押し付けようとしていることが「国際情勢先鋭化の主要な根源」であると述べ、不快感を表明した[133]。

また、第二節で検討した通り、レーガンはサミットでSDI研究に対する西側諸国からの支持を取り付け、これを対ソ交渉への足場固めにしようとしたが、このような米国のSDI計画推進に対してソ連はますます警戒感を強めた。

五月二七日に、ゴルバチョフはNST第一ラウンドについて「米国のかたくなな態度のために交渉の成果は全くない」と評した[134]。ソ連はNSTで成果が上がらない責任を、SDI研究を推し進めている米国に求めたのである。これに対し、スピークス米大統領副報道官は、第一ラウンドでの成果なしという評価に同意すると述べつつ、その責任をソ連側の交渉姿勢の後退に帰せようとした[135]。

ただし、このような非難合戦の中にあっても、米ソ両国はNSTにおける双方の交渉努力を無に帰すようなことは慎重に避けていた。そのことはスピークスが、第二ラウンドでソ連のかたくなな姿勢に対抗せず、米国は柔軟姿勢で臨み、核削減に忍耐強く取り組む意思を示したことからも明らかである[136]。また、ゴルバチョフも二九日の演説で、米国が宇宙軍事化を諦めれば戦略核と中距離核の削減は可能であると主張した[137]。

このように、NST第一ラウンドと第二ラウンドの間に、米ソが互いに交渉遅延の責任を相手側に押し付ける非難の応酬が続いたことは、双方の交渉代表団にも強い危機意識を呼び覚ました。

第二ラウンドの開始に際し、カルポフ（Viktor Karpov）ソ連首席代表は核戦争の防止と同時に、米ソの友好関係追求のため、NSTにおける三分野での合意を成すことが我々の責任であると言明した[138]。一方、米側の交渉代表団は、NSTの打開のためには米ソ首脳会談の開催が必要だが、会談が一九八六年初頭までに設定されない場合には、NSTは失敗に終わるも同然であると警告した[139]。

レーガン＝ゴルバチョフ書簡――防御兵器の概念をめぐって

こうして、核軍縮交渉の現場からも米ソ首脳会談の開催を求める声が上がり始めた。だが、首脳会談によって一気にNSTの行き詰まりを打開できるという期待は未だ大きくなかった。この間、米ソ首脳は書簡を通じてNSTに関する意見交換を行っている。書簡のやり取りを介して、SDIがレーガンの主張する通り防御兵器に止まるのか、あるいはゴルバチョフが指摘するように攻撃兵器の性格を有するのかについて、両者の認識は平行線を辿っていた。

レーガンは四月三〇日付のゴルバチョフ宛て書簡で、SDIがソ連を攻撃するための攻勢的な目的を持つものとする書記長の描写に驚愕したと記した。そして、「真実は全く反対」であり、SDIは核兵器廃絶へ向かう手段を提供するものであるとの自身の見解を説明した[140]。また、レーガンは一九六二年のグロムイコ外相の国連演説を引用して、ソ連政府は弾道ミサイル防衛を「善きもの」と言明していること、そして、ソ連は首都モスクワの周辺に運用可能なABMシステムを配備しているだけでなく、同システムの更新や積極的なミサイル防衛の研究計画を追求しているのではないかと指摘した[141]。

これに対し、ゴルバチョフは六月一〇日付けのレーガン宛て書簡で、米国による大規模なABMシステム開発の試みは、急速な情勢の不安定化を不可避とし、宇宙の軍事化を進行させるであろうと反論した[142]。また、ゴルバチョフはSDIが「純粋に攻撃任務の遂行能力を持つ宇宙打撃兵器である」との認識を崩さず、SDIが核廃絶へ向かう手段であるというレーガンの考え方を否定したのである[143]。

応酬の原因

さらに、NST第二ラウンドでの交渉の停滞を受けて、ゴルバチョフは米国の国防政策に対する非難をエスカレートさせた。ゴルバチョフは六月二六日にウクライナのドニエプロペトロフスクで行った演説で、米国がNSTで宇宙、地上、海洋における核軍縮問題を解決せず軍拡計画を強化するならば、ソ連はそういった現在の状況を再評価せざるを得なくなると強調した。そして、米国がNSTを戦略的優位の確保のための囮として利用するならば、ソ連はこれを看過することは出来ないと警告した[144]。

ゴルバチョフが公然と対米非難を行ったことに対して、米側も激しく反発した。国務省は、NSTで時間稼ぎをしているのはソ連側であり、ゴルバチョフの発言は事実を曲解しているばかりか、交渉自体を放棄すると言うに等しいと糾弾したのである[145]。

こうした米側の苛立ちの背景には別の要因もあった。ゴルバチョフは四月七日に、SS—20の追加配備を半年間凍結するというモラトリアムを宣言していたにもかかわらず、NATO側の調査ではSS—20の配備総数が、なお増加していることが明らかになった。六月末にNATO特別顧問グループは、ソ連がアジア部と欧州部の両地域でSS—20の基地建設を続行し、その配備総数が三月時点の四一四基から四二三基に増加していると発表し、モラトリアム宣言に明確に反している事実を公表したのである[146]。

前に引用した四月二五日のルート西独外務省軍備管理局長と在西独日本大使館員との会見でも、INF交渉でソ連がアプローチを変えてきたことが取り上げられている。ルート局長は、第一にソ連がSS—23の前方配備を米INFと取引し、SS—20を無傷で残そうとしていること。第二に英仏核をINF交渉に算入すべしとのソ連の立場は変わらず、グローバルな解決についてはむしろ後退していること。第三にSS—20の基地建設が極東地域中心になっている面があること。第四にソ連は西側のＩＮＦ配備を認めない半面で、ゴルバチョフのモラトリアム宣言は西側に既に配備されたＩＮＦの撤去は求めていないこと。第五にソ連にとり有利な交渉結果であればＩＮＦ交渉と宇宙兵器交渉を分離して合意することも考えられること、など注目すべき動向を列挙した。ただしルート局長は、ソ連はアプローチを変えてきてはいるが、その目指す結果は従来と同じであると考えていた[147]。

当時、こうしたソ連の発言（モラトリアム宣言）と行動（ＳＳ―20基地建設の続行）が一致しない事態について、米側の交渉担当者はどのように分析していたのであろうか。米側首席代表のニッツェは、第二ラウンドまでの間にゴルバチョフがＩＮＦ交渉およびＳＴＡＲＴ中断以前の立場に戻り、戦略核ミサイルの二五％削減と欧州部ＩＮＦ交渉合意後のアジア部ＳＳ―20の現状凍結に言及したことについて、前進はなく、むしろ後退していると考えていた。そして、交渉進展のための第一条件として、ソ連の最高意思決定機関である共産党政治局が建設的合意のための交渉を行うと意思表示することが重要であると指摘した[148]。

ニッツェはＳＡＬＴなどにおいて、ソ連政治局が合意を望ましいものと考え、真剣に交渉に応じる判断を下すと、米ソ交渉が急速に進展したという過去の経験からこのような結論を導き出した。つまり、協定を締結することに対してトップレベルの意思が事務レベルに対していかに的確に示されるかが、交渉の成功を左右する最大の要因となるのである。ニッツェは、ソ連にはその兆候はまだ見えないとして、第二ラウンドでも具体的成果が上がらないと予測していた[149]。

これに加えて、ソ連側が東西関係の改善と軍備管理交渉の進展との間の相互関係を軽視していることも問題であった。ニッツェによれば、シュルツをはじめ国務省は両者の相互関係を重視し、東西関係の大きな枠組みの中に軍備管理交渉を位置付けていた。特に、東西の緊張緩和の進展に伴って、軍備管理交渉での有用な合意を導くための信頼を醸成するというのが、シュルツの狙いであった[150]。

シェワルナゼ外相の就任――ソ連の外交理念の変化

このような米側の東西関係改善への期待が高まる中、ソ連においては外交に関する人事と理念の両方が刷新された。

七月二日、ソ連共産党中央委員会総会は、ゴルバチョフが外相就任を打診していたグルジア出身の改革派指導者シェワルナゼ(Eduard A. Shevardnadze)を政治局員に選出した。シェワルナゼの外相就任は、半世紀近くにわたりソ連の外交政策を牛耳ってきた官僚出身の外相グロムイコの退場を意味していた。

ゴルバチョフは、グロムイコを最高幹部会議長に祭り上げると同時に、グロムイコにシェワルナゼの外相就任を支持させ、西側との交流経験の豊富な人材を登用することでソ連外交の刷新を図ろうとした[151]。また、ゴルバチョフはシェワルナゼがグロムイコのような官僚出身者ではなく、政治家出身の外相となることを重視していた。ゴルバチョフにとっては、シェワルナゼが西側指導者や西側の外相を相手に交渉を展開する上で必要な、政治家的な感性を備えていることも選出の決定要因であった[152]。

外相就任当初、シェワルナゼは外相としての自身の成長、ソ連外務省自体の業務の再構築、新しい外交戦略の実施、という三つの課題に取り組んだ[153]。特に、東西関係の改善と米ソ核軍縮交渉については、軍拡競争を緩和し平和的手段で安全保障問題を解決するため、外務省内に新たに軍備制限軍縮局を設置し(一九八六年六月)、欧州、米国、アジア地域を担当する各部局の大幅な改編を実施した。

また、ゴルバチョフの掲げるペレストロイカという国内改革に並んで、一九八七年に発表された「欧州共通の家」(大西洋からウラルまでの全国家が政治、経済、軍事的な分断を乗り越え、一つの共同体を形成するという構想)や「新思考外交」(核兵器による破局の阻止が階級的利益よりも重要であるという考え方に基づく外交)という新しい概念に基づく外交アプローチを強化することもシェワルナゼの重要な役目であった。

そこでまず何よりも、ゴルバチョフとシェワルナゼは米国との核軍縮交渉を軌道に乗せ、年内の米ソ首脳会談を実現して、西側諸国の対ソ認識を大きく変えることが重要と考えた。シェワルナゼは外相就任から一カ月足らずの間に、ジュネーブでの米ソ首脳会談を一一月一九日に開催することで米側と合意した。

四　ジュネーブ米ソ首脳会談への道のり

日仏首脳の対ソ観

ソ連の外交人事が刷新され、ジュネーブでの米ソ首脳会談に向けた「新デタント」の潮流が生まれる中で、中曽根は七月一三日から二〇日までの日程で欧州四カ国公式訪問(フランス、イタリア、バチカン、ベルギー)の旅に出た。同行した長谷川秘書官によれば、「中曽根総理は仕事、仕事でたいへん苦労しておられて、総理としての年間の外遊の回数が非常に多いので、今度の西欧訪問ぐらいは文化の旅にしたらどうかという考え」で臨んだという[154]。たしかに当時の日程を一瞥すると、公式の首脳会談や講演、式典への出席以外の行事は、モネやセザンヌのアトリエ視察、サンピエトロ聖堂およびシスティーナ礼拝堂見学などで埋まっており、総理の欧州訪問が芸術・文化に重点を置いたものに見える。

しかし、中曽根にとり今回の欧州訪問は「文化の旅」に止まるものではなかった。ボン・サミットでSDI研究の支持に難色を示したミッテランをいかに説得して、翌年の東京サミットへの参加の意思を引き出すのか。そして、日仏間で西側の結束を再確認することも、公式訪問の重要な目的であった。中曽根の訪欧初日に、エリゼ宮でのミッテランとの会談・午餐会およびファビウス(Laurent Fabius)首相やデュマ外相との会談・晩餐会がセッティングされていたことからも、フランス政府との間で国際政治の諸問題について意見交換をするのが旅の重要な目的であったことが明らかである。

七月一三日午前一一時三〇分から行われた日仏首脳会談では、「ゴルバチョフ政権の性格と仏ソ関係」「ＳＤＩ」「関税及び貿易に関する一般協定(General Agreement on Tariffs and Trade, GATT)新ラウンド」「東京サミット」の四つが議題として取り上げられた。

まず、「ゴルバチョフ政権の性格と仏ソ関係」については、ミッテランから細部にわたるゴルバチョフの人物評がなされた。ミッテランは、クレムリンでの晩餐会などで二回ゴルバチョフと会見した経緯を踏まえて、こう述べた。「彼の立場は、ソ連の全般的戦略の枠内にとどまるものであるが、その個性(PERSONNALITE)、対応ぶりは他の指導者と異なっている。フルシチョフ(Nikita S. Khrushchev)もブレジネフも個性的ではあったが、二人とも近代的な考えを述べることはなかった。ゴルバチョフは革命を知らない世代に属しており、革命に対し冷静な見方(REGARD FROID)をもっている」[155]。

そして、ミッテランはゴルバチョフの指導者としての強みを次のようにまとめた。

・若く、長く政権をにぎっていられること
・他の指導層が老齢化しており、早晩交替が予想されること
・ソ連の戦略の原則に忠実なこと
・外国への対応につき全く新しい手法をもっていること[156]

このミッテランのゴルバチョフ評には特に新しい要素が含まれているわけではない。おそらく、当時の西側指導者がゴルバチョフに対して抱いていた一般的な印象を述べたに過ぎないであろう。

しかし、これに続く「仏ソ関係」の説明には、フランスの核政策がソ連外交の多様化にも影響を与えているという彼独自の見解が含まれており非常に興味深い。ミッテランはゴルバチョフが米ソ首脳会談に先立ち、なぜ一

〇月にフランスを訪問することを決めたのか、その経緯について次のように語っている。

自分は政権についた後三年間対ソ強硬政策をとってきた。パーシングⅡの独配備も支持したし、四七名のソ連外交官をスパイ容疑で追放もした。これは対ソ敵対的な立場からではなく仏はソ連に尊敬されねばならないとの考えからであった。

ソ連は西欧訪問の機会をうかがっていたと思う。しかし英は米と近すぎるので英を訪問してもあまり意味はなく、直接米を訪問した方が良いし、また西独について言えば、西独・ソ連双方にお互いに接近したいとの気持ちはあるものの西独の防衛政策が自主的なものではなく、最終決定を自分で行い得ないため適当ではなかった。

これに対し仏は米の忠実な同盟国ではあるが核を基礎とした独自の国防政策を有しており、米と大きく立場の異なる部分もある。

自分はソ連が米ソ二極関係の枠から出て対外関係の多様化を図りたいと考えたのだと思う。つまりソ連はこの三〇年で初めて本当に欧州に目を向けたのだと思う。[157]

「仏はソ連に尊敬されねばならない」とのミッテランの考え方は、ともすれば独善的に聞こえる。だが、結局のところゴルバチョフは、英国や西独は外交・防衛政策に対する米国の影響力が強いと判断し、独自の国防政策を採るフランスへの訪問を決断したのだとミッテランは見ており、これは西欧諸国の間における対米関係の相違も意識した冷徹な分析であったと言えよう。また、ミッテランはフランスが米国の推進するＳＤＩに対し、西側で唯一消極的な姿勢を貫いていることも、仏ソ間の接近に寄与したのではないかと捉えていた。以上のような経緯から、ミッテランは一〇月の仏ソ首脳会談が「政治的と言うよりは心理的なもの」になるであろうと予測し、ゴルバチョフに対しても「特に期待しているものはない」と総括した。[158]

ミッテランのソ連観に対し、中曽根は「ゴルバチョフは若いのが一つの強味だ。まだ二五年位時間があろう。従って彼は短期的、中期的、長期的計画をもっているものと思う」との感想を述べた。また、共産主義が対外的にも対内的にも崩壊している現状下で、その再活性化を図るために、ゴルバチョフが平和と時間を必要としていると指摘した。[159] そして、中曽根は一九八六年二月のソ連共産党大会でゴルバチョフが改革派勢力の基盤を党の中央委員会で拡大した後で、対外的に柔軟な態度に出てくるのではないかと予測した。

いずれにせよ、ミッテランも中曽根も、ゴルバチョフを革命世代とは大きく異なる近代的思考を持った指導者として評価していた。また、ゴルバチョフが伝統的なソ連の戦略からはみ出さずに、共産主義の再生のため柔軟な対外政策を採り、時間稼ぎをしているという点でも認識が一致したのである。

日仏間の対米認識

こうして日仏両首脳は対ソ観についての認識をほぼ一致させた。だが、両者はＳＤＩ問題について議論した際に、立場の違いを際立たせることとなった。

「仏の態度は極めてうしろ向きのものである」という言葉を放ったミッテランはＳＤＩに反対する理由を、米国の提案に内在する問題とＳＤＩ問題の本質とに分けて説明した。

前者について、ミッテランはＳＤＩ研究に関する提案が米国の戦略形成の決定そのものに対する参加招請であれば、フランスとして検討の余地があるとしている。しかし、提案の対象が戦略形成の実施面に限定され、かつ米国だけで戦略実施の方法を決定するのであれば、フランスは参加できないと断言した。[160]

また、後者についてもＳＤＩが現在の戦略に取って代わるのは三〇年から四〇年も先の話であり、軍備管理交渉で宇宙軍備を取り上げること自体、望ましくないと主張した。ミッテランにとって重要なのは、現在のフランスの安全保障を同国が保有する五〇〇発の核弾頭によって守ることであった。したがって、現行の核抑止に代わる戦略はなく、フランスはＳＤＩに参加しないというのが米国の参加招請に対するミッテランの回答であった。ただし、ミッテランは政府レベルでの参加招請には応じないと述べながらも、「仏の企業でＳＤＩに参加したいものがあれば止めはしないが奨励することはない」と述べた。すなわち、民間レベルでの参加には含みを持たせていたのである。また、「仏は何も米と悪い関係にある訳ではない。〔中略〕仏はＮＡＴＯの軍事機構には参加していないが米とは緊密に協議しており、しかも他のＮＡＴＯ諸国と比べても米との軍事的対話はより多い程である」と、米仏関係の親密さを強調する一幕もあった[161]。

これに対し中曽根は、日本の立場はＳＤＩの研究に理解を示すものであるとしながらも、ミッテランの主張に歩調を合わせて、「ＳＤＩが二〇年かかるか五〇年かかるか分からないが、攻守のバランスをとる必要あり、また重要なことはＳＤＩはＡＢＭ条約のワク内で扱わねばならない」と答えた[162]。

また、ＳＤＩ研究で日米間に前進があるとしても、それは従来の日米安保体制の枠組みの中で実施していくことになるため、戦略防衛の問題で日本が突出した役割を担う可能性はないことを示した。それと同時に、中曽根はＳＤＩに関する詳しい情報が米側から日本側に対してなかなか伝達されないことに不満を抱いていたようである。中曽根は、日本として参加の態度を決める前に、米国からより多くの情報を得たいとレーガンに要請している実情を語り、この問題について日米間の協議を求めていると述べている。

米仏間の緊密な軍事対話を強調したミッテランに対して、同盟強化の途上にありながらも、ＳＤＩ問題になると日米間の情報交換はあまり上手くいっていないことを匂わせる中曽根の発言からは、米国の戦略形成の実施面に近付けないまま技術協力だけを求められている日本の苦悩も滲み出ている。

なお、ミッテランはＧＡＴＴの新ラウンド開始について、米国の関心事項である農業問題だけでなく、工業製品、サーヴィス、基準など国際貿易を構成する全ての項目を扱うことと、発展途上国の合意を取り付けることを条件として、基本的には賛成であることを中曽根に伝えた[163]。

最後に、ミッテランは先進七カ国だけで他の国の政策まで決定することはできないとして、レーガン主導のサミット討議の在り方に疑問を呈した。それでも、彼は東京サミットが成功するように中曽根に協力したいと述べた。ミッテランは翌年のサミット参加を否定しなかったのである。これにより、ミッテランの東京サミット不参加発言に対する中曽根の懸念は払拭されたと言えよう。

第一次ＳＤＩ調査団の米国派遣

こうして中曽根の訪仏は成功裏に終了した。一方、日本のＳＤＩ研究参加問題についてはしばらく目立った動きがなかった。日本政府が一九八五年内に研究参加に前向きな姿勢を米側に回答する方針を固めた、と報じられたのは八月半ばになってからであった。その内容は、第一に、八五年秋までに米国防総省の専門家チームの来日を要請すること。第二に、日本から関係省庁(外務、通産、防衛、科学技術)の担当官を米国に派遣してＳＤＩ研究の進展状況をつかむこと。そして第三に、担当官からの調査報告を受けて米国への回答を作成することである。また、政府は対米武器技術供与に関する細目取り決めの枠内において、ＳＤＩ研究の分野ごとに個別的に参加する道を模索していた[164]。

こうした動きが出てきたのは、一〇月の国連総会での日米外相会談に続いて、ワインバーガーの来日、米ソ首脳会談などの外交日程が徐々に決まってきており、その中でＳＤＩ問題が中心的な議題に上ると考えられたからである。ただし、米国への回答時期に関して、外務省は「西側先進国の中で日本が最初に手をあげるのは避けたい」としていた。安倍が国会答弁などで明らかにしてきたように、日本の参加決定は欧州諸国の動向をよく見極めてから検討するとの姿勢に大きな変化はなかったのである。当時、英国が一九八五年内に研究参加を公式に決めるとの見方が強まっていた。外務省はこうした動向を見ながら「英国や西独が研究参加に相次いで踏み切れば、日本が回答する環境が整う」と考えていた。[165]

英国では七月に開かれた米英首脳会談を受けて、八月二一日にＳＤＩ協力に関する政府高級レベルの作業チームを米国に派遣するとともに、二国間協力のための基本原則をまとめた。次いで九月半ばに、英国は米国防総省ＳＤＩ局の専門家をロンドンに招き、英国防省高官との協議の上、一〇月には正式参加のための報告書をサッチャー内閣に上程した。

また、西独政府も九月初旬に官民合同の視察団を米国に派遣して、ワインバーガー、エイブラハムソンＳＤＩ局長のほか、ＮＳＣやＡＣＤＡ関係者との間でＳＤＩについて協議を行った。なお、西独政府は民間企業のＳＤＩ参加について自由に認めるとする立場を示していたが、企業側から米独政府間の枠組み作りを強く要求されたため、三〇人規模の大がかりな視察団を派遣した。[166]

英、西独が相次いで作業チームや視察団の米国派遣に踏み切ったことを受けて、日本政府も九月末に、関係四省庁の担当官で構成された調査団を米国に派遣することを決めた。九月二九日、外務省の渡辺允《わたなべまこと》北米局審議官を団長とする第一次ＳＤＩ調査団がワシントンＤＣを訪れ、翌日からエイブラハムソン局長をはじめとする米側担当者と会談を重ねた。この一連の会談で、調査団は国防総省の担当者からＳＤＩ研究に必要な個別技術の内容、ＳＤＩ計画の対ソ戦略上の意味、ソ連のＳＤＩ研究開発の現況、そして西側同盟国がＳＤＩ研究に協力する際の米側の制度上の対応について説明を受けた。[167]

調査団訪米のもう一つの目的は、五月末に米側から要請があった日本のミサイル追尾技術の供与について、最終的な協議を行うことであった。協議は二日間にわたり行われた。訪米最終日の一〇月三日、調査団は国防総省との間で、対米武器技術供与取り決めに基づき、日本のミサイル追尾技術を対米供与第一号とするための細目取り決めについて実質合意した。[168]取り決め文書への署名は一〇月末の中曽根訪米時に行われることとなった。この細目取り決めの内容は非公開とされたが、研究開発費の分担方式のほかに、供与した技術が供与目的以外に使用されたり、第三国に移転されることを防止するための手続きが盛り込まれた。また、細目取り決めに従い、対米武器技術供与は、日米間の武器技術共同委員会(Joint Military Technology Commission, JMTC)で協議、決定されることになった[169]。

細目取り決めの合意は、SDI研究への参加に関する日本側の法的手続き面における障害がなくなったことを意味していた。つまり、SDI研究への参加を検討してきた日本政府としては、研究参加の問題について政府レベルでの判断を残すだけとなったのである。この時、日本が細目取り決めに合意したのは、SDI研究参加への政治的判断が遅れているのではないかという米側からの懸念を払拭するとともに、米ソ首脳会談前にSDI研究の側面で米国の立場を下支えするという狙いがあったのかもしれない。

強気姿勢の中の苦悶

八月末、ゴルバチョフは米誌『タイム』のインタビューに答えた際、一一月に開かれる米ソ首脳会談に言及した。その中で、彼はレーガンが会談でソ連に対する強硬路線をとるのであれば、ソ連も一方的な譲歩はしないという姿勢を明確にした。会談の見通しについて、ゴルバチョフは「まるでどちらが巧妙なパンチを相手に食わせるかを競うような政治的闘技の舞台になりそうだ」と表現した。当時、ゴルバチョフの胸中には米ソ関係が極めて複雑で緊迫しており、爆発寸前と言っても過言ではなく戦争の脅威は収まっていないという認識があった[170]。

それと同時に、米国がSDI計画を中止しない限り、軍備制限で合意するのは不可能であると述べた。ゴルバチョフから見ると、宇宙軍事化が禁止されないならば、他の軍縮交渉で合意に至っても米ソ間の均衡には何の役にも立たず、したがって彼はSDI計画が中止されないのであれば「ソ連側も居眠りしているわけにはいかない」として、SDIに対抗する考えを示したのである[171]。

他方で、ゴルバチョフは米ソ関係改善が望ましいことも十分理解していた。「天の神は地上の二超大国の関係改善の道を見いだす知恵を授けるのを拒否しなかった」との言葉を通じて、彼は米ソ関係改善に全力を尽くす意思を明らかにした[172]。ジュネーブでの首脳会談ではSDI計画の中止を迫るとして強気を見せながらも、対米関係改善の意思をのぞかせるソ連の政治的立場の弱さは、九月に行われた日ソ協議の場でより一層明確になった。

第五回日ソ事務レベル協議

九月五日午前、東京で第五回日ソ事務レベル協議が開かれた。協議に出席したカピッツァ外務次官は「現下の国際情勢は不安定で危なっかしく爆発寸前の状態にある」と述べ、先のゴルバチョフの認識とほぼ同じ見方を示した。その上で、同次官は米国が社会主義国に対する階級戦争を仕掛け、ソ連に大きな経済的負担を課して軍事的不安を与えようとしていると述べた。また、カピッツァは「ソ連経済はいかなる経済負担にも堪えられる」と強気の姿勢を見せた[173]。だが、それも日本と米欧との関係強化に不満を述べた時点で虚勢でしかないことが露呈した。

彼は、ジュネーブ首脳会談が平等な協議となることを望み、米側がソ連に対する優位性を求めれば何の結果ももたらさないと強調した。注目すべきは、その直後の発言で次のように述べたことである。

欧州におけるINF配備に関し、日本にとっての賢明な立場は、静観することではなかったかと思う。しかし、日本はINF配備を積極的に支持した。これは、ソ連にとってみれば後から打撃を受けたようなものであり、隣国同士としてあるべき関係の姿ではない[174]。

この一言で、カピッツァは図らずも日本側にソ連の政治的立場の弱さを露呈してしまった。「日本側は、対ソ関係を対立の面からでなく協力の立場からみて欲しい」という言葉の中にも、強固な日米同盟を前にしてソ連の西側分断策がうまくいかなかった状況がよく表れている。

加えて、カピッツァは日本が平和国家であっても米国の侵略的行動を支持している同盟国である限り、侵略政策の参加者であり、米国から離れなければ平和的政策とは言えない等、対日批判を続けた。そして、在日米軍三沢基地には五八機の核搭載機が配備されていることから、日本は非核三原則を骨抜きにしていると指摘した。[175]

同協議に出席した梁井新一《やないしんいち》外務審議官は、こうしたカピッツァの発言に対して終始冷静に対応した。梁井はINF問題が日本にとって重大な関心事であるとした上で、INFの可能な限り低い水準でのグローバルな均衡の達成に向けた真剣な努力を強く要請した。[176] そして、「日本が侵略者米国を支持して行動している」とするカピッツァの批判に対しても、こう反論した。「米国が欧州にINFを配備したのは、そもそもソ連のSS—20が配備されたからであり、これに対抗するものであった」。さらに、梁井は三沢基地へのF—16戦闘機配備についても、「ソ連の軍事力増強による極東情勢の複雑化が原因である」としてカピッツァの主張を斥けた。[177]

これに対しカピッツァは、極東に配備されたソ連の軍事力は日本を目標としたものではないとして、「SS—20が日本を目標としているかの発言は信じられない」と述べた。だが、後にカンペルマンNST米首席代表がカルポフNSTソ連首席代表から得た情報では、アジア部配備のSS—20の三分の一が日本を標的としていたことが明らかになっている。

第一章でも見たように、ミサイルの配備やその目標については、ソ連外務省とソ連軍部との間で情報の共有がなされていなかったことを勘案する必要がある。しかし、同じソ連外務省内で、しかも対外交渉の最高責任者である次官と首席代表の見解が一八〇度異なるのは、統制のとれた共産圏の官僚として見た場合、正常な関係とは言い難いであろう。

さらに、カピッツァの言説は「日本には核兵器があると思うし、日本人にもわからないところに、かくされているのだろう」という根拠薄弱の内容へとエスカレートする。[178] 確かに、ゴルバチョフ書記長も就任当初はこのような言説を信じ、沖縄に米軍の核が存在しているのではないかと疑っていた。しかし、先の日ソ首脳会談で見た通り、こうしたゴルバチョフの挑発的発言に対し、中曽根は冷静に事実を述べることでその疑念を払拭した。同様に、カピッツァも本協議で日本側の虚を衝こうとしたのであろうが、空振りに終わった。

同日午後の協議では、梁井はカピッツァの主張に対し整然と反論した。特に、日本は米国との協調が日ソ関係を発展させる上での障害になるとは考えておらず、日本の行動の全てを米国の影響によるものと見ることは誤りであると注意を促した。そして、「日本が自らの国益と国際的責任とに基づき、米国に対して主張すべきことは主張してその外交政策を進めていることをソ連が適切に評価しない限り、真の日ソ友好関係の進展のありえないことを認識すべきである」と切り返したのである[179]。

協議の途中でカピッツァは、シェワルナゼ外相の訪日について言及し、日本側の適当な準備があればそれは実現すると述べた。だが、外相訪日中に騒ぎが起きるならば訪日は実現しないとも付け加えた。協議中、外務省の外では「北方領土を返せ！」「カピッツァ帰れ！」といった右翼の怒号が響いていた[180]。カピッツァはこうした日本国内の反ソ連感情を治めなければシェワルナゼ訪日はあり得ないとして、日本側を牽制しようとしたのかもしれない。

ソ連提案に対するレーガン大統領の反応

一一月一九日のジュネーブでの米ソ首脳会談を目前に控えて、ゴルバチョフはＩＮＦ交渉に対する姿勢を軟化させた。ソ連政府は九月二七日に発表した核軍縮に関する提案の中で、戦略核兵器を五〇％削減することを示し、宇宙兵器の全面禁止をその前提条件として掲げた。ゴルバチョフは、九月一二日付のレーガン宛て書簡で「米国が開発している宇宙攻撃兵器と大規模なＡＢＭシステム計画の実施は、核兵器問題を解決することにはならず、核兵器の制限と削減の全過程を悪化させ、最悪の結果を招く」と強調している[181]。なお、二七日のソ連の提案では、

ＩＮＦについて欧州部配備のＳＳ―20を削減の対象とし、アジア部のそれを除外するとしていた。

しかし、一〇月三日のゴルバチョフ訪仏時の演説では、より柔軟な姿勢が示された。英仏両国に対してＩＮＦ削減の直接交渉を望むくだりは従来のソ連の立場と変わらないものの、ゴルバチョフは「中距離核兵器の相互削減に関する合意を容易にするため、これを宇宙兵器および戦略兵器の問題と直接関連させないで、別個に然るべき協定を締結することが可能である」と明らかにした[182]。さらに、一〇月一八日にジュネーブで行われたＮＳＴ第三ラウンドで、ソ連は米国に対してアジア部配備のＳＳ―20を欧州配備のそれと同等に扱い、アジア部配備分も削減対象とする意向を示した[183]。

こうした動きに対し、レーガンは一〇月二四日の国連創設四〇周年記念総会での演説で、ソ連の具体的な数値を含む核軍縮提案を好意的に評価した。そして、ソ連提案にはわれわれが育むべき種子があるものと信じているとの認識に立って、ゴルバチョフ書記長との会談で米ソ間の相互不信の原因を突き止め、両国関係の新たなスタートを期待していると述べたのである[184]。

レーガン政権が示した米ソ関係改善と核軍縮交渉の推進については、西側同盟国のみならず東側諸国もおおむね賛意を示していた。例えば、一〇月二二日にブルガリアの首都ソフィアで開催されたワルシャワ条約機構首脳会議では、その政治宣言の第一項で、ソ連と米国は核軍拡競争を停止する措置を講じ、軍縮を進めるべきであると掲げていた[185]。同宣言には、米国が推進する宇宙兵器および戦略核兵器の近代化、そして欧州へのＩＮＦ配備を停止すべきであるとするソ連側の強い意向が示されていたことは言うまでもない。

だが、それだけではなく、この宣言ではＮＡＴＯに対して、東西両陣営間の武力相互不行使に関する条約の締結や双方の軍事費の削減、欧州からの化学兵器の除去といった包括的な軍備管理や信頼醸成のための提案が含まれていた。その点で、宣言は東側からの一方的な軍縮要求を含むものであるにせよ、東側も西側諸国との間で軍備管理についての相互義務を負うことを具体的に示したものと見ることもできる。

ニューヨーク・サミット

こうして米ソ関係改善が確実視される中、レーガンは一〇月二四日に西側首脳をニューヨーク国連本部の米国代表部に招待して、異例の緊急サミットを開催した。緊急サミットには、レーガン、中曽根、サッチャー、コール、クラクシ、マルルーニのほかに、シュルツ、ゲンシャー、アンドレオッティ(Giulio Andreotti)伊外相ら主要六カ国の首脳および外相、外相代理が参加したが、ミッテランは欠席した。

今回の緊急サミットは、レーガン＝ゴルバチョフ会談を前に西側の結束を再確認する最後の機会であった。会議では、一一月に行われる米ソ首脳会談の結果について米国が西側同盟国に対して直ちに報告することを確認した。その上で、来るべき米ソ首脳会談について各国首脳の意見交換が行われた。

冒頭、レーガンが「ゴルバチョフは東西関係の改善を進める為に政治、経済等の分野において新たな姿勢で米ソ会談に臨む可能性があると見ている」と発言すると、各国首脳から次のような意見が出された(186)。

まず、コールは米ソ首脳会談について現実的な姿勢で臨み、その後継続される会談の端緒とすべきこと、そして、今後米側が行う新たな提案を含め西側との緊密な協議を継続すべきこと、の二点を指摘した。また、コールは各国の世論はソ連の軍備管理に関する提案に対して、米国が行動によって応えていないと見ているので、国際世論に対しては、米国こそが軍備管理交渉において、初めにソ連側に具体案を提示し働きかけたことを明らかにすべきであると説いた。彼は、米国を頂点とする西側諸国がソ連との核軍縮交渉をリードしている姿勢を明確にする必要性を訴えたのである(187)。

一方、マルルーニも国際的に見てレーガンが「平和の人」であることを知らしめねばならず、そのためにはソ連による戦略核兵器五〇％削減の提案に見合う米側の対案を用意すべきだと主張した(188)。

これに対し、レーガンはソ連の提案を歓迎するとしながらも、その具体的数字が西側の要請からはかけ離れたものであると問題点を指摘した。そして、ソ連提案に罠が仕掛けられている可能性を懸念して、同提案について

「受け入れ可能な部分もある」と答えるにとどめた。レーガンはコールとマルルーニが求めている米国の対案について、ジュネーブ軍備管理交渉の米代表団の意見を踏まえて作成するという慎重な立場をとったのである。[189]

続いて、会議では西側の結束が強固であることを再確認し、西側諸国がソ連に対してどのような姿勢で臨むのかという問題が討議された。

まず、クラクシがソ連は経済的に西側に対し遅れており、これを回復するためには平和が長期間継続する必要があることを引き合いに出して、米ソ首脳会談に臨むソ連の政治的立場は弱く、従来の東西関係を変質させる契機になり得ると述べた。そして首脳会談で確立すべきことは、米ソ間で軍備管理を含むあらゆる問題を取り上げ、双方が真剣な交渉を行う見通しを立てることであると説いた。[190]

次に、中曽根が発言した。彼はソ連を首脳会談に引き出すに到ったことは、基本的にはウィリアムズバーグ・サミット以来の西側の結束によるものと考えられるとし、西側の対ソ姿勢を肯定的に評価した。そして、ＩＮＦ交渉のグローバルな解決について各国首脳に対し再確認を促した。

中曽根は、レーガンに対して注目すべき画期的な提案をしている。それは、ソ連が首脳会談に応じた背景には、ソ連内部の行き詰まりがあることも否定できず、したがってジュネーブ首脳会談では共産党大会を控えているゴルバチョフとしても何か持って帰る材料を考える必要があろうという指摘である。現実的な視点から、中曽根は首脳会談の結果に幻想を抱いておらず、軍備管理交渉におけるグローバル・ベースでの解決など、ソ連に妥協すべきではない点を明確にした。しかしその一方で、ソ連の出方次第では西側との経済交流の拡大といったギブ・アンド・テイクの材料を与えたらどうか、と提案したのである。[191]

この提案はその場の思い付きではない。この日の中曽根のメモには、「Ｒ・Ｇ〔レーガン・ゴルバチョフ―引用者注〕は包轄的の話しをやるもよい。相手の出方によって適切な経済交流の慎重な増大の可能性も含めて話すことも考えるのがよい。交渉はギブとテイクだ」「然し、出来ないことや譲れないことは、はっきり、厳然と明示する必要がある。これが正直な態度である」と記されている。このことから、中曽根が対ソ外交打開に向けた柔軟な姿勢を事前に準備していたことがわかる[192]。

最後に、サッチャーが発言を求めた。彼女はソ連が経済・技術・民生面で西側に後れをとっている点に触れつつ、ソ連が核戦力では西側と均衡を達成し、通常戦力や化学兵器でも西側に対して大幅な優位に立っている事実を改めて強調した。

また、米英間で交渉が進んでいたＳＤＩ研究については、ソ連への妥協はあり得ないとの立場を明らかにした。しかしながら、東西間で核・通常・化学兵器の削減交渉を行う際には、ソ連の安全を脅かすことなく行うことが重要だと述べた。そして、ゴルバチョフとの会談に際しては「新しい理解」を求める姿勢で臨んでみたらどうかと提案した。サッチャーの言う「新しい理解」とは、従来よりも頻繁に米ソ協議が行われ、東西間で国民の自由な移動が実現され、ならびに全ての兵器の削減交渉の進展が見出されるべきということを意味していた[193]。

西側各国首脳の意見と提案を聴き終えたレーガンは、「全員の見解が一致していることに感謝し、心強く思う」と答えた。そして、ソ連に対案を提示することについては首脳会談までに検討したい、と述べ、先の慎重な姿勢を改めた。また、米国としてもソ連との文化交流や留学生の交換等の人的交流を促進させたいと述べた。

しかし、他方でレーガンは人権やＳＤＩなど米ソ間で解決の難しい問題を挙げつつ、「米国としては、ソ連と紳士的に対応する考えであるが、国益を損なうよりは首脳会談において何らの成果も得ないほうが良い」としている。中曽根が提案した経済交流の拡大などのギブ・アンド・テイクについても、「貿易はわれわれにとり、主要なバーゲニング・チップであるが、ソ連が欲しているものをわが方から初めに提示することは避けたい」としてこれを退けた[194]。

レーガンが首脳会談の議題として最も重要だと考え、個人的に取り組みたいと考えていたのは、文化や経済の問題ではなく安全保障の問題であった。特に、軍備削減に成功しなければソ連がいかに高い代償を支払うことになるかについて、ゴルバチョフに理解を促したかったのである。

以上のように、西側首脳からの支持とアドヴァイスを得たレーガンは、ゴルバチョフに対し均衡のある軍備削減の実現なくしては、軍拡競争以外に道がないことを理解させたいとの意思を強くした。[195]

緊急サミット終了後の二四日夜、ウォルドルフ・アストリアでレーガン主催の晩餐会が開かれた。ここでは、各国首脳が米ソ首脳会談を実りあるものとするために西側結束を維持し、レーガン政権の立場を支持することが肝要であるとの認識を共有した。また、これに加えて、ソ連およびゴルバチョフについての個人的印象を交えた見解が表明された。[196]

終始和やかな雰囲気で晩餐会が進む中で、中曽根は緊急サミットに参加しなかったミッテランの動向を気にかけていた。七月の訪仏時にミッテランから東京サミットへの協力を取り付けていたとはいえ、緊急サミットに姿を現さなかったことに懸念を抱いた。[197]

晩餐会の終盤、中曽根はレーガンに対し「今次西側主要国協議の結果を仏にどのように伝達するか、レーガン大統領がミッテラン大統領と個別に会合を持たれるのか」と質問した。すると、傍らでそれを聴いていたサッチャーが「招待されて参加しなかった者に報告をする必要はないだろう」と口を挟み、一同を驚かせた。結局、レーガンが間に入り、必要な連絡はシュルツ国務長官からデュマ仏外相に対して行われると中曽根に約束した。[198]中曽根は「フランスの意見を内々に打診すべし」と手元のメモに書き残した。[199]

この緊急サミットから一週間後、米国はソ連に対案を示した。注目すべきは、日本の期待通り、アジア部配備のSS―20を欧州部の米INFとの対比において制限するという具体案が入ったことである。これにより、太平洋地域の米国の核抑止力はINF交渉の妥結によって何らの影響も受けないことが保証された。米国は西欧配備の米INFを一四〇基まで削減することと、これと同率でソ連がアジア部SS―20を五〇％削減すべきであるという案をゴルバチョフに示したのである。[200]

レーガンは、一〇月三一日付のゴルバチョフ宛て書簡で「私は、我々の新しい提案において、双方の中距離核ミサイルの全廃という最善の結果が生まれることを固く信じており、我々もまた貴方の示す方向に向かって行動するでしょう」と認めた(201)。

さらに、一一月一四日に行われた日本人記者との会見で、レーガンはアジア部に配備されたＳＳ—20はジュネーブ軍備管理交渉の議題に含まれるのか、との質問に対して「ＳＳ—20ミサイルはジュネーブ交渉に含まれている。〔中略〕暫定措置として、米ソの中距離ミサイル弾頭をグローバル・ベースで可能な限り最も少ない数に均等に削減することを提案する」と答えた。また、レーガンは欧州の安全保障を確保する代償として、アジアの友好・同盟諸国への脅威の増加を迫るソ連の提案は受け入れ難いとする立場を明確にした。その上で、「ソ連の中距離核戦力に関する交渉の進展について、日本政府との協議を続けていく」考えを示したのである(202)。

ジュネーブ米ソ首脳会談

一一月一九日、ジュネーブ北東のベルソワ地区にある館「ヴィラ・フルール・ドー」で六年ぶりの米ソ首脳会談が行われた。一回目の会談はテタ・テートとされ、双方の通訳者以外は同席しなかった。当初これは一五分間の予定であったが、対話が順調な滑り出しを見せたこともあり初会談は一時間以上に及んだ。両首脳は会談の目的を軍備管理交渉の促進や相互不信を除去するための議論に絞ることで一致した。

二日目の会談では、レーガンがゴルバチョフに対して、戦略核兵器の五〇％削減につき具体的な案を示した。またＩＮＦ交渉についてもソ連が欧州部配備ＳＳ—20の削減に同意するならば、米国はパーシングⅡを一九八五年末の配備数を基準として制限する用意があると提案した。同提案はアジア部配備のＳＳ—20を削減し、米ソ両国がＩＮＦの弾頭数をグローバルかつ均等に制限するという内容を含むものであった(203)。

これに対し、ゴルバチョフは戦略核兵器の五〇％削減を歓迎し、双方が受け入れ可能な提案を望むと強調した。

だが、ゴルバチョフは米のＩＮＦ提案に英仏両国の核兵器や巡航ミサイルが算入されていないとして最終的にはレーガンの提案を拒否した(204)。会談終了後に両国は、欧州部のＩＮＦに関する暫定協定の締結、戦略核兵器の五〇％削減問題について早期に交渉を進展させることを明らかにしたが、会談で具体的な結論を得ることはできなかった。

それでも、レーガンがゴルバチョフに対し、初めてアジア部に配備されたＳＳ—20の削減を提案したことについて、中曽根はレーガン宛ての書簡で謝意を示すと同時に、米ソ両首脳が個人的関係を築いてＮＳＴの加速に合意したことを評価した(205)。

米ソ首脳会談の直後に行われた日本の世論調査では、核戦争の可能性が小さくなったとする見方が四九％に達し、米ソ間の緊張緩和が進むと答えた者が五二・七％に上っていた(206)。

五　西側諸国のＳＤＩ研究参加

英国・西独のＳＤＩ参加決定

さて、この間にも英国と西独のＳＤＩ研究参加への準備は着々と進んでいた。以下では、西独と英国によるＳＤＩ研究参加に関する対米合意までの経緯を概観し、西欧の動きが日本の参加に与えた影響について考察したい。

一一月下旬、西独連立政権与党のキリスト教社会同盟(Christlich-Soziale Union, CSU)党首シュトラウス(Franz Josef Strauss)は、ＳＤＩに関して米・西独政府間で協定を締結すべきである、との考えを示した。また彼は、レーガン政権はＳＤＩにより長距離ミサイルや潜水艦から発射される中距離ミサイルによる損害を阻止できるか否かを確認しようとしているが、西独の脅威はソ連や東欧に配備された中・短距離ミサイルにあるので、これを十分排除できるか否かについてＳＤＩ研究の幅を拡げるべきと論じた[207]。

シュトラウスの主張する米・西独政府間協定に関し、西独外務次官のラントルートは締結に慎重な姿勢を示した。一二月五日、西独外務省を訪れた宮崎弘道《みやざきひろみち》駐西独日本国大使と面会した際に、ラントルートはＳＤＩ研究参加への見通しについてこう語っている。「もし政府として何らかの米独政府間合意が必要ということになれば、細目を含め米側と話をつめていく必要が生ずる。例えば技術の一方通行を廃し、相互主義を確保するといっても、技術移転に関する米側の制約は多く、米側がこれをどの程度またどうやって緩和し得るかも必ずしも明らかでない[208]」。つまり、西独外務省はＳＤＩ研究参加に関する米・西独政府間協定を結ぶにしても、同協定の中で扱うことのできる技術移転の内容について、相互主義を確保することが何よりも重要だと考えた。こうした考え方を受けて八六年一月一九日に訪米したバンゲマン(Martin Bangemann)経済相・自由民主党(Freie Demokratische Partei, FDP)党首は、ワインバーガーとの協議でＳＤＩ研究参加に関する合意とは別に、一般技術交流についての二国間交渉を開始するよう提案した。これに対しワインバーガーは、当初はＳＤＩ研究だけについて西独と交渉したいと考えていた。だが、バンゲマンがそれならばＳＤＩ研究参加について別枠で交渉する可能性を排除しないと指摘したため、ワインバーガーはしぶしぶ西独の提案に同意せざるを得なかった[209]。

これによって、米・西独両国はＳＤＩと一般技術交流に関する二つの交渉グループをワシントンに設け、両者が統一的に研究参加への検討を行うことになった。すなわち、米側ではＳＤＩを「交渉」と呼び、一般技術交流を「協議」と呼んで別々の代表団を組織したのに対し、西独側は単一の代表団を組織して両分野の話し合いを同時並行的に進めることを目指していた。ここでの西独側の狙いは、ＳＤＩ研究参加交渉を契機に米国との技術交流の基盤を整備することだった[210]。

西独の参加検討がＳＤＩ研究のみならず、技術交流全般へと拡大した背景について、ラントルートは次のように説明している。「西独としては参加に当ってＳＤＩだけについての技術協力の取極は国内政治的に問題があり、これをカバーするために、範囲を拡大して一般的コンプリヘンシブな米独協定を締結することを米に提案」した。ところが米側は、ＳＤＩは国防総省の所管であり、一般汎用品は商務省の所管であるから、両者を一本化した取極の締結は不可能であるという立場を崩さなかった。

そこで、バンゲマン訪米の際に技術交流全般に関する検討の必要性が打ち出されたのである。要するに、西独の目指した一般技術協力とは、ＳＤＩを含む防衛技術一般だけでなく、汎用・民生部門もカバーするような米独間の科学技術交流全体に関するものであった[211]。

なお、西独以外の西側諸国の動向に目を転じると、日本政府も西独と同じく、民間企業が主体的にＳＤＩ研究に参加することについて強い関心を持っていた。米独間でＳＤＩ研究と一般技術交流に関する交渉グループの設置が決まった直後、一月二二日に西独を訪問した安倍は、ＳＤＩ研究についてこう述べた。「西独は国として関与するのでなく、企業が関与していく形であり、部分的なものだ。日本としても、今後の検討に当たってはこれが参考になるし、また参考にしていきたい[212]」。安倍は日本のＳＤＩ研究参加の検討に際して、西独の参加方式に強い関心を示したのである。

一方、西独と同様にＳＤＩ研究への参加を表明していた英国は、八五年一二月六日に、米国との間で政府間の包括的取極である了解覚書(memorandum of understanding, MOU)に署名した。署名式に臨んだワインバーガーとヘーゼルタイン(Michael Heseltine)英国防相は「包括的ＭＯＵの内容は、あくまで二国間限りのものであり、かつ今後、他の同盟国との交渉との関連もあり、公表することにはならない」との立場を示した[213]。

第二次および第三次ＳＤＩ調査団の米国派遣

日本政府の第二次ＳＤＩ調査団の米国派遣は、西欧諸国のＳＤＩ研究参加が大きく前進する時期と重なった。第二次ＳＤＩ調査団には、外務省の小野寺龍二《おのでらりょうじ》情報調査局参事官を団長として、防衛庁技術研究本部や科学技術庁など関連省庁に所属する先端技術の専門家が参加した(214)。

八六年一月一五日にワシントン入りした調査団は、全米各地のＳＤＩ研究施設を視察した。調査団はジェネラル・エレクトリック社、ロッキード社、国立ローレンス・リバモア研究所など計四カ所を視察した(215)。各視察先で、調査団は国防総省と委託研究契約を結んだ企業や、民間研究所のＳＤＩ技術開発担当者と意見交換を行った。

また、国防総省ではエイブラハムソンＳＤＩ局長から、米側が研究を進めていた各種技術について聴取した。この時、調査団は米側が研究を進める高エネルギー・レーザー、紫外線レーザー、Ｘ線レーザー、自由電子レーザーなどの最先端技術について技術的説明を受けた(216)。

日本側は第二次ＳＤＩ調査団の派遣を通じて、日本が参加可能な技術分野の選定を進めるとともに、米側が日本に研究協力を期待する先端技術分野を見定めようとした。また、ＳＤＩ研究に参加した場合に必要な日本側の機密保護の枠組みについても、検討を進めることとしていたのである。

こうした中、レーガン政権に近い米国のシンクタンクであるヘリテージ財団は『アジアに対するＳＤＩの約束』と題する報告書を公表し、日本のＳＤＩ研究参加を促した。同報告書は、ソ連がアジア部にＳＳ―20一三五基を配備し、その核戦力を着実に向上させていると指摘した。その上で、ＳＤＩ計画においては「アジアにとっての主要な脅威である中・短距離ミサイルや巡航ミサイルを破壊する能力を持つ防衛システム」も研究すると述べた。また、ソ連の中・短距離ミサイルの脅威に対抗する防衛システムによって、日本をはじめとするアジア諸国に駐留する米軍と同盟国軍の基地を防衛できると説明していた(217)。ヘリテージ財団は、ＳＤＩが米本土のミサイル防衛のみならず、アジア諸国の防衛にとっても有効であることを強調したのである。

二月半ば、日本政府は三月以降に予定されていた重要な外交日程（中曽根訪米、ワインバーガー来日、東京サミット）を控え、米側にＳＤＩ研究参加への関心表明の一環として、国内の民間企業に対し具体的な参加の検討を要請した。

この動きについては、既に一月末の段階で、日本政府が主要な電機関連、重工業関連の企業に対し事前調査を行っており、企業側から研究に参加する際の契約方式や対象分野について意見聴取を進めていた。国防総省との契約に関しては、その選択肢の一つとして、日米両国の政府間協定を結ばずに、日本企業が米政府と直接契約する方式も検討されていた[218]。こうした動きについて国務省は、中曽根政権が民間企業と研究機関の参加を促進することに利益を見出していることから、SDI参加を奨励するであろうと分析した[219]。

また、二月一四日には、藤尾正行《ふじおまさゆき》自民党政調会長が外務省の藤井宏昭《ふじいひろあき》北米局長と会談し、政府の意思決定を待たずに、民間企業がSDI研究に参加してもよいのではないかとの考えを示した[220]。安倍がSDI研究参加について慎重に検討を進める姿勢を示す中で、自民党首脳が民間レベルでの直接参加について言及したことは、政権与党内で意見の不一致があるのではないかという疑問をマスメディアに抱かせるのに十分な出来事だった。

中曽根は日本のSDI研究参加に前向きの姿勢を示し続けてきたが、この藤尾発言について記者に尋ねられると、「さあ、そんなことは聞いてないね」と答え、党が外務省に対し民間企業の直接参加を指示したことをきっぱりと否定した[221]。

だが、日本の民間企業がSDI研究参加に大きな関心を示しているのは否定し難いことであった。三月四日、第三次のSDI調査団派遣について尋ねられた中曽根は「民《みん》を入れるのが大事だ」と答え、次の調査団が官民合同となることを明らかにした。また、「SDI調査団で民が大事と言ったのは、参加する場合民間が重要な役割を果たすだろう、ということか」との問いに対しても、「だいたい民間が中心だろう。アメリカあたりもそうだろう」と述べ、研究参加が民間中心で行われることを公に認めたのである[222]。

官民合同の第三次SDI調査団は、三月三一日から四月七日までの日程で全米各地のSDI研究施設を訪問した。渡辺允北米局審議官が率いる総勢五五人（うち四六人は民間企業二一社の技術者）の調査団は、国立研究所のほかにウェスチングハウス社、マーチン・マリエッタ社などに赴き意見を聴取した。

調査団に同行した岡本行夫《おかもとゆきお》北米局安全保障課長の回想によれば、当時は日本政府が研究参加を決める前であったため、米側は研究の手の内を明かさなかった。この調査によって明らかになったのはSDIの全体像ではなく、SDIの技術的な実現可能性に対する米側の自信であった。調査団に参加した日本の技術者は、米国の目標値が分かれば、我々も安心して技術開発ができると感想を述べていた(223)。

また、渡辺審議官ら官庁側は、米国が総力を挙げて取り組んでいるハイテク研究に関して個別の研究内容の詳細を把握できたとして、第三次調査の成果を強調した。他方で、米国企業の中には日本のSDI研究参加に伴い、ハイテク技術が流出すると懸念する声があることも判明した。技術専門家を中心として構成された官民合同調査では、日本がSDI研究に参加する際の条件や、機密保護の問題までは十分に協議することはできなかった(224)。

機密保護に関わる問題、とりわけ技術流出の問題については、加藤紘一防衛庁長官も強い懸念を抱いていた。後に加藤は、日本が有している最先端技術がソ連などに流出する可能性を恐れてこう述べている。

八六年の二月か三月、第二回のSDI官民合同調査団だったと思うが、各民間企業の技師長なり、副技師長クラスが五十人訪米した。そして、米側のSDI局や関連研究所でいろんな技術的質問を受けたが、すべて、この五十人のうちのだれかが的確に答えられたという〔中略〕。しかも、かなりの人間が米国の技術をみて、「これなら、わが国のほうが数段進んでいる」と、自信を持って帰ってきたそうだ。だから、技術管理の重要性を十分認識しないと、世界の安全保障にとって「災いの種」になりかねないというういい方もできるほどだ(225)。

その後、SDI研究に実際に参加した日本企業から、ソ連など共産圏に対して高度技術が流出するような事案の発生は認められていない。

だが、日本がＳＤＩ調査団を米国に派遣していたのと時を同じくして、パリに本部を構える対共産圏輸出統制委員会(Coordinating Committee for Multilateral Export Controls, COCOM)では、日本の商社である和光交易が、東芝機械の製造した九軸同時制御の船舶用プロペラ加工機械をソ連に不法輸出していた事案が問題視されていた。この加工機械はソ連潜水艦の大型スクリューの製造能力と、その静粛性を向上させるおそれがあった。同事案に際し、ＣＯＣＯＭは日本の民間企業がソ連に向けて戦略物資を不法に輸出したと判断して、日本政府に事実関係の調査と対応を求めたのである(226)。

時系列的に見れば、日本のＳＤＩ研究参加をめぐり輸出管理の重要性が取り沙汰され始めていたのと同じ時期に、ＣＯＣＯＭ本部と米国防総省、そしてＣＩＡの担当官が日本企業のＣＯＣＯＭ違反の事実を独自に追跡調査していた。このいわゆる東芝機械事件が世間の注目を集めるのは、一九八七年三月に複数の米紙がスクープ記事として同社のＣＯＣＯＭ違反を大々的に報じた後のことであり、同事件が八六年当時の日本のＳＤＩ研究参加決定に直接的な影響を与えることはなかった。

ＳＤＩ関係閣僚会議

さて、日本政府は三次にわたる調査団の訪米結果を踏まえて、四月一四日にＳＤＩ研究参加決定を最終調整するための関係閣僚会議の設置を決めた。閣僚会議の設置には「中曽根首相の判断だけでなく関係閣僚の協議による合意づくりが不可欠」とする安倍の意向が強く反映されていた(227)。閣僚会議の初会合は二三日午前に総理官邸で開催され、後藤田官房長官、安倍外相、渡辺美智雄《わたなべみちお》通産相、加藤防衛庁長官、河野洋平《こうのようへい》科学技術庁長官の五閣僚が出席した。なお、与党側との調整のため藤尾政調会長もメンバーに加わった。

初会合では、ＳＤＩ研究の技術面について議論が行われた。その前段として、会合には第三次調査団に参加した外務、防衛の各担当官が招かれた。担当官は、米国各地で見聞した五つの分野(「標的の捕捉、追尾及び破壊評価」「運動エネルギー兵器」「指向性エネルギー兵器」「迎撃システムの残存性、破壊力、打上げ能力及び動力源」「システムの構築」)の基礎研究の進捗について報告を行った。また、これら基礎研究の民生分野への応用について技術的な波及効果があると言及した。具体的には、レーダー技術の航空管制およびリモートセンシングへの応用や、赤外線センサー技術の医療および工業計測への応用、レール・ガン技術の超伝導電源への応用などである。[228]

こうした結果を踏まえ、調査団は次のように報告を結んだ。

ＳＤＩ研究の初期の研究目標の達成のためには、現在の技術水準がなお相当程度向上することが必要と思われるが、米国においてはこの目標の達成に向けての着実な進展がみられている。

我が国は要素技術を中心にして国際的にも高い水準にあり、ＳＤＩ研究に対して、応分の技術的寄与をなし得る能力を有している一方、いまだ基礎的段階にある技術分野も多い。今回の調査対象であった技術的側面から見る限り、我が国が適切な形でその成果を利用し得る方法でＳＤＩ研究計画に参加することになれば、我が国の関連技術水準向上にも大きな影響を及ぼす可能性があると思われる。[229]

閣僚会議の出席者はこれを専門家の結論として評価することで一致した。五月七日に行われた国会での答弁で出席閣僚の一人である河野は、初会合では調査団の報告について質疑応答があったほかには、特段の議論は行われなかったと明らかにした。[230] すなわち、初会合では、専門家の報告に基づくＳＤＩ研究参加の検討に関して、閣僚の間で事実上のゴーサインが出されたことになる。したがって、ここから先の政策調整や政策判断は、全て政治レベルで行われることになったのである。

ただ、閣僚会議の出席者は調査団の報告に必ずしも満足していなかった。のちに後藤田は、「専門家なるものの調査団の報告を聞いて、僕は、この種の調査団の能力の限界を感じました。〔中略〕調査団を派遣するということは、よほどのことがなければ参加が前提ということです。〔中略〕要するに、いい加減な調査だなということです」と証言している[231]。それでも、後藤田がＳＤＩ研究参加に賛成の立場をとったのは、研究が成功するか否かは別として、最先端の技術研究に参加しなければ、日本の汎用技術の進歩が立ち後れるのではないかという恐れを抱いていたからである。また、後藤田はＳＤＩについて、新たに得られた技術の帰属をめぐって日本側が不利とならないように配慮することと、新しい秘密保護法を立法しないことを研究参加の条件としていた。

調査団に科学技術庁の担当官を派遣していた河野も、科学技術行政を所掌する立場から、ＳＤＩ研究が科学技術の進歩発展にどのような影響を持つのか、無関心ではいられないと述べていた[232]。河野は、ＳＤＩ研究に参加すれば、それが日本の科学技術政策にどういうインパクトを与えるか、逆に参加しないならばどういう影響が出るのかについて、慎重かつ自主的に検討しなければならないと考えていた。

なお、河野は自らの政治的な考えから研究参加に反対の立場であったが、中曽根が差し向けたある人物に「日本は開発とか配備にはまったく関係しない」と説得され、最終的に参加を容認した[233]。

さて、初会合までに、政府は日本の民間企業が米国との政府間取り決めによってＳＤＩ研究に直接参加するという「西独方式」に準拠する基本姿勢をとっていた。ただ、「西独方式」では、新たに開発に成功した技術の特許権が米国に帰属し、他の協定締結国の企業が第三国に対して技術を輸出する際には、米国の拒否権が及ぶ可能性が指摘された。そのため、閣僚会議は民間企業と調整を図り、技術の使用権について日本側が不利とならない方式を模索することとなった[234]。

また、一九六九年五月に衆議院本会議で議決された「宇宙の開発及び利用に関する国会決議」とＳＤＩ研究参加との関係について議論をまとめ、ＳＤＩが宇宙の平和利用に合致するとの理論的根拠を示すことも閣僚会議の重要な目的であった。

なお、日本がＳＤＩ研究に参加する場合の機密保護の問題については、国家公務員法の守秘義務規定、日米相互防衛援助協定に伴う秘密保護法など、従来の法的枠組みの中で対応していくことが確認された。なお、機密保護問題に関しては、三月に竹入義勝《たけいりよしかつ》公明党委員長がワインバーガーと会談した際に、「SDIの機密保護のために新たな国内立法措置が必要か」と質問している。これに対し、ワインバーガーは「日本は米国から受け取った軍事情報を非常に良く保護してきた経験があり、現行法体系で適切かそうでないかは日本政府が決めることだ。我々は機密が十分に守られることだけに関心がある」との見解を示した[235]。こうした非公式のやり取りを介して、与党側も新たに日米間で秘密保護協定を締結する必要はないと判断したのかもしれない[236]。

SDI関係閣僚会議は、以後月一回のペースで開催された。第二回目以降の主な議題と確認事項を以下に示す。

第二回（一九八六年五月一三日午前開催、総理官邸）

SDIの戦略面について議論。一、SDIは防御的システムであり、相互確証生存（Mutual Assured Survival, MAS）の発想に基づく。二、SDIは日本の専守防衛政策につながることで一致。三、SDI研究参加は日本の防衛政策と矛盾しないとの判断を確認[237]。

第三回（一九八六年七月一八日午前開催、総理官邸）

SDI研究参加の枠組みなど制度面について議論。一、研究参加主体は民間企業とするが、同時に政府機関にも参加の道を開いておく。二、新たな機密保護法は必要としない。三、新技術の帰属について日本企業にもメリットが出るように米側と交渉することで一致。SDI研究への参加形態は西独方式に準拠するとの姿勢を確認[238]。

第四回（一九八六年八月八日午後開催、総理官邸）

SDI研究参加に関する技術面、戦略面、制度面についての議論を再検討。宇宙開発に関する国会決議とSDI研究参加との整合性を確認。次回会合で研究参加の結論を得る方針で一致[239]。

第五回（一九八六年九月二日午前開催、総理官邸）

ＳＤＩ研究参加に向けた最終的な意見調整。宇宙開発に関する国会決議、研究成果の帰属について与党側と協議して結論を出し、九月九日の閣議でこれを報告すること、後藤田官房長官が談話を発表して参加方針を正式に表明することを確認。(240)

第六回（一九八六年九月九日午前開催、総理官邸）

「ＳＤＩ研究計画に関する内閣官房長官談話」を決定。直後の閣議でこれを報告、了承を得る。談話は、一、非核による高度な防衛システムとしてのＳＤＩ研究は平和国家としての日本の立場に合致する。二、ＳＤＩ研究は西側全体の抑止力の強化につながり、日本の参加は日米安保体制の効果的運用に資する。三、日本の関連技術水準の向上に寄与することを確認。(241)

以上のように閣僚会議の前半三回は、総理官邸に事務当局の担当者を招いて説明を聞き、五人の閣僚が質疑を重ねながら、ＳＤＩ研究の技術面、戦略面、制度面について全員が一致できる点を確認する機会に当てられた。閣僚の間で実質的な意見交換が行われたのは、第四回と第五回の会合である。特に後半の会合では、野党側から追及されると予想された宇宙開発に関する国会決議とＳＤＩ研究との整合性、および日米政府間協定における特許権の帰属問題について集中的に議論が行われた。

ＳＤＩ研究参加方針の決定

閣僚会議における議論の成果は、後藤田が発表した官房長官談話に結実した。(242)同談話は、次の七点から成る。

第一に、日本が平和国家として核兵器の大幅削減とその究極的廃絶の実現を強く希求していること。

第二に、非核防御システムであるＳＤＩは弾道ミサイルの無力化に資するとのレーガン大統領の説明を理解し、ボン・サミットでの中曽根総理のＳＤＩ五原則を確認すること。

第三に、ＳＤＩが将来の防衛システムの開発、配備の可否を検討する際に必要な技術的知識を提供するための計画であること。

第四に、非核防御システムの技術の発展は、西側全体の抑止力強化に資する可能性をもつこと。

第五に、ＳＤＩに参加する際に、適切な形でその研究成果を利用できれば、日本の関連技術水準の向上に大きな影響を及ぼす可能性があること。

第六に、ＳＤＩ参加問題については、現行の国内法、日米間の取極の枠内で処理するのが適当であること。

第七に、宇宙開発に関する国会決議との関係について、政府としてＳＤＩ研究への参加は本件国会決議に触れるものではないと理解していること。

この談話は、米国のＳＤＩ研究に日本が参加する際の枠組みづくりを行うための交渉を始める基本方針と位置付けられていた。なお、閣僚会議の後半で集中的に議論が行われたＳＤＩと宇宙開発に関する国会決議との関係について、政府は、同決議は日本の宇宙開発に関するものであるが、ＳＤＩは米国が主体の研究であるためこれに抵触しないとした。また、ＳＤＩは防衛システムであることから、日本が研究に参加することは宇宙の軍事利用に当たらないと説明した(243)。

談話は米国政府、そして日本企業から歓迎された。同日、米政府は国防総省ＳＤＩ局に対日交渉の窓口となる日本担当を置くことを決めた(244)。また、ＳＤＩに参加している米国企業から技術提携を打診されていた三菱重工業、石川島播磨重工業、日本電気、東芝、三菱電機など日本企業も談話を歓迎した。これらの企業は、日米政府間交渉の進展と歩調を合わせて、研究参加を前提に米国企業との間で本格的な提携協議に入る姿勢を示した(245)。

九月二三日、国連総会に合わせて開かれた日米外相会談では、倉成正《くらなりただし》外相がシュルツに対し、ＳＤＩについて研究参加の結論を出したことに触れ、「具体的に、双方納得のいくやり方ですすめたい」と述べた。これに対し、シュルツは「中曽根総理にＳＤＩ決定を多とする旨伝言願いたい」と応じている[246]。

また、談話を受けて、日本政府は国防総省ＳＤＩ局との間で、政府間協定締結に向けた準備を進めた。交渉方針には、米国政府と締結する協定は秘密とせず、その内容をできる限り公開すること、また、研究成果の使用権について日本企業が不利にならないようにすることが謳われていた。日本政府が取極の内容を公開することを求めた背景には、ＳＤＩ研究参加の条件が不透明であるとする野党の批判をかわす狙いがあった。当初、外務省は対米交渉を一九八六年末までに妥結させ、年内の協定締結を目指していた[247]。

日米ＳＤＩ協定交渉

日米政府間交渉がスタートしたのは、レイキャビクで米ソ首脳会談が開かれた後の一〇月末である。対米交渉の代表団には、調査団と同様に外務、通産、防衛、科技の四省庁の担当官が当てられ、渡辺北米局審議官が団長に指名された。

官房長官談話で謳われていたように、対米交渉においても、ＳＤＩ研究に参加する日本企業がその成果を適切な形で利用できることや、新たな秘密保護立法を行わず現行法体系により技術流出の問題に対処することが日本側の基本姿勢となった。

だが、研究成果の帰属先および使用権に関して、米国政府は交渉開始の前から頑なな姿勢を崩さなかった。そのため、外務省をはじめとする日本の担当省庁は、政府間協定においても「研究参加の成果はできる限り自由な転用を認めるものとする」との理念を謳うに止まると判断していた。また、米側の姿勢を懐柔するため、日本側はＳＤＩ研究参加に際して、米国企業に対する技術協力だけでなく資金協力も認める方針を固めた[248]。

一〇月二八日に米国に派遣された第一次交渉団は、以上の基本姿勢をＳＤＩ局の担当者に伝えた。一回目の交渉で、米側は新たな秘密保護立法をしないとの日本側の方針を認めながらも、研究成果の転用および協定内容の公開については回答を留保した。この時までに米国が英国や西独と締結した協定、取極の内容は非公開となっており、日本との協定に限って内容を公開することは米国として受け入れ難かった。研究成果の転用についても、米代表のギャフニー(Frank J. Gaffney Jr.)国防次官補代理は、米国が自国企業に助成金を与えないのと同様に、日本企業に利益を供与する際には、米国の法規制に関する例外を設けるつもりはないと考えていた[249]。

一二月一一日に行われた第二次交渉では、米側が日本側の要請に対して、ある程度の理解を示した。特に、経済団体連合会防衛生産委員会が求めていた「参加企業が適切な形で研究成果を利用できる」ことと、「参加企業が保有する独自の技術、情報、ノウハウが十分保護されるとともにこれらを秘密指定の範囲外とする」ことについて、米側が日本の立場に配慮を示した。だが、ＳＤＩ研究に参加する日本企業の処遇を米国企業のそれと同等にしてほしい、との要望は聞き入れられなかった。この問題について、米側は連邦調達規制を改正しなければ実現は難しいと回答した。結局、日本政府が当初構想していた協定の年内締結は不可能となり、交渉は翌年に持ち越された。

八七年一月二一日、第三次交渉団が米国に派遣された。だが、この時も交渉は妥結せず、以後、政府間協定締結のための交渉は外務省北米局と米国防総省との間で非公式に進められることとなった。この間、国務省は日本の参加決定を西側の抑止体制に対するＳＤＩの潜在的重要性を強調したものと受け止め、次の第四次交渉で両国が合意に達することが望ましいと考えていた[250]。

四月一二日に訪米した渡辺審議官は、ギャフニーとの間で非公式協議を行い、政府間協定の扱いについて大筋で合意に至った。合意の内容は、第一に、日本の研究参加の枠組み原則を定めた交換公文を公開すること。第二に、協定内容の細部に関しては日米間でＭＯＵを交わし、これを非公開とすることである。この協議で米側は交換公文の公開について日本側に譲歩し、日本側は了解覚書を秘密指定とすることで米側に配慮を示したのである。

協定の取り扱いで合意に至ったことを受けて、五月一日に開かれた日米首脳会談では、中曽根からＳＤＩの

「基本的理念が平和国家の立場に合致し、参加が日米安保体制、西側結束強化をもたらすとの考えから、研究計画参加の枠組交渉が進展しており、互譲の精神で早期妥結をはかりたい」との意向が示され、レーガンがこれに同意した[251]。

日本政府は直ちに交換公文の内容を固め、五月中に米政府と締結する意思を示した。その内容は、①研究成果の知的財産権は原則として米政府が有するが、安全保障の枠内で参加企業が自ら利用することを妨げない。②契約は米政府と日本企業の直接方式のほか、複数の選択肢を設け、公平な入札環境を確保する。③共産圏などへの技術流出を防ぐために必要な措置を講じる、というものである。このうち、日米間で交渉が難航した①の問題について、日本政府は研究参加の前提として知的財産の利用と転用、公開権を米政府が保有することを認めるが、それと同様に研究参加企業にも安全保障上の制約の枠内で知的財産の使用権を容認することを求めた。

交換公文の締結は、文案の調整に時間を要したことと、パール国防次官補の退任およびSDI担当のギャフニー国防次官補代理の引き継ぎが重なったため、さらに一カ月以上延期された。六月二日には第四次交渉団が訪米したが、この時も協定締結には至らず、交換公文および了解覚書の文案をめぐり日米間で調整が続いた。結局、交渉が妥結し協定調印の日程が明らかになったのは七月七日であった。

七月二一日、SDI研究に対する日本の参加に関する日米政府間協定が閣議決定され、同日ワシントンで松永駐米大使とワインバーガー国防長官がこれに署名し、即日発効した。同協定は九項から成る。そのうち交渉で焦点となった知的財産の使用権については、「(戦略防衛構想における研究のための)個別の契約その他の取決めに従った作業の実施の過程において日本国及びアメリカ合衆国の参加者により創出された情報に対しては、公正かつ衡平な待遇が与えられる」と定められた[252]。この取極により、SDI研究参加によって新たに生まれた成果のうち、米側が知的財産権を有するものであっても、日本企業がその使用権を確保できるようになったのである。

ＳＤＩ研究参加の政治的意味

第三章では、米ソ核軍縮交渉の再開に前後して検討が開始された日本のＳＤＩ研究参加に関係する諸問題を考察してきた。本章の締め括りとして、これまでの考察をもとに日本のＳＤＩ研究参加の外交面と国内政治面における特徴を整理してみたい。

まず、外交面についてである。中曽根内閣によるＳＤＩ五原則の提示は、西側安全保障の不可分やＮＡＴＯ二重決定の支持と同様に、従来の西側諸国の対ソ結束を政治的に補完ないし強化した。特に、ＳＤＩ研究への参加をめぐり西欧諸国が態度を決めかねる中で、中曽根が西側全体の抑止力の維持・強化と攻撃核兵器の大幅削減を前提として、将来のＳＤＩ研究の方向性を打ち出したことは、国際政治における日本のプレゼンスを示すことにもつながった。このことは、サミットで日本が提示したＳＤＩ五原則が議長声明に活用されたことを通じて、西側の再結束を促したことからも明らかであろう。

一方、国内政治面では研究参加に際して、総理官邸を事実上の司令塔としながらも、日本の安全保障上の基本的立場を尊重し、国会や民間との調整が図られた。サミットでのＳＤＩ問題対処方針や五原則の提示については官邸と外務省が主体的に判断を下していたが、その後の参加決定に至る具体的な過程では首相判断に一任せず、関係四省庁の担当官で構成された調査団の派遣と閣僚会議による議論を通じて合意形成が行われている。

また、ＳＤＩ研究参加については、従来の国会決議などとの法的な整合性をめぐり与野党間で国会審議や政策調整が行われた。参加決定に当たっては、閣議了承を経た上で内閣官房長官談話が公表され、日米間で新たに研究参加のための協定（交換公文と了解覚書）が締結された。民間主体のＳＤＩ参加を政府間協定で取り決める西独方式を参考に対米交渉を重ねた結果、日本は他の西側諸国の参加から出遅れたものの、交換公文の公開と知的財産の使用権に関して米側から譲歩を引き出すに至った。特に対米協定の一部公開は交渉が先行していた英独も成し得なかった重要な成果の一つであり、日本のＳＤＩ参加の政治的透明性を確保することに寄与したと言えよう。

日本のＳＤＩ研究参加をめぐる政策決定過程は以上のように特徴付けることができる。だが、西欧諸国と異なりＳＤＩの実現は米国の拡大抑止の戦略的安定性を脆弱にするとは考えていなかった日本政府が、なぜ西欧諸国よりも慎重な政策判断を必要とし、長期にわたる対米交渉を行い得たのかという疑問は残る。こうした問題については、今後日米欧の一次史料を比較分析することにより稿を改めて検討する必要があろう。

最後に、本章で扱った一九八五年における日本のINF交渉に関する側面協力は、次のようにまとめることができる。第一に、一九八四年までに中曽根内閣がＩＮＦ交渉のグローバル・ゼロ方式による解決を強く支持し、西側結束の一翼を担ってきた結果、米国が日本の安全保障上の利害や立場について十分な理解を示すようになった。その傾向は、シュルツら政府高官にとどまらず、米政府内でも強まり、日本の軍縮交渉に対する関心の高さについて詳細な分析がなされた。

第二に、ボン・サミットにおいて、日本は米欧との間で米ソのＮＳＴ開始を歓迎し、自由世界の安全の不可分を再確認した。日本は西独をはじめとする欧州諸国とＩＮＦ問題のグローバルな解決方式の維持で認識を一致させ、結束の強化を図った。だが、これに対するソ連の懸念は深まった。当時、ソ連はＩＮＦ交渉中断以前よりも態度を硬化させ、ＳＳ―20の追加配備を図り、グローバル・ゼロ解決から後退する提案を行ったが、こうした行動は西側結束に対する懸念を反映したものと推測される。

第三に、日本が米欧との間でＩＮＦ問題のグローバルな解決を求めると同時に、ＮＡＴＯによるＩＮＦ配備を支持し続けた結果、ソ連に政治的な打撃を与えた。このことは、八五年九月に行われた日ソ事務レベル協議でのカピッツァの発言から明らかになった。なお、この時期を境にソ連はアジア部のＳＳ―20を欧州部のそれと同等に扱い、削減の対象とする意向を示すようになっていく。

第四に、ニューヨークでの緊急サミットにおいて、八三年以来の西側の結束が維持された結果、ソ連が米国との首脳会談開催に応じたとする認識が共有された。緊急サミットはレーガンがゴルバチョフとの間で真剣な軍縮交渉を行うための足場固めと位置付けられていた。西側首脳はレーガンに対し、先のソ連の提案に対する回答を準備するよう要請した。中曽根もこの時、ＩＮＦ問題のグローバルな解決についてソ連に妥協しないよう各国首脳に再確認を促した。その直後に開かれた米ソ首脳会談で、レーガンはゴルバチョフに対し、日本が期待した通り、アジア部のＳＳ―20を削減し、ＩＮＦ弾頭数を地球規模で均等に制限するという提案を行った。ゴルバチョフはこの提案を拒否したが、暫定協定を締結してＩＮＦ交渉を進展させることについては同意している。

以上にまとめたように、一九八五年における日本のＩＮＦ交渉に関する側面協力は、ボン・サミット前後にソ連の警戒感を一時的に高めた点を除くと、概ね肯定的な影響を与えたと考えられる。次章では、こうした日本のＩＮＦ交渉への側面協力が、さらに具体的なアプローチへと変化していく過程について一九八六年の動向を中心に考察する。

（１）中曽根康弘「国連創設四〇周年記念演説」（一九八五年一〇月二三日）上毛新聞社編『宰相・中曽根の一八〇六日』（上毛新聞社、一九八八年）九一頁。
（２）Fischer, Beth A., "US foreign policy under Reagan and Bush", in Leffler, Melvyn P., and Odd Arne Westad (ed.), *The Cambridge History of the Cold War, Vol.III: Endings* (Cambridge: Cambridge University Press, 2010), p. 270.
（３）Walsh, David M., *The Military Balance in the Cold War* (New York: Routledge, 2008), p. 86.
（４）パウエル、コリン、ジョゼフ・Ｅ・パーシコ／鈴木主税訳『マイ・アメリカン・ジャーニー［コリン・パウエル自伝］――ワシントン時代編　一九七七―一九八九』（角川文庫、二〇〇一年）、二〇八―二一〇。および、サッチャー、マーガレット／石塚雅彦訳『サッチャー回顧録――ダウニング街の日々』下巻（日本経済新聞社、一九九三年）二九頁。および、ワプショット、ニコラス／久保恵美子訳『レーガンとサッチャー――新自由主義のリーダーシップ』（新潮選書、二〇一四年）三一〇頁。および、上村直樹「冷戦終結外交と冷戦後への模索」佐々木卓也編『戦後アメリカ外交史〔新版〕』（有斐閣、二〇〇九年）一七八―一七九頁。
（５）Kalic, Sean N., "Reagan's SDI announcement and the European reaction," in Nuti, Leopoldo ed., *The Crisis of Détente in*

Europe (New York: Routledge, 2009), pp. 99-103.

(6) Young, John W., "Western Europe and the end of the Cold War, 1979-1989," in Leffler, Melvyn P., and Odd Arne Westad ed., *The Cambridge History of the Cold War, Vol.III: Endings* (Cambridge: Cambridge University Press , 2010), p. 305.

(7) Grachev, Andrei, *Golbachev's Gamble* (Cambridge: Polity Press, 2008), p. 84.

(8) ブラウン、アーチー／小泉直美・角田安正訳『ゴルバチョフ・ファクター』（藤原書店、二〇〇八年）四三八—四五〇頁。

(9) 岡田美保「ソ連による弱さの自覚と対外政策の転換——ＩＮＦ交渉の再検討」（『国際政治』第一五七号、二〇〇九年）二〇頁。

(10) Grachev, *Gorbachev's Gamble*, p. 84.

(11) 桃井眞「国際安全保障への積極的参加」世界平和研究所編『中曽根内閣史——理念と政策』（世界平和研究所、一九九五年）二四二—二四三頁。

(12) 岩田修一郎『核戦略と核軍備管理——日本の非核政策の課題』（日本国際問題研究所、一九九六年）一四九—一五〇頁。

(13) 金田秀昭・小林一雅・田島洋・戸崎洋史『日本のミサイル防衛——変容する戦略環境下の外交・安全保障政策』（日本国際問題研究所、二〇〇六年）八八頁。

(14) Samuels, Richard J., "*Rich Nation Strong Army*" (New York: Cornell University Press, 1994), p. 190.

(15) 田中明彦・田所昌幸「新自由主義の時代　一九八〇年代」五百旗頭真編『日米関係史』（有斐閣、二〇〇八年）二七〇頁。

(16) Public Papers of Ronald Reagan, "Remarks at an Reelection Celebration in Los Angeles, California" (November 6, 1984), [http://www.reagan.utexas.edu/archives/speeches/1984/110684b.htm] accessed on November 16, 2013; Public Papers of Ronald Reagan, "Question-and-Answer Session With Reporters on Foreign and Domestic Issues" (November 7, 1984), [http://www.reagan.utexas.edu/archives/speeches/1984/110784a.htm] accessed on November 16, 2013.

(17)『読売新聞』一九八四年一一月二二日夕刊。

(18) 長谷川和年氏へのインタビュー（二〇一一年五月二〇日）。および、長谷川和年／瀬川高央・服部龍二・若月秀和・加藤博章編『首相秘書官が語る中曽根外交の舞台裏——米・中・韓との相互信頼はいかに構築されたか』（朝日新聞出版、二〇一四年）二二〇—二二一頁。

(19) 世界平和研究所編『中曽根内閣史——資料篇』（世界平和研究所、一九九五年）六四〇頁。

(20) 同前、六五七頁。

(21) 伊藤昌弘・森本真章『赤い電波――モスクワ放送ゑんま帳』（山手書房、一九八五年）二四三頁。
(22) 中曽根康弘氏へのインタビュー（二〇〇九年一一月二四日）。および、在ホノルル中村総領事発安倍外務大臣宛電信第二三号「日米首のう会談（少人数）」（一九八五年一月五日）二〇〇九―〇〇〇七六―三、一頁。
(23) 在ホノルル中村総領事発安倍外務大臣宛電信第二四号「日米首のう会談（少人数）（冒頭発言）」（一九八五年一月五日）二〇〇九―〇〇〇七六―三、一頁。
(24) 在ホノルル中村総領事発安倍外務大臣宛電信第二五号「日米首のう会談（少人数）（米ソ）」（一九八五年一月五日）二〇〇九―〇〇〇七六―三、一―二頁。
(25) 同前、一頁。
(26) 在ホノルル中村総領事発安倍外務大臣宛電信第一一号「日米首のう会談（拡大）（米ソ）」（一九八五年一月五日）二〇〇九―〇〇〇七六―二、一―二頁。
(27) 同前、二頁。
(28) 同前、三頁。
(29) U.S. Central Intelligence Agency, "Briefing Materials for the President's Meeting With Prime Minister Nakasone, 2 January 1985: Japanese Interest in Disarmament" (December 21, 1984), JU01246, pp. 17-18.
(30) Ibid.
(31) 世界平和研究所編『中曽根内閣史――資料篇』一四七―一四八頁。
(32)『読売新聞』一九八五年二月一四日夕刊。
(33) 安倍外務大臣発在ソ連鹿取大使宛電信第六五七号「日独・日仏軍縮協議（在京ソ大に対するブリーフ）」（一九八五年三月二〇日）二〇〇七―〇〇五四三―二、二頁。
(34)『読売新聞』一九八五年二月二〇日朝刊。
(35) 安倍外務大臣発在フランス本野大使宛電信第六八二号「ルヌアール仏戦略・軍縮部長との協議」（一九八五年三月一二日）二〇〇七―〇〇五四三―三、八―九頁。
(36)『読売新聞』一九八五年二月二三日朝刊。
(37) ブラウン『ゴルバチョフ・ファクター』一八七―一八九頁。
(38) "Letter from Reagan to Gorbachev" (March 11, 1985), in *The National Security Archive Electronic Briefing Book No.*

172, To the Geneva Summit: Perestroika and the Transformation of U.S.-Soviet Relations, Document 2, p. 1.

(39) "Letter from Gorbachev to Reagan" (March 24, 1985), in *The National Security Archive Electronic Briefing Book No. 172, To the Geneva Summit: Perestroika and the Transformation of U.S.-Soviet Relations*, Document 6, pp. 1-4.

(40) 中曽根康弘『自省録――歴史法廷の被告として』（新潮社、二〇〇四年）一三九頁。

(41) 在ソ連鹿取大使発安倍外務大臣宛電信第一二四〇号「日ソ関係（ナカソネ総理・ゴルバチョフ書記長会談）」（一九八五年三月一五日）二〇〇九―〇〇〇七七―一、三頁。

(42) 同前、五頁。

(43) 同前、三頁。

(44) 同前、五―六頁。

(45) ゴルバチョフが在沖米軍基地の核配備を指摘した背景には、英オブザーバー紙の報道が影響しているのかもしれない。同紙は一九八四年四月二九日付の記事で、米国防総省が一九八一年に日本と韓国にＧＬＣＭを配備する計画を一時立案していたと報じていた。

(46) 前掲「日ソ関係（ナカソネ総理・ゴルバチョフ書記長会談）」六―七頁。

(47) 『読売新聞』一九八五年三月一五日朝刊。

(48) 同前、一九八五年三月一五日夕刊。

(49) 同前、一九八五年三月一六日朝刊。

(50) 同前、一九八五年三月二五日夕刊。

(51) 同前、一九八五年三月二八日夕刊。

(52) 同前、一九八五年三月二七日夕刊。

(53) 『毎日新聞』一九八五年四月一九日朝刊。

(54) Kalic, "Reagan's SDI announcement and the European reaction," p. 104.

(55) サッチャー『サッチャー回顧録』下巻、二五頁。なお、サッチャーのＳＤＩに関する懐疑的な見方について、レーガンは、閣僚を含めた全体会議で「彼女が抱えているいくつかの懸念を払拭したと信じている」とだけ一二月二二日の日記に記している。Brinkley, Douglas, ed. *The Reagan Diaries: Unabridged* (New York: Harper Collins, 2009), p. 411. ワプショットが指摘している通り、この日の会談で「レーガンはサッチャーの話をよく聞いていなかったようでもあり、あるいは自分の決めた道から気をそらされまいと決意しているようでもあった」。ワプショット『レーガンとサッチャー』三二三頁。
(56) ワプショット『レーガンとサッチャー』三二三頁。
(57) サッチャー『サッチャー回顧録』下巻、三二頁。
(58) 『読売新聞』一九八五年三月二七日夕刊。
(59) Kalic, "Reagan's SDI announcement and the European reaction," p. 104.
(60) 『読売新聞』一九八五年三月二七日夕刊。
(61) 同前、一九八五年三月三〇日夕刊。
(62) 『日本経済新聞』一九八五年四月四日夕刊。
(63) 『読売新聞』一九八五年四月二四日朝刊。
(64) ただし、一九八四年六月に外務省が作成した「ロンドン・エコノミック・サミット（政治問題）」と題する文書では、ＳＤＩについて「基本的に支持。『防衛は防衛的手段』でという考え方は画期的。核軍縮促進の効果も期待しうる。いずれ米ソの競争になるなら米が先行すべし」と記されている。長谷川『首相秘書官が語る中曽根外交の舞台裏』二二三頁参照。
(65) 「第百二国会衆議院予算委員会第二分科会議録第二号」（一九八五年三月八日）二二頁。
(66) 世界平和研究所編『中曽根内閣史――首相の一八〇六日』上巻（世界平和研究所、一九九六年）七〇八頁。
(67) 『読売新聞』一九八五年三月二九日朝刊。
(68) 『日本経済新聞』一九八五年四月二日朝刊。
(69) 『毎日新聞』一九八五年四月一八日朝刊。
(70) 同前。
(71) 同前。
(72) 『読売新聞』一九八五年四月一六日朝刊。
(73) 『毎日新聞』一九八五年四月二六日朝刊。
(74) 既に四月一九日には、外務省高官がボン・サミットにおけるＳＤＩ問題への対応について「米国が求めている研究参加問題に日本だけが踏み込んで明確な意思表示をすることはないと思う」との見通しを明らかにしていた。『日本経済新聞』一九八五年四月二〇日朝刊を参照。
(75) 「第百二国会参議院外務委員会会議録第七号」（一九八五年四月一六日）二〇頁。

(76) 在西独宮崎大使発安倍外務大臣宛電信第一一六〇号「SDI(WEU外相・国防相会議)」(一九八五年四月二五日)二〇一〇―〇〇〇三三―二、五頁。
(77) 『毎日新聞』一九八五年四月二六日夕刊。
(78) 同前、一九八五年四月二八日朝刊。
(79) 『日本経済新聞』一九八五年四月二八日朝刊。
(80) 「第百二国会参議院予算委員会会議録第十六号」(一九八五年三月二九日)二六頁。
(81) 『読売新聞』一九八五年三月三〇日朝刊。
(82) 同前、一九八五年四月二日朝刊。
(83) 「第百二国会衆議院安全保障特別委員会議録第四号」(一九八五年四月八日)一九―二〇頁。
(84) 「第百二国会参議院外務委員会会議録第六号」(一九八五年四月九日)二七頁。
(85) 日米専門家会議の当日、在米外交筋はSDI研究参加に慎重な姿勢を示す日本政府の方針に関わりなく、日本企業が単独で米国のSDI計画に入札、参入できる可能性を示唆した。『日本経済新聞』一九八五年四月二四日夕刊を参照。
(86) 「第百二国会参議院外務委員会会議録第八号」(一九八五年四月二五日)五―六頁。
(87) 『読売新聞』一九八五年四月二五日朝刊。なお、筆者は二〇一三年四月一八日に外務省に対し、「一九八五年四月に行われた『戦略防衛構想(SDI)に関する日米専門家会議』の記録」について開示請求を行ったが、二〇一三年八月三〇日に「対象文書が綴じられている可能性のあるファイルを検索しましたが該当する文書は確認できなかったため、不開示(不存在)としました。」との通知を受け取った(二〇一三―〇〇二七一)。
(88) 『毎日新聞』一九八五年四月二四日朝刊。
(89) 同前、一九八五年四月二七日夕刊。
(90) 『日本経済新聞』一九八五年五月二日朝刊。
(91) 在西独宮崎大使発安倍外務大臣宛電信第一二二九号「第一回日独首のう会談(その三―SDI関係)」(一九八五年五月一日)二〇〇九―〇〇二九四―三、一―二頁。なお、中曽根は「このときの問題は西側が一致することだから、私はフランスを説得する道具として、コールに、バーゲニング・チップという言葉を使った」と回想している。中曽根『中曽根康弘が語る戦後日本外交』四〇一頁。
(92) 『毎日新聞』一九八五年五月二日朝刊。

(93) 前掲「第一回日独首のう会談(その三―SDI関係)」四頁。
(94) 『毎日新聞』一九八五年五月二日朝刊。
(95) 『読売新聞』一九八五年五月一日夕刊。
(96) 中曽根『中曽根康弘が語る戦後日本外交』四〇一―四〇二頁。
(97) 在西独宮崎大使発安倍外務大臣宛電信第一二七〇号「ボン・サミット(日米首のう会談についての記者ブリーフィング)」(一九八五年五月二日)二〇〇九―〇〇三七八―一、二頁。
(98) 同前、二―三頁。
(99) 同前、三頁。
(100) 『日本経済新聞』一九八五年五月四日朝刊。
(101) Brinkley, *The Reagan Diaries*, p. 452.
(102) 「第一一回主要国首脳会議(ボン・サミット)関連文書(一九八五年五月二日―四日、ボン)(ロ)第二次大戦終結四〇周年に際しての政治宣言」外務省編『わが外交の近況――外交青書』(一九八五年版)四九七―四九九頁。
(103) 『日本経済新聞』一九八五年五月四日朝刊。
(104) 在西独宮崎大使発安倍外務大臣宛電信第一三二九号「ボン・サミット(総理記者会見)」(一九八五年五月五日)二〇〇九―〇〇五八八―一、一―二頁。
(105) 『日本経済新聞』一九八五年五月四日朝刊。
(106) 同前。ただし、ミッテランはSDI研究について「科学的には興味がある」ことを以前から仄めかしており、フランス政府もSDI研究に伴って生じるハイテク技術の取得やハイテク製品の生産、雇用機会の創出には魅力を感じていた。
(107) 牧太郎『中曽根政権・一八〇六日』上巻(行政問題研究所、一九八八年)四六五頁。
(108) 『毎日新聞』一九八五年五月五日朝刊。
(109) 前掲「ボン・サミット(総理記者会見)」四―五頁。
(110) 『毎日新聞』一九八五年五月九日朝刊。
(111) 『読売新聞』一九八五年五月六日朝刊。
(112) 牧『中曽根政権・一八〇六日』上巻、四七四頁。
(113) 『読売新聞』一九八五年五月七日夕刊。

(114) 同前、一九八五年五月一一日朝刊。
(115) 『毎日新聞』一九八五年五月一五日朝刊。
(116) 『読売新聞』一九八五年五月二五日朝刊。
(117) NASAの国防総省との関係、SDI研究への関わりについては以下の文献を参照。Launius, Roger D. and Howard E. McCurdy ed., *Spaceflight and the Myth of Presidential Leadership* (Urbana and Chicago: University of Illinois Press, 1997), p. 133; リッチェルソン、ジェフリー・T/江畑謙介訳『世界史を動かすスパイ衛星——初めて明かされたその能力と成果』(光文社、一九九四年)二四四—二四六頁。および、村沢譲『スペースシャトル全飛行記録　一九八一—二〇一一』(洋泉社、二〇一一年)六五頁。
(118) 『読売新聞』一九八五年九月一四日夕刊。
(119) ギャディス、ジョン・ルイス/五味俊樹他訳『ロング・ピース——冷戦史の証言「核・緊張・平和」』(芦書房、二〇〇二年)三六四頁。および、朝日新聞経済部『ミリテクパワー(軍事技術力)——究極の日米摩擦』(朝日新聞社、一九八九年)一〇二頁。
(120) 『読売新聞』一九八五年六月二三日朝刊。
(121) 『毎日新聞』一九八五年六月一一日朝刊。
(122) 同前、一九八五年六月一三日朝刊。
(123) Memorandum from Kelly to U.S. Department of Defense, "Courtesy Call of Japanese Defense Minister Kato on U.S. National Security Advisor Robert McFarlane-White House, West Wing Office, 11 June 1985" (June 21, 1985), The National Security Archive, *Japan and the United States: Diplomatic, Security, and Economic Relations, Part III, 1961-2000* [hereafter: JUIII], JUIII00538.
(124) 『読売新聞』一九八五年六月二〇日朝刊。
(125) 『日本経済新聞』一九八五年五月二一日朝刊。
(126) 同前、一九八五年五月二一日夕刊。
(127) 安倍外相のウィーンでの記者懇談会。『毎日新聞』一九八五年五月七日夕刊を参照。
(128) Public Papers of Ronald Reagan, "Statement on the Soviet-United States Nuclear and Space Arms Negotiations" (April 30, 1985), [http://www.reagan.utexas.edu/archives/speeches/1985/43085d.htm], accessed on November 17, 2013.

(129) Brinkley ed. *The Reagan Diaries*, p. 451.
(130) 『毎日新聞』一九八五年五月一日夕刊。
(131) 同前、一九八五年五月二日夕刊。
(132) 同前、一九八五年五月一五日夕刊。
(133) 同前。
(134) 同前、一九八五年五月二九日夕刊。
(135) 同前。
(136) 同前。
(137) 同前、一九八五年五月三〇日夕刊。
(138) 同前、一九八五年五月三一日朝刊。
(139) 同前、一九八五年六月一日朝刊。
(140) "Letter from Reagan to Gorbachev" (April 30, 1985), in *The National Security Archive Electronic Briefing Book No. 172, To the Geneva Summit: Perestroika and the Transformation of U.S.-Soviet Relations*, Document 9, p. 7.
(141) Ibid., p. 8.
(142) "Letter from Gorbachev to Reagan" (June 10, 1985), *The National Security Archive Electronic Briefing Book No. 172, To the Geneva Summit: Perestroika and the Transformation of U.S.-Soviet Relations*, Document 10, p. 4.
(143) Ibid., p. 5.
(144) 『毎日新聞』一九八五年六月二七日夕刊。
(145) 同前、一九八五年六月二八日夕刊。
(146) 同前、一九八五年六月三〇日朝刊。
(147) 在西独宮崎大使発安倍外務大臣宛て電信第一一六〇号「ＳＤＩ（ＷＥＵ外相・国防相会議）」（一九八五年四月二五日）二〇一〇—〇〇〇三三—一、四頁。
(148) 『毎日新聞』一九八五年六月二六日夕刊。
(149) 同前。
(150) 同前。

(151) 広瀬佳一「『新冷戦』から冷戦終焉へ――ヨーロッパの復権をめざして」渡邊啓貴編『ヨーロッパ国際関係史――繁栄と凋落、そして再生〔新版〕』(有斐閣、二〇〇八年)二二二―二二三頁。
(152) ブラウン『ゴルバチョフ・ファクター』四一九頁。
(153) シェワルナゼ、エドアルド/朝日新聞外報部訳『希望』(朝日新聞社、一九九一年)八四頁。
(154) 長谷川和年氏へのインタビュー(二〇一〇年五月三〇日)。
(155) 在フランス本野大使発安倍外務大臣宛電信第三一三六号「総理訪仏(ミッテラン大統領とのテタ・テート会談:その一(対ソ関係))」(一九八五年七月一五日)、二〇一〇―〇〇〇三二一、一―二頁。
(156) 同前、二頁。
(157) 同前、三頁。
(158) 同前、三頁。
(159) 同前、三―四頁。
(160) 在フランス本野大使発安倍外務大臣宛電信第三一三七号「総理訪仏(ミッテラン大統領とのテタ・テート会談:その二(SDI))」(一九八五年七月一五日)、二〇一〇―〇〇〇三二一、一頁。
(161) 同前、二頁。
(162) 同前、二頁。
(163) 在フランス本野大使発安倍外務大臣宛電信第三一三八号「総理訪仏(ミッテラン大統領とのテタ・テート会談:その三(新ラウンド))」(一九八五年七月一五日)、二〇一〇―〇〇〇三二一―三、二頁。
(164) 『日本経済新聞』一九八五年八月一一日朝刊。
(165) 同前。
(166) 『読売新聞』一九八五年九月一八日朝刊。
(167) なお、筆者は二〇一三年四月一八日に外務省に対し、「一九八五年九月に行われた『第一次SDI調査団の米国派遣』の記録」について開示請求を行ったが、二〇一三年八月三〇日に「対象文書が綴じられている可能性のあるファイルを検索しましたが該当する文書は確認できなかったため、不開示(不存在)としました。」との通知を受け取った(二〇一三―〇〇二七二)。
(168) 『日本経済新聞』一九八五年一〇月四日夕刊。
(169) 『読売新聞』一九八五年一〇月四日夕刊。

(170) 同前、一九八五年九月二日朝刊。
(171) 同前。
(172) 同前。
(173) ソ連課「第五回日ソ事務レベル協議議事録」（一九八五年九月五日、六日）七頁。本議事録の入手にあたり、若月秀和氏にお世話になった。記して御礼申し上げたい。
(174) 同前、九頁。
(175) 同前、二三頁。
(176) 同前、一七頁。
(177) 同前、二四頁。
(178) 同前、二五頁。
(179) 同前、二七頁。
(180) 同前、二六頁。
(181) "Letter from Gorbachev to Reagan" (September 12, 1985), in *The Reagan Files, Letters Between President Reagan and General Secretary's Brezhnev, Andropov, Chernenko and Gorbachev* [http://www.thereaganfiles.com/document-collections/letters-between-president.html/19850912.pdf], p. 3, accessed on January 10, 2015.
(182) 『毎日新聞』一九八五年一〇月四日朝刊。
(183) 『読売新聞』一九八五年一〇月二〇日朝刊、一〇月二五日朝刊。
(184) Public Papers of Ronald Reagan, "Address to the 40th Session of the United Nations General Assembly in New York" (October 24, 1985) [http://www.reagan.utexas.edu/archives/speeches/1985/102485a.htm], accessed on November 17, 2013.
(185) 『読売新聞』一九八五年一〇月二四日朝刊。
(186) 在国連黒田大使発安倍外務大臣宛電信第三〇七二号「主要国首のう会合（分割電報）（三の一）」（一九八五年一〇月二五日）二〇〇九―〇〇二九三―一、二頁。
(187) 同前、二―三頁。
(188) 同前、四頁。
(189) 同前、四―五頁。

(190) 在国連黒田大使発安倍外務大臣宛電信第三〇七二号号外「主要国首のう会合（分割電報）（三の二）」（一九八五年一〇月二五日）二〇〇九―〇〇二九三―一、一―二頁。
(191) 同前、三頁。
(192) 世界平和研究所編『中曽根内閣史――資料篇（続）』四五頁。
(193) 同前、四―五頁。
(194) 在国連黒田大使発安倍外務大臣宛電信第三〇七二号号外「主要国首のう会合（分割電報）（三の三）」（一九八五年一〇月二五日）二〇〇九―〇〇二九三―一、二頁。
(195) 同前、二頁。
(196) 在国連黒田大使発安倍外務大臣宛電信第三〇七三号「主要国首のう会合（レーガン大統領主催ばんさん会）」（一九八五年一〇月二五日）二〇〇九―〇〇二九三―二、一頁。
(197) 中曽根『中曽根康弘が語る戦後日本外交』四二六頁。
(198) 前掲「主要国首のう会合（レーガン大統領主催ばんさん会）」二頁。
(199) 世界平和研究所編『中曽根内閣史――資料篇（続）』（世界平和研究所、一九八七年）四五頁。
(200) 『毎日新聞』一九八五年一一月二日朝刊。
(201) "Letter from Reagan to Gorbachev" (October 31, 1985), in *The Reagan Files, Letters Between President Reagan and General Secretary's Brezhnev, Andropov, Chernenko and Gorbachev* [http://www.thereaganfiles.com/document-collections/letters-between-president.html/19851031.pdf], p. 3, accessed on January 10, 2015.
(202) Public Papers of Ronald Reagan, "Written Responses to Questions Submitted by Japanese Journalists on the Upcoming Soviet-United States Summit Meeting in Geneva" (November 14, 1985) [http://www.reagan.utexas.edu/archives/speeches/1985/111485f.htm], accessed on November 17, 2013.
(203) Memorandum of Conversation, "Reagan-Gorbachev Meetings in Geneva November, 1985 11:30 a.m.–12:40 p.m. Third Plenary Meeting" (November 20, 1985), in *The National Security Archive Electronic Briefing Book No. 172, To the Geneva Summit: Perestroika and the Transformation of U.S.-Soviet Relations*, Document 21, pp. 2–3.
(204) Matlock, Jr., Jack F., *Reagan and Gorbachev: How the Cold War Ended* (New York: Random House, 2004), p. 159.
(205) 『読売新聞』一九八五年一一月二七日朝刊。

(206) 同前、一九八五年一二月二六日朝刊。
(207) 在ミュンヘン田村総領事発安倍外務大臣宛電信第二九四号「SDI研究に関する問題(報道)」(一九八五年一一月二一日)二〇一〇—〇〇〇三三—三、一頁。
(208) 在西独宮崎大使発安倍外務大臣宛電信第三〇三七号「SDI(対話)」(一九八五年一二月五日)二〇一〇—〇〇〇三三—五、一—二頁。
(209) 在西独宮沢大使発安倍外務大臣宛電信第一四七号「独のSDI研究参加(バンゲマン訪米)」(一九八六年一月一九日)二〇一〇—〇〇〇三三—三、一—二頁。
(210) 在西独宮沢大使発安倍外務大臣宛電信第三六四号「独のSDI研究参加」(一九八六年二月一八日)二〇一〇—〇〇〇三三—三、一—三頁。
(211) 在米国松永大使発安倍外務大臣宛電信第七〇九号「SDI」(一九八六年一月二五日)二〇一〇—〇〇〇三三—五、一—二頁。
(212) 『日本経済新聞』一九八六年一月二三日夕刊。
(213) 在米国松永大使発安倍外務大臣宛電信第九三四二号「英国のSDI研究参加(防衛情報)」(一九八五年一二月六日)二〇一〇—〇〇〇三三—三、一—二頁。
(214) 『日本経済新聞』一九八六年一月一一日朝刊。
(215) 八〇年代、ローレンス・リバモア研究所は自由電子レーザー(波長一〇・六ミクロンの赤外線領域のレーザー光を地上から発射し、宇宙空間の巨大な鏡で光を反射させ、敵のミサイルを迎撃するための技術)の開発拠点であった。NHK取材班編『アメリカ国防総省SDI局——スターウォーズの内幕』(角川書店、一九八八年)一四七頁参照。
(216) 『日本経済新聞』一九八六年一月二三日夕刊。
(217) 同前。
(218) 同前、一九八六年一月二七日朝刊。
(219) Memorandum from Holmes to Schneider, "Circular 175: Request for Authority to Negotiate and Conclude Agreements on Cooperative Research for SDI with the FRG, Japan, Italy, Israel" (February, 1986), JUII01291.
(220) 『日本経済新聞』一九八六年二月一五日朝刊。
(221) 世界平和研究所編『中曽根内閣史——首相の一八〇六日』(世界平和研究所、一九九六年)下巻、九二一頁。

(222) 同前、九三七頁。
(223) 五百旗頭真・伊藤元重・薬師寺克行編『岡本行夫――現場主義を貫いた外交官（九〇年代の証言）』（朝日新聞出版、二〇〇八年）一一四―一一五頁。
(224) 『日本経済新聞』一九八六年四月一〇日朝刊。
(225) 朝日新聞経済部『ミリテクパワー（軍事技術力）』二一三―二一四頁。
(226) 手嶋龍一『たそがれゆく日米同盟――ニッポンFSXを撃て』（新潮文庫、二〇〇六年）三一四―三二四頁。
(227) 『日本経済新聞』一九八六年四月一五日朝刊。
(228) 同前、一九八六年四月二三日夕刊。
(229) 同前。
(230) 「第百四国会参議院科学技術特別委員会議録第六号」（一九八六年五月七日）二〇頁。
(231) 後藤田正晴／御厨貴監修『情と理――カミソリ後藤田回顧録』下巻（講談社＋α文庫、二〇〇六年）二二二頁。
(232) 「第百四国会衆議院科学技術委員会議録第八号」（一九八六年四月一五日）、一一頁。
(233) 長谷川和年氏へのインタビュー（二〇一一年五月三〇日）。および、長谷川『首相秘書官が語る中曽根外交の舞台裏』二二四頁。
(234) 『日本経済新聞』一九八六年四月二二日朝刊。
(235) Cable from U.S. Department of Defense to U.S. Department of State, "Visit of Komeito Chairman Takeiri" (March 15, 1986), JUII00560.
(236) 『日本経済新聞』一九八六年四月二二日朝刊。
(237) 同前、一九八六年五月一三日夕刊。
(238) 同前、一九八六年七月一八日夕刊。
(239) 同前、一九八六年八月九日朝刊。
(240) 同前、一九八六年九月二日夕刊。
(241) 同前、一九八六年九月九日夕刊。
(242) 「ＳＤＩ研究計画に関する内閣官房長官談話」（一九八六年九月九日）二〇一〇―〇〇〇二六―一、三―四頁。
(243) 『日本経済新聞』一九八六年九月九日夕刊。

(244) 同前。
(255) 同前、一九八六年九月一〇日朝刊。
(246) 在国連菊池大使発倉成外務大臣宛電信第二七二七号「国連総会（日米外相会談―ＳＤＩ）」（一九八六年九月二三日）二〇一〇―〇〇二六四―一、一頁。
(247) 『日本経済新聞』一九八六年一〇月二六日朝刊。
(248) 同前、一九八六年一〇月一六日朝刊。
(249) Memorandum from Gaffney to Weinberger, "Update on US-Japanese SDI Negotiations" (November 24, 1986), JUII00588.
(250) Briefing Paper, U.S. Department of Defense, "Fact Sheet: Japanese Participation in SDI" (March 15, 1987), JUII01365.
(251) 在米国松永大使発倉成外務大臣宛電信第四二九〇号「第二回日米首のう会談」（一九八七年五月二日）二〇〇九―〇〇三八二―一、一―二頁。
(252) 「戦略防衛構想における研究に対する日本国の参加に関する日本国政府とアメリカ合衆国政府との間の協定」（一九八七年七月二一日）二〇一〇―〇〇〇二六―一、五―六頁。

第四章　米ソ妥結案を拒否した日本

米ソ軍備管理交渉に関する両国の立場の隔たりは依然大きく、交渉の先行きは楽観を許しませんが、我が国としては、両国間の交渉が世界の平和の達成と軍縮の促進に向けて永続的かつ実効ある成果を上げるよう希望し、このため働きかけていく考えであります。

世界の平和と安定の問題に対処するに当たっては、自由民主主義諸国との緊密な協力関係を維持することが重要であります。

——安倍晋太郎、一九八六年一月(1)

前章で考察したように、一九八五年一一月にジュネーブで開かれた米ソ首脳会談では、具体的な合意に至らなかったものの、戦略核兵器の五〇％削減について交渉を進展させるとともに、ＩＮＦ交渉についても暫定協定の締結を目指すことで認識が一致した。

一方、レーガンによるＳＤＩ計画の公表以来、米ソ両国間で重大な懸案となってきた宇宙兵器禁止問題について、米ソ双方の歩み寄りは困難を極めた。前章で考察したように、ＳＤＩ計画については西欧、日本との協力関係も米国の思惑通りには進まなかった。

米国は八五年五月のボン・サミット政治宣言の中で、西側諸国のＳＤＩ研究への参加に言及することを企図した。だが、フランスをはじめとする西欧諸国は従来の核抑止戦略がＳＤＩにより阻害される事態に対して懸念を抱いていた。西欧諸国の政府が一致してＳＤＩを支持し、これに参加することは、ＩＮＦ配備をめぐって反核運動の波にもまれてきた欧州各国の国内政治の動向から見ても難しいことだったのである。

それでも、民間レベルを中心として西欧諸国はＳＤＩ研究によってもたらされる技術的な恩恵に与ろうと対米交渉を進めた。八五年末から八六年秋にかけて英国、西独、イスラエル、イタリアがＳＤＩ研究への参加を正式に表明し、日本もこれに続いた。また、政府レベルでは研究参加に慎重な姿勢を貫いてきたフランスとカナダも、自国企業の研究参加には異を唱えなかった。こうして、米国と西側同盟国との間でバイラテラルなＳＤＩ研究参加のための合意や協定が作られた。

さて、本章ではＳＤＩ研究における西側の結束が強化され、ＩＮＦ交渉が再び前進する契機となったレイキャビク米ソ首脳会談までの道のりを考察する。第一節ではレーガン政権がＩＮＦ交渉を進めるために同盟国に提示した対ソ妥結案が、日本の対案によって修正を迫られた背景と経緯を具体的に検討する。第二節では、米国のリビア空爆の衝撃が冷め遣らぬ中で開かれた東京サミットにおいて、西側諸国が対ソ関係の悪化を避け、軍備管理交渉を前進させる意思を表明した経緯を跡付ける。また、一九八六年五月の安倍訪ソの際の外交記録から、ソ連側がＳＳ—20の再移転問題をどう考え、これを対米交渉上いかに利用しようとしていたのかを明らかにする。第三節では、レイキャビク米ソ首脳会談に際し、中曽根内閣がレーガン政権への側面協力を続け、日本の示したＩＮＦ削減案が米ソの暫定的合意として確認されるまでの過程を考察する。

一　ソ連の核廃絶提案と日本のＩＮＦ削減案

米ソ首脳によるメッセージ交換

一九八六年は米ソ首脳によるメッセージの交換で幕を開けた。

一月一日、ゴルバチョフはテレビの前の米国民に対し、メッセージの交換それ自体は小さな出来事だが、両国関係改善の望ましい変化の兆しであると語った。また、ゴルバチョフは、国家間、国民間の信頼という最も貴重な資本を少しずつ考え始めなければ、全人類に確実な平和の展望を与えるという米ソ間の目標の達成はほとんど不可避であること。そして、米ソ関係における信頼の欠如を克服し始めることが絶対に必要であると説いた。だが、ゴルバチョフは「新しい型の兵器によって自国のより大きな安全を求めるのは無分別である。核兵器の削減と宇宙平和の維持の道を歩むべきことが、執拗に求められている」として、レーガン政権が推進するSDI計画を批判した。(2)

一方、レーガンはソ連国民向けのテレビ・メッセージで、前年一一月の米ソ首脳会談において相互の懸念と不信を減らすという目標をある程度達することができ、両国関係は良いスタートを切ったと述べた。また、レーガンはジュネーブNSTでの合意事項で最も重要なことは、米ソ双方が膨大な核兵器を削減することだと強調した。そして、「いつの日か、これらの兵器を全廃し、誰にとっても脅威とならない防衛体系ができることを望んでいる。両国とも、防衛のために新しい技術を応用する可能性について研究している。こうした技術が現実のものになるなら、核兵器による破壊の脅威から解き放たれると確信している」と結んだ。(3) レーガンは核兵器全廃のために、防御兵器としてのSDIを諦めない立場を示したのである。このようなメッセージ交換を見る限り、米ソ両首脳のSDIに対する認識は、ジュネーブ会談の時とほとんど変化がなかったと言ってよい。

このことは、米ソNST第四ラウンドに臨む両国代表の発言からも明らかである。一月一四日、カルポフ・ソ連首席代表は「米ソ両代表団のなすべきことは、昨年の米ソ首脳会談での合意を実際的な行動に結びつけることだ」として、第四ラウンドでの交渉進展に意欲を見せた。その上で、カルポフは第四ラウンドの焦点を、宇宙軍拡の防止と核兵器の五〇％削減、欧州部INF削減に関する暫定協定に向けての努力に絞った。彼は「米国がSDI計画を再考し、その破壊的側面を再検討する意思があれば、実りある解決への道が開けよう」と主張し、米

国に譲歩を迫る姿勢を明らかにしたのである。(4)

これに対し、エーデルマンＡＣＤＡ局長はジュネーブ米ソ首脳会談で、双方が戦略核兵器の五〇％削減とＩＮＦ暫定協定を目指すことで合意したことを挙げ、「第四ラウンドには、米側として明るい見通しを立てている」と述べた。(5)エーデルマンはこうした雰囲気はこれまで行われた軍縮交渉の時にはなかったと吐露しつつ、ソ連側は第三ラウンドでの宇宙兵器、戦略核兵器、中距離核兵器の三分野に関する米側提案を真剣に吟味して、ギブ・アンド・テイクの現実的な対応策で米国の期待に応えるだろうと予想していた。

ゴルバチョフの核兵器廃絶提案

エーデルマンの予想通り、ゴルバチョフは一月一四日付のレーガン宛て書簡で、ＮＳＴ第三ラウンドで示された米提案への回答として、新たに三段階で構成された核兵器廃絶案を提示した。

第一段階。五―八年の間に、ソ連と米国は互いの領土に届く核兵器を五〇％削減する。〔中略〕我々は欧州地域にあるソ連と米国の中距離ミサイル――弾道ミサイル、巡航ミサイルの両方――の完全な廃棄を決定し、早くも第一段階で実行に達することに賛成である。

第二段階。遅くとも、一九九〇年に始まり五―七年続く。英国、フランス、中国が核軍縮に加わり始める。それらの国は、初めに全ての自国の核兵器の凍結を約束し、他国の領土において核兵器を保有しないとの義務を負う。〔中略〕ソ連と米国が核兵器の五〇％削減を完了した後、全ての核保有国が射程一〇〇〇キロメートルの戦術核兵器とそのシステムを廃棄する。

第三段階は、遅くとも一九九五年に始まる。この期間に残りの核兵器の廃棄を完了する。一九九九年の終わりまでに地球上から核兵器が姿を消す。この時点で、核兵器が再び姿を現さないように包括協定を結ぶ。(6)

これに加えて、ゴルバチョフは「宇宙は平和なままに保存しなければならない。宇宙に攻撃兵器を配備してはならない。また、こうした兵器を開発するべきではない」と、米国のＳＤＩ研究推進を牽制しようとした。レーガンは書簡を受け取った時のことを「これはむろんプロパガンダだったが、無視することはできなかった」と回顧している。(7)ともあれ、ソ連が具体的な核廃絶提案を行ったことに対して、レーガン政権は直ちに歓迎の意を表明し、同盟国とともに提案の内容を検討した上で回答を示す意向を固めた。(8)

同日、日本政府も来日中のシェワルナゼから核廃絶提案の真意を確認した上で、ＩＮＦおよびＳＤＩ問題に関する意見交換を重ねた。一五日に東京で開かれた日ソ外相協議では、シェワルナゼが安倍に対して、核廃絶提案とソ連の軍備管理・軍縮に関する基本的考え方について説明を行った。この席で、シェワルナゼは最近五―六年の間に核軍拡を抑制してきたシステムが効力を失い、米国による第二次戦略兵器制限条約（ＳＡＬＴ―Ⅱ）未批准に伴う同条約未発効の結果、長距離巡航ミサイルの配備が推進され、ＳＡＬＴ―Ⅱ後の戦略兵器削減交渉が開始されなかったことを問題とした。

そして、この間の「真空状態」が核兵器増強計画によって充たされることになったが、それはソ連側のＳＡＬＴへの違反が理由ではないと論じている。このようにシェワルナゼは、国際情勢全般について「危険な方向にむかっている」と悲観的な見方を示す一方で、その危険な状態から脱する道があると述べた。それは、前年のジュネーブ会談で米ソ首脳が交わした基本原則に沿って国際問題に取り組むならば、「焦眉の問題の解決は可能である」とする見解である。(9)

これに対し、安倍は平和と軍縮の問題について、その行方は米ソ両国の指導者の双肩にかかっているとし、ソ連側に米国との建設的な議論を進めるよう期待を示した。だが、安倍はソ連の核廃絶提案が依然として欧州部ＩＮＦの削減に重点を置いていることに危惧を抱き、この問題に対する回答をシェワルナゼに求めた。安倍はＩＮＦがグローバルに全廃されることを重視して、「ヨーロッパのみが対象となりアジアが現状凍結で終るなどということは我が国としては認めることはできない」と主張した。また、「その移動性、飛距離等に鑑み、ＳＳ—20を配置地域により取り扱いに差異を設けることに合理的根拠は見出せない」と指摘したのである。[10]

一六日には、後藤田官房長官もゴルバチョフの提案について「核兵器が廃絶になるなら望ましいことだ」と述べ、ソ連の姿勢を基本的には評価した。後藤田はゴルバチョフ提案に対し、日本として厳しい注文をつけるべく、核廃絶へと至るそれぞれの段階ごとに、時系列を追って相互に均衡のとれた核兵器縮減に向け、米ソ双方の意見が一致することが望ましいこと。そして、我が国としては、欧州のみでなく極東での核配備問題を含む世界的な形で縮減・廃絶をすることが望ましい、と述べた。[11] なお、当時の米側の推計によれば、一六二基以上のＳＳ—20が日本を含むアジア諸国向けに配備されていた。[12]

このように、安倍と後藤田が指摘した欧州部ＩＮＦの先行削減の問題に対し、シェワルナゼは一八日の石橋《いしばし》政嗣《まさし》日本社会党委員長との会談において、ＩＮＦ交渉の第一段階で欧州部ＳＳ—20の削減を、第二段階でアジア部ＳＳ—20の削減を取り上げることを明らかにした。[13] ただし、ソ連は一八日のアフロメーエフ(Sergei Akhromeyev)第一国防次官の発言にある通り、米国が西太平洋地域に配備した核運搬手段、すなわち日本への拡大核抑止の手段を軍縮交渉の対象とする前提で、アジア部ＳＳ—20削減の用意があると主張していた。アフロメーエフは、アジア部にＳＳ—20を配備し続けている理由として、西太平洋上の米海軍空母や海上発射型トマホーク巡航ミサイル、三沢基地のＦ—16戦闘機などの核搭載手段を挙げ、これらがソ連本土にとり脅威になっていると述べた。

また、一月三一日にはソ連テレビ・ラジオのウラジーミル・ツベトフ政治論説員も、モスクワ放送を通じてゴルバチョフの核廃絶提案の対象には極東アジア地域も含まれていると指摘した。放送でツベトフはアジア部ＳＳ—20に関して、極東アジアに存在する米国の核攻撃手段が削減されるなら、ソ連はその分だけＳＳ—20を減らすと述べた。

その理由として彼は、戦略核兵器については米ソ間の均衡が保たれているものの、米国がアジアの前方展開基地やソ連の国境近海を哨戒する空母に核攻撃手段を配備したために戦力バランスが崩れ、米国が優位に立ったことを説明した。また、米国の核攻撃手段の具体例として、海上発射型のトマホーク巡航ミサイル、三沢基地に配備されたＦ―16のほかに、韓国に配備された米国の核攻撃手段を列挙した。ツベトフは、このような事態に直面して、ソ連はウラル山脈以東にＳＳ―20を配備しなければならなくなったと述べた[14]。

しかし、第一章で指摘した通り、ソ連がアジア部にＳＳ―20を配備し始めたのは、米国が西太平洋で核運搬手段を増強する以前の一九七〇年代末である。このことから、ツベトフの言説には前後関係に矛盾がある。いずれにせよ、ソ連はアジア部のＳＳ―20削減を米国の核運搬手段の削減と交渉で取引することを考えていたのである。

レーガン政権の対ソ妥結案を拒否した日本

このように、アジア部配備のＳＳ―20削減に関して西太平洋地域での核軍縮交渉を迫るソ連に対し、レーガンは米国だけではソ連に即答できない状況と判断した。そこで、日本を含む西側諸国に意見を求めたのである。この時、米側はゴルバチョフの核廃絶提案への回答として、欧州部ＩＮＦを全廃し、アジア部ＳＳ―20を二段階で削減する（第一段階で五〇％削減し、第二段階で全廃する）という妥結案を準備し、西側同盟国に提示した。

この妥結案は、二月三日にホワイトハウスのシチュエーション・ルームで開かれた国家安全保障計画グループ会議（ＮＳＰＧ）の中で、レーガン自身が強く支持したものである。会議に出席したワインバーガーは「ゴルバチョフ提案は向こう受けを狙ったもので、米国が応ずる必要はない」と主張した。会議の出席者の何人かはこの主張に同調して、ゴルバチョフの核兵器全廃提案が「公に人目を引くための行動」にすぎないとのレッテルを貼りたがっていた。だが、レーガンは「私はそうだとは思わない。彼らと全体的な目標を共有して提案の細部について話し合おうではないか」と促した[15]。この時レーガンはいくつかの選択肢を検討した上で、ソ連にアジア部配備ＳＳ—20の一時的な残存を容認する見返りに、米本土にソ連と同数のＩＮＦを保管することを認めさせる案を推した。すなわち、レーガンは米国の国益に適う方向でソ連との核軍縮交渉を進めるために、最も見込みのある選択肢を選んだのである。[16]

二月六日に、レーガンは中曽根宛ての書簡で自らの対ソ妥結案を提示し、日本側に意見を求めた。それと同時に、ラウニー軍縮顧問を通じて日本政府に米側の検討状況を説明した。しかし、米側の説明に対して安倍は「米ソ交渉では世界的規模での核兵器削減の見地に立って、アジアを犠牲にしないよう配慮してほしい」と強く要請した。また、柳谷外務次官も「米提案はアジアに配備されたＳＳ20を置き去りにするもので日本にとって好ましくない」と妥結案に反対する姿勢を表明した。[17] レーガンからの書簡を受け取った中曽根も、アジア部と欧州部との間の措置に差をつけることに反対し、ＳＳ—20全廃を支持する立場を変えなかった。[18]

このとき、外務省内で米側の提示してきた妥結案に懸念を抱いたのは佐藤行雄《さとうゆきお》総務課長であった。一九七六年九月六日に函館空港で起きたソ連戦闘機ミグ25着陸事件への対応を巡って、米国との共同検分を主張した経験を持つ佐藤は、実務面で日米同盟の本質を理解していたことに加え、米欧の同盟管理についても明確な認識を有していた。[19] 佐藤は一九八五年に発表した論文で、米欧間には意見相違を徹底的に闘わせるための様々な調整メカニズムが存在し、双方が受容可能な方向に物事が動くのが同盟関係の基本であると認識していた。[20]

核軍縮をめぐり日米関係が同盟の信頼性の危機に直面している際に、徹底的に米国と意見を交わすことは、日米間の対話を米欧間のそれに近付ける点でまたとない機会であった。ＩＮＦ問題担当の宮本雄二《みやもとゆうじ》軍縮課長から相談を受けた佐藤は、二月八日に加藤良三《かとうりょうぞう》条約課長と岡本行夫安全保障課長を自室に招集して、レーガン宛ての返簡に盛り込む対案を検討した。岡本の回想によれば、当時佐藤は「これは国の危機だよ。局のワクを外して機動的に対応しよう」と言って、あらゆる角度から今回の妥結案に代わる日本の対案を議論した。

議論の末、四人は以下の結論に達した。

一、アメリカに対してすぐに反応する。
二、アメリカへは、「日本国民がアメリカに見捨てられると思ってしまう」といった説明ぶりではなく、アジアでの核バランス議論が起こり、その結果、アメリカ自身の太平洋における安全保障戦略に跳ね返ることを指摘する。
三、我々はただ反対するのではなく、現実的な代替案を用意する。(21)

四人が考え抜いた返簡案の内容は次の三つであった。(22)

第一に、長射程ＩＮＦの「欧州ゼロ・アジア五〇％」という新たな考え方は、「アジアでの核問題を独立した問題として惹起し、その結果これまでアジアにおいて静かに、かつ、有効に機能して来た米国の核抑止力の信頼性の政治的安定度が損われる可能性が懸念される」こと。

第二に、「欧州のＩＮＦ全廃を先行させ、アジアのＩＮＦの廃棄を後回しにする場合には、アジア部に残存するソ連のＩＮＦの廃棄を実現するための取引材料如何といった点に論議が及び、こうした点から貴国〔米国―引用者注〕が北西太平洋地域の安全保障のために我が国〔日本―引用者注〕を中心に展開させている海空軍の戦力の特定部分をもって取引材料とすることの是非が議論の対象となる可能性が大きいと思われる」こと。

第三に、「これをめぐってＦＢＳ、海上《ママ》核戦力（ＳＬＣＭ）、更にはＮＣＮＤ等貴国の基本的政策が公に論ぜられるような状況が生ずる場合、問題は、我が国の国内世論対策は勿論、更にそれを越えて、日米安保体制の信頼性とその円滑な運用、更には日米同盟関係の根幹に影響が及び、他のアジア・太平洋諸国の不測のリアクションと相俟って貴国の北西太平洋地域における安全保障戦略が、予測されている以上の支障を蒙る現実の危険性があるように思われる」ことである。(23)

このように、返簡案はソ連が主張するアジアでの核軍縮論を敷衍し、アジア部にＩＮＦが残されればその撤廃交渉においてＦＢＳやＳＬＣＭを取引材料とする議論が誘発されること。そして、それが日米安保体制の信頼性に影響を与えかねないとの観点から「欧州ゼロ・アジア五〇％」を受け入れ難いとする姿勢を明確にしたのである。

こうした問題点の指摘は、レーガン政権に再考を促す材料の提供に止まるものではなかった。外務省は拡大抑止の根幹であるＦＢＳの扱いについて米国に慎重な対応を求めた。一月二四日、エメリー（David Emery）ＡＣＤＡ副長官と会談した西山健彦《にしやまたけひこ》欧亜局長は、米国がＩＮＦ交渉でＦＢＳ算入を認めるのか、またソ連はＳＳ—20とＦＢＳをリンクするか否かについて問い質した。これに対し、エメリーはソ連が主張するＳＳ—20とＦＢＳの取引に関して、米国は一貫して関連を否定すると約束した。さらに、エメリーはＦＢＳの存在がＩＮＦ交渉の障害にはなり得ず、ＦＢＳとソ連海軍の同種の戦力を交渉議題とすることを否定した[24]。このように、日本側は米側から拡大抑止の根幹であるＦＢＳがＩＮＦ交渉の対象になり得ないという保証を得たのである。

この問題をめぐり外務省は機動的な対応を見せたが、省内には米国に異を唱えることに慎重な意見もあった。ジュネーブ軍縮会議の今井隆吉大使は、二月一六日の中曽根宛ての献策において、外務省がアジアでの核バランス問題を取り上げたことに対し、次のように懸念を示した。

ＩＮＦが次回又は来年のサミットの目玉という事は、米ソ双方が考える事で、ＳＤＩと切離してもという姿勢になります。米としては、西欧諸国への対応上、アジアの同時削減に最後までこだわれないでしょう。そうなると、別個にアジアの核バランスの話になり、これは我国のみでなく、中国、米ともにやりたくない話ですから、益々ソ連の思うツボという事になります[25]。

このように、今井は米国がＩＮＦのグローバル・ゼロを図れば西欧側から批判され、他方で欧州とアジアで別個に削減を図ればアジアでの核バランス論議に発展するディレンマに陥ることを憂慮したのである。

だが、今井の心配をよそに、レーガン宛ての返簡にはそのディレンマを克服する解決案が盛り込まれていた。それは、アジア部に残されるSS—20を欧州部とアジア部の中間に位置するソ連中央部のバルナウルに移動させ、SS—20の脅威を欧州・アジア間で均等にする案である。これは西側安全保障の不可分論を具体化したアイデアであった。

日米協議の成功

外務省の対案は二月一〇日午後に省内の関係局長会議で決裁され、翌日には米側関係者に提示するため、急遽佐藤の指示により岡本がワシントンに、宮本が欧州に派遣されることになった[26]。

二月一一日夕刻、岡本は自らが外務本省にいない事実をカモフラージュし、ニューヨーク行きの最終便に乗った。この時、岡本が隠密裏に行動したのは、もし日本の対案がマスメディアに嗅ぎつけられて外部に漏れれば、米国や欧州から「日本はタダ乗りをして歴史的な米ソ合意を邪魔しようとしている」との反発が起こることを強く懸念していたからである[27]。

米国東部時間の一二日朝、岡本は松永駐米大使とともに、アマコスト(Michael Armacost)国務次官やケリー(James A. Kelly)国防次官補代理(東アジア・太平洋担当)など国務・国防両省の複数の担当者に対案を提示して回った。そして岡本は、最も重要な折衝の相手と見ていたリンハード(Robert Linhard)核軍縮担当大統領補佐官との会合に臨んだ。

岡本の提示した具体案に対してリンハードは、「もし日本側がアメリカ案に対して単にノーと言いにきただけだったら、我々も突っぱねただろう」が、バルナウルへのSS—20集中配備のアイデアは「極めて新鮮」だと評した。米側がすんなりと日本案を受け入れた背景には、米側にもいくつかの選択肢の中で日本案と類似のアイデアが存在しており、日本の具体案が、決定を躊躇していた米国の対ソ回答案を後押しした側面もあった[28]。

また、岡本の説明を受けた国防総省幹部は、ソ連欧州部とアジア部の核バランス論議が複雑化して米太平洋軍の存在意義の議論にまで影響が及ぶ可能性を察知すると、「ミスターオカモト、最後まで言うな。それは、むしろアメリカが困る話だ」と即答し、日本の対案を国防総省案としてホワイトハウスに報告することを約束した。[29]

二二日、レーガンは中曽根宛ての書簡の中で、今回の日米の生産的協議によりグローバル・ゼロを最優先とする考えに至ったとして感謝を表した。[30] 岡本の証言によれば、一五日の帰国後しばらくしてから、米国から「日本政府の立場を尊重する」という返答が届いたことが明らかにされているが、おそらくそれがレーガンの中曽根宛て書簡のことを指していると推測される。[31]

なお、この間の日本政府の行動について、後年ワインバーガーも次のように評価している。

エド・ロウニー大使が日本政府と話し合いをした際、アジアで一〇〇基のSS—20ミサイルを保持するというソ連の考えは、受け入れるわけにはいかないと拒否された。そして、日本政府のこのような反応の素早さと明確さは、レーガン大統領の決心を強化した。[32]

レーガンは日本を含む同盟国との協議を踏まえ、二四日に声明を発表した。声明の後半で彼は、「今日ジュネーブでわれわれの代表団が米国のパーシングⅡ、GLCM、そして欧州においてだけではなくアジアにおいてもソ連のSS—20ミサイルを廃絶するための具体的な提案を交渉のテーブルに載せている。全ての中距離核ミサイルはこの一〇年間の終わりまでに地球上から姿を消すだろう」と述べた。[33]

この二日前に、レーガンはゴルバチョフに対し、書簡で次の回答を示していた。

INF分野については、一九八七年末までに、米ソ両国が欧州部に配備されている長射程INFを各々一四〇基まで削減し、ソ連はアジア部においてＩＮＦを同時的かつ比例的に削減する。翌年中に、米ソは欧州部とアジア部において残りの長射程ＩＮＦ発射基の数をさらに五〇％削減する。最後に、米ソは一九八九年末までにこのカテゴリーの兵器を全廃する。(34)

その削減方法として、米国はアジア部に一時的に残すＳＳ—20をソ連中央部に限定し、米本土に同数のＩＮＦを保有して均衡を図る案を練っていた。ここに先の日本提案が活かされたのである。

二　ＳＳ—20削減をめぐる米ソの緊張

ＳＳ—20移転を拒むソ連

二月二二日のレーガンの回答に対し、ゴルバチョフはアジアでの米軍事力を維持したままでのソ連極東部の防衛弱体化を要求する米の提案が、欧州の核廃絶を阻んでいると批判した。(35) また、二五日の第二七回ソ連共産党大会で、ゴルバチョフはレーガンの回答について、戦略核削減にはＳＤＩ計画へのソ連の同意が必要である、との条件が付されていたことから、米国の真剣な用意を見出すことは困難であると報告した。

これに関して、のちにグリットマン米ＩＮＦ交渉代表は、ゴルバチョフがレーガンの回答を拒否したのは、次のような要因によると分析している。それは、ソ連が一九八九年末までに欧州部とアジア部のＩＮＦを同時かつ比例的に全廃するとの米提案自体が、従来のグローバル・ゼロ解決の焼き直しであると認識していること。また、ソ連がレーガンの声明を一月一五日の核廃絶提案に対する回答と見なさない立場をとったことである。

もし、米国の回答を受諾すれば、ソ連中央部に残存するＳＳ—20が対中国向けとなることがあまりに明白となることから、ゴルバチョフはこれを嫌悪しているというのがグリットマンの分析であった。つまり、日本案で示されたSS―20のソ連中央部への移転は、それがもっぱら中国を標的とするものと映る点で、対中関係改善を視野に入れるソ連にとっては受け入れ難い提案だったのである。[36]

他方で、ゴルバチョフは米ソ間で合意達成が可能な問題として欧州部のINF撤去を挙げ、INF問題を戦略核兵器と宇宙兵器の問題から切り離して解決する用意があるという柔軟な思考も示していた。

それでもなお、ソ連側は米国の回答にあったアジア部のINF問題について、削減・廃棄の第二段階で扱うことに固執した。二八日のアフロメーエフの発言によれば、ソ連は第一段階として、一九九〇年までに欧州部のINFを全廃し、一九九〇年以降にアジア部のINFを廃絶するための措置をとることを目標としていた。アフロメーエフは、アジア部のINF削減が欧州に比べて数年先送りになる理由として、アジア太平洋地域での米軍の核運搬手段の削減について米側が回答していないことを挙げた。[37] 以前と同じく、ソ連はアジア部のSS―20削減の取引材料として米海軍空母、海上発射型トマホーク巡航ミサイル、三沢基地のF―16などの核運搬手段の削減を求めたのである。

それではなぜ、ソ連はアジア部INFの削減問題を可能な限りINF交渉から外そうとしたのであろうか。当時のソ連の思惑について、エーデルマンACDA局長は次のように分析していた。エーデルマンは、ゴルバチョフが欧州部のINF削減を優先し、日本の安全保障上の関心を軽視しているのは、アジア部のSS―20を残置できることがソ連にとって最も利得の高い取引になるからだと指摘した。つまり、アジア部のSS―20は、日本や中国、ASEAN諸国を射程に入れているだけでなく、移動可能であるため引き続き欧州諸国も脅威下に置くことができる。これにより、ソ連は西側世論に揺さぶりをかけ、欧州部のINF交渉を成功させて、米国の軍事力増強を抑制し、アジア部に残置したINFで日米欧を分断しようとしている、というのがエーデルマンの分析であった。[38]

キャンプ・デービッドでの日米首脳会談

こうして米ソ間でアジアの核問題が表面化する中、中曽根は四月中旬の訪米を前にして、レーガンとの会談で東西関係や軍縮問題での協調を再確認する意向を固めた。五月初旬に予定された東京サミットでも、アジア部SS―20の全廃に向けた協力を西欧諸国から引き出すために、レーガンのINF削減提案を強く支持することが重要と考えられた。

中曽根は今回のレーガンの提案が、欧州部のみならずアジア部のINF全廃を打ち出したことを高く評価することにしたのである(39)。政権発足以来「国際国家日本」を標榜してきた中曽根は、G7サミットが七年ぶりにアジアで開かれることからも、今回の東京サミットをアジアの安全保障に寄与するものにしたかった。

当時の日本が置かれていた状況は、訪米を数時間後に控えた中曽根の発言からも伝わってくる。四月一二日午後、官邸番記者の「最後まで忙しいですね」という質問に中曽根は、「ああ、仕事師内閣だから。これが日本の姿だよ。羽田〔孜―引用者注〕農水相がソ連から帰ってきて報告に来る。中国の外相〔呉学謙―引用者注〕が日本に来る。私がアメリカへ行く。米ソ中日、これが世界の中の日本の縮図だ」と答えている(40)。

中曽根が首相に就任して五回目となる今回の訪米は、日本の総理大臣が初めて米大統領の山荘キャンプ・デービッド(メリーランド州)に招待されるという点からも注目度の高いものであった。

四月一二日午後の日航特別機で安倍外相を含む随行団とともに日本を発った中曽根は、アンカレッジ経由で同日(現地時間)の夕方にワシントンのアンドルーズ空軍基地に到着した。この時はキャンプ・デービットへの往復のため、レーガンが大統領専用機「マリーン・ワン」への中曽根の搭乗も認めるという厚遇ぶりであった。

キャンプ・デービッド到着後、中曽根はソニーの盛田昭夫《もりたあきお》会長から託されたポケット・カラーテレビをレーガンにプレゼントした。ポケット・カラーテレビを手にしたレーガンは、小型で高性能な日本製品に驚嘆し、「閣議の席上でも野球のテレビ中継が見られるよ」とジョークを飛ばした。そして、レーガンから中曽根には、返礼として米海軍パイロット用のジャンパーが贈られた。[41]「これを着ればフットワークが一段と上がる」と中曽根は謝意を示した。当時の新聞報道を見ると、互いにジャンパースタイルを褒め合い、雑木林を散策する両首脳の姿が写し出されている。

さて、四月一三日午前一一時二〇分からキャンプ・デービッドのローレル・ロッジで第一回日米首脳会談が開かれた。日本側からは中曽根のほかに安倍と松永が、米側からはレーガン、ブッシュ、シュルツらが出席した。この全体会談では、中曽根がジュネーブに続く二回目の米ソ首脳会談が開催されることを希望した。また、一般的に見て米国の方がソ連に対して優位に立っていると思うとの評価が伝えられた。ＩＮＦについては米国がアジアの安全保障に十分配慮を示したことと、軍備管理問題全般に関して米国が同盟国に情報提供したことに謝意を示した。

中曽根は一月にシェワルナゼと会談した際に、「米ソ首脳会談は双方とも軍人ではなく政治家の話を聞いてやりなさいとゴルバチョフ書記長に伝えてほしい旨述べた」ことを明らかにした。さらに、ゴルバチョフについて「自信家のようであるが、レーガン＝ゴルバチョフというサミット・レベルで物事を進めたいと思っているのではないか」という感触を伝えた。その上で、中曽根は第二回目の米ソ首脳会談が開催できるように環境づくりをしたいという意思をレーガンに示している。[42]

これに対し、レーガンは先のＩＮＦ問題に関わる日本の対案について「日本政府のコメントを感謝するものであり、グローバルな削減が必要であると考えている」と回答した。しかし、中曽根が大きな期待を寄せている第二回の米ソ首脳会談開催については、「行われることは確信しており、着々と準備は進めている」と述べるに止まり、いつ首脳会談が行われるかについては明確にしなかった。この時、レーガンは第二回米ソ会談開催の可能性は夏もしくは中間選挙後と説明していた。[43]

レーガンの発言に続いてシュルツも、二回目の米ソ首脳会談の日程は決まっていないが、軍備管理交渉のプロセスは順調に進んでいると述べた。そして、日本側に対し、来る東京サミットを成功させ、再び西側団結を示すことができるよう期待を示した。席上、シュルツは「〔米ソ―引用者注〕首脳会談を成功させるためには西側同盟国の団結がカギであり、東京サミットその他の場において西側同盟国の支持があればある程ベターである。何故なら、団結を示すことにより、ソ連に西側を分断することが出来ないというシグナルを送ることになるからである」として、中曽根に一層の対米支持を促したのである[44]。

第一回首脳会談終了後の昼食会でも、中曽根に対する厚遇は続いた。レーガンは全体会議を行ったローレル・ロッジから中曽根を連れ出し、大統領のプライベートな空間であるアスペン・ロッジに招待したのである。本来であれば、アスペン・ロッジは大統領個人とその一家しか入室できないような小屋である。同行した長谷川秘書官によれば、アスペンは部屋が二つぐらいの一軒の小さなロッジで、日本側のSPも入室できないほど狭いという印象を持ったという。レーガンがこのような特別な場所に中曽根を招き入れたのは、三年前の「日の出山荘」への招待に対する返礼であった[45]。

この特別な場所で、レーガンは米国がソ連にINF全廃を要求する根拠を明らかにした。レーガンは、ゴルバチョフがソ連の首脳の中で初めて実存する兵器の削減を提案してきているとして一定の評価をしながらも、彼の提案はアジアにINFを残存させるものであると問題点を指摘した。これに関しては、欧州のみならずアジアにも米国の友好・同盟国が存在することと、移動可能なソ連のINFが数時間でアジアから欧州向けに再配備できることからも、ソ連に対してINF全廃を要求していると述べたのである[46]。

レーガンの発言は、先のエーデルマンの分析の通り、SS―20のアジア残置がソ連にとって日米欧分断の道具となりかねず、米国がこれを阻止するためソ連に対して真剣にINF全廃を要求していることを窺わせるものであった。

これに対し、中曽根は二月の対案で示した米国に対するコメントを繰り返した。中曽根は、アジアにINFが残されれば、その撤廃交渉においてＦＢＳを取引材料とすべきであるとの議論が誘発され、結果的に日米安保体制の信頼性を大きく妨げることにもなりかねないとの観点から、ソ連の提案を受け入れられないと述べたのである。(47)

翌日午前一一時からの第二回首脳会談は、ホワイトハウス閣議室に場所を移して行われた。本会談では、東京サミットでの東西関係の取り扱いについて議論がなされた。レーガンは、東京サミットの政治宣言で東西関係についての力強い表現(ROBUST LANGUAGE)が含まれることを期待し、サミットでの西側連帯がジュネーブでの軍備管理交渉の進展を助けると論じた。(48)これに対し、中曽根は第二回米ソ首脳会談を成功させるためにも東京サミットで西側団結を示し、レーガンに力を与えることが不可欠との観点から、引き続き大統領を支持していくと答えた。(49)

このように、中曽根はレーガンとの会談で、東京サミットにおいて平和と軍縮に関わる西側の結束を再びソ連に誇示し、軍備管理交渉推進と第二回米ソ首脳会談開催を強く支持することを約束したのである。これは前日に行われた首脳会談と昼食会で、レーガンからアジア部のＳＳ―20を全廃するという明確な意思表示を受け取ったことに対する中曽根の回答であった。レーガンとの会談を終えた中曽根は、ホワイトハウスの南庭で行ったプレス発表で次の通り今回の訪米を総括した。

私は、東西関係の安定と核兵器の大幅削減を目指す大統領の強い決意に敬意を払い、昨年の米ソ首脳会談により弾みを与えられた米ソ対話が今後着実に進展することを強く希望するものであります。大統領と私は、この問題に関して、自由主義諸国が引き続き緊密な意思の疎通と協調を維持していくことの重要性を再確認しました。

この関連で、私は、アジア地域に十分配慮しつつＩＮＦのグローバルな全廃を目指す大統領の努力を高く評価している旨表明致しました[50]。

東京サミット――影を落としたリビア問題

以上に見てきたように、日米首脳会談における軍縮問題協議は成功裏に終わった。しかし、東京サミットを前にして発生した二つの衝撃的な事件が、米ソ軍備管理交渉の行方を不透明にするかに思われた。

まず、四月初めに、リビアのカダフィ(Muammar Abu Minyar al-Qaddafi)大佐の手先が西ベルリン市内のディスコで爆弾テロを起こした。このテロで在西独米軍の兵士が多数死傷した[51]。これに対し、米軍は四月一四日にリビアの首都トリポリとベンガジの軍事基地に対し攻撃機による報復爆撃を実施するとともに、リビアに対し経済制裁を科した。米国のリビアへの報復を受けて、リビアと友好関係にあったソ連は、五月に予定されていた米ソ外相会談の開催を急遽取り消すと発表した。

また、リビア空爆の一二日後には、ソ連のウクライナ共和国でチェルノブイリ原子力発電所四号炉の爆発事故が発生した。西側諸国にチェルノブイリ原発事故の事実が伝わったのは、事故から二日後のタス通信の報道を通じてであったが、その頃にはスカンジナビア半島などで高い放射線値が検出され始めていた[52]。ソ連政府は原発事故の情報をどこまで公開するのか等、就任二年目のゴルバチョフは未曽有の核の災厄への緊急対応に追われた。

こうした中、五月四日に開会した東京サミットでは、以上の事態を受けて政治声明のほかに「国際テロリズムに関する声明」(リビアに対する非難、武器禁輸、外交活動の制限)と、「チェルノブイリ原子力事故の諸影響に関する声明」(ソ連に対する事故情報の公開要求)の二つが新たに加えられた。即座に個別の声明が出されたことから、二つの事件に対する関心の高さが窺われる。

東京サミットでは、経済問題や東西関係についての議論が後景に退いた感は否めなかったものの、中曽根議長の下で「東京宣言―より良き未来を期して」が発表された。同宣言の第三項は、「平和が軍事力のみでは守られ得ないことを承知している」と述べた上で、「ハイレベルでの対話と交渉を通じ、東西間の相違に取り組んでいく決意」を表明した[53]。この宣言によって、西側諸国は一九八六年中に予定される第二回目のレーガン＝ゴルバチョフ会談において、対話が着実に進展することを期待し、軍備管理交渉において均衡のある、実質的かつ検証可能な軍備削減を目指すべき点で一致していることをソ連に対し明示したのである[54]。

また、東京サミットでの「対リビア制裁措置は西側各国の裁量に一任する」という討議の流れからは、西側諸国がリビア攻撃によって生じた米ソ関係の悪化を早期に打開しようとする意図が窺われた。実は、ソ連側も米国のリビア攻撃によって生じた米ソ関係の冷却化を可能な限り一時的なものに止めようとしていた。

四月二〇日に東独のポツダムを訪れていたゴルバチョフは、米国のリビア攻撃後初めて、米ソ首脳会談の年内開催を真剣に検討すると述べた。ただし、ゴルバチョフは首脳会談開催の条件として、米政府が成果を望む必要性に考慮を払うことと、これ以上国際関係を悪化させないことを求めた[55]。

さらに、以下に示す四月二一日の声明において、ゴルバチョフは米側が軍縮交渉に対する不誠実な姿勢を改めれば、第二回目の米ソ首脳会談開催も可能であると述べた。

新しいソ米首脳会談は行うことができる。この会談は、軍縮で真の進展をもたらす限りにおいて正当化される。ワシントンはそうした用意を示しておらず、正反対の方向で行動している。われわれは、ワルシャワ条約とNATOの同時解体、少なくとも、その手始めに両ブロックの軍事組織の同時解体に応じる用意があるとの声明を確認する。欧州を中距離核から解放することを焦眉の必要事と考えている[56]。

また、一度は米ソ外相会談を取り消したシェワルナゼも、二二日の演説で米ソ首脳会談を継続させる条件が満たされるか否かは米政府次第であるとし、米ソ間の信頼関係を築くための行動をとるよう米側に促した[57]。

他方、米側ではラウニー軍縮顧問が、米国のリビア報復攻撃がもたらした米ソ関係の冷却化は、一時的なものであり長期化しないとの見解を示した。その背景として、ラウニーはリビア攻撃に対するソ連の対米非難や外相会談の取り消しは、国際世論操作が目的であり、五月八日に再開されたNST第五ラウンドについてもソ連側から予定変更の通知がないことを挙げた。さらに、ラウニーはポツダムでのゴルバチョフの発言は、首脳会談の扉を閉ざさず、ソ連が首脳会談を必要としている証しであると述べた(58)。

このように、米ソ両国の当事者はリビア問題が米ソ首脳会談や軍縮交渉の進展に大きな影響を与えることはないと判断して行動していたのである。

米国によるＳＡＬＴ―Ⅱ遵守の破棄

リビア問題をめぐる米ソ関係の悪化によって、核軍縮交渉の話題は一時的に霞んでしまったかのように見えた。だが、四月二一日にレーガンはＳＡＬＴ―Ⅱの規定を守る方針を固め、軍縮交渉を停止させるべきでないとのサインをゴルバチョフに送った(59)。米国が未批准のＳＡＬＴ―Ⅱの内容を今後も遵守し続けるべきか否かについては、東京サミットでも議論が行われた。以下、当時のＳＡＬＴ―Ⅱ遵守と軍縮交渉との関係について簡単にまとめる。

ＳＡＬＴ―Ⅱは、一九七九年六月に米ソにより調印された。同条約はＩＣＢＭ発射基、ＳＬＢＭ発射基、戦略爆撃機の三種類の戦略核兵器運搬手段について、一九八一年末までに双方二二五〇基の上限まで配備数を低下させると規定していた。ＳＡＬＴ―Ⅱにはさらに三つの内枠規制があったが、いずれもＩＣＢＭとＳＬＢＭに装備されるＭＩＲＶについて規制を課すものではなかった。そのため、米ソ両国はＩＣＢＭとＳＬＢＭのＭＩＲＶの数を合法的に幾倍にも増加させることが可能となったのである(60)。

これを受けて、米国議会はＳＡＬＴ―Ⅱの下ではソ連の重ＩＣＢＭ（ＳＳ―18やＳＳ―19など）の対米優位を崩すことが難しいと判断し、同条約の批准を見送った。同年一二月にソ連がアフガニスタンに軍事侵攻したことも、

ＳＡＬＴ―Ⅱ批准に対する米国連邦議会の態度を硬化させた。

その後、一九八一年に米ソ双方はＳＡＬＴ―Ⅱの規定を遵守するとの声明を発表した。そのため、暫定的ではあるが両国の声明によってＳＡＬＴ―Ⅱは米ソの戦略核兵器数に一定の規制を課しているものとみなされるようになった。

しかし一九八五年六月一〇日、依然としてソ連がＳＡＬＴ―Ⅱに違反して戦略核兵器の増強を続けていたため、米国はソ連が軍縮交渉で積極的に軍備削減合意を追求することを条件として、ＳＡＬＴ―Ⅱに違反しないこと、そしてソ連の条約違反のうち是正が不可能なものに対しては適切に対応する権利を留保することを柱とする暫定政策を決定した。なお、ＳＡＬＴ―Ⅱは一九八五年末に未発効のまま有効期間満了を迎えた。

東京サミット当時、レーガンは一九八六年末にＳＡＬＴ―Ⅱ遵守を破棄して、核巡航ミサイルを搭載した戦略爆撃機Ｂ―52Ｈの機数を増強したいと考えていた。ソ連が米国のＳＡＬＴ―Ⅱ遵守に同調せず条約違反を続けるのであれば、米国も方針転換せざるを得ない。彼はソ連の違反に見合う水準まで米国の戦略核増強の自由度を確保すべきだ、とする国防総省からの圧力も無視できない状況にあったのである。

しかし、これに対しサッチャーをはじめとする西欧首脳は米国のＳＡＬＴ―Ⅱ遵守の破棄が軍縮交渉に与える影響を憂慮し、レーガンに対して将来の第二回米ソ首脳会談での軍縮面における実質的進展の必要性を訴えた。

また、レーガンが考えていたＳＡＬＴ―Ⅱ遵守の年内破棄は、ＮＳＴに打撃を与えることが予想された。それだけでなく、米ソ首脳会談実現に向けてソ連が歩み寄りを始めていただけにタイミングが悪いと、米国内からも非難の声が上がっていた(61)。こうして、西側同盟国と米国内からの強い反対に直面したため、レーガンは五月二七日に軍縮交渉でのソ連の出方を見守りながら、当面はＳＡＬＴ―Ⅱ遵守を継続することを決定した(62)。

だが、結局その決定は長くは維持されなかった。二週間後の六月一一日に、レーガンはホワイトハウスで記者会見し、ソ連側のＳＡＬＴ―Ⅱ規定違反を批判した。その内容は「ソ連はＳＡＬＴ―Ⅱ違反を続け、戦力増強を図ってきた。われわれは今やＳＡＬＴ―Ⅱに代わって実質的な核兵器削減を目指す現実的プログラムに取り組むべきである。われわれだけが一方的に遵守し、ソ連が核の優位性を確保するために増強を続けてきた条約に私はもうあきあきしている」というものだった(63)。この会見は事実上、米国がＳＡＬＴ―Ⅱの規定を破棄することを意味したのである。

日ソ外相協議

チェルノブイリ原発事故による核の災厄は、欧州諸国が放射能汚染と核戦争の恐怖について考え直す契機となっただけでなく、「ゴルバチョフに対米交渉姿勢、とりわけ核軍縮交渉への取り組みを再考するよう促した。全面核戦争よりも遥かに規模の小さい原子力発電所の爆発事故であっても甚大な放射能災害が生じたことを受けて、ゴルバチョフは軍縮交渉で強硬な姿勢をとり続ける時間的余裕は残されていないと悟ったのである(64)。

ただし、それが直ちにＩＮＦを含む核軍縮交渉に新たな展開をもたらしたとは言い難いことも事実である。というのは、ソ連がなおもアジア部のＳＳ―20の削減問題を、欧州部と比較して二次的なものとして扱い続けたからである。その事実は、次に見る安倍訪ソ時の記録に明らかである。

五月三〇日、ソ連外務省本館で日ソ外相協議が開かれた。午前に行われた第一回セッションで、シェワルナゼは安倍に対し、ＩＮＦのグローバルな削減に関する日本政府の立場を承知していると述べた。だが、彼は欧州の場合には現実的な解決が十分可能な状態にあるとした上で、その次の段階でウラル以東のミサイルの削減を考えるべきであると説明した。しかも、ウラル以東のミサイルの削減が可能となるか否かはその地域の戦略情勢如何によって決められることになろうと言うのである(65)。明言は避けたが、シェワルナゼはＳＳ―20と米ＦＢＳとの均衡的な削減を安倍に想起させようとしたのであろう。また、シェワルナゼは、あたかもソ連がＳＳ―20をアジアから欧州へ、または欧州からアジアに移動させると言われているが、これは真面目な議論ではないとして、ミサイルの再移転の可能性を否定した。
これに対し、安倍は可能な限り低いレベルでＩＮＦのグローバルな均衡を達成し、ひいてはＳＳ—20をも含むＩＮＦが全て廃棄されるべきだと反論した。そして、日本としては欧州配備のＳＳ—20のみが対象となり、アジア配備のそれが現状凍結のまま交渉が終了するということでは到底容認できないと発言した。また、日本を含む西側同盟国が協議に参加した米国の対ソ提案について、ソ連が真剣に検討し、交渉の場で建設的な対応を行うように強く要請した。(66)

さらに安倍は、シェワルナゼが否定しようとした再移転問題に切り込んだ。安倍はＳＳ—20はその移動性や射程距離の観点から見ると、ミサイルの配置地域によって取り扱いに差異を設けることに合理的な根拠は見出せないので、欧州とアジアで同時かつ均衡のとれた削減が必要であるとの立場を鮮明にした。

すると、シェワルナゼは「我々は、ヨーロッパにおけるミサイルを完全に廃絶することを提案しているということを明確にしておきたい。従ってアジアに移動するミサイルなどないのである」と回答した。

安倍は自説を曲げずに、ＳＳ—20には移動性があり、アジアからヨーロッパにも移動は可能であると主張した。そして、ミサイルの配置場所で取り扱いに差異を設けさせずに、ヨーロッパのミサイルも、アジアのミサイルもともに廃絶すべきだと反駁した。(67)

ＳＳ—20の移動性に関わる再移転問題は、引き続き三〇日午後に行われた安倍＝ゴルバチョフ会談でも議題となった。安倍はゴルバチョフの核軍縮提案において欧州のＩＮＦ削減と撤廃が中心的に取り扱われており、アジアについてのそれは放置されていると問題点を指摘した。その上で、安倍は「我々としてはアジアの犠牲において〔ＩＮＦの削減・撤廃が—引用者注〕欧州主体になることは認められない。欧州とともに、アジアにおいても撤廃されるべきことを、日本は強く主張している」とゴルバチョフに迫ったのである。(68)

すると、ゴルバチョフは日本がソ連に対しアジア部のＳＳ—20も撤廃するよう求めることは、「アジアにおける基地等にあるアメリカの核兵器は無視するということなのか」と訊き返した。この点に関し、安倍は非核三原則に言及して、日本には米国の核兵器を配置することは許されていないとの立場を示した。

会談中、ゴルバチョフは日本に核兵器がないことを渋々認めながらも、なおアジアでの米ソの核問題について次の通り持論を展開した。

アメリカの核兵器はそのままにしておき、ソ連の核兵器は撤去せよというのか。この点に関連して、安全の問題においてはいずれか一方が有利であってはならず、必ず平等の基礎の上で解決されねばならない。ソ連のアジア部分の核兵器は、米国のアジアでの核兵器に対する対抗措置である。一方ではソ連に削減を迫りながら、米国の核兵器に対しては黙認する、という論理である。そのような論理を納得できるはずがない。(69)

このように、ゴルバチョフはアジアにはソ連の核兵器だけでなく、米国の核兵器も存在するとしてSS―20のアジア部配備を正当化したのである。

そこで、安倍はソ連側が求める核兵器の均衡削減の考えに理解を示す素振りを見せつつも、INFに関してはアジアと欧州の状況が異なっていることに目を向けるように議論の方向転換を図ろうとした。安倍の主張は以下の通りである。

核兵器の問題は、均衡の中で縮小させ廃絶に導かなければならない。日本の地上には、SS―20に対応するような欧州のパーシングⅡはない。米の潜水艦にはSS―20に対応するものがあるのかもしれないが、日本には、SS―20に対応するものはない。我々は、アジアにおけるSS―20も、欧州におけると同じように縮小・削減されねばならないと考える。他方、ソ連の極東における軍事力が大きく増強されていること、また、同地域におけるＳＳ―20の存在に対し深く憂慮している。[70]

しかし、安倍の主張を聴いていたゴルバチョフは、核兵器の種類によって区別をすることにはあまり意味がなく、むしろ米ソが均衡した状態で核兵器の水準を下げていき、最後に撤廃するという原則を重視すべきではないかと指摘した。

加えて、ゴルバチョフは米第七艦隊の核兵器搭載艦船が頻繁に日本へ寄港していることや、三沢基地に核兵器を搭載できる爆撃機（Ｆ―16戦闘機）が配備されていることを挙げ、「このような局面からの脱出の方途を探索しようではないか」と、ソ連側に有利な議論を展開し始めた。途中、同席していたシェワルナゼも口を挟み、「日本は米国からの一方的な情報にだけ頼っているようだ」と批判した。彼は日本よりもソ連の方が米国の核兵器の配置等について詳しく理解していると主張したかったのだろう。

さらに、ゴルバチョフは安倍に対し、「例えば、貴大臣が『ゴルバチョフ書記長、我々は米国に対してアジアから〔核兵器を―引用者注〕撤去するよう求めたところ、これに対し米国は、ソ連も撤去するならば米国も撤去する用意がある、と答えたので、是非ソ連も撤去してほしい』というならば私も歓迎したであろう」と述べた。[71]会談の終盤でゴルバチョフは、安倍に対し次第に威圧的な態度を示すようになっていた。

結局、本会談で両者の認識が一致したのは、米ソの核兵器を均衡した状態で削減し撤廃するという原則だけであった。核兵器廃絶という究極の目標を達成するための具体的な方法に関しては、依然として両者の間に認識の相違が残ったのである。

ゴルバチョフの平和攻勢

日ソ会談の終わり際、日本側からチェルノブイリ原発事故の犠牲者に対する哀悼の意が伝えられ、医療面での協力についても提案がなされた。

　これに対し、ゴルバチョフはチェルノブイリ原発事故について「あらためて核兵器の恐ろしさをまのあたりに見る思いであった。我々はこれだけの科学技術力を持ってしても、唯一の原発、唯一の原子炉の事故のためにいかに苦労したことか。このことは、今後の検討の課題を残している。気違い《〔ママ〕》だけが核戦争などを計画できるのだ。ソ連は最近、多くのイニシアティヴを発揮しており、二〇〇〇年までに核兵器の廃絶を目指している」と言及した[72]。チェルノブイリ原発事故は図らずも「核戦争には勝者も敗者もない」という米ソ首脳会談でのゴルバチョフの言葉を一層の説得力をもって示すこととなったのである。

　さらに、ゴルバチョフはＩＮＦ問題に再び触れて、アジア地域においても核兵器の削減・撤廃を進める用意があることと、ソ連が隣国である中国とも良好な関係を持ちたいと考えている点を日本は理解してほしいと付け加えた[73]。すなわち、アジアのＳＳ―20は米国の核兵器への対抗手段であると同時に、中国に対しては関係改善の障害になっているということを仄めかしたのである。そこには、ソ連は単純に日米のＳＳ―20撤去要請に応じて核兵器の削減を図るつもりはないという意味も込められていたであろう。

　ゴルバチョフの核問題に対する姿勢が明確に変化したのは、日ソ会談直後の六月のことであった。まず、六月六日にはソ連外務省に軍備管理局が新設され、局長にＮＳＴソ連首席代表のカルポフが任命された。これは、ソ連が核軍縮問題に総合的に取り組む姿勢を内外に示すものと見られた[74]。

　続いて、ゴルバチョフは一六日に新たな包括軍縮提案を公表した。新提案は第一に、ＡＢＭ条約を少なくとも一五年間は遵守すること。第二に、ＳＤＩの作業を実験室内の研究に限定すること。第三に、ＩＣＢＭ、ＳＬＢＭ、長距離爆撃機の戦略兵器について双方一六〇〇基、核弾頭は八〇〇〇発を上限とすること。そして第四に、長距離巡航ミサイルを含めた相手国領土に到達可能な中距離核兵器の問題は別個に協議すること、の四点を骨子とするものであった。

なおＩＮＦに関して、同提案は英仏核戦力の現状維持とアジア部配備のＳＳ―20の現状凍結を確認した。削減についての具体的な数字を伴う点で、新提案はソ連の軍縮交渉に対する真剣な姿勢を示すものと受け止められた。(75)

これに対し、レーガンは一九日にニュージャージー州グラスボロで演説した際に、ソ連の新提案を積極的に評価した。特に、レーガンは米提案に対するソ連回答の具体性の欠如という過去のパターンとは異なり、ＮＳＴの場でソ連が核兵器削減のための具体案を提出してきたことを交渉進展の前兆と捉えた。(76)加えて、ソ連が原子力発電所の安全管理や欧州における通常兵力の削減について新たな提案を行ったことも、米側の好意的な評価を後押ししたのである。(77)

ＳＤＩ計画の頓挫

ゴルバチョフの新提案が米国のＳＤＩ研究を実験室内に限定するよう条件をつけたことに対して、国防総省は不満を隠さなかった。彼らは、ＳＤＩ研究について大気圏外での実験が重要な位置を占めるとして、ゴルバチョフの提案の通りに実験室内での研究だけを認めるのでは不十分との見解を表明した。(78)六月二一日、リーガン(Donald Regan)大統領首席補佐官は、ＳＤＩの研究制限に関するソ連の提案を拒否する声明を発表した。

実は、実験室外でのＳＤＩ研究の必要性を主張するレーガン政権の強気の姿勢は、ソ連だけではなく米議会にも向けられていた。レーガン政権は一九八七会計年度のＳＤＩ関連予算として五四億ドルを要求したが、六月一九日と二〇日には米連邦議会下院と議会上院が相次いでこれを三六～三九億五〇〇〇万ドルにまで削減する決定を下している。(79)

米議会内でＳＤＩへの反対が強くなった背景には、米政権内の意見不統一があった。ＳＤＩを立ち上げたレーガンが、その目的をソ連の核攻撃から全米の国民を防衛するためのものであると位置付けたのに対し、計画を推進する国防総省はこれをソ連に対する核報復能力の防衛に充てたいと主張して譲らなかったことが政権内の混乱を招いた。[80]

また、ＳＤＩの技術的な実現可能性に対しては、計画当初より国内外の科学者から懐疑的な見方がなされてきたが、この年の一月二八日に起きたスペースシャトル「チャレンジャー号」の爆発事故によって、米国世論と議会はＳＤＩの実用化に見直しを迫ることとなった。

ＳＤＩの実現には大型の宇宙兵器や軍事衛星を大量に地球軌道上へ打ち上げる能力が必要とされたが、チャレンジャー事故によってその輸送を担うはずのスペースシャトルの飛行は二年八カ月間も中断された。飛行再開を目指してチャレンジャー事故の原因究明が進められてはいたが、米国の軍事衛星打ち上げ能力には大きな制約が伴うことになったのである。[81]二月の日米協議の際に、エメリーＡＣＤＡ副長官はチャレンジャー事故のＳＤＩに与える影響は大きくないと日本側に伝えていた。[82]だが、そうしたレーガン政権側の希望的観測も虚しく、事故からわずか半年後に議会はＳＤＩ予算の削減を決定したのである。

核軍縮交渉での譲歩

レーガン政権が国防政策の目玉であるＳＤＩの予算を議会から減額されるという憂き目に遭う中、ゴルバチョフは二三日のレーガン宛て書簡において、ＩＮＦ問題で譲歩する用意があることを示した。譲歩の内容は、ソ連が欧州部とアジア部のＩＮＦを数基残置させるのに対応して、米国も同数のＩＮＦを欧州とその他の地域に残置することを容認するというものであった。

これは、日本が支持するＩＮＦのグローバル削減にマッチする案ではないものの、米政府にとっては、欧州部とアジア部でＩＮＦの同時削減に踏み切る可能性が出てきたことを意味していた。つまり、ソ連の譲歩案に基づき、米側は西側同盟国からＩＮＦの欧州・アジア同時削減について支持を得られると考えたのである。[83]

七月一八日、エーデルマンＡＣＤＡ局長は六月一六日のソ連提案に対し、米政府として初めて公式の見解を表明した。そこで改めてＩＮＦのグローバルな実質的削減を主張するとともに、アジア部のＳＳ―20を凍結する案には同調できない姿勢を鮮明にしたのである(84)。これは、六月二三日の譲歩案からソ連が再び後退できないようにするための一種のデモンストレーションであった。

他方、ソ連も西側に対する平和攻勢をより一層強化した。七月一六日に英国を公式訪問したシェワルナゼは、ソ連はＩＮＦ交渉で英仏核に関して数量の現状凍結だけを要求しており、その近代化は妨げないと述べた(85)。シェワルナゼは、ＩＮＦ交渉で西側に歩み寄る姿勢を明らかにしたのである。また、ソ連はＩＮＦの欧州・アジア同時削減のほかに、ＩＮＦとＳＤＩの問題を切り離して交渉することにも同意していた。

対米交渉においてゴルバチョフが譲歩できない最大の問題は、米国のＳＤＩ研究であった。七月一〇日にクレムリンで行われた仏ソ首脳会談で、ゴルバチョフはＳＤＩが第一撃を加える脅しを含んでいるというミッテランの主張に同意した。そして、軍備を宇宙にまで拡大することは許されないとした上で、ＡＢＭ条約の強化を支持したのである(86)。

このように、ソ連が核軍縮交渉で大きく譲歩する姿勢を示してきたことに対し、米側にも新たな見返りの材料が必要であった。レーガンは七月二四日付のゴルバチョフ宛て書簡の中で、ＩＮＦの全廃が米国の目標であるが、グローバルな削減を原則とするならばソ連の暫定的アプローチを受け入れるという意向を示した(87)。

なお、この時も米国は同盟国との意見交換を尊重した。レーガンは二二日にラウニー軍縮顧問を日本に派遣し、梁井外務審議官との間で協議を行わせた。本協議でラウニーは、ＩＮＦ問題に関して「二月の対ソ回答時に説明した、グローバルな解決を求める米国の立場には何等変更はない」と述べ、日本側に安心感を与えようとした。

この時の日本側の対応ぶりについて見ると、ＩＮＦ問題に対する日本の立場は「グローバリズム、欧州・アジアの均衡、西側の安全の一体性等の原則に則ったものとして内外に十分説明し得るような体裁のものでない場合には、我が国国内世論対策上問題があるのみならず、むしろそれ以上に米国の核抑止力、日米安保体制ひいては、北西太平洋の安全保障に対し、深刻な影響を及ぼす」というものであった。

ここまでは二月の中曽根書簡に示された内容と変わりがない。だが、本協議ではさらに「米国の立場に配慮しつつ、同時に我が国が遭遇すべき政治的、外交的及び心理的困難をやわらげる解決策があるはずであり、米国との間でその可能性を探求したい」との立場が表明された(88)。

これに関連して、協議では太平洋に展開している米海軍の海洋発射巡航ミサイル（SLCM）についての意見交換も行われている。日本側は「SLCMの扱いによっては、日米安保の円滑な運用に支障を来たしかねない深刻な問題がある」と説明した。これに対し、ラウニーは「SLCMについては、まず検証に関し充分な保障が得られない限り、〔ソ連が求める──引用者注〕規制には応じられないというのが米の基本的立場である」と答え、この問題について米国内で慎重な検討を行っていることを明らかにした(89)。ラウニーはさらにSDI、START、核実験問題に関して日本側に説明を行い、本協議での意見交換の成果を二四日にレーガンに報告することを約束して帰国の途についた。

日本から帰国したラウニーと、西欧諸国との協議から戻ってきたニッツェ顧問の報告を受けて、レーガンは七月二五日にゴルバチョフ宛ての書簡を発出した。スピークス報道官が明らかにしたその中身は、SDI兵器の配備を禁止しているABM条約は、米ソ双方とも通告から六カ月で一方的に破棄できるが、米国は今後五─七年間は同条約の遵守を約束し、その後ソ連との間でSDIの同時配備を実施すること。そして、米国はソ連との核軍縮交渉について、中距離核、長距離核の顕著な削減の実現を目指す立場を変えないこと、の二点であった(90)。

レーガン書簡をより具体的に見ると、前者については米国が今後五年間にわたりSDIの研究、実験、開発を続けることを明記して、一九九一年までにSDIの実用化が技術的に可能と判断された場合、防衛兵器体系への移行に関してソ連と協議に入ることを謳っていた。当時の報道によれば、この協議はソ連との合意に至らなくとも二年で打ち切りとし、米国はABM条約に基づき六カ月の事前通告を経た後、一方的にSDIの配備を行うとの方針であった。また、後者についてはＩＮＦの全廃を目標とするが、アジア部配備のＳＳ―20も含むグローバルな削減を原則とするなら、ソ連との暫定協定を受け入れる用意があるというものであった。(91)

ウラジオストック演説

ゴルバチョフの平和攻勢は米国だけでなく、中国や日本にも向けられた。七月二八日に極東のウラジオストックで演説を行ったゴルバチョフは、ソ連がアジア太平洋国家であるとする立場を鮮明に打ち出した。

ゴルバチョフは、まず対中関係の改善に積極的な意欲を示した。中ソ間の長年の懸案であった「三つの障害」（ベトナム、モンゴル、アフガニスタン）のうち、モンゴルとアフガニスタンに駐留しているソ連軍の撤退に関して柔軟な姿勢を見せた。ゴルバチョフは演説で「ソ連は善隣友好関係を樹立するための補足手段に関する問題を、時とレベルを問わず真剣に中国側と討議する用意がある」と述べ、中国との和解に期待を寄せた。

次に、ゴルバチョフは対日関係に言及した。その主な論点は、第一に、ソ連は日本とのより良い関係への転換を支持すること。第二に、世界の中での日ソ両国の客観的状況は、過去の諸問題（領土問題）にこだわることのない平穏な雰囲気の下で、健全で現実主義的な基盤に基づく協力の深化を求めていること。第三に、日本人には、経済外交と呼ばれる諸外国との関係活発化の方法があるので、今度はその方法を日ソ関係に役立たせるべきであること、の三つであった。(92)

ゴルバチョフの演説は、対日関係よりも対中関係の改善に主眼が置かれていた。また、北方領土問題の解決よりも日ソ間の経済交流を先行させようとする姿勢が表れているが、当時の日本政府にはこれに真剣に取り合う余地はほとんどなかった。

さらに、ウラジオストック演説には一九七〇年代後半以降、米国が太平洋での軍事力増強の大規模な措置をとり、米国の圧力の下でワシントン・東京・ソウルによる軍事三国関係が形成されつつあるという主張が含まれていた。ゴルバチョフは、アジア太平洋地域の三つの核保有国のうち中国とソ連は核兵器先制不使用の義務を負っているとし、自国の核軍備増強に対する西側からの批判を棚に上げた。他方で、ゴルバチョフは米国が日本の領土にも核兵器運搬手段を配備したと述べていた。先にも指摘した通り、これは対日プロパガンダを意識した発言である。

日ソ関係の停滞

このようにウラジオストック演説では、ソ連の従来的な対西側平和攻勢が語られていた。しかしながら、当時の日本の外務省関係者は、演説にある「(ソ日)最高レベルでの相互訪問が議題に上がっている」という表現だけは肯定的に評価していた[93]。

七月二二日に第三次中曽根内閣が発足し、新しく外相に就任した倉成正も、ゴルバチョフの訪日問題について外務省からブリーフィングを受けていた。倉成はこの問題について外務省からだけではなく、首相官邸からも内密に指示を受けている。七月二五日、中曽根は後藤田官房長官と長谷川秘書官が同席する中、倉成に対し日ソ関係について次のような指示を発した。

先方〔ソ連─引用者注〕は日本に接近したがっているようである。しかし自分〔中曽根─引用者注〕の訪ソ問題については、①領土問題に関し前進があること、②先方の来日が先、この二条件が満たされる必要がある。いずれにせよ、日ソ関係については焦らないことが重要である。また、重要な隣国なので一般的に友好的に対処すべきだと思う[94]。

この指示の要点は、日本の首相はこれまでモスクワを四回訪問しているが、ソ連の最高指導者が未だ訪日したことがないので、今度はゴルバチョフが先に日本に来るべきだということである[95]。そして、中曽根が再び訪ソする際には、日ソ首脳会談で北方領土交渉についての具体的な成果が得られることが前提だということであった。

前任者の安倍晋太郎が中曽根の後継を狙うニューリーダーの一人であったのに比較して、倉成には政治的野心がほとんどなく、中曽根の外交政策に極めて忠実な人物であった。長谷川によると、この会合では日ソ関係のほかにも、ＳＤＩの研究参加問題について八月中に決着させることや、日本が中東和平問題に深入りしないようにと多くの指示が出された。これに対し倉成は案件ごとに外務省側の進捗状況を答えるだけで、中曽根の指示に異議を挟むようなことはなかったという[96]。

八月五日、倉成はソロヴィヨフ(Nikolai Soloviev)駐日ソ連大使の表敬訪問を受けた。この場で、両者は一九八七年の早い段階でゴルバチョフの訪日を実現させることについて話し合った。今回の駐ソ大使の表敬訪問は、マンスフィールド(Michael Mansfield)駐日米国大使による表敬訪問よりも先に行われた。これについて倉成の秘書官であった東郷和彦《とうごうかずひこ》は「若干の逡巡があったものの、八七年初めのゴルバチョフ書記長の訪日という重要案件がある以上、問題無しと判断した」と回想している[97]。

それから間もない八月二六日には、外務省で第五回日ソ国連協議が開かれた。ウラジオストック演説で示された表面的な平和攻勢とは異なり、マステルコフ(L. E. M. Masterkov)ソ連外務省軍備管理・軍縮局次長は、ＩＮＦ交渉の対象は欧州配備のＩＮＦで、アジア部配備のＩＮＦは含まれないとする立場を主張した。マステルコフはその理由として、東西対決の場は欧州であり欧州部配備のＩＮＦの数は膨大な量にのぼることと、欧州部でＩＮＦ全廃を実現すればアジア部など他の地域でも全廃を実施する先例になると指摘した。また、アジア部配備のＩＮＦは「アメリカの脅威に対抗する上で、必要最小限の量である」と強調した[98]。

こうした発言は、シェワルナゼが七月にロンドンで言及した欧州・アジアＩＮＦの同時削減案から、ソ連が再び後退していることを示唆するものであった。

中平立《なかひらのぼる》国連局長をはじめ日本側出席者は、マステルコフにＩＮＦのグローバルな削減を求め、アジア太平洋地域におけるソ連軍の増強を憂慮していると伝えた。ソ連が再びアジア部配備のＩＮＦを交渉から外そうとしているのではないかという危機感を抱いた倉成は、九月八日に京都で開催された英国国際戦略研究所（ＩＩＳＳ）の第二八回年次会議の場で、以下のように日本のＩＮＦ問題に対する立場を説明した。

日本から見ると、ＳＳ—20の配備は米国の拡大核抑止の機能を考慮に入れない場合には、我が国に対する脅威を付け加えるに等しい。日本は米ソ間のグローバル・バランスの文脈でＳＳ—20の脅威を考えた。しかし、アジアの首脳はアジア部のＳＳ—20の現実の狙いは対中国にあると見る傾向がある。日本は三つの理由からＳＳ—20のグローバルな全廃を希求している。

第一に、ＳＳ—20は日本に到達し得る。すなわち日本に対する潜在的脅威が増す。

第二に、日本はソ連がＳＳ—20を米欧日の間に楔を打ち込む政治的兵器として使用すると考えている。

第三に、ＳＳ—20が大量に存在することは、グローバルな文脈で東西の核戦力バランスの水準を押し上げるように作用し、一方を優位にして抑止体系を不安定にするかもしれない。戦略的環境の違いがあるとはいえ、日本の見方に対して米欧諸国が深い理解を示したことによって我が国は大いに勇気づけられた。ＩＮＦ問題について米国、西欧、日本の間で緊密な協議をしよう。(99)

倉成は日本に対するソ連の軍事的脅威に加え、米ソのグローバルな核バランスの文脈でＳＳ—20の脅威を捉え、その全廃を希求する姿勢を改めて示したのである。

このようにゴルバチョフ訪日やアジア部配備のＩＮＦ問題で、日本はソ連に対する積極的な働きかけを行ったが、その後の日ソ関係は全くといってもいいほどに進展が見られなかった。

まず、九月九日に日本がSDI研究への参加方針を閣議決定した頃を境に、ゴルバチョフ訪日の話は次第に立ち消えになっていった。一〇月のレイキャビクでの米ソ首脳会談で、ソ連の対米外交の優先度が一段と上がると、領土問題を抱える日本との外交関係は後景に退いた。

東郷の言葉を借りれば、「全世界がゴルバチョフのペレストロイカと新思考外交に注目し、ソ連の内政面でも対外関係面でも多くの変化が起き始めていた時に、日ソ関係だけがあたかも冷戦時代の冷蔵庫よりも、もっと冷え切った冷凍庫に放り込まれた」のであった[100]。

一方、同時期に首相秘書官を退任し外務省に戻った長谷川は、当時の日ソ関係について東郷とは異なる見方を示している。興味深い証言内容であるので以下に引用する。

〔東郷氏が著しているような―引用者注〕日ソ関係が後退したという記憶はない。前進がなかった。SDI研究参加は、アメリカがやる研究に日本が参加する。別に配備や何かに合意しているわけではない。当時はソ連にとってもSDIが大変な問題で、レーガン大統領にとっても大変な問題だったが、これが日ソ関係に影響しているとは思わなかった[101]。

いずれにしても、一九八六年一〇月以降二年余にわたって日ソ関係に前進は見られず、外相会談もストップした。ゴルバチョフの訪日を再び実現の方向へと動かすには、一九八八年一二月の日ソ外相会談の再開を待たねばならなかったのである。

米ソ実務協議の成果

日ソ関係の改善が暗礁に乗り上げる一方で、米ソの軍縮交渉は比較的順調に推移した。

七月二九日午後にホワイトハウスで演説したレーガンは、NSTの進展について触れ「米ソが初めて核兵器の削減、さらに最終的な廃絶へ向け動き出した」と述べた[102]。

また、レーガンはSDIを米ソ交渉の取引材料にしないとの考えを改めて説明した。その理由は、SDIが核弾道ミサイルの脅威から世界を解放できる技術領域であることを保証すると考えていたからであった。レーガンは「われわれはSDI計画をスケジュールに従って継続しなければならない」と強調した。この日、ホワイトハウスは第二回米ソ首脳会談の年内開催に向けて、両国がその準備会合に同意したことを公表した[103]。

その二日前には、ソ連のベススメルトヌィフ外務次官が訪米し、シュルツとの会談で年内に予定される米ソ首脳会談の開催について意見交換を行った。この会談で、ベススメルトヌィフはNSTと別個に米ソの軍備管理問題専門家による会合をモスクワで開くことを提案した。米側はこの提案を受諾した。

そして両国の国務・国防関係者の間で、専門家会合に誰が参加すべきかをめぐる議論の応酬があった後、双方のNSTの各代表が参加することになった。こうして表向きには、核軍縮交渉が進展を見せているとのレーガンの言葉通り、八月一一日にモスクワで米ソの軍備管理問題専門家による実務協議が開催されることになった[104]。

この実務協議に参加したグリットマン米INF交渉代表は、チェルボフ(Nikolay F. Chervov)ソ連国防省軍備管理局長との議論の中で、欧州部の米ソINFに関する極めて重要な取引を行った[105]。グリットマンはINF交渉では米ソで均等の結果、すなわちゼロ・オプションによる解決が絶対に不可欠だという米国の立場を強調した。そして、米国が西欧に配備している五七二個の核弾頭よりも少ない数まで、米ソ双方のINF弾頭数を削減するという考えを受け入れることができると述べた。

これに対し、チェルボフは欧州部で米ソ双方がそれぞれ一〇〇個でINFの弾頭数を均等にすることは可能かと米側に問い質した。すると、グリットマンは五七二個以下であれば何個でも均等にできると回答した。この回答に納得したチェルボフは、米ソ双方が各一〇〇個で弾頭数を均等にできるのであれば、ソ連は英仏核戦力の削減を要求しないことを示した。

従来、NSTで頑な姿勢を続けてきたソ連が、実務協議でINFに関する二つの問題で大幅な譲歩を示したことに対し、米側交渉団は驚きを隠さなかった。「先方の提案は米ソの核兵器だけを対象とするのか」というグリットマンの問いに対し、チェルボフは、はっきり「イエス」と答えた。すなわち、ソ連は従来否定してきた欧州における英仏の独立核戦力と在欧米INFとの安全保障上のリンケージを容認したのである。

これによって欧州部のINF弾頭数の均等削減と、INF交渉に英仏核戦力を含めないという約束がソ連側から得られたとはいえ、アジア部SS―20の削減についてはまだ確約が得られなかった。欧州部での均等削減の解決方式は、そのままアジア部のSS―20の均等削減も意味するのかというグリットマンの質問に対し、チェルボフは決して肯定的な回答を示さなかった。[106]

九月五日には二回目の実務協議がワシントンDCで行われたが、ソ連側はアジア部のSS―20の削減には応じられないばかりか、既存の配備数を明示することも拒否した。そして、米国がアラスカを除く米本土に長射程中距離核戦力(Long Range INF, LRINF)の弾頭を配備するのに合わせて、ソ連にもアジアで同等のLRINF弾頭の配備の権利が与えられるべきであると提案した。

なお、ソ連がアラスカを除く米本土に米国のLRINFを配備すべきだと提案したのは、アラスカ以外にLRINFを配備したとしても、米国は米本土以外の目標を攻撃することはできないという技術的制約を意識したものである。

結局、モスクワとワシントンで開かれた実務協議では、アジア部のINF問題を解決することはできず、具体的な解決案の提示は一〇月のレイキャビク首脳会談に持ち越されたのである。[107]

三　レイキャビク米ソ首脳会談――暫定合意に向けて

ゴルバチョフ書記長の譲歩

二回の実務協議を通じて、米側はアジア部のＩＮＦ問題が米ソ合意達成の最大の障害になっていることを認識した。九月一一日、軍縮交渉に通じた米政府高官は外国人記者懇談会で、ＩＮＦ問題をグローバルに解決するという米国の立場は確固たるものであり、今後も変わらないと強調した。

米政府がこの立場を貫いた背景には、欧州部のＩＮＦだけを削減・撤廃する案を採用すればアジア部のＳＳ―20の存続を許すこととなり、その欧州部への再移転の懸念が拭い得ないという問題があった。すなわち、グローバル・ゼロによる解決以外の方法ではＩＮＦの全面規制は実現しないのである。また、日本をはじめＳＳ―20の脅威に曝されているアジアの同盟諸国を犠牲にするような解決を図るのは政治的に難しい状況にあった[108]。

こうした米側の考えに対し、ソ連がグローバル・ゼロによる解決に抵抗した理由は、ＩＮＦ問題の主要な舞台が欧州部にあることと、アジア部へのＳＳ―20の配備は米太平洋軍のプレゼンスおよび中国の潜在的な核の脅威を意識していることの二つであった。

ただ、近いうちにＩＮＦ交渉でソ連が譲歩せざるを得ない状況に追い込まれるのを理解した上で、アジア部のＳＳ―20が米ソ交渉の障害であるというように、米側がやや強く主張した可能性も否定はできない。

九月中旬、米政府高官はソ連が年内に行われる首脳会談を成功させるために、ＮＳＴ第六ラウンド（九月一八日―一一月一二日）でアジア部ＳＳ―20の凍結を修正して、暫定的に米国と合意する公算が大きいと明かしていた。米側はゴルバチョフがレーガンとの暫定合意に到達することで、西欧との関係強化に拍車をかけることができるとの打算がソ連側にあるのではないかと見ていたのである。[109]

米側がアジア部ＳＳ—20の問題は米ソ交渉の障害であると論じ始めた矢先、ゴルバチョフは九月一五日付のレーガン宛て書簡で、相互に受け入れ可能な解決策を見出すのは可能であるとして、ＩＮＦ交渉で譲歩する姿勢を見せた。[110]また、九月三〇日には自身の「演説・論文集」の冒頭に添えた日本向けメッセージの中で、再びアジア部ＳＳ—20の凍結に言及したが、「この問題へのもっと抜本的なアプローチをともに探求する意向が米国にあるなら、私たちとしても異議はない」として、米国の対応次第では削減に応じる用意があることを示唆した。[111]

ゴルバチョフ訪日の可能性

一〇月一日、ゴルバチョフの命を受けたソロヴィヨフ駐日ソ連大使が倉成と会談した。このとき、ソロヴィヨフはレイキャビクでの首脳会談に臨むゴルバチョフのメッセージを直接、中曽根首相に伝達したいとして官邸に会見を申し入れてきた。しかし、中曽根は当日、コイビスト(Mauno Koivisto)フィンランド大統領夫妻の歓迎行事や政府・与党連絡会議のためスケジュールを空けられなかったため、倉成が応対することになった。

ソロヴィヨフが日本側に伝えたゴルバチョフのメッセージの要点は、第一に、米ソ首脳会談開催の提案を、九月一五日付のレーガン宛て書簡で行ったこと。第二に、最近の米ソの話合いは足踏み状態にあって、あたかも建設的作業が行われているかのように見えるだけであること。第三にジュネーブで合意された米ソ間の対話、すなわちレイキャビクでの首脳会談開催は、軍縮に関する重要な諸問題について内容の充実した協議を行い、核兵器削減への合意を作り出すことに対する世界の多くの人々の関心と希望を反映するものであること、の三点であった。[112]

ソロヴィヨフは「日本が米ソ関係の実りある進展、世界の雰囲気の健全化に協力してくれるよう期待する」という言葉でメッセージを締め括った。これは、七月のウラジオストック演説でゴルバチョフが語った「日ソ関係の健全で現実主義的な基盤に基づく協力の深化」を求めるとの表現と重なる。なお、本会談でソロヴィヨフが日本のＳＤＩ研究参加決定を議題に取り上げなかったことは、ソ連が対日接近の選択肢を諦めていなかったことを窺わせる。

これに対し、倉成は米ソ首脳会談開催を歓迎した上で、米ソ間の幅広い対話の拡大を期待すると答えるに止めた。一方、ゴルバチョフの訪日問題については詳しく言及した。倉成は、この一週間前の九月二三日にニューヨークでシェワルナゼ外相と会談し、「本年（一九八六年）内」の書記長訪日について不可能であるとの回答を受け取っていた。その理由としてシェワルナゼは「米ソ間の懸案」、つまりレイキャビクでの緊急首脳会談の開催と軍縮交渉を挙げていたのである(113)。

そこで倉成は、「明年（一九八七年）一月末までの訪日」についてはまだソ連側から正式な回答を得ていないので、米ソ関係における展望が開ければ、できるだけ早く回答をもらえないかとソロヴィヨフに要請した。ソ連側はこれを「訪日日程ができるだけ早く決定されるようにとの希望表明」と受け取った。このように、レイキャビク会談開催の直前までは、ゴルバチョフ訪日の可能性はかろうじて命脈を保っていたものと考えられる。

だが、当時の中曽根の発言を注意深く見ると、ゴルバチョフ訪日の見通しについて倉成との間には微妙な認識の差があったことも認められる。例えば、一日午前中の会見で、記者から「米ソ会談でゴルバチョフ書記長の一月訪日に向け少なくとも道が開けたとは言えないか」と尋ねられると、中曽根は「まだ、わからない」との答えを三度も繰り返した。

同日午後、ソロヴィヨフとの会談を終えた倉成は結果報告のため官邸に入った。その直後に記者会見に応じた中曽根は、倉成からレイキャビクでの会談について話を聞いたことを明らかにしながらも、「何か新しい情報はあったのか」という問いに「いや、変わらないよ」と答えて官邸を後にした(114)。

先に見たように、倉成はゴルバチョフ訪日の日程についてソ連側からの回答を強く要請した節があるが、中曽根の言動からは拙速に訪日を求めているのではないとの固い意思が読み取れる。あるいは、ソロヴィヨフの携えてきたメッセージには新味がなく、レイキャビク会談の結果を見て改めてゴルバチョフ訪日について細部を詰めるというのが、官邸側の判断だったのかもしれない[115]。

米ソ首脳会談への期待

さて、ゴルバチョフのＩＮＦ交渉での譲歩を受け、米側も来るレイキャビク会談で、ソ連に対してアジア部ＳＳ―20の削減を要求する意向を固めた。一〇月三日、エーデルマンＡＣＤＡ局長は、レイキャビク会談でレーガンがゴルバチョフに対し、欧州とアジア両方面のＩＮＦの均等削減に応じるよう説得することを明らかにした。また、エーデルマンは、ソ連が真剣にＩＮＦ合意を望むならば、従来の凍結路線を捨てて現実的なアプローチをしなければならないし、そう望むと首脳会談への期待を滲ませた[116]。

他方で、別の米政府高官は米ソ間にアジア部でのＩＮＦ削減に関する主張に大きな落差があると注意を喚起していた。それは、米側は欧州部と同様にアジア部でのＩＮＦ削減を主張しているが、ソ連側は米太平洋軍の核兵器だけでなく、中国の保有する核ミサイルの潜在的脅威を意識しており、アジア部のＳＳ―20の大幅削減には応じ難いとする立場をとるのではないかという推測である[117]。

こうした中、レーガンは一〇月九日付の中曽根宛て書簡で、ＩＮＦ削減問題に関する日本の主張を踏まえてゴルバチョフとの会談に臨むと表明した。そして、レイキャビクで直ちに合意文書に署名するわけではないと約束した[118]。つまるところ、レーガン自身も首脳会談でゴルバチョフがどこまでアジア部ＳＳ―20の削減に応じるのかについて、明確には予測できていなかったのである。

レイキャビク米ソ首脳会談

一〇月一一日午前、アイスランドの首都レイキャビクのハフジ・ハウスで米ソ首脳会談の第一回会合が開かれた。この会合で、ゴルバチョフは米ソ双方の領土に到達し得る核兵器を五〇％削減し、特に重量級の核ミサイルについて実質的な削減を行う用意があることを告げた。また、英仏核戦力の交渉への不算入を前提として、欧州部ＩＮＦの全廃に同意する意向を示した。ゴルバチョフはアジア部ＩＮＦを不問とするか、少なくとも欧州部ＩＮＦが廃棄されるまでの間は、アジア部ＩＮＦ問題に関する交渉を続けることに合意すべきではないかと提案したのである。[119] このような提案を行ったのは、ソ連側の会談の目的がＳＤＩの制限にあったからである。ゴルバチョフが、ＩＮＦ問題で妥協する素振りを見せたのはその目的を達するための手段であった。[120]

これに対し、レーガンは欧州部ＩＮＦの全廃に同意しつつも、アジア部ＩＮＦの残置には反対した。レーガンの反対理由はＳＳ―20の欧州部への再移転が否定できないからであった。[121] 一方、ゴルバチョフは自らレーガンのゼロ・オプションを受け入れた点を強調した。だが、ソ連の提案がアジア部のＳＳ―20をＩＮＦ交渉から切り離そうとしていることから、同提案が世界的規模でのＩＮＦ全廃を意味していないことは明らかだった。

休憩を挟み同日午後に行われた第二回会合でも、両者の議論は平行線を辿った。レーガンは、九月一五日付のゴルバチョフ書簡が「アジア部のＩＮＦ問題について相互に受け入れ可能な方式を見出すことができる」と記していたことに期待を抱いていたと述べた。しかし、第一回会合でのゴルバチョフの提案は、その立場から後退することを明らかにしていたため、レーガンは深く落胆したと告げた。[122]

一方、ゴルバチョフは米国がアジア諸国の基地や前方配備システムに核兵器を配置していると指摘した。そして、欧州部ＩＮＦ問題の解決の後にアジア部ＩＮＦを個別の問題として扱うことを提案した。[123] これは、アジア部のＳＳ―20と西太平洋に展開する米軍の核兵器を交渉で取引することを意味した。既に英仏核戦力の不算入で譲歩の意志を示したゴルバチョフにとって、さらにアジア部ＩＮＦ問題でも米側に配慮するつもりはなかったのである。

ＳＤＩ問題についても両者の溝は埋まらなかった。レーガンは防御システムとしてのＳＤＩ研究を正当化し、開発に成功すればソ連との間でその技術を共有してもよいと提案した。だが、これに対しゴルバチョフは「米国は、ソ連に対して石油掘削装置、自動車部品、搾乳機ですら提供するのに乗り気ではない。米国にとってハイテク製品を供与することは第二のアメリカ革命に等しい。そんなことは起こりえない」と答えた。[124]彼はＳＤＩ技術を両国で共有するというレーガンの提案をいっさい信用していなかったのである。

こうして、第二回会合も明確な合意を得ないまま散会となった。なお、両首脳は軍縮問題に関する作業部会を設けることについては一致した。

一一日深夜から翌朝にかけて行われた作業部会では、アジア部ＩＮＦの扱いをめぐり米ソ代表が真っ向から衝突した。ニッツェが率いる米交渉団は、ソ連の提案が欧州部ＩＮＦの全廃を保証する一方で、アジア部では核弾頭五〇〇―六〇〇個の残置を認めることになるため、米国とその同盟国はこれを受け入れられないと主張した。

これに対し、ソ連側代表団のアフロメーエフは、アジア部ＳＳ―20の削減について米ソのアプローチは異なると反論し、欧州部とは別にアジアで米ソ中距離核交渉を行うことを提案した。[125]ＳＤＩへの掣肘《せいちゅう》、そして多弾頭化されたＩＣＢＭの分野で対米優位を維持したまま戦略兵器削減交渉を進めようとしていたソ連にとって、この時ＩＮＦ交渉は二次的な問題と化していた。ニッツェを含め米側出席者のパールやエーデルマン、ラウニーらはそうしたソ連側の意図に懸念を深めた。[126]結局、アジア部ＩＮＦの問題は作業部会でも解決を見ず、議論は翌日の首脳会談に託されることになった。

一〇月一二日午前の第三回会合で、レーガンはグローバル・ゼロによる解決がゴルバチョフの意に沿わないとしても、地球規模でＩＮＦの弾頭数を計算してこれを均等に制限できるのであれば、米ソが欧州部ＩＮＦを均等に制限することを謳う暫定協定を提案しようと述べた。

そして、両国がＩＮＦ問題の他の側面でも合意できるならば、米国は欧州部で米ソ双方の弾頭を各一〇〇発に制限することに合意する考えを示した。また、レーガンはアジア部ＩＮＦの弾頭数を欧州部ＩＮＦと均等に削減する間、米本土に同数の中距離核弾頭を配備する権利を持つと主張した。すなわち、彼はソ連がアジア部にＩＮＦ弾頭一〇〇発を一時的に残置することは可能であり、欧州部で弾頭一〇〇発、アジア部でも弾頭一〇〇発という数字を受け入れる用意があることを明らかにしたのである[127]。

すると、ゴルバチョフはレーガンの提案に飛びつき、暫定協定を正式に成立させたいと答えた。彼はレーガンが欧州部で米ソ各一〇〇発という上限に同意するならば、ソ連がアジア部で一〇〇発を残置する間、米本土に同数の核弾頭を配備するという米側の考えを理解すると述べたのである[128]。

この暫定協定案が実現すれば、アジア部のＳＳ―20は一七一基(弾頭五一三発)から一気に三三基(弾頭九九―一〇〇発)へと削減されることを意味していた。この時、二月の日本側提案の内容を熟知していたリンハード米大統領特別補佐官は、日本政府と直ちに電話協議を行った[129]。そして、米ソ間の暫定協定案がアジア部ＳＳ―20の実質八〇%の削減につながると説明し、日本側の了解を得た。また、米側は日本側提案を参考に、アジア部に残置されるＳＳ―20の配備先をノボシビルスク周辺とすることでも、ソ連との間で暫定合意に達していた[130]。

ところが、ＩＮＦ削減のための暫定協定案を練り上げ、合意に至るかに見えたレイキャビク会談は、終盤で再び暗礁に乗り上げた。午後二時から開かれた外相会談で、シェワルナゼはシュルツに対し、米国がＡＢＭ条約から一〇年間脱退せず、同条約を厳格に遵守することを求めた。もしレーガン政権にその用意がないのならば、ソ連側は首脳会談での合意はなしだと告げたのである。

これに対し、シュルツの回答をその場で作成したパールとリンハードは、ＡＢＭ条約の一〇年間遵守を求めるソ連案を可能な限り尊重した[131]。両者の案は、最初の五年間においてＡＢＭ条約の遵守に合意するのと同時に戦略攻撃兵器を半減すること。そして、次の段階で残りの攻撃弾道ミサイルを廃棄する見通しがつくならば、さらに五年間ＡＢＭ条約を遵守するという内容であった。米側はこの期間内に攻撃弾道ミサイルが全廃された後で、Ｓ

ＤＩを配備することについて制約を設けないことを意図した[132]。

最後に行われた第四回会合では、ゴルバチョフが米側提案に対する回答を示した。彼はＡＢＭ条約の一〇年間の遵守が終了した後、攻撃弾道ミサイルの全廃に続いて戦略爆撃機および巡航ミサイル、短距離ミサイルも廃棄することをレーガンに提案した[133]。ソ連提案の本質は、米側が優位に立つ巡航ミサイルの廃絶に狙いをつけ、戦略攻撃兵器の全廃により欧州における通常戦力バランスを東側優位にしようとするものだった。

それでも、レーガンはこの問題は解決可能だとして同意する意思を示した。レーガンにとって最終合意への障害となったのは、ゴルバチョフがＡＢＭ条約の強化を求め、ＳＤＩ研究を実験室内に止めるよう迫ったことである。これに対し、レーガンはソ連がクラスノヤルスクに対弾道ミサイル用のレーダーを建設したことに触れ、ＡＢＭ条約に対する違反であると批判した。そして、「ＳＤＩを継続する可能性を壊すつもりはない。研究を実験室内に閉じ込めることはできない」と主張して譲らなかった。ゴルバチョフはこのレーガンの回答を米側の最終的な立場だと理解した[134]。会談の終わり際に、同席していたシェワルナゼは「将来の世代がこの会談の記録を読んだならば、われわれが合意に近づいたのに、いかにしてその機会を逃したのかがわかるだろう。将来の世代はわれわれを許さないだろう」と述べた[135]。こうして、二日目の会談は交渉自体が決裂するという結果に終わった。

ただし、会談終了後の声明で両者は、ＳＤＩ問題以外の分野、すなわちＩＮＦ削減交渉、戦略核兵器の大幅削減、そして包括的核実験禁止交渉については進展があったと認めた[136]。また、完全な合意には至らなかったが、少なくとも一〇年間はＡＢＭ条約を遵守し、その間ＳＤＩを配備しないことについても共通の認識ができていた。米ソ両国ともに、多くの対立点の解決に向け交渉が前進していると認識しており、その後も核軍縮に向けての努力を継続することでは一致していたのである。

残された問題は、ゴルバチョフがＳＤＩ研究とＩＮＦおよびＳＴＡＲＴを一つのパッケージとし、ＳＤＩ問題で米側が譲歩しない限り、パッケージからＩＮＦとＳＴＡＲＴを個別に取り出して交渉することには応じられないという姿勢をとったことであった。

ラウニー顧問とカピッツァ外務次官の訪日

首脳会談終了後の一〇月一四日、レーガンはアイスランドから直接ラウニー顧問を日本に派遣し、会談の詳細を倉成外相に説明させることにした。倉成と会見したラウニーは、米ソ首脳が軍備管理交渉で合意に至らなかった事情について、ＳＤＩ問題で互いに譲歩できなかった点を強調した。[137]ラウニーはＩＮＦ、戦略核兵器削減、包括的核実験禁止交渉の分野で米ソ合意が間近であったことを否定しなかった。

これに対し、倉成はレーガン大統領が同盟国の安全保障を損なわないように配慮しながら合意達成のために尽力したことを高く評価し、引き続き東西関係の安定に向けた米国の努力を支援すると約束した。[138]

倉成との会談を終えたラウニーは、駐日米国大使館での記者会見で米ソ双方の提案が依然、交渉のテーブルに載せられていることを明らかにし、欧州部ＩＮＦの廃棄とアジア部に弾頭一〇〇発を残置するとの暫定協定案で米ソが基本的了解に至っていると述べた。[139]また、二八日には別の米政府高官も、ゴルバチョフは暫定協定案について、ＳＤＩを実験室内に封じ込めるとの前提条件をつけていないと指摘した。

つまり、ＩＮＦとＳＤＩのパッケージはソ連政府が西側世論を分断するために行ったプロパガンダであり、米ソはレイキャビクでの暫定協定案で近い将来に合意する可能性が十分あると明らかにしたのである。[140]「いずれ合意の道は開けよう」とするラウニーの発言は、米政府内でレイキャビクでの会談結果が全て否定的ではないと分析されていた証でもあった。

こうした米側の楽観論とは対照的に、二〇日に訪日したソ連のカピッツァ外務次官は、三つの軍縮交渉のパッケージについて日本側に理解を求めた。カピッツァとの会談に臨んだ梁井外務審議官は、ＳＤＩとＩＮＦを再びリンクさせたソ連の交渉姿勢に遺憾の意を表明した。

また、アジア部のＩＮＦについても、ソ連側が弾頭一〇〇発までの削減に応じる姿勢を見せたことは評価するが、日本としてはグローバルな解決が図られるべきであり、アジア部のみを切り離してＩＮＦ交渉を行うとの考えには反対であると強調した。特に、梁井は米国のＩＮＦが存在しないアジア部で、ＳＳ—20をゼロにできないとするソ連の主張に対して、アジア諸国民からの支援を期待することは困難であろうと述べた[141]。

これに対し、カピッツァはＳＤＩが米国の軍事的優位の確保につながるとして従来の対米批判を反復した。しかし、その一方で核実験全面禁止に関する米ソ交渉を継続し、ＩＮＦを削減することを求めていくと答えた。カピッツァの発言には、ＩＮＦ暫定協定案を否定する内容は全く含まれていなかった。むしろ、核廃絶努力を継続する必要性を認めるニュアンスが強くなっていた。

だが、会談終盤に両者は、米国のＳＤＩ研究がＡＢＭ条約に抵触するか否かという問題で緊張したやり取りを展開した。カピッツァは、実験室外でのＳＤＩ研究を禁止するためにＡＢＭ条約を強化すべきであると主張した。これに対し、梁井はソ連が提案しているのはＡＢＭ条約の実質的な変更であると指摘した。梁井はソ連が米側にとって受け入れ不可能な提案をし、他の分野とパッケージにしたことがレイキャビクでの合意を妨げたのだと批判したのである[142]。

日本が米国から離れて中立的な立場をとらないことに対し、カピッツァは「いずれにせよ、日本が米国の同盟国であることを残念に思う。ソ連も日本のように忠実な同盟国を持ちたい」と漏らした。このような発言は、ソ連がもはや核軍縮交渉において三分野のパッケージ以外に他の選択肢を持ち得ない証でもあった。ゴルバチョフがパッケージを解除するのは時間の問題でしかなかったのである。

キャリントンＮＡＴＯ事務総長との接触

これまで考察してきたように、米ソ両国の政府高官はレイキャビクの暫定合意を容認した。これに続いて、一二月一二日にはＮＡＴＯ外相理事会も最終コミュニケの中で暫定合意と戦略攻撃兵器五〇％削減に向けた前進を歓迎する意向を表明した[143]。

一一月一五日に行われた米英首脳会談でサッチャー首相が指摘した通り、ＮＡＴＯコミュニケにはＩＮＦ合意が短距離離核削減交渉を開始するとの誓約を含むべきであるという西欧諸国の立場が明示されていた[144]。つまり、ＩＮＦによる対ソ抑止力が縮小された後に、西欧に対するソ連側の短距離核および通常戦力が圧倒的優位に立つことがあってはならず、暫定合意は米欧間の安全保障上のリンケージを脆弱にしてはならないという忠告が含まれていたのである。

ＮＡＴＯ外相理事会がコミュニケを発表して間もなく、倉成は日本の外相として初めてＮＡＴＯ事務総長と会談した。ブリュッセルのＮＡＴＯ本部を訪れた倉成は、キャリントン事務総長に対して、西側の一員としての日本の姿勢や西側の安全不可分を強調し、レイキャビク会談以後の軍縮・軍備管理問題についてＮＡＴＯとの意見交換を要請した。特に、倉成はＩＮＦについて、アジア部に弾頭一〇〇発を残すことを認めたレイキャビク暫定合意に関するＮＡＴＯ側の評価と、中国に対するＮＡＴＯの見方を質した。

これに対し、キャリントンは今回の日本側との会談を高く評価した上で、次のように答えた。まず、中国がソ連に接近することで東西バランスが損なわれることは好ましくないが、ソ連からすれば、一〇億の民を有する中国の通常兵力での優勢に対し、思い込みともとれる恐怖感を示している。したがって、キャリントンはソ連も中国に対し、ＮＡＴＯが欧州正面でソ連に対峙しているように核兵器で対抗するつもりではないかという考えを示した。

そして、キャリントンは暫定合意について、「ＩＮＦが一〇〇弾頭アジアに残る案は日本にとり面白くもない結果かも知れないが、ソ連の立場に立てば、この一〇〇弾頭が日本を目標にすることは排除されないが、主として中国向けと考えているのではないか」と回答したのである[145]。キャリントンの発言には、かつての日欧協議に見られたアジア軽視の姿勢はほとんど見られなかった。

しかも、キャリントンの見解は的を射たものであった。ＩＮＦ条約発効後の一九八八年一〇月、ＮＳＴ米代表のカンペルマンは交渉過程でカルポフＮＳＴソ連代表に対し、アジア部ＳＳ―20残置の真意を確かめたことを明らかにしているが、その中にキャリントンの見解を裏付けるエピソードがある。

ＩＮＦ交渉でアジア部にＳＳ―20を一〇〇弾頭残存させる旨ソ側が主張していた際、自分(「カンペルマン」)はカルポフに対し、一体これは何のため か聞いてみた。すると先方は、「三三が中国向け、三三が日本向け、更に三三が韓国向け」であるとの冗談で答えた。なお一弾頭残ってしまうが、これがアラスカ向けだったのかもしれない(笑)。いずれにせよ、これはソ連の同方面におけるパーセプションの一端を知る上で興味深い[146]。

具体的な数字はソ連側の冗談であったにせよ、カンペルマンの言うようにＩＮＦ交渉当時、ソ連がアジア部ＳＳ―20を中国本土に配備された核兵器と日韓両国に配備された米国のＦＢＳに対抗させる目的で残置することを考えていたのはほぼ間違いないであろう。

暫定合意を可能にした日本の提案

さて、本章で考察してきたように、レーガンが示したＩＮＦの「欧州ゼロ・アジア五〇％」案をめぐって浮上したアジア部での核軍縮論に対し、中曽根の書簡を通じた日米間協議は、同盟の根幹である拡大抑止の手段が対ソ交渉材料として争点化することを回避した。

一方、外務省が立案したアジア部ＳＳ―20のバルナウルへの移転案は、グローバル・ゼロの早期実現を事実上先送りとする内容であった。ただし、アジア部でのＩＮＦ弾頭一〇〇発の残置を一時的に容認する日本の提案は、レイキャビクで米ソ両首脳が暫定合意を選択する余地を残すことを意味した。それは、日本が軍縮交渉にただ乗りしているのではないかという西欧諸国からの批判を軽減することにも寄与したであろう。日本の提案を取り入れるかたちで形成された米ソの暫定合意は、その後のＩＮＦ交渉におけるグローバル・ゼロの方向性を決定づけることとなった。

では、米ソ暫定合意が可能となった背景は何であろうか。本章での考察を踏まえながらまとめておきたい。八六年一月に行われた米ソ首脳のテレビ・メッセージの交換は、前年一〇月のジュネーブ会談で生まれた関係改善の姿勢を両国民に演出して見せた。この時点では、レーガンもゴルバチョフも核軍縮交渉とＳＤＩに関して、従来の立場から一歩も引かない状況であった。レーガンは米国内で推進されていたＳＤＩ研究と、これに対する西側同盟国からの参加表明に自信を深めており、ＳＤＩの配備によってＭＡＤ体制を無力化し、核廃絶を実現したいと考えていた。他方、ゴルバチョフは米国がＳＤＩのような新型兵器により自国の安全を高めるのは無分別な行いであると批判した上で、宇宙の平和利用の維持と核兵器削減の必要性を説いた。

このように互いに譲歩しない姿勢を表明しながら、平和攻勢で機先を制したのはゴルバチョフだった。三段階、二〇〇〇年までの核廃絶を謳ったゴルバチョフの提案は、依然としてＳＤＩ研究を牽制しようとする内容を含んでいたが、レーガンはこれを具体的内容の伴った提案として歓迎した。ゴルバチョフが米国の提案するゼロ・オプションを受け入れる姿勢を示したのは一一月のレイキャビク会談であるが、既に一月の核廃絶提案の中で、ソ連が欧州配備ＩＮＦの完全廃棄の決定および実行を、その第一段階として位置付けていたことは注目すべき事実である。その直後に、シェワルナゼが日本側に対して、アジア部のＳＳ—20を交渉の第二段階で取り扱う意向を示したことなどから見て、この頃ソ連指導部内で、ＩＮＦ交渉を優先的に進めるべきであるとのコンセンサスが形成されつつあったのであろう。

ソ連の提案に巧妙さがあるとすれば、それはアジア部のＳＳ—20を第二段階で扱うことを米側に認めさせることができれば、米国がアジア太平洋に展開している海洋・空中発射型の核巡航ミサイルとの間で削減交渉が可能になると考えたことである。また、ソ連はアジア地域での核配備は米国の西太平洋での核配備に対抗するものだと主張したが、時系列的に見て前後が逆である点で、その言説の稚拙さも露呈していた。西側から見て一長一短のある提案ではあったが、ゴルバチョフの核廃絶案の一部がその後のINF交渉の行方に大きなインパクトを与えた点で、暫定合意に至る第一の要因であったと言えよう。

問題は、こうしたソ連の核廃絶提案に対して、レーガンが妥協に傾きかけたことである。ただし、レーガンはホワイトハウス内のソ連懐疑派にも配慮し、第二段階で残されるアジア部のSS—20と取引するため、同数のINFを米本土に保管・配備する考えを示した。この妥協案は、第一段階で欧州部SS—20が全廃される点で、西欧諸国には受け入れられる余地が大きかった。現に、八三年三月にレーガンがほぼ同じ内容の暫定協定案を示した際も、西欧側はこれを歓迎していた。しかし、米国の妥協案に対する日本側の反応は未知数であった。レーガンは「欧州ゼロ・アジア五〇%」の削減案が最も見込みのある案と考えていたが、そこには欧州とアジアの間で対応措置に差をつけるべきでないとしてきた日本側の主張への配慮が抜け落ちていた。結果的に、この削減案には第二段階でアジア部SS—20の残りの五〇%を全廃するという但し書きがついていたにもかかわらず、日本側の強い反発を買うことになったのである。こうした状況下で、日米両国を信頼関係の危機から救ったのが中曽根の意を受けた外務省の機動的な対応と対米折衝であり、その成果が暫定合意の基層を成す第二の要因であったと言えよう。

米ソ両首脳の核軍縮交渉に対する姿勢に決定的な変化を促したのは、突如両国を襲った二つの大事故であった。一月二八日のチャレンジャー号の爆発事故は、SDIの配備を含む米国の宇宙軍事利用計画に大幅な修正を迫ることになった。また、米議会も同事故を受けてホワイトハウスの示したSDI関係予算を減額した。事故とは関係なく、地上でのSDIシステムの研究や実験は続けられていたが、レーガンはそれらを宇宙空間に大規模に配備するための輸送手段を失ったのである。また、四月二六日のチェルノブイリ原発事故は、ソ連の原子力政策、原子力安全技術の見直しだけでなく、結果的にはソ連の核軍縮交渉への姿勢にも大きな影響を与えた出来事であった。

本章で詳解した通り、ゴルバチョフは事故をきっかけとして核戦争への懸念を強くした。言い換えれば、原発事故はソ連が西側に対する平和攻勢を強化する一つの契機にもなった。レーガンはチャレンジャー事故により核廃絶実現のための手段であるSDIを配備する術を失ったが、ゴルバチョフはチェルノブイリ事故をきっかけに核廃絶実現を有利に進めるための平和攻勢の機会を手にしたのである。レイキャビクでの首脳会談で、ゴルバチョフが米側提案のゼロ・オプションを受け入れるという譲歩を見せた一方、レーガンはSDI研究を実験室内に止めよとのソ連側の要請に応じない立場を固めた。暫定合意はこの会談で生まれたが、全体交渉でソ連に譲歩の余地がある一方で、米国の譲歩の余地が小さかったことも暫定合意に至った要因の一つと言えよう。

暫定合意そのものは、確かに日本の提案を大きく取り入れた内容であるが、この合意は、以上に見てきた通り米ソ間の核廃絶提案と対案の提示、そしてゼロ・オプションという過去の提案への「譲歩」と、SDI研究を実験室内に封じ込めるという新たな提案への「不同意」の上に築かれたのである。

さて、次章ではレイキャビク会談後の米ソ交渉の最終段階で、均衡に立脚した核軍縮を持論とする中曽根がアラスカ州への米INF配備を支持した背景を中心に、INF条約の調印に至るまでの各国の動きについて考察する。

（1）「第一〇四回国会　衆議院　安倍外務大臣の外交に関する演説」（一九八六年一月二七日）世界平和研究所編『中曽根内閣史――資料篇』（世界平和研究所、一九九五年）二〇〇頁。

（2）Public Papers of Ronald Reagan, "New Years Messages of President Reagan and Soviet General Secretary Gorbachev" (January 1, 1986) [http://www.reagan.utexas.edu/archives/speeches/1986/10186a.htm], accessed on November 17, 2013.

(3) Ibid.

(4) 『朝日新聞』一九八六年一月一五日朝刊。

(5) 同前。

(6) "Letter from Gorbachev to Reagan" (January 14, 1986), in *The Reagan Files, Letters Between President Reagan and General Secretary's Brezhnev, Andropov, Chernenko and Gorbachev* [http://www.thereaganfiles.com/document-collections/letters-between-president.html/19860114.pdf], pp. 2-3, accessed on January 10, 2015.

(7) Reagan, Ronald, *An American Life* : The Autobiography (New York: Simon & Shuster, 1990), p. 650.

(8) Public Papers of Ronald Reagan, "Statement on the Soviet Proposal on Nuclear and Space Arms Reductions" (January 15, 1986) [http://www.reagan.utexas.edu/archives/speeches/1986/11586d.htm], accessed on November 17, 2013.

(9) 欧亜局ソヴィエト連邦課「シェヴァルナッゼ・ソ連邦外相訪日記録」(一九八六年一月一五日、一六日)二〇〇九―〇〇七八九―一、七―一〇頁。

(10) 同前、一四頁。

(11) 『朝日新聞』一九八六年一月一七日朝刊。

(12) 一九八六年一月一七日に行われた第一六回日米安保事務レベル協議(ＳＳＣ)でのアーミテージ(Richard Armitage)国防次官補の発言。『朝日新聞』一九八六年一月一八日朝刊を参照。また、同ＳＳＣで米側はソ連の軍事力増強に関して、「ミサイル、爆撃機、潜水艦が着々増強され、陸軍については新兵器開発、空軍についてもブラックジャックが八〇年代後半には配備になろうこと、海軍についても三隻の空母のうち二隻は極東に配備されている」と説明している。在ホノルル遠藤総領事発安倍外務大臣宛電信第二五号「第一六回ＳＳＣ」(一九八六年一月一五日)二〇〇九―〇〇一〇〇―二、三頁。

(13) 『朝日新聞』一九八六年一月一九日朝刊。

(14) 同前、一九八六年二月一日夕刊。

(15) Brinkley, Douglas, ed. *The Reagan Diaries: Unabridged* (New York: Harper Collins, 2009), p. 568.

(16) 『朝日新聞』一九八六年二月八日朝刊。当時、ソ連のＳＳ―20配備総数は四四一基に達し、そのうち二七〇基が欧州部に、一七一基がアジア部に配備されていた。米提案は第一段階でアジア部の一七一基(弾頭五一三個)を五〇%削減する内容であった。

(17) 『朝日新聞』一九八六年二月八日朝刊。および、五百旗頭真・伊藤元重・薬師寺克行編『岡本行夫――現場主義を貫いた

外交官（九〇年代の証言）』（朝日新聞出版、二〇〇八年）一三七頁。
(18) 吉田文彦・朝日新聞特別取材班編『核を追う——テロと闇市場に揺れる世界』（朝日新聞社、二〇〇五年）三〇八頁。
(19) 五百旗頭・伊藤・薬師寺編『岡本行夫』一四一頁。
(20) 佐藤行雄「西欧の安全保障と米欧関係（下）」（『国際問題』第三〇九号、一九八五年一二月）五八—六九頁。
(21) 五百旗頭・伊藤・薬師寺編『岡本行夫』一四二頁。
(22) 一九八六年二月一〇日の「レーガン大統領宛中曽根総理親書」の文言より。前掲「米ソ軍備管理交渉の現状について——INF協定署名に対する評価と今後の予想される動き——」（一九八七年一一月三〇日）七頁。
(23) 同前、七頁。
(24) 安倍外務大臣発在米国松永大使宛電信第一二四九号「エメリーACDA副長官との協議」（一九八六年二月二六日）二〇〇七—〇〇五四四—一六、五頁。
(25) 今井隆吉大使発中曽根総理大臣閣下宛て「軍縮に関するゴルバチョフ提案について」（一九八六年二月一六日）。および、世界平和研究所編『中曽根内閣史——資料篇（続）』（世界平和研究所、一九九七年）二〇七—二〇八頁を参照。
(26) なお、筆者は二〇〇九年四月に外務省に対して、「一九八六年二月に行われた岡本行夫・外務省北米局安全保障課長の訪米に関する記録」および「一九八六年二月に行われた宮本雄二・外務省国際連合局軍縮課長の訪欧に関する記録」について開示請求を行った。同年五月二一日外務省より、前者については、「当省保有の文書を探索しましたが、対象となる行政文書は存在しなかったため、不開示（不存在）としました」との調査結果を、また後者についても「執務室及び地下書庫のファイルを探索しましたが、該当する文書は確認できなかったため、不開示（不存在）としました」との調査結果を受け取った（二〇〇九—〇〇二九五および二〇〇九—〇〇二九六）。
(27) 五百旗頭・伊藤・薬師寺編『岡本行夫』一四四頁。
(28) 吉田・朝日新聞特別取材班編『核を追う』三〇九頁。
(29) 五百旗頭・伊藤・薬師寺編『岡本行夫』一四四—一四八頁。
(30) "Letter from Reagan to Nakasone" (February 22, 1986), p. 1. 中曽根康弘事務所所蔵。
(31) 五百旗頭・伊藤・薬師寺編『岡本行夫』一四八頁。
(32) ワインバーガー、キャスパー／角間隆監訳『平和への闘い』（ぎょうせい、一九九五年）三二二頁。
(33) Public Papers of Ronald Reagan, "Statement on the Soviet-United States Nuclear and Space Arms Negotiations"

(February 24, 1986) [http://www.reagan.utexas.edu/archives/speeches/1986/22486a.htm], accessed on November 17, 2013.

(34) "Letter from Reagan to Gorbachev" (February 22, 1986), in *The Reagan Files, Letters Between President Reagan and General Secretary's Brezhnev, Andropov, Chernenko and Gorbachev,* [http://www.thereaganfiles.com/document-collections/letters-between-president.html/19860222.pdf], p.6, accessed on January 10, 2015.

(35) 国際連合局軍縮課「グリットマン大使の訪日」(一九八六年七月一六日)二〇〇七—〇〇五四四—三、二—三頁。

(36) 同前、二—三頁。

(37) 『朝日新聞』一九八六年三月一日朝刊。

(38) 同前、一九八六年三月三〇日朝刊。

(39) 『読売新聞』一九八六年四月五日朝刊。

(40) 世界平和研究所編『中曽根内閣史——首相の一八〇六日』(世界平和研究所、一九九六年)下巻、九七九頁。

(41) 中曽根康弘氏へのインタビュー(二〇一〇年一月一二日)。および、久保田富弘『ロンとヤス——日米首脳この5年』(グラフ・ジャパン、一九八七年)六二頁。

(42) 在米国松永大使発安倍外務大臣宛電信第三四〇〇号「第一回日米首のう会談(米ソ関係)」(一九八六年四月一四日)二〇〇九—〇〇三七九—一、一—二頁。

(43) 同前、一四頁。

(44) 同前、一四頁。

(45) 長谷川和年氏へのインタビュー(二〇一一年六月三〇日)。

(46) 在米国松永大使発安倍外務大臣宛電信第三三九五号「日米首のう会談(首のうランチ)」(一九八六年四月一四日)二〇〇九—〇〇三七九—二、三頁。

(47) 同前、三—四頁。

(48) 在米国松永大使発安倍外務大臣宛電信第三四二二号「第二回日米首のう会談(東西関係)」(一九八六年四月一五日)二〇〇九—三七九—三、一頁。

(49) 同前、一頁。

(50) 『読売新聞』一九八六年四月一五日朝刊。

(51) Reagan, *An American Life*, pp. 515-521.

(52) クック、ステファニー／藤井留美訳『原子力　その隠蔽された真実——人の手に負えない核エネルギーの70年史』(飛鳥新社、二〇一一年)二八〇頁。
(53)「第一二回主要国首脳会議(東京サミット)関連文書(一九八六年五月四日—六日)(ロ)東京宣言—より良き未来を期して(仮訳)」外務省編『わが外交の近況——外交青書』(一九八六年版)四五七—四五八頁。
(54) 大臣官房報道課「東京サミット首脳共同記者会見における中曽根総理の口頭発言記録」(一九八六年五月六日)二〇〇九—〇〇五八七—一、一頁。
(55)『読売新聞』一九八六年四月二一日朝刊。なお、ゴルバチョフは米国のリビア攻撃に前後して、ニューヨーク在勤のソ連外交官の数を四〇％削減するよう米側から要求されたこと、クリミアの沖合に米艦隊が現れたこと、ソ連の核実験凍結の期限切れ直前に米国がネバダで核実験を行ったことに関し、「アメリカは、神経の弱い連中を相手に交渉しているとでも本気で思っているのか」と演説で言明したと回想している。ゴルバチョフ、ミハイル／工藤精一郎・鈴木康雄訳『ゴルバチョフ回想録』下巻(新潮社、一九九六年)二八頁参照。
(56)『読売新聞』一九八六年四月二二日朝刊。
(57) 同前、一九八六年四月二三日朝刊。
(58) 同前。
(59) Public Papers of Ronald Reagan, "Statement by Principal Deputy Press Secretary Speakes on Soviet and United States Compliance With Arms Control Agreements" (April 21, 1986) [http://www.reagan.utexas.edu/archives/speeches/1986/42186a.htm], accessed on November 17, 2013.
(60) 斎藤直樹『戦略兵器削減交渉——冷戦の終焉と新たな戦略関係の構築』(慶應通信、一九九四年)三六—三七頁。
(61)『読売新聞』一九八六年五月一二日夕刊。
(62) Public Papers of Ronald Reagan, "Statement on Soviet and United States Compliance With Arms Control Agreements" (May 27, 1986) [http://www.reagan.utexas.edu/archives/speeches/1986/52786e.htm], accessed on November 17, 2013.
(63) Public Papers of Ronald Reagan, "The President's News Conference" (June 11, 1986) [http://www.reagan.utexas.edu/archives/speeches/1986/61186c.htm], accessed on November 17, 2013.
(64) Gaddis, John Lewis, *The Cold War* (London: Penguin Books, 2007), p.231；吉田文彦『核のアメリカ——トルーマンからオバマまで』(岩波書店、二〇〇九年)一四五頁。

(65) 欧亜局ソヴィエト連邦課「安倍外務大臣訪ソ記録　4．外相間定期協議」（一九八六年五月三〇日）二〇〇九―〇〇七九〇―一、二一頁。
(66) 同前、三二―三三頁。
(67) 同前、三三頁。
(68) ソヴィエト連邦課「安倍外務大臣訪ソ記録　5．ゴルバチョフ書記長との会談」（一九八六年五月三〇日）二〇〇九―〇〇七九〇―二、七四頁。
(69) 同前、七五頁。
(70) 同前、七五―七六頁。
(71) 同前、七七頁。
(72) 同前、八一―八二頁。
(73) 同前、八四頁。
(74) 『読売新聞』一九八六年六月七日朝刊。
(75) 『朝日新聞』一九八六年六月一七日夕刊。
(76) Public Papers of Ronald Reagan, "Remarks at the High School Commencement Exercises in Glassboro, New Jersey" (June 19, 1986) [http://www.reagan.utexas.edu/archives/speeches/1986/61986e.htm], accessed on November 18, 2013.
(77) 『読売新聞』一九八六年六月二〇日夕刊。
(78) 同前、一九八六年六月一八日朝刊。
(79) 同前、一九八六年六月二一日夕刊。
(80) 同前。
(81) 同前。
(82) 安倍外務大臣発在米国松永大使宛電信第一二四九号「エメリーＡＣＤＡ副長官との協議」（一九八六年二月二六日）二〇〇七―〇〇五四四―一六、七―八頁。
(83) 『読売新聞』一九八六年六月三〇日朝刊。
(84) 同前、一九八六年七月一九日朝刊。
(85) 同前、一九八六年七月一七日朝刊。

(86) 同前、一九八六年七月一一日朝刊。
(87) レーガン書簡で示された暫定的アプローチとは、ＩＮＦの全廃に向けて段階的に進むという意味である。軍縮課「ラウニー顧問と梁井外審との協議概要」(一九八六年七月二三日)二〇〇七―〇〇五四四―一二、一二頁。
(88) 国際連合局軍縮課「ラウニー特使の訪日(改訂版)」(一九八六年七月二一日)二〇〇七―〇〇五四四―一三、六頁。
(89) 前掲「ラウニー顧問と梁井外審との協議概要」、二頁。
(90) 軍縮課「軍備管理交渉に関するレーガン大統領のゴルバチョフ書記長宛返書(対ソ提案部分骨子)」(一九八六年七月二一日)二〇〇七―〇〇五四四―一四、一一二頁。
(91) 『読売新聞』一九八六年八月四日夕刊。
(92) 「ウラジオストックにおけるゴルバチョフ・ソ連共産党書記長演説(対日関係部分・要旨)」(一九八六年七月二八日)外務省編『わが外交の近況――外交青書』(一九八七年版)[http://www.mofa.go.jp/mofaj/gaiko/bluebook/1987/s62-shiryou-501.htm]、二〇一四年三月三日アクセス。
(93) 東郷和彦『北方領土交渉秘録――失われた五度の機会』(新潮社、二〇〇七年)一一四頁。
(94) 長谷川和年氏へのインタビュー(二〇一一年九月六日)。
(95) 一九五六年一〇月の鳩山一郎首相の訪ソ、一九七三年一〇月の田中角栄首相の訪ソ、一九八二年一一月の鈴木善幸首相の訪ソ、一九八五年三月の中曽根首相の訪ソを指す。
(96) 長谷川和年氏へのインタビュー(二〇一一年九月六日)。
(97) 東郷『北方領土交渉秘録』一一四頁。
(98) 『読売新聞』一九八六年八月二七日朝刊。なお、筆者は二〇〇九年四月に外務省大臣官房情報公開室に対して「一九八六年八月に行われた『第五回日ソ国連協議』の記録」を開示請求したが、同年五月に外務大臣からの通知で、「開示請求文書が綴られている可能性のある行政文書ファイルを検索しましたが、対象となる行政文書を特定できなかったため、不開示(不存在)としました」との回答を受け取った(二〇〇九―〇〇二九八)。
(99) Glitman, Maynard W., *The Last Battle of the Cold War: An Inside Account of Negotiating the Intermediate Range Nuclear Forces Treaty* (New York: Palgrave Macmillan, 2006), pp. 150-151.
(100) 東郷『北方領土交渉秘録』一一五頁。
(101) 長谷川和年氏へのインタビュー(二〇一一年九月六日)。

(102) Public Papers of Ronald Reagan, "Remarks at a White House Briefing for Republican Student Interns on Soviet-United States Relations" (July 29, 1986) [http://www.reagan.utexas.edu/archives/speeches/1986/72986e.htm], accessed on November 18, 2013.
(103) 『読売新聞』一九八六年七月三〇日夕刊。
(104) タルボット、ストローブ／加藤紘一・茂田宏・桂誠訳『米ソ核軍縮交渉——成功への歩み』（サイマル出版会、一九九〇年）三二九—三三〇頁。
(105) Glitman, *The Last Battle of the Cold War*, p. 152.
(106) Ibid.
(107) Ibid. p. 153.
(108) 『読売新聞』一九八六年九月一二日朝刊。
(109) 同前、一九八六年九月一二日夕刊。
(110) "Letter from Gorbachev to Reagan" (September 15, 1986), in *The National Security Archive Electronic Briefing Book No. 203, The Reykjavik File: Previously Secret Documents from U.S. and Soviet Archives on the 1986 Reagan-Gorbachev Summit*, Document 1, p. 4.
(111) 『読売新聞』一九八六年九月三〇日朝刊。
(112) 倉成外務大臣発在ソ連鹿取大使宛電信第二六四四号「本大臣とソロヴィヨフ大使との会談」（一九八六年一〇月一日）二〇一〇—〇〇二六六—一、三—五頁。
(113) 同前、六—八頁。
(114) 世界平和研究所編『中曽根内閣史——首相の一八〇六日』下巻、一一三六—一一三七頁。
(115) 後の回想で中曽根は、「私は水面下で、外務省を通さずにソ連側とゴルバチョフ来日に向けたやりとりをしていました。しかし、ソ連書記長の来日計画が外交日程にあがったという記憶はあまりないですね。多分、イニシアティブをとってゴルバチョフを呼ぶところまではやらなかった」と述べている。中曽根康弘／中島琢磨・服部龍二・昇亜美子・若月秀和・道下徳成・楠綾子・瀬川高央編『中曽根康弘が語る戦後日本外交』（新潮社、二〇一二年）四四七頁。
(116) 『読売新聞』一九八六年一〇月三日朝刊。
(117) 同前、一九八六年一〇月二日朝刊。

(118) 同前、一九八六年一〇月一〇日朝刊。

(119) U.S. Memorandum of Conversation, "Reagan-Gorbachev, First Meeting" (October 11, 1986), in *The National Security Archive Electronic Briefing Book No. 203, The Reykjavik File: Previously Secret Documents from U.S. and Soviet Archives on the 1986 Reagan-Gorbachev Summit*, Document 9, pp. 4-5.

(120) タルボット『米ソ核軍縮交渉』三三五頁。

(121) Op cit, "Reagan-Gorbachev, First Meeting", p. 6.

(122) U.S. Memorandum of Conversation, "Reagan-Gorbachev, Second Meeting" (October 11, 1986), in *The National Security Archive Electronic Briefing Book No. 203, The Reykjavik File: Previously Secret Documents from U.S. and Soviet Archives on the 1986 Reagan-Gorbachev Summit*, Document 11, p. 2.

(123) Ibid., p. 10.

(124) Ibid., pp. 14-15.

(125) "Russian Transcript of Negotiations in the Working Group on Military Issues, headed by Nitze and Akhromeev" (October 11-12, 1986), in *The National Security Archive Electronic Briefing Book No. 203, The Reykjavik File: Previously Secret Documents from U.S. and Soviet Archives on the 1986 Reagan-Gorbachev Summit*, Document 17, p. 33.

(126) タルボット『米ソ核軍縮交渉』三三七頁。

(127) U.S. Memorandum of Conversation, "Reagan-Gorbachev, Third Meeting" (October 12, 1986), in *The National Security Archive Electronic Briefing Book No. 203, The Reykjavik File: Previously Secret Documents from U.S. and Soviet Archives on the 1986 Reagan-Gorbachev Summit*, Document 13, pp. 1-8.

(128) "Russian Transcript of Reagan-Gorbachev Reykjavik Talks: Part 3" (October 12, 1986), in *The National Security Archive Electronic Briefing Book No. 203, The Reykjavik File: Previously Secret Documents from U.S. and Soviet Archives on the 1986 Reagan-Gorbachev Summit*, Document 14, p.1；ゴルバチョフ、ミハイル／田中直毅訳『ペレストロイカ』（講談社、一九八七年）三四五―三四六頁。

(129) 『読売新聞』一九八六年一一月二日朝刊。

(130) 同前、一九八六年一〇月一八日夕刊。

(131) タルボット『米ソ核軍縮交渉』三四六―三四八頁。

(132) Memorandum of Conversation, "Reagan-Gorbachev Final Meeting" (October 12, 1986), in *The National Security Archive Electronic Briefing Book No. 203, The Reykjavik File: Previously Secret Documents from U.S. and Soviet Archives on the 1986 Reagan-Gorbachev Summit*, Document 15, p. 1.

(133) Ibid., pp. 9-10.

(134) Ibid., pp. 12-13.

(135) Ibid., p. 14.

(136) Public Papers of Ronald Reagan, "Address to the Nation on the Meetings With Soviet General Secretary Gorbachev in Iceland" (October 13, 1986) [http://www.reagan.utexas.edu/archives/speeches/1986/101386a.htm], accessed on November 18, 2013.

(137) 『毎日新聞』一九八六年一〇月一五日朝刊。

(138) 倉成外務大臣発在米国松永大使宛電信第六二五一号「米ソ軍備管理交渉(ラウニー大使の本大臣表敬)」(一九八六年一〇月一五日)二〇一〇—〇〇二六三—一、四—五頁。

(139) 『朝日新聞』一九八六年一〇月一五日夕刊。

(140) 『読売新聞』一九八六年一〇月二九日朝刊。

(141) 倉成外務大臣発在ソ連鹿取大使宛電信第二八六三号「カーピッツァ次官来日(梁井外審との会談)」(一九八六年一〇月二〇日)二〇一〇—〇〇七九一—二、一六—一七頁。

(142) 同前、一七—一九頁。

(143) NATO, "Final Communiqué Chairman: Lord Carrington" (December 12 , 1986) [http://www.nato.int/cps/en/SID-188AC67B-4CBE719E/natolive/official_texts_23336.hth?selectedLocale=en], accessed on November 7, 2013.

(144) サッチャー、マーガレット/石塚雅彦訳『サッチャー回顧録——ダウニング街の日々』下巻(日本経済新聞社、一九九三年)三七頁。

(145) 在ベルギー山本大使発倉成外務大臣宛電信第八九三号「大臣訪欧(キャリントンNATO事務総長との会談)」(一九八六年一二月一六日)二〇〇九—〇〇五八四—一、三—六頁。

(146) 宇野外務大臣発在米国松永大使宛電信第六七〇二号「カンペルマン米NST代表の来日(栗山外審との協議)(二の二)」(一九八八年一〇月二四日)二〇〇七—〇〇五四六—六、二八—二九頁。

第五章　ＩＮＦ交渉の妥結

私は、ジョージ・シュルツを筆頭とするような人々に会えて幸せだったと繰り返しておく。彼との初顔合わせまでに、ソ米関係の暖炉の火は消えかかり、燃えがらは灰と化しつつあった。われわれの任務は、弱々しい火をかき立て、息を吹きかけて炎を蘇らせ、火花を散らすことだった。われわれはまさにそれをやりとげた。

――エドアルド・シェワルナゼ(1)

前章で考察したように、一九八六年二月に示されたアジア部ＳＳ―20削減に関する日本の提案は、同年一〇月にレイキャビクで開かれた米ソ首脳会談で暫定合意として確認された。日本政府はこの暫定合意を是とし、引き続きアジア部ＳＳ―20の撤廃に向けて米国を側面から支えていく姿勢を示した。

ソ連にとり対米外交の優先順位が上がると同時に、ゴルバチョフ訪日の可能性が遠のく中、中曽根内閣は従来ソ連と価値観を共有してきた東欧諸国への外交的接近を図ることで、核軍縮交渉に関わるゴルバチョフのパッケージを抉じ開けようと努力を重ねた。

本章ではまず、第一節で一九八七年一月に行われた中曽根の東欧歴訪の背景と意義について考察する。第二節では、ゴルバチョフがなぜＮＳＴに関わるパッケージを解除したのかについて、ＩＮＦ交渉と短射程中距離核ミサイル（短射程ＩＮＦ、Shorter Range INF, SRINF）削減問題との関連から明らかにする。第三節では、ゴルバチョフの欧州非核化案、すなわち長・短射程ＩＮＦの同時削減・廃棄案が西欧諸国にもたらした政治的混乱について考察する。特に、西独に配備されていた旧式のＳＲＩＮＦであるパーシングⅠａの更新・換装問題がＩＮＦ交渉に複雑に絡みついた経緯を明確にする。また、第四節では、ＮＡＴＯ諸国がパーシングⅠａの問題をＩＮＦ交渉の対象としないことで一致し、ベネチア・サミットで対ソ再結束が図られるまでの過程を跡付ける。そして、第五節ではＩＮＦ条約調印までの米ソ交渉の内実を明らかにしつつ、日米間で均衡に基づく核軍縮の重要性が確認された経緯を考察する。最後に、日本政府がＩＮＦ条約の調印とその後予想される課題についてどのように対応しようとしていたのか、外務省公開史料から裏付ける。

一　中曽根首相の北欧・東欧諸国訪問

北欧・東欧諸国訪問の背景

一九八七年一月、中曽根は日本国首相として初めて北欧・東欧四カ国を訪問した。中曽根によれば、ポーランドやハンガリーは日本の投資を欲しており、東欧諸国から招待を受けていたこともあって、日本の首相が東欧へ行くことは「ずいぶん前からの懸案」であった。また、中曽根はゴルバチョフと親しいポーランドのヤルゼルスキ(Wojciech Jaruzelski)国家評議会議長や東独のホーネッカー国家評議会議長と会談を行い、ソ連との対話に必要な「裏ルート」を作ることを考えていた(2)。

中曽根の東欧歴訪がこの時期に行われたのには、もう一つ理由がある。中曽根は一月一〇日からの日程をゴルバチョフ訪日のために空けていた。だが、ソ連側から訪日に関する明確な回答が来なかったため、八六年末には日本側もこれを見送った。そのため、一〇日からの一週間の首相の日程を東欧歴訪に充てたというわけである(3)。

ゴルバチョフが訪日を渋った背景には様々な理由が考えられる。たとえば、中曽根内閣は一九八六年九月にＳ

ＤＩ研究参加を閣議決定したが、ゴルバチョフはこの動きに対して懸念を示していた。

また、一〇月に行われたレイキャビクでの米ソ首脳会談後、ゴルバチョフはＩＮＦ、戦略核兵器、宇宙兵器問題の三分野をパッケージ化し、米国がＳＤＩ研究を実験室内に止めるという譲歩をしない限りは、ＮＳＴを進めない姿勢を明確にしていた。この段階で、ソ連外交の優先順位は対日関係より対米関係改善の方が上になった(4)。それればかりでなく、日本側がゴルバチョフの訪日時期について具体化させようとすると、ソ連側は書記長訪日の際に、具体的に何ができるのか見通しが全くわからないと伝えてきた(5)。ゴルバチョフ訪日の日程を決めるのが先か、あるいは訪日で期待される成果が先かをめぐって日ソ間に認識の相違が生じていたのである。

いずれにせよ、日ソ首脳会談を開催すれば、必ず領土問題についての回答を迫られる立場にあるソ連にとって、日本からの経済協力といった具体的成果が見込めない限り、書記長訪日を実現させるつもりはなかった。こうした状況の下で、当初は一九八七年一月に行われるのではないかと期待されたゴルバチョフ訪日も先送りとせざるを得なかったのである。

ホーネッカー議長との会談――レイキャビク会談の評価

一月一〇日早朝、中曽根は日航特別機で北欧・東欧四カ国歴訪の旅に出発した。中曽根の旅程には、四カ国首脳との個別会談のほかにヘルシンキ大学、フンボルト大学、ベオグラード大学への図書の贈呈も含まれていた。

特に、一五日に予定されていたベオグラード大学での講演にはマスメディアも高い関心を寄せた。出発前の会見で、「ヨーロッパの友人へ」という講演のタイトルを聞きつけた記者は、中曽根に対し「国際関係や東西関係が中心か」、「演説の中にはレイキャビク以後の米ソの対談再開を呼びかけるのか」と尋ね、講演の具体的な内容を訊《き》き出そうと躍起になった。だが、中曽根は「それはまだ玉手箱。玉手箱の中だ」と答えるだけであった(6)。中曽根が携えた講演原稿には、米ソ首脳会談の早期再開と軍縮五原則の提案が入っていた。

さて、今回の北欧・東欧歴訪に込めた狙いは、第一に、「東西冷戦の前線」に立つこれらの国々を歴訪することで日本外交の幅を広げること。第二に、東欧首脳との会談を通じ、核軍縮問題で暗礁に乗り上げていた米ソ首脳会談の再会談実現を促し、西側主要国の一員として国際政治にコミットすること。そして第三に、東欧諸国はソ連圏に属しているものの、実際は経済的自立を望んでおり、日本がこれらの国への経済支援を行うことでソ連を牽制する、この三つであった。(7)

のちに中曽根は、日本の国益を中心に考えた上で第一番目と第三番目の狙いが「かなり頭にあった」と回想し、「国際国家日本」に相応しい役割とも思える第二番目の狙いについては、意外なことに「あまり念頭になかった」と述べている。(8)

とはいえ、ヤルゼルスキやホーネッカーを通じて、ゴルバチョフとの対話の「裏ルート」を構築しようとした中曽根は、東欧首脳との会談で国際安全保障問題を積極的に取り上げている。まず、一三日午前に行われた第一回日・東独首脳会談から、その内容を紐解いていきたい。(9)

第一回会談の国際情勢とアジア情勢に関する討議では、レイキャビク会談の評価とＩＮＦ問題のほかに、ソ連のアジア太平洋地域への関心とゴルバチョフ訪日について意見が交わされた。まず、レイキャビク会談について、両者は同会談が重要かつ歴史的な出来事であった点で一致した。

ホーネッカーはゴルバチョフを支持する立場から、レイキャビクで「米がＳＤＩ実現に固執したために具体的成果は生まれなかったことは残念」だと評した。また、米ソ交渉が継続されても、その際には地上での軍縮・軍備管理および宇宙での軍拡阻止が大切だとして、米国のＳＤＩ研究を明確に否定した。(10)

これに対し、中曽根は「世上あれ〔レイキャビク首脳会談―引用者注〕は失敗であったという人もいるが、自分はそうは思わない」と反論した。また、ＳＤＩについても東西間で見解の相違が存在することは認めつつ、「わが国は、ＳＤＩは核廃絶のための非核兵器であり、攻撃兵器から防御兵器へ転換を図るものと理解している」との立場を説明した[11]。

ＩＮＦ問題でも両者の捉え方には隔たりがあった。第一回会談で中曽根は、以前ゴルバチョフがＩＮＦを他の軍縮交渉から分離して合意する用意を示したことを指摘し、平和維持のためにパッケージを解除してＩＮＦを廃棄するように努力すべきであると説いた。そして、中曽根は「その際、わが国としては、アジアの犠牲において本問題が解決されることのないよう希望している」と日本の立場を改めて示したのである[12]。

一方、ホーネッカーは一三日午後に行われた第二回会談の取りまとめにおいて、ゴルバチョフの提案はＩＮＦの欧州部での全廃とアジア部での削減を含む核軍縮の重要なステップであるとの認識を示した。その上で、彼は「欧州が世界の中心とは考えておらず、従って、欧州部からの撤廃の後、アジアにおけるＩＮＦも廃絶されるべきと考える」と答えた[13]。ホーネッカーの発言を注意深く読むと、ＩＮＦを撤廃するにあたって欧州部とアジアで時間差を設けることを狙っていたソ連の意向と歩調を合わせていることが明らかである。

この点に関して、中曽根が反論した形跡は当時の会談記録からは見出せない。もし、欧亜間でＩＮＦ問題の解決に時間差を設けられることが、アジア太平洋地域での米ソ核軍縮問題を想起させるのであれば、中曽根はここで反論すべきであったと考えられる。だが、中曽根は会談の取りまとめにおいて、ＩＮＦは欧州部だけではなくアジア部でもゼロとなるべきと指摘するにとどめた。また、「それが、アジアの善隣関係に寄与するということに賛成である」として、ホーネッカーの考えに同調する姿勢を見せた[14]。

最後に、ソ連のアジア太平洋地域への関心についても両者の認識はうまく一致しなかった。ホーネッカーは第一回会談と第二回会談の取りまとめで、ゴルバチョフのウラジオストック演説について言及し、アジア安全保障会議の設置構想を核とするソ連のアジア太平洋政策の提案は歴史的演説であるとして高く評価した。また、この点で「両者の意見は一致した」とまで持ち上げた[15]。

これに対し中曽根は、第一回会談でウラジオストック演説には賛成できる点とできない点があるとして、ソ連のアジア太平洋政策に対し慎重な姿勢を見せた。だが、歴史的演説ゆえに誠意をもって検討することを明らかにし、ゴルバチョフが日本に直接説明する機会があるならば歓迎すると答えた。そして中曽根は、「シェヴァルナゼ・安倍会談で『ゴ』〔ゴルバチョフ─引用者注〕の訪日は約束されており、何時来日するかについては、ソ連で検討中の事と思う」と、ゴルバチョフ訪日の可能性について初めて言及した。(16)

第二回会談でも、中曽根は「欧州では国際関係が成熟した状況にあるのに対し、アジアはいわば生成期、青年期にある。〔中略〕そういう意味で、ゴルバチョフのアジア安全保障会議構想の機はアジアでは熟していない」と、ソ連の拙速なアジアへの関与に慎重な姿勢を示した。(17)しかしながら、中曽根は会談の取りまとめで、ウラジオストック演説に再度言及し、「ゴルバチョフが日本に来れば、直接、その真意を聞きたい。ソ連がアジア太平洋に大きな関心を有することは認める」と、書記長訪日を促す発言を繰り返した。(18)

以上のように、両者は国際情勢やアジア情勢に関する問題で、総論では認識が一致していた。しかしながら、西側の一員としての日本と、ソ連の政策を支持する東独という政治的立場の違いから、各論では意見がかみ合わなかった。

ただし、中曽根はホーネッカーと会談する中で、東独がソ連に忠実な国であるとの印象は持たなかった。むしろ、会談を終えてホーネッカーも一介のドイツ人に過ぎないという感を強くした。また、西独と比べて東独国民の生活は質素だが、自由世界のようなゴテゴテした広告が街中になく、合理主義的で清潔な国であるという印象が深く刻まれた。(19)

実のところ、政治・外交問題を除くと会談の雰囲気は比較的穏やかなものであった。中曽根の東欧歴訪の狙いのうち、日本外交の幅を広げ、東欧への経済支援を通じてソ連を牽制するという目的も会談で徐々に達成されつつあった。二回の会談を通じて両者は、日・東独二国間の関係拡大に全面的に賛成し、貿易・産業・技術協力、文化・人的交流、外相等の相互訪問等、各分野で積極的な交流を推進していくことを約束した。(20)

均衡に立脚した核軍縮

東独を後にした中曽根は、一月一四日にユーゴスラビアの首都ベオグラードに入った。同日午後、中曽根はミクリッチ(Branko Mikulic)首相との会談に臨んだ。

まず、第一回会談では日本からの官民経済使節団の派遣について、ユーゴスラビア側が歓迎する意向を示したほか、両国間の技術交流と産業協力の促進、航空路線開設などの分野で活発な意見交換が行われた。[21] 中曽根は二国間の貿易規模が大きくなく、日本の経済界におけるユーゴスラビアへの関心も低いことにやや不安を抱いていた。これに対し、ミクリッチはユーゴスラビアがソ連とは異なる自主管理社会主義体制をとり、非同盟主義国として、全ての国との親善関係の樹立に努力している点を踏まえ、日本とも政治・経済交流を推進する決意を明らかにした。特に、ユーゴスラビア側は日本からの直接投資や合弁事業の立ち上げに強い関心を示した。これを受けて、中曽根はユーゴスラビアに対する投資の安全性や収益性について日本の経済界に説明しなければならないが、両国間には既に好感情が存在しているので投資の問題に関しては心配していないと答えた。[22]

このように、第一回会談が穏やかな空気で締めくくられた後、夕刻からの第二回会談では国際情勢および米ソ・軍縮関係についての討議が行われた。この中でミクリッチは、レイキャビク会談について、「核軍縮の面で米ソ双方の立場が近づき具体的な合意が見られることを期待したが、残念な結果に終ってしまった」と評した。しかし、その一方で彼は独自の情報として、「米国はユーゴーに対し、対ソ関係は進展しており、レイキャビク会談は非常に良いサミットであったと述べていたし、他方ゴルバチョフも、昨年一二月レノヴィツア(Milanko Renovica)・ユーゴー党幹部会議長訪ソの際、ソ連の軍縮・軍備管理提案を維持しながら米・西欧と対話を続けていく決意を説明した」と伝えた。[23]

これに対し中曽根は、「レイキャビク会談が失敗したのは、ソ連がSDIを受け入れられないと固執したためである。〔中略〕SDIは会談に至った要因でもあったことに注目すべきである」と答え、日本として米国を支持する立場を明確にした。また、中曽根は核兵器が「業の兵器」であり、相手が持っている以上、自らも保有し捨て去ることができない性格の兵器であるが、均衡に配慮しつつ、着実に削減していきたいと述べた。そして、中曽根は「性能の良い核を少数保有し均衡を維持しつつ、時代遅れとなった兵器をすてていけば、軍縮のチャンスは出てきている」と付言した。[24]後に、米ＩＮＦのアラスカ配備が日本の国会で問題とされた時に、中曽根は均衡に立脚した核軍縮の必要性を説いて、国内野党の反発を抑えることになる。中曽根はその基礎となるアイデアを東西欧州の中間に位置するユーゴスラビアで示したのである。

ＳＤＩを支持する中曽根に対し、ミクリッチは軍拡競争への懸念を示すに止め、ホーネッカーのように宇宙での軍拡に強く反対することは控えた。会談記録には、ミクリッチが「米がＳＤＩに固執することにより米・ソ間の合意達成が阻害されることを懸念している旨、また米がＳＤＩに固執するならばソ連も同様の計画に着手し、核軍拡の危機を招く旨強く述べた」とだけ記されている。[25]こうした慎重な言い回しを見る限り、ユーゴスラビアがソ連の主張を全面的には認めていなかったことが明らかである。

また、ミクリッチはＩＮＦについて、「欧州において核を無くし、そしてアジアにおいても核を無くしていくようにすべきで、新しい軍拡の道へと進むことだけは避けなければならない」と述べた。[26]ここでミクリッチは、ＩＮＦ削減の過程で欧亜間に時間差を設けるような発言は一切していない。ＩＮＦ問題でも、ミクリッチはホーネッカーの考えとは異なる面を示したのである。

このように、第二回会談での国際情勢討議でも、日・ユーゴスラビア間に決定的な認識相違はなかった。会談終盤、中曽根は改めてゴルバチョフが西欧や自由主義体制の人々とも対話のできるタイプの政治家であると評して、「自分はゴルバチョフの来日を歓迎し、北方領土の返還要求など日本の立場を説明したいと考えている」とソ連に秋波を送った。

ベオグラード大学での講演――平和と軍縮への献言

一五日午前、中曽根はベオグラード大学を訪問した。「欧州の友人へ―平和と軍縮への献言」と題した学生向けの講演で、中曽根は米ソ両国が次の五点を念頭において可及的速やかに首脳会談を再開するように呼びかけた。

第一は、核軍縮の分野における米ソ交渉は、東西間の戦略的安定感を高め、世界の平和と安全の強化に資するものでなければならないということであります。我が国は、米ソ両国が、攻撃的核兵器の大幅削減を共通の交渉目標としていることを評価しており、効果的検証措置を伴う、均衡のとれた思い切った大幅削減の協定の早期締結を期待いたします。

第二は、核兵器削減交渉に際しては、グローバリズムが貫徹されなければならないということであります。移動性を含む核兵器の技術革新等を背景に、世界の安全保障においては、欧州とアジアの区別はますます意味を失い、グローバルな観点が重要となって参りました。長距離ＩＮＦについても、欧州・アジアを通じ、最終的には全廃されるべきだと考えます。

第三は、核軍備管理・軍縮に当たっては、できるところから一歩一歩着実に実現すべきだということであります。二者択一的なアプローチは実りある成果をもたらすものではないでありましょう。次期交渉においては、包括的合意が望ましいのはもとよりでありますが、状況によっては、交渉を一歩でも現実的に進めるため、例えば、ＩＮＦを切り離し、早期に、独立した廃絶に向けての合意を成立させることも考慮すべきであります。核実験停止についてもステップ・バイ・ステップに究極的停止に向けて着実に前進するための方途を引き続き真剣に探求していくべきであると考えます。

第四に、世界の安全保障は、あらゆる兵器体系の包括的バランスを考慮しつつ、確保していくべきものであります。現在この方向で進められている、化学兵器をはじめとする通常兵器を含む軍備管理・軍縮への国際的努力を考慮しなければなりません。

第五に、東西間の不信をなくすため、東西間の対話を拡大、深化させ、米ソ交渉促進の環境造りをおこなうべきだと考えます。私のこのたびの四カ国訪問も、この線に沿うものであります。(27)

講演の中で、核兵器削減交渉にはグローバルな視点が重要であるとの指摘は、日本のＩＮＦ交渉への立場を再度強く表明したものであり特別驚くことではない。より重要なのは、中曽根が三番目で主張したようにソ連による核軍縮交渉のパッケージを解除して、合意が可能な分野から交渉を推進すべきであると訴えたことである。中曽根は、レイキャビクでソ連がパッケージ化した三つの交渉全てがそのまま包括的に成立する状況にはないと考えていた。いずれパッケージは崩され、その中の一つか二つの交渉が先行して行われると予想していたのである。(28)

中曽根は、このような講演を行った時代背景について、第一に当時の東欧諸国でホーネッカーのように東西の懸け橋になる可能性のある政権が出てきたこと。第二に、ソ連の衛星国において西側との連携や関係改善が進み、ソ連による東欧への統制が緩みつつあったこと。そして第三に、この時期サハロフ博士の流刑が解除されたり、故ブレジネフ書記長を批判した論文が『プラウダ』紙に掲載されるなど、ソ連の内政が乱れ始めてきていたこと、の三点を挙げている。(29)

また、中曽根は同講演をベオグラード大学で行った政治的な意味合いとして、次の点を指摘している。それは、ユーゴスラビアがソ連圏の中にありながらも、国民の頭の中に自由や自治の考えが存在し、自由世界との交流を要望していたこと。そして、将来ソ連が崩壊した場合に、最初にソ連圏から独立するのはユーゴスラビアであろうと見ていたことである。(30)

東西欧州の中間に位置するベオグラードで講演を行った中曽根には、共産主義圏の国家としてのユーゴスラビアではなく、むしろ自由世界的な国としての印象が強く残ったようである。講演後のベオグラード大学の学生や現地の新聞記者たちの反応もおおむね好意的で、帰国後もユーゴスラビアの学生から中曽根宛てに手紙が届くほどであった。講演後の学生たちとの質疑応答を終えて、ベオグラード大学に図書を寄贈した中曽根は、東欧歴訪最後の訪問国であるポーランドに向けて旅立った。

ヤルゼルスキ議長との会談――宇宙軍事化への反発

一月一六日午前、中曽根はヤルゼルスキとの第一回会談に臨んだ。日本とポーランドはこの年、一九五七年の国交正常化から三〇年を迎え、天皇陛下から中曽根首相を通じて、ヤルゼルスキ議長に宜しくとのお言葉が伝えられた。

この会談で、両者はレイキャビク会談の重要性と米ソ核軍縮交渉での暫定合意を評価する点で認識が一致した。中曽根は、「ソ連は一度はINFを切離してもよいという立場をとったが、切離すことが可能であるのなら合意して、世界に示し、安心させるのが良い」と述べ、ベオグラードでの講演の内容をヤルゼルスキに説明した。

また、ゴルバチョフが日本の招待を受けて訪日を約束した事実を明らかにした。その上で、彼のウラジオストック演説について賛否はあるが、ソ連がアジア太平洋地域に関心を有し、隣人と共存していきたいとの理念を有することには賛成であるとの考えを伝えた。さらに、中曽根は「日ソ両国の対話は、世界的な意義を有する」と評し、ゴルバチョフ訪日を歓迎する姿勢を示した。[31]

対するヤルゼルスキは、中曽根のベオグラード演説を興味深く読み、「総理の思想をよく研究すれば、われわれにも受入れうる適当なアイディアがあるものとみている」と答えた。そして、ワルシャワ条約諸国としても、米ソ首脳会談を続けるために努力する必要があるとして東西間の対話を支持した。ヤルゼルスキは、中曽根が示した平和と軍縮の道を評価する姿勢を見せたのである。

その一方で、ヤルゼルスキはＳＤＩなどの新兵器を開発することと、新しい軍事的事実をつくることは正しい道ではないとして、「われわれはSDIおよび核実験の継続に反対である」との意思を示した。[32] 宇宙兵器の問題に関して、ヤルゼルスキはホーネッカーと同様にソ連寄りの立場を取ったと言えよう。

ただし、ヤルゼルスキは会談中に「自分はソ連の擁護者ではなく、ポーランドの利益の擁護者である」と言及し、特に国内の諸改革のために平和を必要としていると繰り返した。

一九八〇年八月、ポーランドではグダニスク造船所の電気工ワレサ(Lech Walesa)が自主管理労組「連帯(ソリダリノスチ)」を結成し、共産党政権に対して賃上げ等の経済的要求のほかに、ストライキ権承認や言論の自由等の政治的要求も掲げるようになっていた。

その背景として前年六月にはポーランド出身のローマ教皇ヨハネ・パウロ二世(Pope John Paul II, クラクフ大司教カロル・ヴォイティワ)がワルシャワを訪れ、ソ連への隷属状態下で信仰の自由のないポーランドを間接的に批判した。七九年一〇月、ローマ教皇は国連安保理総会の席で国連人権宣言を踏襲することの重要性を説き、人権が尊重されていない東側諸国を批判した。こうした教皇の発言が世界の目を東欧諸国の人権問題に向けさせ、東欧諸国内での人権抑圧に対する抵抗運動へとつながったのである。中でも、ポーランドにおけるソリダリノスチの活動はカトリック教会を基盤として全国的な社会運動へと発展していった。[33]

これに対し、ヤルゼルスキは一九八一年一二月に戒厳令を布告し、ソリダリノスチの幹部を逮捕・投獄した。のちにヤルゼルスキは、このときの戒厳令布告をソ連による軍事介入を防ぐために必要であったと正当化している。[34]

中曽根はこうした厳しい事情をよく理解していた。第一回会談終了後の昼食会で、中曽根は「第二次大戦後の今日、国家の元首とか指導者というものは、運命を甘受しないといけない。自国の存立や名誉を守っていくためには、嫌だけれども犠牲になってどうしてもやらなければならないことがある。そういうことを私はよく理解している」と語りかけた。[35]

するとヤルゼルスキは、黒眼鏡を外してテーブルに置き、涙を拭った後で中曽根の手を強く握りしめてきた。当時、戒厳令を敷いたヤルゼルスキに対する国際的評価は低く、「ソ連にポーランドを売った」とまで非難されていた。そのような状況下に置かれたポーランドの立場や苦境を理解した上で発せられた中曽根の言葉に、ヤルゼルスキは感激したのである(36)。

なお、中曽根はヤルゼルスキとの会談の前にメスネル(Zbigniew Messner)首相と面会し、日・ポーランド間の文化使節団の相互訪問や、ワルシャワに日本の文化広報センターを開設することで合意した(37)。また、ヤルゼルスキ議長の日本への招待と日本からの経済使節団の派遣についても一致した(38)。以上のように、北欧・東欧四カ国歴訪を成功裏に終えた中曽根は一月一七日に帰国した。

二六日に開かれた第一〇八回国会(衆議院)で施政方針演説を行った中曽根は、「今日の国際情勢は、東西関係、特に米ソを中心とする軍備管理・軍縮交渉の見通し等に必ずしも楽観を許さないものがある」として厳しい国際情勢認識を示した。しかし、中曽根は、そのような厳しい国際情勢にあっても、日本の国際社会での存在感や世界において果たすべき責任も著しく高まっているとの理解から、「内閣総理大臣に就任以来、世界各国の首脳と世界の平和と繁栄を確保するため積極的に話し合いを進め、東西関係の打開や南北問題の解決などに微力を尽くしてまいりました」と語気を強めた。

この施政方針の中で、中曽根は先の東欧歴訪の成果について繰り返し言及している。特に演説後半では、「今や、戦争の最大抑止力は、長い目で見て人権尊重と国の内外における自由な情報交流である」と述べた上で、東欧歴訪中に得た感触について、「国境を越えて交流しているテレビやラジオ放送は、人間の意識の中においてカーテンや壁を消滅させている」と論じた。そして、中曽根は、平和確保のために人権尊重の保障と情報の自由交流を国際的に強化し拡充することを強く推進していくとの姿勢を打ち出している(39)。

東欧諸国で民主化革命が起きて共産主義政権が倒れるのは、この二年半後の一九八九年秋のことである。中曽根は国境を越えた衛星テレビやラジオ放送といった東欧諸国における情報交流が、東西ヨーロッパの壁を侵食しつつあることに注意を向け、日本政府としても東西間の情報の自由な交流を後押ししていく立場を明確にしたのである。

米国のINF削減方針——日本案の採用

中曽根が楽観を許さないとしていた米ソ核軍縮交渉は、この時期三分野のパッケージが依然として解かれないまま推移していた。だが、ジュネーブNST第七ラウンドにおける実務協議では、わずかな前進があった。一月二八日には、米ソ両交渉代表団がINF削減交渉の分野で、合意事項および不合意事項を文書化するための作業に入った。これは、INF削減交渉の最終合意に向けての基礎を成すものと考えられていた(40)。

レイキャビク会談での暫定合意に従って、米国はソ連との間で欧州部INFを全廃し、アジア部のSS—20ミサイル三三基(弾頭一〇〇個)を暫定的に残す形で交渉を進めてきた。これに対し、日本はアジア部に残置されるSS—20の対日脅威を軽減するように繰り返し米国に配慮を求めていた。

この日本の要請に対し、米国は「欧州部ゼロ、アジア部一〇〇個」でソ連と合意する際の方針を固めた。それは、第一にソ連がアジア部の四カ所に配備しているSS—20を一カ所に配備し直すこと、第二に具体的な再配備基地はソ連側の判断に任せるが、距離的に見て日本列島に近い極東シベリア部のミサイルは中央アジア部に移す、というものであった(41)。

米政府内の検討で、この案を強く推進したのは国務省であった。シュルツら国務省関係者は、日米間の信頼関係強化と西側同盟諸国の結束を背景に、対日脅威を軽減するプランを選択したのである。

一方、ワインバーガーら国防総省関係者は軍事的な理由から、SS—20が中央アジアから欧州正面に再移転・配備される可能性を問題視して、対日脅威だけを軽減する方針に反対していた(42)。こうした中、米議会内ではレイキャビク会談でのレーガン政権の対ソ交渉姿勢に関して「同盟国との事前協議が不十分である」との批判が生じた。

二月一五日にアスピン（Les Aspin）を委員長とする米連邦議会下院軍事委員会は、レイキャビクでの米ソ首脳会談に関する調査報告書を公表した。同報告書で下院軍事委は、レイキャビク会談に至るまで、米国の対ソ交渉の方針が統合参謀本部やACDAを無視する形でまとめられ、少数の大統領側近だけで決定されたと指摘した。また、報告書は対ソ軍縮政策について、米国は同盟国との事前協議を行っていなかったとする厳しい評価も記していた。同報告書はまた、首脳会談に十分な準備をしてきたゴルバチョフの言動にレーガンが圧倒されたことも問題視していた。その結果、米国の同盟国の懸念や統合参謀本部の反対を脇に置いて、レーガンが核兵器全廃をゴルバチョフに提案した、と報告書は批判したのである。[43]

レーガン政権が対ソ交渉について同盟国と協議を行っていなかったとの同報告書の指摘については、疑問の余地も存在する。実際には米国が日本や欧州に特使を派遣して緊密な協議・報告を実施していた事実を挙げれば、ホワイトハウス側に反論の機会もあったであろう。他方、このような米議会からの批判が遅かれ早かれ生じることを予想して、国務省は対ソ交渉について同盟国との協議を誠実に行っているとの姿勢を示すために、下院報告書の公表直前に対日脅威軽減案を強く推しているという情報を報道機関に流したのかもしれない。

いずれにせよ、前年二月に日本が米国に提案し、レイキャビクで暫定合意としてまとめられていた「欧州部INFゼロ、アジア部SS―20弾頭一〇〇個」（アジア部SS―20は中央アジアの一カ所に集中配備する）というアイデアは、NST第七ラウンドにおける米国の対ソ交渉方針として決定された。残された問題は、いつ三分野のパッケージが解除されるのかである。この問題については、米国がソ連の出方を待つしかなかった。

二　ゴルバチョフ書記長のパッケージ解除

ABM条約の再解釈問題

米国務省はSS—20の対日脅威軽減案を強く推すのと同時に、SDI配備問題ではソ連に譲歩する姿勢も見せた。二月一〇日、レーガンは国家安全保障計画グループ会議(NSPG)において、国務省側とABM条約の再解釈問題について協議した。この席でレーガンは、もしSDI展開の準備が整うならば、世界の中でいくらかもしくは全ての核ミサイルが発射された場合にいつでも、これに対抗する防衛手段としてSDIを国際的な管理下に置くという合意を目指すプランを示した。[44]レーガンは、ソ連との軍縮交渉を継続しつつ、SDIの国際化について話し合うことを諦めていなかったのである。一方、国務省はABM条約の再解釈問題について、連邦議会や同盟国と調整を継続していく立場を示した。[45]

ABM条約の第二条一項では、ABMシステムを「飛行軌道にある戦略弾道ミサイル又はその構成部分を迎撃するためのシステムであり(中略)、ABM迎撃ミサイル、ABM発射基、ABMレーダー」から成り立つものと定義していた。また、同条約の第五条一項では、何れの締約国も海中、空中、宇宙配置または移動式地上配置のABMシステムを開発、実験、配備することはできないものと規定していた。

この伝統的解釈(狭義解釈)に対して、再解釈(広義解釈)とは、ABM迎撃ミサイル、ABM発射基、ABMレーダーといった要素から成り立っていない「他の物理原則」に基づくABMシステムであれば、大気圏外に配備したとしてもABM条約の規定に抵触しないというものである。[46]なお、「他の物理原則」に基づくABMシステムとは具体的にはレーザー、反射鏡、粒子ビーム、目標に物体を衝突させて破壊する運動エネルギー兵器などを指している。このような再解釈に対して、ＡＢＭシステムの最先端技術で米国に大きく水をあけられていたソ連が強く反対していたことは言うまでもない。

しかし、先のＮＳＰＧで、国務省はＡＢＭ条約再解釈の正式な採用がＳＤＩの広範な実験に道を開くものであるとし、連邦議会や同盟国との調整が終了するまで再解釈の正式な採用を先送りとする方針をレーガンに進言した。ホワイトハウスは国務省の意見を受け入れたため、結果的にＳＤＩ配備の決定も延期となったのである。[47]

この二日前の二月八日に、シュルツはテレビでのインタビューで、レーガン政権がＡＢＭ条約の再解釈採用で固まりつつあることを示唆していた。それが一転して、再解釈の正式な採用を見送ったのは、米側が核軍縮交渉に対するソ連の出方を待っていたからではないかと推測される。たとえば、同じ八日に米ＣＢＳ放送は、ゴルバチョフが近く演説を行い、核軍縮交渉についての新提案を示すとの観測を流した。[48] このように、ソ連側の対米交渉姿勢がなお流動的であったことから、ホワイトハウスも再解釈の正式採用について慎重にならざるを得なかったのであろう。

また、二月四日にキッシンジャー元国務長官、バンス(Cyrus Vance)元国務長官、ブラウン(Harold Brown)前国防長官らがモスクワを訪れた際に、米側はゴルバチョフの対米不信の高まりを直接感じ取っていた。三時間に及ぶ米側元高官との会談でゴルバチョフは、レイキャビク会談を肯定的に評価するとともに、同会談での基本合意をもとにして米ソ核軍縮交渉を妥結させることを強く望むと明らかにした。[49]

他方で、ゴルバチョフはキッシンジャーらに対し「いったい、レーガン大統領は米ソ軍縮合意の用意があるのだろうか。またそのパワーがあるのだろうか」と述べ、レイキャビク会談後も遅々として進まない対米交渉に不満を示した。これに対しバンスは、レーガンが米ソ核軍縮合意を望んでいないと書記長が判断するとしたら、それは大きな過ちであり、大統領は真剣に応じる用意があると答えた。[50]

しかし、ゴルバチョフはバンスに対し「それは、私自身がこれから達しなければならない結論だ。それが、あなたがたと同じ結論になりますかね」と反論し、対米不信の強さを示したのである。

さらに、ゴルバチョフは、宇宙空間でのＳＤＩ研究・実験は絶対に認められないこと、ＡＢＭ条約を再解釈してＳＤＩ研究を宇宙空間に拡大させることに反対であること、米ソは引き続きＡＢＭ条約の伝統的解釈を守るべきであること、の三点を強調し、米側のＳＤＩ配備決定に向けた動きを牽制しようとした(51)。

ただし、ゴルバチョフは自らの主張が核軍縮交渉を再び滞らせないように配慮して、「ＡＢＭ条約の範囲内でどのようなＳＤＩ実験が可能かについて、米側と話し合う余地がある」と述べた。すなわち、レーガン政権のＳＤＩに対する政策決定次第では研究室外の実験についても、ソ連側として譲歩の余地があることを示そうとしたのである(52)。

このようなゴルバチョフの曖昧な発言が、レーガン政権を困惑させたことは想像に難くない。ただし、米側がＳＤＩ配備問題で譲歩をすれば、ソ連側もそれに見合うだけの政策決定を下し、核軍縮交渉を前進させる用意があることはほぼ確実であった。ゴルバチョフが核兵器全廃に執念を燃やすかのごとく、レイキャビク会談を肯定的に評価する発言を繰り返していたことも米側には強みとなったであろう。

ゴルバチョフは、二月一六日にモスクワで開催された「核のない世界、人類の生存を目指す国際会議」で演説を行った。彼はここでも先の米側代表者との意見交換と同様に、レイキャビク会談について「失敗ではなく突破口である」との認識を示した。そして、レーガン政権が進めているＡＢＭ条約の再解釈の動きについては、「条約を破壊し、新しい核軍拡の道を開くもの」として強く非難した。同演説で、ゴルバチョフは、「二〇〇〇年までの核兵器廃絶三段階案」と「核実験の一方的凍結」などをソ連外交の新思考として位置付けたが、米側が期待していた核軍縮新提案については一切言及しなかった(53)。

こうした状況の中、米国は同盟国との間でＡＢＭ条約の再解釈について協議するため、ニッツェ大使とパール国防次官補を西欧に派遣した。

二月二五日に、両者はコールをはじめ西独政府高官と会談し、ABM条約再解釈の根拠やSDI計画の再構成について米側の立場を説明した。これに対し、西独側は再解釈そのものの当否は論じなかったものの、「広い解釈をとることとする結果、如何なる政治的影響が生ずるかを見る必要がある」と回答した[54]。

また、コールも「米国で検討されているSDI及びABM条約に関する決定については、これがNSTを促進するか阻害するかが決定的な問題である」と指摘した[55]。西独政府は再解釈がABM条約を空洞化させかねないこと、それが米ソ協調からの訣別を意味することになれば、STARTとINF削減交渉での合意達成は困難になると分析していたのである。

前にも触れたように、西独は八六年三月にSDI研究参加に関する米国との二国間協定に署名していた。だが、国内向けにはABM条約の狭義解釈の下で、参加対象のSDI計画は「研究段階」に限ると説明していた。また、八五年一〇月にシュルツがレーガンの政治決定として狭義解釈を採用することを表明していたため、西独は、他のNATO同盟国も含めて再解釈への変更には問題があり、疑義を持っていることを表明した。仮に、研究段階を超えてSDI計画を進めるのであれば、米国はソ連との協調的解決を図らねばならないというのが西独の一貫した考えであった。

こうしたことから、コールは米側に対し「米ソが共同で、レイキャビックでもめざしたようにABM条約を一致した解釈の基盤に立って長期的に保持するよう努力すべきである」と忠告したのである[56]。この西独側の主張を例にとると、米国はABM条約の再解釈について同盟国から十分な支持は得られなかったと言えよう。

以上のように、米国はABM条約の再解釈問題で、伝統的解釈を維持せざるを得ない政治的状況にあった。米国の目指した再解釈は、核軍縮交渉を停滞させるものとして、ソ連ばかりか同盟国からも賛同を得ることができなかったのである。

パッケージ解除の背景

米ソ交渉の行き詰まりを打開したのはゴルバチョフであった。二月二六日のソ連共産党政治局会合の場で、ゴルバチョフは三分野のパッケージを解除し、レイキャビクでの暫定合意に基づくＩＮＦ削減協定を締結すると発表した。[57] ゴルバチョフは米国のＳＤＩ配備を遅らせるためにも、ＩＮＦ問題の解決が重要だと判断したのである。[58] 二八日、ゴルバチョフは声明を通じて、欧州部ＩＮＦ問題をパッケージから切り離し、個別協定を直ちに締結するとの意向を世界に向けて発信した。同声明で彼は、米ソが今後五年間で欧州部ＩＮＦを全廃し、同期間内にアジア部のＩＮＦ弾頭が一〇〇個にまで削減されると言及した。ゴルバチョフはレーガンが提案し、レイキャビクで双方が暫定合意したＩＮＦの「欧州部ゼロ、アジア部五〇％削減」案を踏襲したのである。

その条件として、ソ連は米国が自国領土内に配備するＩＮＦの弾頭をソ連アジア部のそれと同数に止めることを求めた。また、声明は戦略核兵器の大幅削減と廃絶のための交渉の継続と、ＳＴＡＲＴ締結の条件として米国に対し宇宙兵器の配備禁止を要請した。

新しい展開として注目すべき点は、ソ連がこれまでのＩＮＦ交渉ではほとんど議論してこなかったＳＲＩＮＦミサイルＳＳ—22（射程九〇〇キロメートル）と、短距離戦術核ミサイルＳＳ—21（射程一二〇キロメートル）についても、削減を進める用意を示したことである。声明は、米ソＩＮＦ全廃協定が調印され次第、ソ連が東独およびチェコスロバキアからＳＳ—22を撤去する可能性を示唆していた。[59]

なぜ、パッケージ解除と同時にゴルバチョフはこのような提案をしたのだろうか。その背景には、ゴルバチョフの盟友であるヤコブレフ（Aleksandr Yakovlev）共産党中央委員会書記からの助言があった。政治局会合前日の二月二五日、ヤコブレフはパッケージ解除に加えて、ＩＮＦ削減交渉と同時並行で戦術ミサイルの削減についても米ソで協議を行うことが、東西ヨーロッパ間の核の脅威を除去することにつながると記したメモランダムをゴルバチョフに手渡した。この中で、ヤコブレフはアジア部でも戦術ミサイルの削減交渉を進めれば、長い国境

を接する中国との関係改善もより容易になるであろうとゴルバチョフに助言したのである。(60)

ゴルバチョフはヤコブレフの助言を直ちに受け入れ、射程五〇〇―一〇〇〇キロメートルのＳＲＩＮＦミサイルを東欧から撤去し、射程五〇〇キロメートル以下の短距離核(shorter range nuclear forces, SNF)ミサイルの削減交渉に入ると表明した。

まもなくゴルバチョフは、三月二日にモスクワを訪問したアイスランドのヘルマンソン(Steingrimur Hermannson)首相に対し、「ＩＮＦ廃止ばかりでなく短距離核の廃止についても熱意を持っている」と語っている。(61)こうして、ゴルバチョフはＳＤＩへの掣肘とＩＮＦ削減条約の締結を分離した。そして、先に米ＩＮＦの脅威を除去するのに加え、欧州非核化の追求によってソ連の政策に対する国際世論の評価を高めようとしたのである。

西側の反応とＩＮＦ交渉の会期延長

ゴルバチョフによるパッケージ解除に対する西側各国の反応は、おおむね肯定的であった。三月一日には、西独政府のフリートヘルム・オスト報道官がゴルバチョフの新提案を歓迎し、米ソが速やかに交渉を再開するよう求めるとの声明を発表した。西独政府は、欧州の安全保障をめぐる諸利益が完全に考慮されることが西独にとって決定的に重要であるとしながらも、ゴルバチョフの提案したＳＲＩＮＦの削減交渉には肯定的な姿勢を示していた。(62)

これに続いて、中曽根も一日の記者会見でゴルバチョフの新提案についてこう言及した。「一応歓迎する。私がベオグラードでレイキャビク後の米ソ首脳会談を早く再開したほうがいい、合意できるものから話し合ったほうがいいと演説したが、その趣旨に合っているからだ」。(63)翌日、中曽根は新提案後の米ソ交渉について「大きな障害がない限り、前進するだろう」と期待を示している。(64)

また、英国政府は二日のハウ外相の声明で、ゴルバチョフの新提案に対し「慎重に歓迎する」との声明を発表した[65]。

フランスは当初、ＩＮＦ全廃によって東西欧州間の軍事的な均衡が失われるという懸念から新提案に消極的な声明を出した。ただし、四日にはフランスが核軍縮に消極的であるという印象を他の西側諸国に与えないように、閣議でゴルバチョフの新提案を評価する姿勢を表明している[66]。

そして、米国のエーデルマンＡＣＤＡ局長は、新提案について「一歩前進の措置である」と述べ、慎重に歓迎する意向を示した。ただし、エーデルマンはＩＮＦ全廃に同意する場合には、ソ連の通常戦力との均衡を維持するため、ＮＡＴＯ諸国に短距離戦術核を新たに配備して核戦力を補強しなければならないとする条件を付けた[67]。

米英仏が相次いで示した「慎重な歓迎」の姿勢は、ソ連が提案する欧州非核化によって東西欧州間の戦力バランスが崩れてしまいかねないという不安の表れであった。西側諸国は欧州正面において、短距離戦術核と通常兵力の面でソ連に圧倒的優位を許している現状を残したまま、ＩＮＦの全廃が先行して実施されることをできる限り回避したかったのである。

これに加えて西側諸国には、ゴルバチョフが欧州非核化を平和攻勢の道具として利用し、西側世論の分断を図るのではないかという懸念も存在した[68]。同時に、ソ連が東欧での短距離戦術核の撤去にとどまらず、それと引き換えに再び英仏核戦力の削減や撤去を要求してくるのではないかとの猜疑心も生じさせることになった。とはいえ、レイキャビク会談以後、異口同音にパッケージ解除を求めＩＮＦ交渉の進展を主張してきた西側諸国は、ゴルバチョフの新提案を歓迎しないわけにはいかなかった。

こうして、米国と西側同盟国はパッケージ解除を慎重に歓迎しつつ、ＩＮＦ条約草案の作成を進めた。ジュネーブで開かれていたＮＳＴ第七ラウンドでは、二日に三分野合同の特別全体会合が行われた際に、ＩＮＦ分野の交渉を三週間延長することで合意した[69]。

これを受けて、レーガンは三日午後にホワイトハウスのブリーフィングルームで記者会見を開いた。この場で彼は、ソ連がＩＮＦ削減合意と他の交渉における協定を連関させないことを謳ったゴルバチョフの新提案を歓迎する意向を表明した。レーガンは「新提案がＩＮＦ削減への前進に対する重大な障害を取り除いた。そして新提案は一九八五年のジュネーブ首脳会談でゴルバチョフ氏と私が達した結論(重要な分野においては個別の協定を目指すこと)に一致している」と評価した(70)。

また、レーガンは新提案を歓迎する意向を表明するとともに、カンペルマンら交渉団に対して、米側のＩＮＦ条約草案をソ連に提示するように指示したことを明らかにした。三月六日、レーガンはカンペルマンらをワシントンに呼び戻し、ゴルバチョフの新提案について米政権内で具体的な対応について協議した(71)。米側はＩＮＦ交渉の延長期間内に、ソ連側から新提案の具体的な中身を徹底的に聞き出すことを決めた。そして、これに基づき米側の対応を決定した上で西側同盟国と協議し、ソ連に対案を示すことになったのである。

対案を作成する中で最も困難な問題と予想されたのは、ＩＮＦ全廃後の東西欧州間の通常戦力のバランスが東側に一方的に有利となる状況が生じかねないことと、ソ連が実施するＩＮＦの廃棄をどのような手段で検証するのかということであった。検証の問題についてエーデルマンは、ソ連のＩＮＦが廃棄される予定の現場に米側の査察官を派遣する枠組みをソ連側が受け入れることが、条約成立の条件であると主張していた(72)。レーガンも先の声明の中で米側のＩＮＦ条約草案に「有効な検証」が含まれていることを確認していた。これは具体的には、米ソのＩＮＦミサイル基地の相互現地査察と、ミサイルの生産・貯蔵等に関する継続的な監視を検証条項として条約草案に盛り込むことを意味していた。

しかし、従来にない厳格な検証条項を含むＩＮＦ条約草案に対して、ワインバーガーやロジャーズ(Bernard W. Rogers)ＮＡＴＯ軍最高司令官らが異論を唱えた。特に、ワインバーガーはアジア部に残置されるＳＳ—20が欧州正面に容易に再移動が可能であるとして検証条項に反対した(73)。彼の主張は、欧州部でのＩＮＦ全廃と短距離戦術核ミサイルの削減を実施すれば、ただでさえＮＡＴＯ諸国の通常戦力がソ連・東欧に対して劣勢となるのに、それに加えてソ連に再移動が可能なＳＳ―20のアジア部残置を許すとなると、西欧がほぼ丸腰でソ連・東欧の核の脅威に晒されるに等しいというものである。つまり、ワインバーガーは検証条項それ自体よりも、条約草案に「欧州部配備ＩＮＦ全廃、アジア部配備ＩＮＦを弾頭一〇〇個に削減」に加えて「短距離戦術核の規制」という項目が入ったことに深い懸念を抱いたのである。

ＩＮＦ条約草案

さて、アジア部に残されるＳＳ―20の問題については、外務省も米国務省との間で、ミサイル撤去までの期間とその移転先に関して協議を重ねた。当時、倉成外相と外務省は、米側のＩＮＦ条約草案が「アジア部配備ＩＮＦを弾頭一〇〇個に削減」するとしたソ連案を全面的に受け入れる可能性が高いと判断していた。この問題について外務省は、日本を含むアジアの安全保障を犠牲にした核軍縮は受け入れ難く、アジア部配備のＳＳ―20弾頭を一〇〇個とする削減案は「あくまでも暫定合意であり、全廃へ向けての一歩」であるとの考えを米側に再確認することが重要と認識していた。(74)

だが、外務省が心配するまでもなく、米国はＮＳＴ第七ラウンドで日本の安全保障に配慮したＩＮＦ条約草案をソ連側に提示していた。四日に明らかにされた条約草案で、米側はアジア部配備のＳＳ―20をシベリア中南部、東経八二度のノボシビルスク近郊に集約することをソ連に要請した。(75)射程約五〇〇〇キロメートルのＳＳ―20をノボシビルスク近郊の基地に集中配備すれば、西欧諸国と日本はその射程圏内から外れるというのが米側条約草案の重要なポイントであった。

ただし、留意すべきは、ノボシビルスクから日本までの直線距離も約五〇〇〇キロメートルであり、ＳＳ―20が依然として日本の国土をその射程圏内に収める可能性が残されていたことである。これについて米側は、Ｓ

S―20が攻撃目標から遠い地点で発射されれば、その分だけ弾道計算も難しくなり命中精度も低くなると判断した。こうした観点から、米国はノボシビルスクへの集中配備が、SS―20の対日脅威を実質的に減じることになると考えたのである。[76]なお、六日に行われたエーデルマンの記者会見では「この対ソ要求は、INF合意で欧州部SS―20が全廃になったあとも、アジア部に弾頭百個が残ることに対する日本の懸念に配慮したものである」と明らかにされている。[77]

ところが、それから一週間もたたないうちに米政府は日本に対してソ連との交渉が依然として厳しい状況を伝えてきた。三月一一日、米政府は在米日本大使館に米側のINF条約草案を提示した。その中で米側は、第一段階でアジア部のINF弾頭を一〇〇個まで削減し、第二段階でこれを全廃する考えを支持していた。そして、第一段階での措置に関して、米政府はソ連に対し、SS―20の弾頭一〇〇個を東経八〇度以東のアジア地域に配備するよう要求していることを明らかにした。すなわち、第一段階の終了まで東京はSS―20の射程内に置かれ続けることになるため、米政府はあらかじめ日本側に理解を求めたのである。[78]これに対して、外務省はアジア部に配備されているSS―20の取り扱いについて、最終的な廃絶までの期間と暫定的に残されるSS―20の配備場所を含めて、日本の具体的な要求を米側に伝えたことを明らかにしている。[79]

INF条約草案はカールッチ(Frank C. Carlucci III)国家安全保障担当大統領補佐官を中心にホワイトハウスでまとめられた。不思議なことに、米国内のマスメディアの当初の反応は「集中配備はソ連側には受け入れがたいだろう。米ソが合意に達するにはなお多くの時間がかかりそうだ」という冷淡なものであった。[80]

しかし、こうした予想とは裏腹に、条約草案に対するソ連側の反応は極めて好意的であった。三月四日、シェワルナゼは欧州部でINFが廃絶されるならば、アジア部でもINFが廃絶される日も遠くないと示唆した。また、同日ジュネーブで行われたNST第七ラウンドのINF交渉特別会合において、ソ連側交渉団は米側の示した厳しい検証条項を受け入れることについて原則的に合意した。[81]その翌日、ゲラシモフ(Gennadi Gerasimov)ソ連外務省情報局長は、米側の条約草案がゴルバチョフ新提案の内容と同様に、レイキャビクでの合意に基本的に一致していると評価した。また、カルポフ軍縮局長もＩＮＦ条約の合意まで半年もかからないとの観測を示した。[82]

以上のように、パッケージ解除以降、ソ連が米側の示したＩＮＦ条約草案を進んで受け入れた背景には、いくつかの要因が考えられる。たとえば、レーガン大統領の任期中にＩＮＦ条約に調印し、米連邦議会の承認を受けるには、遅くともこの年の夏までに条約案をまとめなければ時間的に厳しいという状況をソ連側交渉団が強く意識し始めたことである。また、ゴルバチョフの新提案に対して、西側諸国が慎重な歓迎の意を示しながら、ＩＮＦ交渉の妥結に前向きの姿勢を崩さず強い反対論を打たなかったことが、ソ連側の交渉姿勢を柔軟にした可能性も否定できない。

これらに加えて、ソ連にとり看過できなかったのは隣国である中国の反応である。前に見たように、ゴルバチョフにパッケージ解除を助言したヤコブレフは、アジア部で戦術核ミサイルの削減を行うことが中国との関係改善に良い影響を与えるであろうと予想した。

その予想が的中したのか否か定かではないものの、中国政府も早い段階でゴルバチョフの新提案に反応している。三月四日に中国外交部は、米ソ両国が欧州とアジアに配備しているＩＮＦミサイルについて、均衡を取りながら両地域で同時に削減を行い、同じ原則の下で全廃まで削減が行われるべきだとする声明を発表した。[83]

前述した通り、ソ連はシェワルナゼの声明を通じて、アジア部でのＩＮＦ廃絶を支持する考えを示したが、それとほぼ同時日に中国政府がＩＮＦ全廃までの道筋を強調したのは極めて異例であった。それまで、自国の安全保障上の観点からアジア部ＩＮＦの全廃を繰り返し強く主張してきたのは日本だけであったが、ここに至ってソ連がその関係改善を強く望む中国もアジア部ＩＮＦ全廃論に与したのである。

このように、アジア部ＩＮＦの全廃が強く支持されていく中で、レーガン政権内でもこの考えに沿って対ソ交渉を進めることが明らかにされた。五日に開かれた米上院政府関係委員会でパール国防次官補は、ＩＮＦ交渉が欧州部INF全廃とアジア部INF弾頭の一〇〇個までの削減で合意に達した場合でも、米政府は引き続きアジア部に残置された弾頭一〇〇個を全廃するようソ連政府に求めていくことを確認した(84)。

欧州とアジアでのINFの同時並行削減と、アジア部残置のINF全廃という米側の対ソ交渉方針は、三月初めに訪日したラウニーによって日本政府にも非公式に伝えられていた。米政府は日本の要請に応じ、アジア部残置のSS―20弾頭一〇〇個について、これをあくまで暫定的な措置とみなし、アジア部でもINF全廃を最終目標に掲げ、ソ連に働きかけていくことを明言したのである(85)。

米ソの利害と打算

先述した通り、三月四日のNSTで米国はNATOや日本から事前承認を得たINF条約の草案を提示した。同草案は欧州部INF全廃とアジア部SS―20の弾頭一〇〇個までの削減を約し、アジア部でのINF全廃を最終目標とすることを明記していた。

五日、レーガンは全米新聞協会の会合で演説を行い、ゴルバチョフの新提案がINF交渉にとって「大きな突破口」になったと称賛し、同交渉でソ連との合意に漕ぎ着ける展望が開けたという楽観論を強調した(86)。また、六日の声明でレーガンは、「動き出した米ソ関係に弾みをつける」と表明するとともに、四月一三日から一六日までの日程で、シュルツをモスクワに派遣することを明らかにした(87)。

ゴルバチョフ提案公表後の打算的とも見える米ソの歩み寄りの背景には、後の節で説明するイラン・コントラ事件で窮地に陥った国内的支持を回復させたいレーガン政権の思惑と、欧州非核化構想の推進によりNATO西欧諸国に再び平和攻勢をかけたいゴルバチョフ政権との利害の一致があった。また、ゴルバチョフには、LRINFとSRINFの「ダブル・ゼロ」を提案することで、INFを通じた米欧間の結束を引き離したいとの思惑もあった。当時既に、NATO諸国は米製のINFミサイル三一六基を配備し、西欧から直接ソ連の首都圏を精確に核攻撃できる態勢を整えていた。

また、八〇年代後半に入ると、海軍力の増強やＳＤＩ計画を中心とする米ソ間の軍拡競争は、米国優位の結末を迎えようとしていた。さらに、ソ連は一九七九年一二月に軍事侵攻したアフガニスタンで、米国とパキスタンが支援するイスラム武装勢力（ムジャヒディン）との戦闘に手を焼いていた。ソ連を盟主とするワルシャワ条約機構加盟国は、ＧＮＰの約一〇％を占める過大な軍事支出により財政収支が悪化し、米国との軍拡競争を終わらせるためのプロセスに着手せざるを得ない状況にあったのである。[88]

ＩＮＦと短距離核戦力（ＳＮＦ）の同時削減

そのような米ソの利害一致の中で、ゴルバチョフの呼びかけにより急浮上してきたのがＳＲＩＮＦとＳＮＦの削減、廃棄問題である。三月半ば、米側はソ連が欧州部で圧倒的な優位にあるＳＲＩＮＦについて、東西間の不均衡是正を抜きにした合意はあり得ないとの立場を確認した。

というのも米側は、レイキャビク会談の際に、欧州部のＩＮＦ（ＳＳ―20、ＳＳ―4、ＳＳ―5、パーシングⅡ、ＧＬＣＭ）を五年間で廃棄する案に賛成すれば、なおＳＲＩＮＦで優位に立つソ連に対抗するため、ＮＡＴＯ諸国にもＳＲＩＮＦを新規配備する必要があると主張していたからである。これに対し、ソ連は米国による欧州でのＳＲＩＮＦの均衡配備に強く反発し、米側の主張を逆手にとる格好でＳＲＩＮＦとＳＮＦの全廃を提案したのである。

ここで削減と廃棄が問題となった核ミサイルは、以下の三つのカテゴリーに分けられる。

第一は、射程一〇〇〇キロメートルから五五〇〇キロメートルのＬＲＩＮＦで、ここにはソ連のＳＳ―４（一一二基）、ＳＳ―５（六基）、ＳＳ―20（九九基）と、米陸軍のパーシングⅡ（一〇八基）およびＧＬＣＭ（一一二基）が含まれる。これまで単にＩＮＦと表記してきたものが、このカテゴリーに該当する。

第二は、射程五〇〇キロメートルから一〇〇〇キロメートルのSRINFで、ここにはソ連のSS―12／22（七七基）、SS―23（三〇基）と、西独空軍のパーシングIa（七二基）が含まれる。なお、一九八六年三月に実戦配備が開始されたSS―23は、射程約五〇〇キロメートルで、一〇〇キロトンの核弾頭一個を装備し、その命中精度も西独保有のパーシングIaに比べ格段に優れていた。

そして第三は、射程五〇〇キロメートル以下のSNFで、ここにはソ連のSS―21／フロッグ・ミサイル（五六五基）、スカッド・ミサイル（五〇〇基）、火砲（三六六〇基）と、NATO諸国のランス・ミサイル（一六三基）、ナイキ・ハーキュリーズ（四四三基）、火砲（三〇三二基）が含まれる。(89)

以上を踏まえて単純に計算すると、LRINFではNATO側二二〇基（弾頭数五七二個）、ソ連側二一七基（弾頭数三二五個）となりNATO側が基数と弾頭数の上で優位であることが明確になる。しかし、SRINFではNATO側七二基に比べて、ソ連側が一〇七基となりソ連側が優位に立つ。さらに、SNFではNATO側三六三八基、ソ連側四七二五基となるためソ連側が圧倒的優位であり、その発射基数だけ見ても一〇〇〇基以上の差が開いてしまうことになる。

このように、欧州部に配備されていた核ミサイルの発射基数を比較すると、NATO側がソ連側に対して優位に立っていたのはLRINFのカテゴリーだけで、SRINFとSNFでは劣位に立たされていたことがわかる。しかも、NATO側のLRINFは八三年以降に配備が進められたミサイルであり、他のカテゴリーでは常にソ連側優位の状況を許してきたのである。

このように、INF削減交渉でLRINFを廃棄の対象として合意した場合には、他の二つのカテゴリーでNATO側にとって不利な戦略環境が生じるのは数の上からも明白であったと言えよう。また、ゴルバチョフの新提案に沿って、欧州非核化を目指し、東西欧州間のSRINFとSNFの削減と廃棄を進めたとしても、依然、ソ連側に優位な通常戦力が残ることは必至であった。従来、NATO側はソ連側に対する通常戦力の劣位を埋め合わせるため、戦術核を配備してきたからである。

また当時、西独は旧式のパーシングⅠaを近代化するため、同様のSRINFであるパーシングⅠbの購入・配備計画を米国との間で進めていた。パーシングⅠbはパーシングⅠaと同じく、INF交渉の対象から外されていたが、ソ連がSRINFを含むダブル・ゼロ・オプションを提起したことによって、西独との協力の下でパーシングⅠb配備計画を進めてきた米国は難しい立場に置かれることになったのである。(90)

西欧の困惑と再結束

こうした中、西独外務省は駐西独日本大使館員との接触の中で、ゴルバチョフの新提案に対し、先に見たオスト報道官による公式発表とはやや異なる見解を披瀝している。そこには、ソ連からSRINFとSNFの削減を突然提起されて困惑を隠しきれない西独政府の姿が垣間見える。

三月五日に、宮澤泰《みやざわやすし》駐西独大使が外務本省に送った電信によると、西独外務省はソ連の新提案を評価し、「レイキャビクの話合いの成果が具体化したことを歓迎し、これを軍縮の他の分野更には東西関係全体の進展の契機とすべし」との立場を示したと記されている。

しかし、日本側がSRINFに関するソ連の提案と西側の立場について問い質すと、西独外務省は次の点を指摘した。すなわち、第一にソ連が撤収するというのはSS―12／22であること。第二に、削減・廃棄の対象として、SRINFのほかにSNFも排除されていないと思われること。第三に、西側としてSS―12／22／23の凍結の後、SS―12／22／23／スカッドと西側のパーシングⅠaについて東西同レベルまでの削減を行う立場であること。そして第四に、SRINFとSNFをゼロにはしない点で西側全体にコンセンサスがあり、これらも廃棄するとすればNATOの戦略は成り立たないこと、である。(91)

要するに、西独外務省は上の第四点目で指摘したように、もしSRINFとSNFを全廃することになれば、通常兵器で東側よりも劣勢に立つＮＡＴＯの抑止戦略が危険に曝されることに不安を覚えていたのである。先述のオスト報道官によるゴルバチョフ新提案への評価では、「欧州の安全保障をめぐる諸利益が完全に考慮されることが西独にとって決定的に重要である」との表現で、西独側が抱いた懸念が曖昧にされていたが、今回の西独外務省による問題点の指摘は、その懸念をより具体的な形で示すことになった。

また、西独側は、「ＳＲＩＮＦの東西比較については九対一とか一〇対一とか言われているが、なかにはソ連領の奥深く配備されているものもあり、東西相互の領土に到達する地点に配備されているものを数えれば、三対一程度の開きしかない」と付け加えた。この比較は先述したＮＡＴＯ側七二基、ソ連側一〇七基よりもやや大げさな表現だが、おおむね東西欧州間のＳＲＩＮＦの差はこの程度と考えて差し支えないと言えよう。

西独だけでなく英国のハウ外相も、突如浮上した欧州でのＳＲＩＮＦ削減論に対する焦りを隠さなかった。三月一六日のブリュッセルでの講演で、ハウは「西欧は米国の思考の中で、かつてのような地位をもはや占めていない。たぶん、きょう、あすでなく長期的なものだろうが、米国の思考には、われわれの安全を縮小しかねない傾向があることに警戒の目を向ける必要がある」と述べた[92]。ハウは米ソ間でＩＮＦ交渉が加速されたのを契機に、ＳＲＩＮＦやＳＮＦの削減、さらには在欧米軍削減の可能性まで語られ始めた情勢に対する西欧指導者の危機感を素直に代弁していた。

三月下旬になると、西欧首脳の往来が慌ただしくなった。二三日に行われた英仏独の緊急首脳会談で、サッチャーはコール、ミッテランと協議し、欧州ＩＮＦ交渉の促進と、英仏両国の独自核戦力を米ソ軍縮交渉に絶対に含めないとの方針を改めて確認した。この会談の席で、サッチャーとミッテランは、ゴルバチョフの体制変革の試みが成功するかもしれないとの認識を共有している。しかし、その一方でサッチャーはミッテランの言うように、ソ連政府が欧州を非核化しようとする企てには反対しなければならないとの意見に賛意を表した[93]。

その五日後、シャンポール城で行われた仏独首脳会談において、ミッテランとコールはＩＮＦ交渉をＳＲＩＮ

Ｆ削減とリンクする必要性を認めるとともに、交渉の進展には東西欧州間の軍事的均衡を維持する措置が不可欠とする立場を表明した(94)。

このようにＩＮＦ交渉とＳＲＩＮＦとの関係に対する西欧の立場を固めた後、サッチャーは英国首相として一二年ぶりにソ連を公式訪問した。この時の訪ソで、サッチャーに課せられた最大の課題は、ＩＮＦ全廃と直接関係する西欧の安全保障を確保することであった。それは具体的には、ＩＮＦ全廃協定の成立から時を置かずＳＲＩＮＦ削減交渉を開始し、ソ連側が優位に立つ通常戦力を東西欧州間で是正し、さらに化学兵器禁止についてもソ連側から大幅な譲歩を引き出そうとする内容であった。

三月三一日、ゴルバチョフとの会談を終えたサッチャーは欧州ＩＮＦ全廃協定を早期に妥結させることで両国の意見が一致したと明らかにした(95)。しかし、ＩＮＦ全廃合意の後にＳＲＩＮＦを削減するための交渉方式をめぐっては双方に溝が残った。

また、ソ連側のＳＲＩＮＦ現状凍結と同時に、それと同等のＳＲＩＮＦを西欧に配備する権利を確保したいとする米側の提案に関しても、両国の意見は一致しなかった。このように、ＳＲＩＮＦをめぐる問題が未解決となったが、化学兵器禁止については一定の前進があった。ゴルバチョフは、化学兵器禁止について現地査察の受け入れ義務を伴う英国の提案に対して、原則的に同意したのである(96)。

三　短射程中距離核戦力(ＳＲＩＮＦ)削減への対応

シュルツ＝ゴルバチョフ会談

米側のＩＮＦ条約草案に対しゴルバチョフは、四月一〇日にプラハの文化宮殿で開かれたチェコ・ソ連友好集会で演説を行い、ＳＲＩＮＦの削減・全廃をＩＮＦ交渉とは別個に進めることを提案した。今回のゴルバチョフの提案の柱は、第一に、核軍縮で最も早く合意の可能性があるＩＮＦ全廃協定の実現を図るため、ＩＮＦ交渉とは別個に射程五〇〇―一〇〇〇キロメートルのＳＲＩＮＦの削減・全廃交渉を開始すること。そして第二に、ＩＮＦ全廃の合意が成立すれば、ソ連は米国のＩＮＦに対抗してチェコスロバキアと東独に配備したミサイルを直ちに撤去すること、の二つであった[97]。

それまで米側がＬＲＩＮＦのゼロ・オプションと東独、チェコ領内のＳＲＩＮＦ撤去をＩＮＦ交渉合意のための前提条件としてきたことに照らし合わせれば、ゴルバチョフのプラハでの提案は米側の要求を強く意識したものであった。

だが、モスクワでの米ソ外相会談を四日後に控えた突然の「ＳＲＩＮＦ分離交渉提案」に対し、米側の評価は芳しくなかった。モスクワへの旅の途上、シュルツは一一日に経由地のヘルシンキで、随行のニッツェ、ラウニーら米政府代表団と外相会談を前にした最終打ち合わせを行った。その中でシュルツらは、一〇日のプラハ提案について、ゴルバチョフがＳＲＩＮＦ問題の重要性を再確認したことを評価した。

しかしながら、プラハ提案は米側がＩＮＦ合意の前提条件としているＬＲＩＮＦとＳＲＩＮＦとの関連について一切触れていないため、ソ連側の交渉姿勢はレイキャビク会談からさほど変わっていないとの結論に達したのである[98]。

レイキャビク会談以来、初の本格的な米ソ対話となった外相会談は、四月一三日の午前と午後、計四時間半にわたり行われ、さらに同日夜には予定外の第三回会談も実施された。初日の会談だけで、協議時間は八時間に及んだ。会談では、焦点である欧州ＩＮＦ全廃協定の見通しだけでなく、人権問題や在モスクワ米大使館盗聴事件などの米ソ二国間における重要問題についても意見が交換された。また、三回目の会談では、ＩＮＦ交渉について詰めの協議を行うための作業部会を設けることで合意した。

翌日、シュルツはシェワルナゼとの外相会談に続いて、ゴルバチョフとの会談に臨んだ。当時の会談記録を紐解くと、会談冒頭、ゴルバチョフはＩＮＦ条約の合意を早期に取り付けたい考えからか、ソ連側の焦りとも受け取られるような発言を繰り返している。

会談に入る前に、ゴルバチョフはシュルツからレーガンの書簡を手渡された。そこには、「もしわれわれがお互いに不信を取り除くことができれば、軍備削減交渉はもっと容易になるでしょう」というレーガンらしい楽観的な言葉が記されていた(99)。レーガンからの書簡を読み終えると、ゴルバチョフは「どんな困難があろうと、われわれはレーガン政権との協力を目指す歩みを続ける」との考えを示した。シュルツはそれを「賢明なアプローチだ」と評した(100)。

ただし、ゴルバチョフはレーガンの楽観論を鵜呑みにせず、現実には米ソ間に相互信頼が不足しており、これが国際間および二国間の重大な問題の解決を見出すことを妨げていると指摘した。これに対し、シュルツは「たしかに、その通り」と認めながらも、米国の在外公館に対しソ連が行っている過度な諜報・盗聴活動について不満を表明した。

ゴルバチョフは、米国もソ連に対する諜報活動を行っているし、そのことが「むしろ安定に役立ってさえいる。お互いに相手を少ししか知らないよりは、多く知っている方が良い」と述べ、ソ連が米国に対して行っている諜報活動を肯定した。一方、シュルツは、相互理解は有益であると認めつつも、公開された情報が最良のものであり、相手国に対する秘密工作は必要ではないとする立場をとった(101)。

このように、会談は「相互信頼」の問題をめぐって、互いに相手の顔を立てながら、他方では自らの主張を相手に認めさせようとする腹の探り合いから始まった。ゴルバチョフはＩＮＦ交渉に話題を転じる前に、「この十年間、情勢改善のためにソ連と協力する可能性を、あなた方ほど手にしている政権は他にありません」として、レーガン政権を持ち上げる素振りすら見せた。

また、ゴルバチョフは「ここまできたら、現政権と話を決める方を選びたい」「時間は少ししか残されていません。われわれが残された数カ月の間に何らかの問題で合意に達するか、それとも何も生まれないかです」とシュルツにたたみ掛けた(102)。こうした言動からは、ゴルバチョフが可能な限り速やかにINF交渉の合意を実現したいとの意向が伝わってくる。欧州核廃絶にかけるゴルバチョフの並々ならぬ意欲は、先に述べた二月二八日の声明と四月一〇日のプラハ提案を見ても明らかであろう。

ゴルバチョフは、INF交渉について最大限米側に歩み寄ることを目指した提案(SRINFの廃棄をINF条約に明記するダブル・ゼロ・オプション)を加えたと力説した。これに対して、シュルツはINF交渉合意への用意があることを伝え、レイキャビクで約束したように「地球規模で弾頭を百個ずつ残す」案に従う意向を示した。両者は、交渉妥結後に、残されたINF弾頭とミサイルも全廃することが望ましい点でも認識が一致した。

しかし、議題がSRINFと短距離ミサイルの問題に及ぶと、二人の間の主張の隔たりが露呈する。会談での両者の認識相違は次の諸点であった。

第一に、シュルツはSRINFの削減問題について「一定の上限の設定」から始めたいと述べたのに対し、ゴルバチョフは「最良の上限はゼロ」であると述べた。そして、INF条約との関連で、SRINF問題の最終的解決を待たずに東独とチェコスロバキアに配備したSS―23ミサイルを一年以内に廃棄する用意があると答えた。

第二に、シュルツはゴルバチョフの説く東独・チェコスロバキアからのSRINF廃棄の過程で、「どれだけかが残り、それが上限となる」が、その上限設定はグローバルな観点から検討されなければならないと論じた。その理由は、SRINFの方がLRINFよりも移動可能性が格段に大きいからである。

また、シュルツはSRINFについてもLRINFと同様に均衡(パリティ)が維持されなければならないが、欧州にはソ連のSRINFに対応する米国のミサイルがないので、米国もソ連と同数のミサイルを保有する権利が協定で保証されなければならないと強調した(103)。

これに対し、ゴルバチョフはソ連が東独とチェコスロバキアからＳＲＩＮＦを廃棄し、残された在欧短距離ミサイルを全廃する用意を示した。この提案は、ＳＲＩＮＦ全廃の誓約をＩＮＦ条約の本体に明記し、さらにその他の戦術核ミサイル（射程五〇〇キロメートル以下のＳＮＦ）も全廃するという点において、プラハ提案からさらに踏み込んだものになっていた。ゴルバチョフは、自分がこのような大幅な譲歩を示しているのにもかかわらず、米国はソ連と同じカテゴリーのＳＲＩＮＦを新たに増強しようとしているのかと疑問を投げかけたのである。

するとシュルツは両国がＩＮＦ問題解決の原則である「上限設定、地球規模での解決、均衡の維持」の三つに同意できるのは明らかだと述べた。そして、東独・チェコスロバキアに配備されているＳＲＩＮＦの現数量から、差し引かれて残される予定のミサイルの数量に関して補足的な交渉が必要だと返答した。

このようにシュルツが原則を踏まえた回答をしたにもかかわらず、ゴルバチョフはソ連が東独・チェコからＳＲＩＮＦを廃棄し、ＩＮＦ条約に従い残されたミサイルも短期間に廃棄する過程で、米国は新型ミサイルを欧州に配備しようとしているのではないかという疑いを拭えなかった。ゴルバチョフはシュルツの回答に対し「ロジックがありませんね」と批判したのである。[104]

ゴルバチョフによれば、シュルツの回答はソ連が東独・チェコだけでなく、「その他の地域にも配備されているすべての短距離ミサイルの廃棄を提案する以前にまとめた立場を固守している」ように見えていた。つまり、プラハ提案と今回の新提案との間に、「すべての短距離ミサイルの廃棄」という重要な変更が入ったにもかかわらず、なぜシュルツは欧州でのＳＲＩＮＦのパリティを求め軍備を増強せねばならないのか、というのがゴルバチョフの言い分だった。[105]

他方、シュルツは、本会談でのゴルバチョフ新提案に対して、ＳＲＩＮＦのパリティ維持の問題とともに、ＮＡＴＯ加盟国との調整という困難な課題を抱えることになった。ゴルバチョフには交渉を引き延ばすための詭弁と受け取られたようだが、シュルツはＮＡＴＯ加盟国にＳＲＩＮＦを廃棄する準備がないことと、一定水準で短距離ミサイルの維持を考えている国々があることに言及した。結局、本会談でシュルツはNATO加盟国との調整が必要なことを理由にダブル・ゼロ・オプションに応じなかったのである。

しかしながら、合意への希望が絶たれたわけではなかった。短距離ミサイル問題をめぐる議論の終わりに、ゴルバチョフは「米側は、政権が合意を望んでいるのか、という私の疑念のすべてを晴らすことはできませんでした。でもこの疑念は小さくなりました」と評価した。また、シュルツも「短距離ミサイル問題の解決の手順に関する問題に、ソ連側が新しい提案を加え、米側に返答を求めたものと認めます」と答え、米側の回答を提示することを約束した。[106]

翌日の記者会見で、シュルツはゴルバチョフとの会談について「話し合いは、どれも興味深く、かつ、中身の濃いものであった。激しいものでもあった」と率直な感想をもらした。そして前日の会談でゴルバチョフが新しい提案を示したにもかかわらず、ソ連のSS―12、SS―23などSRINFの削減問題がINF合意達成への障害として残ったと言明した。なお、シュルツは、ソ連側が東独・チェコに配備したSRINFの撤去をINF合意の中に盛り込む姿勢を見せていることについては、おおむね評価した。[107] 会見で「合意は手元まで近付いている」という見通しを示したことも、INFの年内合意への期待感を高めた。

一方、会談初日にシュルツとの協議を終えたシェワルナゼは、次の米ソ首脳会談の実現に関して、「かなりの展望が開けた」と今回のシュルツ訪ソを高く評価した。ただし、ゴルバチョフの認識と同じく、「レーガン政権に残された時間は限られたものであり、これは、われわれが完全な合意に達するには時間が足りないことを意味している」と述べている。[108] ここでシェワルナゼは、合意が達成可能な事項に交渉努力を傾注することの重要性を説いた。それは言うまでもなく、彼が「まずまずの見込みがある」と考えていたINF交渉にほかならなかった。この時、シェワルナゼはINF合意だけでも米ソ首脳会談の開催は可能であると考えるようになっていた。

NATO閣僚会議

モスクワでの米ソ外相会談に対する西側同盟国の反応はどうだったであろうか。

一五日、英外務省は「ゴルバチョフ提案の評価がわからない。シュルツ長官の説明を聞くまで、何もコメントできない」と戸惑いの姿勢を見せた。西欧各国は、通常兵力の東西不均衡の状況が続く間は、SRINFの全廃に進むことは得策ではないと考えていた。むしろ、一定数の短距離ミサイルを欧州に残し、NATOの柔軟反応戦略を維持することで、米欧連携の希薄化に歯止めをかけることが英仏独をはじめとするNATO主要国の基本認識だった。

一六日、ブリュッセルで開かれたNATO閣僚会議では、シュルツが英、西独、イタリアなど主要一〇カ国の外相に対し、ゴルバチョフ提案の詳細について説明を行った。シュルツは会議後、ゴルバチョフ提案への対案を直ちに検討することを明らかにした。ただし、西欧各国の短距離ミサイル全廃に対する懸念を考慮に入れて「最終結論に慌てて飛び付くことはしない」と約束した[109]。

一方、キャリントンNATO事務局長は、「いますべきことは、ゴルバチョフ新提案とわれわれの可能な対応についての全面的見直しだ」と述べ、米国が欧州に配備した核兵器を全面撤去することに対して慎重な姿勢を示した[110]。なお、キャリントンら西欧諸国の会議出席者はゴルバチョフ提案に対する支持表明を避けた。

NATO西欧諸国がSRINFの削減・廃棄を含めた米ソ間のダブル・ゼロ・オプションに慎重な姿勢をとったのは、次のような理由による。

第一に、ダブル・ゼロ・オプションは、LRINFとSRINFの削減・廃棄の後、引き続きINF以外のSNF撤廃交渉開始の誘因となる可能性を抱えていることである。射程五〇〇キロメートル以下のSNFも全廃されることになれば、結果的には欧州が非核化されることにつながる。だが、全ての核兵器が欧州から消え、NATOの防衛力が通常戦力のみとなった場合には、NATO側がソ連側に対し圧倒的に劣勢になる。

第二に、米国がＩＮＦやＳＮＦなどの戦術核戦力を欧州から全面撤去することは、米欧間の安全保障上のリンケージが寸断されることを意味する。つまり、ソ連側からの攻撃に対し、ＮＡＴＯの柔軟反応戦略が十全に機能せず、西欧諸国は米国の安全保障コミットメントを失うことになる。

ゴルバチョフのダブル・ゼロ・オプションとその後の新提案に対し、シュルツがあくまでＳＲＩＮＦのパリティ維持を主張して譲らなかったのも、以上のような西欧諸国の懸念を無視し得なかったからである。すなわち、ＩＮＦ交渉成否の焦点は、米ソ交渉それ自体から、米ソが合意しようとしている協議事項をＮＡＴＯ西欧諸国に認めさせられるか否かという段階に入っていったのである。

ＩＮＦ全廃への不安

四月二三日、ジュネーブでＮＳＴ第八ラウンドが開会し、二七日にはソ連がＩＮＦ条約草案を提出した。第七ラウンドで提出された米側の草案と合わせて、ようやく両国のＩＮＦ条約の叩き台が出揃ったのである。

ソ連は、条約草案で次の三点を要求した。第一に、西独保有の旧型中距離核パーシングⅠａミサイル七二基の核弾頭を全廃すること。第二にＳＲＩＮＦは欧州部で全廃し、アジア部など他の地域では米ソ均等とすること。第三に欧州部でのＩＮＦ全廃後に、米国が保有するＩＮＦ弾頭一〇〇発をアラスカ州に配備しないことである。(111)

草案を提出したソ連側次席代表のオブホフ（Alexi Obukhov）は、今回の条約草案は米側の案を容れた妥協案であると述べた。しかしながら、ソ連は従来の交渉で扱われていなかった西独保有のパーシングⅠａについて、「欧州配備のＳＲＩＮＦ撤廃を交渉する中で、弾頭を廃棄するよう要求する」として、新たな注文をつけた。また、オブホフはＳＲＩＮＦの問題に関して、法的拘束力を持つ協定を作成するための交渉を直ちに開始することを呼びかけた。(112)彼は、ＳＲＩＮＦに関わる米ソ協定はＩＮＦ条約の一部か、もしくは全く別の条約でも構わないと語ったのである。

だが、こうしたソ連側の新たな要求はいずれも米側に受け入れ難い内容であった。国務省は米欧間の安全保障上の連携を弱体化させようとするソ連の姿勢を批判した。国務省は、ソ連が主張するパーシングIaの全廃要求について「合意への真剣さに欠けている」と評した。また、アジアの同盟国に対しSRINFの脅威を残そうとするソ連の考え方にも強く反発した[113]。

さて、いまやINF交渉の成否を左右することになったといっても過言ではないNATO西欧諸国は、ソ連側の姿勢にどのような反応を見せたであろうか。ソ連がINF条約草案を提出した日、ルクセンブルクではWEUの国防相会議が開催された。同会議ではNATOの専門家が各国の国防大臣に対し、ゴルバチョフ新提案についての報告を行った。また、翌日には加盟国の外相も交え、INF交渉の欧州安全保障に与える影響が検討された[114]。

さらに、二九日にはブリュッセルでNATO専門家によるINF特別諮問会合が開かれ、六月一一日の定期外相理事会までの間に、INF全廃に対する欧州の統一的見解を示すことで一致した。ただしこの時点ではNATO中核国である英、仏、西独の間ですら、統一見解を示すことがままならなかった。

四月二六日にロンドンで行われた英仏首脳会談では、シラク(Jacques R. Chirac)仏首相がゴルバチョフの新提案は欧州にとって危険なものと評した。シラクはSRINFの全廃ではなく、米ソが欧州に同数のSRINFを保持することが欧州の安全保障にとって最良だと考えていた[115]。

一方、サッチャーは、シラクとの会談で英仏両国の独自核戦力を維持、強化するという認識で一致した。サッチャーは力による政治が、ソ連から譲歩を引き出したと自負していた。だが、SRINF全廃の問題に関しては、公式の立場を決めかねていた。この時期、サッチャーは英国議会総選挙を一カ月半後に控えていた。年初から既に選挙準備に入っていたサッチャーにとって、英国がINF交渉の合意を妨げていると国民から受け取られかねない姿勢はとり難く、SRINF問題について明確な立場を示すのを躊躇していたのである[116]。

英仏よりも立場が混乱していたのが西独である。西独の連立政権内では、対ソ穏健派のゲンシャー外相(FD

Ｐ）と、ＳＲＩＮＦ全廃に反対するヴェルナー（Manfred Wörner）国防相（ＣＤＵ）との対立が表面化した。ゲンシャーはゴルバチョフ新提案に対して、西独が「ポジティヴに反応することは少なくとも可能であり、この非常に真面目かつ広範な提案をじっくり検討する必要があり、この提案を過早に拒否すべきではない」との立場を明らかにした。また、ゲンシャーは航空機および軍艦搭載ならびに地上配備の米国の核が存在するので、欧州の非核化は問題にならないとさえ言い切った。その上で、「西側として通常戦力分野での交渉においてもソ連側の優位を解消すべくあらゆる努力を傾注すべきは当然である」と述べたのである。[117]

　他方、ヴェルナーは、ゼロ・オプションを射程五〇〇―一〇〇〇キロメートルのＳＲＩＮＦにまで拡げることはＮＡＴＯ側の東側に対する核の脅威を弱め、欧州の非核化をもたらすものであるとして、ゼロ・オプションに対する留保を明らかにした。またヴェルナーは、特定のカテゴリーの兵器を全廃する前に、これがソ連の通常戦力分野での優位にいかなる影響を及ぼすかについて慎重に検討しなければならないと述べた。

　ゴルバチョフ新提案に対する態度の留保と、通常戦力分野でのソ連優位を警戒する点で両者の間に大きな認識相違はないように見えるが、欧州非核化を容認するか否かで、両者の見解は真っ向から対立していたのである。

　ヴェルナーはさらに、「西独の防衛能力は東側に対する核の脅威が十分であり、柔軟反応が可能であることに依存している。われわれは反応手段の階段を一段ずつはずしていって、最後には対象地域がドイツだけに限定される戦場《〔ママ〕》核兵器しか残らないといったような状況は許容し得ない。これは最悪の事態である」と述べた。[118]このようにヴェルナーは、ゲンシャーが「問題にならない」と発言した欧州非核化プロセスの危険性を改めて警告したのである。

　さらに、ドレッガー（Alfred Dregger）ＣＤＵ／ＣＳＵ院内総務は、ヴェルナーよりも明確な表現で欧州非核化が西独にもたらす脅威について語った。ドレッガーは「射程五〇〇キロメートル以下の短距離核及び通常戦力分野でのソ連の優位を考慮することなく、射程五〇〇キロメートル以上のＩＮＦを全廃することは独にとって脅威である。このような状態は相手側に自己の生存についてのリスクを冒すことなく、ドイツに対し核戦争をしかけることを可能にする」として、ヴェルナーの言う「最悪の事態」をより具体的に明らかにしたのである。[119]

パーシングⅡのＳＲＩＮＦ換装問題

前項でみたように、ゴルバチョフ新提案に対する西欧諸国の立場は、ＮＡＴＯ中核国の間だけでなく一国内でも統一見解を示すことが難しい状況にあったと言えよう。こうした西欧諸国の欧州非核化への懸念に共鳴して、米国内ではキッシンジャーやアスピンらが東西欧州間のパリティを軽視したＩＮＦ全廃に異議を唱え始めた。

また、ロジャーズＮＡＴＯ軍最高司令官は、欧州でのＬＲＩＮＦの撤廃に伴って生じる東西間の不均衡を正すために、米国が欧州にＳＲＩＮＦを配備することを提唱した。これは具体的には、西独に配備済みの一〇八基のパーシングⅡの一部をＳＲＩＮＦ（パーシングⅠｂ）に換装した上で、約八〇基を再配備するという計画である。その基数の根拠は、ソ連が東独・チェコからＳＳ―12／22を撤去した後も、ＮＡＴＯを標的として残置されると予想されるＳＲＩＮＦミサイルの発射基数に基づいていた。計画を主導していた国務省は、米ソのＩＮＦ交渉合意後に、パーシングⅠｂ約八〇基を西独に配備しても、現有のパーシングⅡ一〇八基よりも数の上では少なくなるため、パーシングⅡ展開時のような反対運動は起こらないと分析していた。[120]

パーシングⅡ換装計画に対し、最初に反応したのはソ連だった。四月二七日に提出したＩＮＦ条約草案で、ソ連は米国がパーシングⅡをパーシングⅠｂに改造することを全面禁止にするように要求した。

ただし、この計画については、配備先となる西欧諸国も否定的な見方を示していた。当時、在ベルギー日本国大使館員がＮＡＴＯ事務局関係者から直接入手した情報によれば、五月中旬にノルウェーで行われたＮＡＴＯ国防相の核計画部会（ＮＰＧ）において、パーシングⅠｂの配備は明確に否定されていた。

ＮＡＴＯ事務局関係者は、パーシングⅠｂ配備に関して、「核に係るＮＡＴＯ内の負担分担の問題もさることながら、国内世論説得に係る困難性の問題」があることを指摘した[121]。先述したように、国務省はこの問題についてパーシングⅠbの配備基数がパーシングⅡのそれよりも少なくなるため反対運動の可能性はないと考えていた。だが、西欧側はＩＮＦ交渉合意後の核軍縮の結果、新たに別の核を導入するという矛盾をいかに国民に説明するかという問題に直面せざるを得ないと見ていた。米側は在欧核の総数が減ることに注目したが、西欧側はＩＮＦ条約締結後に、撤去されるパーシングⅡとは別の核が新規配備されること自体を問題視したのである。

また、ＮＡＴＯ関係者はパーシングⅠbに関して「特定シーリングを七〇として、うち三五を西独配備、残り三五をベルギー、オランダ、イタリアの三カ国に分散配備するとの案が考えられたが、種々の形で行われた二国間交渉の結果、右三カ国が何れもＰ―ＩＢ〔パーシングⅠb―引用者注〕配備を拒否した」経緯を明らかにした。七〇という基数は、ソ連が東欧に配備したＳＳ―12／22の基数に対応していた。また、西独と他の三カ国への分散配備は軍事的妥当性よりもむしろＮＡＴＯ内の政治的理由で提案されたものだった[122]。

以上、二つの理由から米国が提唱したパーシングⅠbの西欧配備は非常に困難な状況に追い込まれた。結局、ソ連の反対と西欧の拒否を前にして、パーシングⅡ換装計画は立ち消えとなったのである。

パーシングⅠaの近代化計画

パーシングⅡ換装計画が頓挫する中で、米国と西独がＩＮＦ交渉の最終段階まで固執し続けたのが、西独に配備されていたパーシングⅠaの現状維持とその近代化計画である。

パーシングⅠaは一九七〇年代初めに西独空軍に配備された射程七四〇キロメートルのＳＲＩＮＦで、米国との「協力計画」の下、弾道ミサイル本体は西独連邦軍が、核弾頭は米国が各々管理し、その発射については両国で協働するという「二重の鍵システム」によって運用されていた[123]。米国はＩＮＦ交渉においてパーシングⅠaが米・西独管理の核弾道ミサイルであることから、ソ連との核軍縮交渉の議題に含めず、条約の枠外に置くことを貫いてきた。

当時、西欧諸国はＩＮＦ交渉が合意に達すれば、パーシングⅡとＧＬＣＭが西欧から全面撤去され、米欧間の核抑止力のリンケージが希薄化することに不安を感じていた。だが、米国はパーシングⅡとＧＬＣＭを西欧から撤去しても、ＩＮＦ条約の枠外にあるパーシングⅠａなどの米国管理の核兵器を維持できるため、これによって西欧諸国の不安を和らげることも可能であると考えていた。

ところが、ソ連は四月二七日にジュネーブで提示した条約草案において、ＩＮＦ条約の枠内で、パーシングⅠａ（七二基）の核弾頭を全廃するよう米国に求めた。このソ連の要求は、先に見た米欧間の核リンケージの「再確認」に楔を打とうとするものだった。パーシングⅠａ維持による米独間の紐帯に切り込もうとするソ連に対し、米国が反発するのは避けられない情勢となった。

翌日には、国務省のチャールズ・レッドマン報道官がソ連側の要求について、「合意への真剣さに欠けている」と批判した(124)。また、レーガンは同日のホワイトハウスでの会見で、ＩＮＦ条約締結後も未だ数千発の核弾頭が欧州に残されるので、同条約は直ちに「欧州非核化」を意味しないと述べた(125)。これは、ソ連の草案提出で生じる西欧諸国の懸念を事前に打ち消すためであった。

一方、この問題に対する西欧諸国の反応はさまざまであった。

まず、サッチャー政権は五月二日までの間に米国と協議を重ねた結果、ＳＲＩＮＦの地球的規模での全廃、ＬＲＩＮＦとＳＲＩＮＦの同時全廃、厳格な検証・査察の実施等の原則が満たされれば、ソ連の条約草案をおおむね容認する意向を固めた。そして、五月一四日に英外務省は、条件付きながらソ連の条約草案を受け入れることを公式に発表した。

英国は先に掲げた原則に即し、ソ連案を受け入れる前提として、第一に、ＩＮＦ全廃合意にＳＲＩＮＦ削減を含めること。第二に、ＳＲＩＮＦの保有については全廃も含めていかなる水準であっても東西双方に同等の上限が設定されなければならないこと。第三に米ソのＳＲＩＮＦ削減は地球的規模で実施すること。第四に厳格な検証・査察を実施すること、という条件を付した。

また、英国は西独が保有するパーシングⅠａをＩＮＦ条約の枠外に置くこともソ連案受け入れの条件の一つとした[126]。サッチャー政権は議会総選挙を目前に控え、ＩＮＦ交渉の早期合意に期待感を示してダブル・ゼロ・オプションを受け入れたのである。

これに対して、ＳＲＩＮＦ全廃をめぐる閣内の不一致が解消できないコール政権は、ソ連案に対する姿勢を明確にするのを渋っていた。ソ連が四月二七日に条約草案を提出したのと同じ日に、コールはゲンシャーとヴェルナーとの三者会議を開いたが、ＳＲＩＮＦ問題についての結論を出せなかった。

当時、在西独日本国大使館が西独外務省からつかんだ内部情報によれば、コールはＳＲＩＮＦ問題について政府の立場を明らかにすることは、翌月のハンブルクとラインラントファルツ州での選挙にマイナスの影響を与えかねないと考えていた。また、ゲンシャーとヴェルナーは「かかる国家の重要案件を不十分な情報と分析に基づいて決定すべきではなくできるだけ慎重にすべし」との点で一致した[127]。要するに、三人はまだソ連案の具体的な姿が見えない中での即断は避けるべきであると考えて、ＮＰＧが開催される五月中旬頃に結論を出せば良いと判断したのである。

このように、ソ連案に対する立場を政権内で一本化できないコール政権の姿勢は、五月四日に予定されていたＮＡＴＯ閣僚理事会の緊急会議を中止に追い込むことになった。結局、コールは当初の日程通り一四日にノルウェーで開催されるＮＰＧに合わせて声明を発出した。

その中で、コールはＩＮＦ交渉の枠外に置かれている射程一〇〇〇キロメートル以下の全ての核兵器も同交渉の対象に含めるべきであるとの立場を明らかにした[128]。同声明でコールは、射程五〇〇―一〇〇〇キロメートルのＳＲＩＮＦが全廃された場合、西独だけが「特別の脅威」（ソ連の短距離核ミサイル）に曝されることになるとして、事実上ソ連の条約草案を受け入れない姿勢をとった。

このコールの声明は、ダブル・ゼロ・オプションに加えてＳＮＦミサイルの全廃を謳った点で、ソ連案が想定していた削減対象をさらに拡大したものとなった。だが、コールの拡大提案は通常兵力で劣勢に立つＮＡＴＯ西欧諸国にとって受け入れ難い内容だった。かりに、コールの拡大提案を実行に移すならば、欧州非核化と同時に東西欧州間の通常兵力における均衡の実現が不可欠となるからである。このような背景から、コールの声明はＮＡＴＯ諸国にとって現実味のある提案とは言えなかったのである。

実際に、ＮＰＧが一五日に公表したコミュニケも、コール提案には触れていない。ＮＰＧの最終コミュニケは、①短距離ミサイルシステムに関する適切かつグローバルな制限は避けられない、②米ソにＬＲＩＮＦを全廃することを求め、ソ連に対してはＳＳ―20の一部を保持するとの考えを放棄するよう要請する、と言及するに止まった。[129] ＮＰＧは、西独内で意見が分かれているパーシングⅠａの扱いについて態度を保留せざるを得ず、また、柔軟反応戦略の根幹を揺るがすＳＮＦの全廃についても沈黙を守らざるを得なかったのである。

一方、フランスも西独と同様にソ連案に対する立場の表明に慎重になっていた。ソ連の条約草案に対し、ミッテランはおおむね肯定的な反応を示していたものの、シラクはゴルバチョフの提案する欧州非核化に懸念を示していたからである。[130] シラクは五月一五日にモスクワに飛びゴルバチョフと会談した。その際に、シラクは欧州非核化について、フランスの攻撃力や英国の核装備が核削減のプロセスを妨げており、したがってそれらをまず削減し、次いで全廃の方向へ進めなければならない可能性が出てくることに対し懸念を表明している。

一方、二二日に行われた仏独首脳会談でミッテランは、ソ連が提案したダブル・ゼロ・オプションを改めて評価する意向を示した。彼は仏独関係と西欧同盟を重視する観点から、ソ連の条約草案に対して両国は「共同の立場」で対応しなければならないと述べた。ミッテランは、ＳＲＩＮＦ問題で動揺した西独の立場が固まるのを待って、フランス政府の見解を示すことにしたのである。なお、この日の首脳会談でコールはミッテランに対し、

六月四日を期日として西独議会でＩＮＦ交渉に関する自国政府の立場を公にすることを約束していた。(131)

西欧諸国のコンセンサス形成

ここで、ソ連の条約草案に対するＮＡＴＯ諸国の対応を振り返ってみよう。まず、英国は早くからダブル・ゼロ・オプションへの支持を表明していた。しかし、政権内で欧州非核化への強い懸念を抱えた西独とフランスは、ＮＡＴＯの柔軟反応戦略を堅持し西欧同盟の結束を重視する観点から、より慎重な対ソ姿勢を貫いた。このことは、ＩＮＦ条約締結後も米国の在欧兵力を引きとめ、米欧間の安全保障上のリンケージを維持しようとする西欧諸国の考えと深く関係していた。

五月半ば、西独外務省のＮＡＴＯ担当者が在西独日本国公使との会見で語った内容は、米ソ関係と米欧関係の間で難しい立場を取らざるを得ない西欧諸国の内部事情を表している。この時の会見でＮＡＴＯ担当者は、米ソ交渉の急展開に翻弄される西独および西欧全体の立場について語った。

彼は、ゴルバチョフが一貫して米ソ交渉で欧州非核化に焦点を当てているのは、「もし米国の核兵器が欧州から撤去されれば、欧州の駐留米兵の維持も困難になる」ことを十分に計算した結果だと指摘した。東西関係において軍備管理以外の面でも取り上げるべき問題があるにもかかわらず、米ソ交渉の焦点がもっぱら核軍縮に向けられているのは、核軍縮問題がソ連の国益に最も大きく関係していたからである。(132)

しかし、一度動き出した欧州非核化の流れに西欧だけで抗することは困難だった。ＮＡＴＯ担当者はゴルバチョフが東西関係のテーマや交渉のテンポを決めていく現下の状況について、「遺憾」であるとの意思表示をするに止まり、具体的な対抗策については言及しなかった。

次に、ＮＡＴＯ担当者は米欧関係について、米国が欧州に対する安全保障上のコミットメントを縮小させるのではないかという懸念を示した。彼は「米欧が共通の戦略を維持し得なくなるような事態は当面予想されない」

としてNATOの柔軟反応戦略の有効性を強調した。しかし、レーガン政権二期目の米国内では「米国の運命が十分コントロールし得ないままに西欧の運命に巻き込まれないようにすべきであるとの動き」や「財政困難を理由に欧州駐留米兵を引きあげるべしとの米独自の動き」も見られるようになったことを認めた。そこで、西欧としてはこうした米国内での動きを助長しないように慎重に対処する必要があるというのが、NATOの基本的な考えであった[133]。

第三に、NATO担当者は西欧諸国内の動きに関し、先に見た東西関係と米欧関係の動きを踏まえて、安全保障問題に関しては西欧としての利益を一丸となって強調していくことの必要性が一層強く認識されるに至ったと述べた。その背景には、西欧諸国が一国だけで自国の利益を貫徹していくことは、米ソのいずれに対しても困難であるとの認識があった。たとえば、INF交渉の枠組みに第三国の核兵器システムを算入させないことについてフランスの立場が重要になってくるように、西独も隣国との協議を通じた支持なしには米ソ両国に対して自国の利益を主張することは難しい。NATO担当者は、そうした西欧諸国間の協議の緊密化を制度的に具現化した実例としてWEUの再活性化を挙げた。

NATO側にとっては皮肉なことに、防衛政策や軍備管理政策という各国の主権に関わる重要問題について、「ゴルバチョフ提案のタイムテーブルの如き圧力がなければコンセンサス形成は容易ではなかった」のも事実である。NATO担当者はこの点について、「現下の状況が英・仏・西独等のコンセンサス形成のプロセス促進に有利に作用している」とさえ語っていた[134]。

なお、五月二七日にブリュッセルで開かれたNATO防衛計画委員会(DPC)では、INF全廃によりソ連が通常戦力で優位に立つことに強い懸念が表明された。それとともに、東西間の軍事バランス維持のために、西側の通常戦力の向上が必要だとするコミュニケが採択された[135]。これは、ソ連提案が西欧諸国に与えたプレッシャーがNATOのコンセンサス形成を促した一例であった。

最後に、ＮＡＴＯ担当者は独米関係に言及し、「レーガン大統領の残された任期を考えれば（核軍縮について成果をうたためには）ＩＮＦについて本年末（一九八七年末―引用者注）までには米ソ間の合意が行われることが必要である」と強調した。

ただし、西独にとり重要懸案となっているＳＲＩＮＦの撤廃問題に関しては、「核兵器が本質的に有するポジティヴな面とネガティヴな面との矛盾を如何に解決していくかが肝要」だと述べるに止めた(136)。おそらく、コール政権内でソ連の条約草案に対する回答が議論されている中にあっては、西独外務省関係者がＳＲＩＮＦ問題への明確な答えを口にすることは難しかったのであろう。

四　ベネチア・サミット

日米首脳のサミット基本方針

西独政府がソ連の条約草案に対する回答を模索する中、ベネチアで行われるＧ７サミットの開催日が迫っていた。ここで、日米両首脳のＩＮＦ交渉に関する言動について触れておきたい。

まず、レーガンはシュルツ訪ソやＮＳＴ第八ラウンド開始に際して、ＩＮＦ交渉に進展が見られることを強調し、同交渉の早期合意や年内の米ソ首脳会談開催について楽観的な見通しを示した。また、西欧諸国が懸念している欧州非核化問題に関し、レーガンは「ソ連の通常戦力面での絶対的優位を放置した形での『欧州非核化』を行う考えは毛頭ない」として、ＩＮＦに代替する他の核戦力の維持を視野に入れていることを明らかにした(137)。

そして、レーガン政権は五月二七日に、ソ連によるＩＮＦ条約案に対する基本姿勢を固めた。この中で、米国はＳＲＩＮＦの欧州部・アジア部での全廃と、ＬＲＩＮＦの欧州部での全廃・アジア部での弾頭一〇〇個維持の二つの柱から成る方針を示した[138]。

当時、ソ連はアジア部でのＳＲＩＮＦ削減について公的に言及していなかったため、米側の方針はこれに先手を打つ格好となった。また、ＬＲＩＮＦについてはレイキャビク会談での暫定合意を尊重し、西欧諸国と日本に対する配慮を示した。この方針には、ベネチア・サミットで日欧に対し西側の結束を求める狙いもあった。

五月二〇日には、レーガンに先駆けて中曽根もベネチア・サミットに臨む基本姿勢を明らかにしていた。首相として最後のサミット出席となるベネチアにおいても、中曽根は自らイニシアティブをとり政治声明を発出することを目指していた。その主な狙いは、レーガンの対ソ交渉姿勢を支持することと、欧州非核化で動揺した西欧諸国に対し再び固い結束を呼びかけることだった。

特に後者については、サミット参加国の中で、日本が西側の一員でありながら非西欧メンバーであるというポジションを巧みに活用して、西欧諸国に結束を呼びかけ米国の対ソ交渉力を強化する意味合いがあった[139]。二六日に新聞記者からの取材を受けた中曽根は、ベネチア・サミットで米国が米ソ軍縮交渉に関する西側の政治声明を出すことに積極的になっていることについて、「まあ、いいことだろうね、みんなで何か一緒にやるのは」と意気揚々に答えている[140]。

なお、日米首脳は五月一日にワシントンＤＣで会談した際に、ＩＮＦ問題をはじめとする政治案件について意見交換を済ませていた。このときの会談で、中曽根はＩＮＦ交渉の最終目標はグローバル・ゼロであり、アジアへの配慮が必要であると重ねて言及した。特に、「アジアで仮にも妥協する場合であっても、これはあくまでも暫定的なもの」とすることをレーガンに要請した。中曽根はレイキャビク暫定合意を尊重しながらも、最終的にＩＮＦを地球的規模で全廃することの重要性を確認したのである。また、西欧諸国で問題となっていたＳＲＩＮＦの扱いについても「高度の移動性にかんがみ、グローバル規制、及び米ソ平等が極めて重要」だと強調した[141]。

日米首脳の間でＳＲＩＮＦ問題が語られたのはこの時が初めてだった。ただし、この問題に関してレーガンからは特段の発言はなく、会談は中曽根の説明をレーガンが聞く場となっていた。もっとも、米側は既にレイキャビク暫定合意において日本の提案を受け入れながら、その後の対ソ交渉を展開していた。このことから見て、今回の会談が半ば事務的なやりとりに終始したとしても不自然ではなかった。

コール首相の政府声明――パーシングＩａを交渉の外へ

さて、六月四日を期日として政府声明を発表すると約束していたコールは、六月一日に連立与党党首・関係閣僚会議を開き、ＩＮＦ問題に関する西独の基本姿勢を決定した。党首会議で採択された決定文「武器の削減による欧州の安定強化」の内容は次の四つの柱で構成されていた。

一．西独政府は、射程一〇〇〇―五五〇〇キロメートルの米ソＬＲＩＮＦの速やかな撤廃――グローバル全廃がベスト――を支持する。

二．西独政府は、射程〇―一〇〇〇キロメートルの米ソの地上配備の短射程核システムが通常戦力面での均衡及び化学兵器のグローバル全廃達成とともに、一歩ずつはっきりとかつ十分な検証を伴う形で削減されるべしとの立場。

三．射程五〇〇―一〇〇〇キロメートルの短射程核ミサイル〔ＳＲＩＮＦ―引用者注〕については、今後これを持たないとの米ソ間のグローバルベースの合意が、その最初の一歩となろう。西独政府は、従来通り西独連邦軍のパーシングＩａについては現在行われている交渉の対象ではないし、また将来も対象にならないとの立場である。

四．西独政府は、包括的軍縮に向けての次のステップとして、(1)米ソ戦略核の五〇％削減、(2)化学兵器のグローバル全廃、(3)ウラルから大西洋までの通常戦力の均衡のとれた低レベルへの削減、(4)欧州に残る米ソの核の更なる実質的削減、が必要であり、かつ可能であると考える。[142]

西独外務省によれば、この決定文は四日にコールが連邦議会で発表した政府声明の基礎となるものであった。今回の決定の主なポイントは、第一に西独がLRINF全廃への支持を再確認し、そのグローバルな全廃が最善であるとの点を明確にしたことである。この点については、アジア部INFの最終的な全廃を求める日本のスタンスとも歩調が合っていたと言えよう。

第二に、西独は、欧州非核化の道を開くものとして、これまで反対していた射程五〇〇キロメートル未満の核システムの規制に関して、射程一〇〇〇キロメートル未満の核システムが東西欧州間の通常兵力面での均衡とリンクされ削減されるべきことを示し、SRINF全廃合意がそのプロセスの第一歩になると位置付けた。これにより、西独は欧州非核化についてNATO内で調整可能な枠組みを設定したのである。

第三に、これが最も重要だが、西独はSRINFのグローバル・ゼロを受け入れた。すなわち、ソ連が提案したダブル・ゼロ・オプションを西独も容認したのである。ただし、受け入れの条件として、西独はソ連がINF条約の対象とすべきとしたパーシングⅠaを不算入とする立場を改めて示した。

パーシングⅠaを交渉の対象とするか否かについては、サッチャーが早くから不算入の立場を明確にしていたが、五月のNPGでは判断が保留されていた。しかし、その後NATO内のコンセンサス形成が進み、不算入の立場をとることが必ずしもNATOの方針決定の妨げにならないと考えた西独は、パーシングⅠaをINF交渉に含めないよう正式に求めたのである。[143]

この決定文に基づき、コールは四日に連邦議会下院で政府声明を発表した。声明では、西独連邦軍が保有するパーシングⅠaミサイル七二基をINF交渉の枠外に置くことを前提に、東西欧州に配備されたLRINFとSRINFを全廃するダブル・ゼロ・オプションを受け入れることが公式に明らかにされた。これにより、ベネチア・サミットを控えた西欧諸国の足並みが揃う格好となり、欧州非核化問題で一時停滞したＩＮＦ交渉に突破口が開かれることになったのである。

ベネチア・サミット開幕

六月八日午前、ジュネーブ経由でベネチアのマルコポーロ空港に降り立った中曽根は、サミット全体会議の前に、予定されていた二国間の首脳会談に臨んだ。中でも、ソ連のＳＲＩＮＦ全廃提案に伴う欧州非核化問題で苦慮を重ねていたコールとの軍縮問題討議は、サミット政治声明でイニシアティブを発揮しようとしていた中曽根にとって重要な会談となった。

「軍縮問題につき御意見をうかがいたい。」中曽根がそう述べると、コールはＩＮＦ交渉について次のように答えた。「長射程ＩＮＦのゼロオプションについては従来より支持してきた。」コールは西独の立場を再確認しながら、射程五〇〇―一〇〇〇キロメートルのＳＲＩＮＦの全廃については、五〇〇キロメートル未満の短距離核システムの全廃につながりかねないという観点から非常に難しい問題があったと述べた。

先述したように、ＳＲＩＮＦ全廃はＮＡＴＯ柔軟反応戦略の一部を構成する短距離核システムの全廃につながる可能性があった。他方、射程五〇〇キロメートル以上のＩＮＦを全廃すると、今度は五〇〇キロメートル未満の核システムだけが残り、西独のみがソ連の核システムの射程距離に入ることになるので、それもまた自国にとって極めて難しい問題となることを明らかにした。

これは、ダブル・ゼロ・オプションを認めた一日の決定文のラインから西独が再び後退しているのではないかと疑念を持たれてもやむを得ない発言だった。そして、コールは「いずれにしても独としては今後米が米ソ交渉においで西独の七二基のパーシングⅠａについて明確な立場で臨むこと」に改めて期待を示したのである。(144)

これに対して、中曽根は「日本の考え方は長射程ＩＮＦ及び五〇〇―一〇〇〇キロ射程のゼロオプションの双方ともグローバルゼロでなければならず、また、アジアと欧州が同等に扱われるべきもの」だと強く主張した。

ただ、西欧の局外にいる日本の立場を踏まえて、射程五〇〇キロメートル以下の核システムについては、通常兵器削減と化学兵器全廃を考慮に入れながらNATO内で十分協議して決められるべき問題だと述べ、短距離核問題に深入りしない姿勢をとっている。

注目すべき点は、ここで中曽根がレイキャビクの暫定合意について踏み込んだ発言をしたことである。中曽根は、米ソ交渉でLRINFについて欧州部をゼロとし、ソ連・アジア部に弾頭一〇〇個、アラスカ州に一〇〇個残すという議論があったと述べた。そして、日本としてはINF合意成立のために「それ以外に道がないということであれば、ソ連・アジア部に一〇〇、アラスカに一〇〇残すということもやむを得ない」との見解を示した。「これはあくまで暫定的合意という性格のもの」と断りつつも、中曽根はソ連がアジア部にSS—20弾頭を一〇〇個保持するのであれば、アラスカ州に米国のINFを新たに配備する案に同意する姿勢を見せたのである。

とはいえ、SS—20の高い移動可能性を考えれば、アジア部に一〇〇個残すことは「検証の問題においても極めて難しい問題を引き起こす」と認識していた。したがって中曽根は、ソ連のミサイル演習や訓練においてSS—20が移動することを考慮すると、最終的には「ゼロの方が良い」と言明した。無論、コールもこれに応じた。[145]

以上の通り、日独首脳会談では、コールが自国の安全保障上の観点からSRINFの全廃に対しやや消極的とも受け取れる発言をして、来るサミット会合に一抹の不安を残した。とはいうものの、中曽根が暫定合意について踏み込んだ見解を示したことがプラスに働き、全般的にはダブル・ゼロ・オプションを支持していく点で一致した。

一方、同日行われた米独首脳会談で、両国は西独連邦軍が保有するパーシングⅠaについて米ソ軍縮交渉の対象としないことで合意している。この会談でレーガンは、コールに対し、パーシングⅠaをこれまでの交渉の

テーブルに乗せたことはなく、今後もそうしないと約束した。(146)

SR－INFをめぐる激論

だが、八日夜にコルネルの館で開かれたサミットの晩餐会（ワーキング・ディナー）において、短距離核問題は再び議論の対象となった。当時の中曽根とレーガンの日記には二時間に及んだ激論の様子が、それぞれ次のように記されている。

中曽根首相：

《一九八七年（昭和六二年）六月一五日》

・昨日、ベニス・サミットより帰国。

・最終回サミットの成果は、花道らしい成果となったと思う。

・事前準備の段階で、政治声明発出と対ソ平和呼びかけ、毅然とした結束を中心に日本案を造らせ、伊案に代替させた。

・〔中略〕

・サミットの大仕事は二つ

一は、八日の首脳晩さん会の折、INF、SR・INF、核政策について、西欧、米、大論戦あり。米は五〇〇k以下の戦域《〔ママ〕》核についても、通常、化学兵器とのにらみ合いで平等削減も可と考えているに、英サッチャーは、五〇〇k以下は触れる可からず、必ず将来禍根を残すとす。仏ミッテランは、核は必要、特に対ソ心臓を狙うものがある故に平和は維持された。核は大小の関係はない、小と雖も広島の三倍の威力あり、必ず大に連鎖する、として、ドゴール理論。独コールは、小の場合は、両独民戦うこととなり、独乙《ドイツ》民族の心裡〔ママ〕を第一に考える可しと、苦悶を洩らす。一一時過ぎてもまとまらず、特に〔コールの立場を擁護した―引用者注〕ミッテランが後半乗り出て譲らず、サッチャー之に挑み、大学生の論争の如し。[147]

レーガン大統領：

《一九八七年六月八日　月曜日》

晩餐会は深夜まで続いた。これは主に、マーガレットとヘルムートが短射程核兵器〔ＳＲＩＮＦ―引用者注〕と戦術核兵器〔ＳＮＦ―引用者注〕をゼロにするかどうかをめぐって激論(battle)を交わしていたからだ。マーガレットはゼロにすることに対してノーと言った。私は彼女と意見を異にしていた。私はわれわれが化学兵器全廃と通常兵器削減に関して行っている交渉が完了するまで戦術核について議論を起こすべきでないと説いた。[148]

両者の日記に明らかな通り、晩餐会ではレーガンが射程五〇〇キロメートル以下のＳＮＦについて、化学兵器の全廃と通常兵器の均衡達成までは具体的な議論を避けるべきとの見解を示した。これに対し、サッチャーはＳＮＦが通常兵器同様にＮＡＴＯ柔軟反応戦略の一部を成すことから、レーガンと同じく東西間の通常兵器における均衡の達成まで欧州非核化を容認できないと表明した。

これに異を唱えたのがコールだった。コールは射程一〇〇〇キロメートル以上のＬＲＩＮＦ全廃を認めながらも、射程五〇〇―一〇〇〇キロメートルのＳＲＩＮＦが全廃されれば、西独だけが東側に配備された五〇〇キロメートル以下のＳＮＦの脅威に曝されることになると不安を訴えたのである。

特にコールは、ダブル・ゼロ・オプションが実現した場合、五〇〇キロメートル以下のＳＮＦ全廃への期待が高まるのを懸念していた。ミッテランは東側のＳＮＦが西独を標的にしていることを理解すべきだとして、コールの立場を擁護した。また、レーガンは短距離核について直ちに全廃に至る状況ではないと、コールを宥めようとした[149]。

しかし、数時間前の会談でレーガンがパーシングⅠaを交渉の対象にしないと約束したにもかかわらず、コールは晩餐会で再びパーシングⅠaを保持すると宣言し、欧州非核化に反対を示した。このように、西側首脳はゴルバチョフの求める欧州非核化に対する反対論ではおおむね一致しながらも、非核化に反対する理由については認識を一致させることができなかったのである。英仏独首脳の傍らで、議長として議論をまとめなければならないファンファーニ伊首相は窮地に陥った。

この欧州非核化をめぐる西欧首脳間の議論の方向性を正したのは、それまで議論を静かに見守っていた中曽根であった。再び、『官邸日記』の記述を見てみよう。

依って発言し、核の基本理論を云えば明朝までやっても一致せず、それよりも、四十年のイベントと経験、ウィリアムズバーグからレイキャビックに辿った現実の上に立って、対応と戦略と団結を行うべし、乱れてはゴルバチョフを喜ばすのみ、何のためウィリアムズバーグからレイキャビックがあったかと、大声にて説く。一同、シーンと静まり、我々の決意を声明にして出そうと云う発言を伊議長とりあげ、それに決す。時に一一時半[150]。

まず、中曽根は核廃絶が最終目標であり、欧亜間で不公平があってはならないとして、紛糾した議論を軌道修正した。次に、ソ連がアジア部にＩＮＦを一〇〇個残すことに固執し、これを受け入れない限り欧州部での削減に支障が生ずるならば、その時は検討するが、その場合も米側が相応の措置（アラスカ州へのＩＮＦ配備）をとる必要があると述べた。もちろん、中曽根はこれをＩＮＦ全廃までの暫定的な措置として考えていた。そして、西側が乱れてゴルバチョフを利するのではなく、核軍縮に向け前進しつつある現在の立場で団結し、可能なものから削減すべきだと論じたのである。

最後に、SNF問題は欧州で再協議することとし、G7で意見が一致する点を声明として発表するようにしたらよいと議論を総括した。中曽根の発言に助けられて、ファンファーニは政治声明で西側連帯を強調すべきだと述べ、長い論戦にようやく終止符を打つことができたのである。[151]晩餐会は、そのあとテロ、麻薬問題について討議し、午前零時に散会となった。

東西関係に関する声明

翌朝、中曽根はある側近に前日の晩餐会での発言について次のように語った。「昨夜は予想通り、軍縮をめぐって欧州勢は口角アワを飛ばした。あのままではアメリカは孤立化してしまう。今こそ西側が結束してソ連に呼びかけることの重要さを強調できるのは、日本とカナダ。いわなきゃならないところでオレが言ったんだよ。[152]」

晩餐会では、西欧首脳が欧州非核化反対について論争を続ける中、年末までにソ連との核軍縮交渉で一定の成果を上げたいレーガンが孤立しているかのように見えた。中曽根はG7の中で唯一NATO加盟国ではないという日本の立場を活かして、欧州非核化論争を冷静に分析し、対ソ政策で西側結束を強く主張することでレーガンの窮地を救ったのである。中曽根自身「これは、私の今までの経験でも一番『やった』と思った時だ」と回想しているように、ベネチア・サミットは、最後のサミット参加となる彼にとって花道となった。[153]

だが、一〇日夕刻、サミット全体会議を終えて記者会見に臨んだ中曽根は、晩餐会での議論の総括を「最も苦労した点」と表現した。実は、中曽根が今回のサミットで苦労したのは晩餐会で議論を締め括った瞬間だけではない。先述の通り、中曽根はベネチアでも自らのイニシアティブの下で政治声明を発出することを目指していた。記者会見のためのメモで、中曽根は政治声明が「日本の原案」に基づくものであり、「五月訪米頃から原案を各国に廻し、対ソ交渉の基本態度と推進方法について構想を練り、原案作った。大方認められた」と記している。[154]

実際にサミット開会の四カ月前から、シェルパと呼ばれるG7参加各国の「首脳の個人代表」が集まり四回にわたって非公式の準備会合を開いた。当時の日本側シェルパは北村汎外務審議官であった。[155]政治声明の原案は中曽根の意向を受けた外務省の新井弘一《あらいひろかず》情報調査局長が執筆し、議長国であるイタリア政府との間で最終案作成に向けた協議が重ねられた。

そして、サミット開会の一〇日ほど前に、政治声明の最終案が外務省を通じて首相官邸に届いた。イタリア側が示した最終案を受け取った中曽根は、西側の団結についての表現が弱いと感じ、「もう少し西側の結束とか団結を謳えないだろうか」と新井に尋ねている。また、それと併せてソ連に対し軍縮、地域問題、人権など包括的な分野で東西間交渉を進めるために、「ロシア人よ、木から降りてこい」といった呼びかけならば、フランスも反対しないだろうと新井にアドヴァイスした。[156]

なお、五月二六日の新聞記者とのやりとりで、中曽根はサミット政治声明について「イタリアは消極的なようだが」と訊かれ、「それは、そうでもないだろう」と答えている。[157]おそらく、この前後に中曽根と新井との間で、最終案の修正に関する相談があったのだろう。六月四日には、北村が新井を伴って総理官邸を訪れ約一五分間中曽根と会っているが、短時間の会見であることから二人が修正後の政治声明案について説明に来たものと考えられる。[158]

こうして、中曽根が文案の細部にまで意見を述べたベネチア・サミットの「東西関係に関する声明」は六月九日に発表された。同声明は、第三項で「われわれはいずれも、現存の同盟関係の枠内において、いかなる国の安全も脅かすことなく、自由を守り、侵略を抑止し、平和を維持するための強力で信頼できる防衛力を維持する決意である」と宣言している。[159]だが、声明では晩餐会で焦点となったダブル・ゼロ・オプションについては一切触れていない。

この問題に関して、中曽根に同行した政府関係者は第三項後段に「われわれは、共通の利益にかかわるあらゆる問題につき引き続き緊密に協議を行っていく」との表現が入ったことを指摘した。つまり、日本政府のＩＮＦグローバル・ゼロの主張はこの第三項の中に含まれており、日本の主張が退けられたのではないという解釈を示したのである(160)。この点については、中曽根もサミット後の会見で「核軍縮に向かって前進しつつあるという現在の立場に立って団結し、〔中略〕また今後の問題についても更に密接に協議していこうとまとめたが、そのラインで東西関係に関する声明ができ上がった」と発言し、ＩＮＦをめぐる議論でも日欧間に隔たりは見られなかったと明かしている(161)。

なお、晩餐会でコールが強い懸念を表明した欧州非核化後の東側の戦力優位の問題については、声明の第六項に「われわれは、兵力のより低い水準における通常戦力の安定の強化と、化学兵器の全廃の達成に向けてのわれわれの決意を強調する」という表現を盛り込むことで調整が図られた。

ＮＡＴＯのダブル・ゼロ受諾とＮＳＤＤ―２７８

ベネチア・サミット閉幕の翌日、ＮＡＴＯ加盟国はレイキャビクで外相理事会を開催した。二日間の討議を経てＮＡＴＯが公表した声明では、ＩＮＦのダブル・ゼロ・オプションを受諾する意向が示された。その上で、ＮＡＴＯはソ連に対して、ＳＳ―20の一部を保持する要求を断念し、地上発射のＬＲＩＮＦがＮＡＴＯの長期的目標に沿って全廃されるよう望むこと。さらに、ＩＮＦ全廃合意に不可欠な要素として、ＳＲＩＮＦの世界的規模での全廃を支持すると宣言した(162)。

つまり、ＮＡＴＯ加盟国は本声明において、ＩＮＦ全廃の過程で米ソが暫定的にＬＲＩＮＦの核弾頭を米国内とソ連アジア部に一〇〇個ずつ維持するという妥協案に対し、一括して全廃すべきであるという姿勢を明確に打ち出したのである。そこには「弾頭を一部残すことは検証を難しくする」という理由があった(163)。なお、声明では第三国の兵力を米ソ軍縮交渉の対象に含まないとする従来の立場から、西独連邦軍のパーシングＩａには言及しなかった。

ＮＡＴＯが声明を発表した一二日午後、レーガンは西ベルリンのブランデンブルク門を訪れ、集まった約四万人の聴衆を前に「ベルリン誕生七五〇周年」記念演説を行った。東西ベルリン間に壁が建設された二年後の一九六三年六月に、当時のケネディ（John F. Kennedy）大統領が西ベルリン市庁舎で行った有名な演説の一節「私も一人のベルリン市民だ（Ich bin ein Berliner.）」を意識したレーガンは、壁の向こう側に集まった東ベルリン市民に対して次のように呼び掛けた[164]。「私はいま、あなた方とともにいられないのは残念だが、西側の仲間たちに対するのと同じ気持ちで親しくお話ししたい。〔中略〕ベルリンはひとつでしかあり得ない（Es gibt nur ein Berlin.）[165]。」

さらに、レーガンはＩＮＦ交渉をまとめようと共に努力しているゴルバチョフに対して強いメッセージを送った。レーガンはゴルバチョフがもしソ連と東欧の平和と繁栄、自由化を希求するのならば、「ゴルバチョフ書記長、この壁を打ち壊してください（Mr. Gorbachev, tear down this wall!）」と求めたのである[166]。

国務省のスタッフは、この呼びかけがソ連を刺激することを恐れて削除しようとしたが、レーガンはそれに動じなかった。むしろ、レーガンはこの呼びかけを通じて、米ソ交渉停滞の責任をソ連に負わせ、イラン・コントラ事件で落ち込んだ支持率を回復し、米国内の保守勢力からの支持を再獲得しようとしたのである[167]。東欧に民主化革命が起こりベルリンの壁が崩壊するのは、この演説からわずか二年半後、一九八九年一一月九日のことだった。

西独から帰国後の一三日、レーガンはベネチア・サミットでの議論とＮＡＴＯ外相理事会の声明を踏まえ、ＩＮＦ交渉の早期合意を図るために、ＳＲＩＮＦの全廃とＬＲＩＮＦの大幅削減を主柱とする国家安全保障決定指令第二七八号（ＮＳＤＤ―２７８）に署名した[168]。

そして、六月一五日にレーガンはＩＮＦ交渉に関する米側の最終提案を発表した[169]。これにより、レイキャビクでの暫定合意に沿って、米ソが欧州部のＬＲＩＮＦを全廃することと、ソ連がアジア部にＬＲＩＮＦ弾頭一〇〇個を残す間、米国は本土に同数のＬＲＩＮＦを新たに配備することが確定した。[170]この時、レーガンが発表した最終提案はソ連のダブル・ゼロ・オプションを受け入れた内容であり、ＬＲＩＮＦの大幅削減およびその最終的な全廃とＳＲＩＮＦの全廃を併記していた。

アラスカ州へのＩＮＦ配備支持

ベネチア・サミットを成功に導いた中曽根は、日本国総理として初のスペイン訪問を終え一四日に帰国した。翌朝、総理官邸で待ち構えていた新聞記者にサミットの感想を尋ねられた中曽根は「まあ、一生懸命やってきたよ」と一言だけ答えた。

一五日にレーガンがＩＮＦ最終提案を公表すると、記者陣は「レーガン大統領演説で、ＩＮＦの短射程は全廃、長射程は最終的に全廃ということだが、どう思うか」と質問した。これに対し、中曽根は「我々はあれを支持するね。あれを読むと、アルターネイト・エリミネーションとある。その前にアイ・ホープとあるが、アジアに一〇〇残すとは出てこない」と回答した。[171]中曽根はアジア部のＩＮＦが大幅に削減され最終的に全廃されることを支持した。しかしながら、削減の過程で段階的に一〇〇個残すかどうかについては「それはまだわからない」と答えるに止めた。

三日後、中曽根のサミットでの発言の一部がマスメディアのみならず自民党内からも問題視され始めた。一九日午前、官邸で記者から「サミットの場で『米の残存ＩＮＦ一〇〇発をアラスカに配備してはどうか』と提案したそうだが」と訊かれた中曽根は、「それは削減のため、万やむをえざる措置として言ったんだ」と答えた。アラスカ州へのＩＮＦ配備はあくまでソ連側の一〇〇個を削減するための一時的な措置にすぎないというのが、中曽根の理解だった。

だが、同日午後の会見で、ある記者は「アラスカへのＩＮＦ配備は、新たな緊張を呼ぶと考えないか」と質問した。この時点から、明らかに記者の質問のトーンが批判的なものに変化していた。つまり、サミットでの中曽根発言は軍縮や緊張緩和ではなくむしろ米ソ間の緊張を高めるのではないかというのである。

そこで、中曽根はこの問題に対する記者の疑念を晴らすため、以下の通り説明した。「あれは、どうしてもソ連がシベリアから一〇〇発を撤去しないというのなら、世界的ゼロをめざすため、やむをえない措置として言ったんだ。〔中略〕軍縮交渉でＩＣＢＭやＬＲＩＮＦの削減交渉に行き詰まったら、やむをえない交渉材料として、暫定的に考えてはどうか、と言ったものだ」[172]。

アラスカ州への配備はあくまで交渉に行き詰まった際の暫定措置であるとする中曽根の説明に対し、記者も大筋では納得したのか、その後の取材でこの問題を深く掘り下げて質問することはなかった。後藤田官房長官も中曽根の立場を擁護すべく、「ソ連のＩＮＦに対抗してアラスカに米ＩＮＦを置くというのは従来からのアメリカの立場であり、首相はそれを支持したものだ」と述べた[173]。

ところが、同じ日の新聞は自民党内から「日本としては、あくまでもアジアでのソ連の中距離核戦力の全廃を求めていくべきで、こちらから〔アラスカへのＩＮＦ配備を―引用者注〕言い出したとしたら、筋違いだ」との批判が出たと報じた[174]。

均衡に立脚した核軍縮の戦略的重要性――性急な核廃絶への懸念

こうした状況に呼応するかのように、それまで日本のＩＮＦ問題への関わりにさほど異論を唱えてこなかった野党も中曽根発言に対する追及を始めた。七月一〇日の参議院本会議では和田教美《わだたかよし》（公明党）、佐藤昭夫（日本共産党）、稲村稔夫《いなむらとしお》（日本社会党）が質問に立ち、非核三原則を国是とする日本の総理が米国に核兵器を新たに配備せよと受け取られかねない提案をするのは断じて許されないとして中曽根に説明を求めた。

これに対し、中曽根は核軍縮の目標と手段を峻別し次のように答弁した。まず核軍縮交渉の目標はＩＮＦをグローバルに全廃することである。だが、交渉は米ソ間の同等のカテゴリーの核兵器に関して削減が行われるため、ソ連がアジア部ＳＳ—20残置に固執する場合には、それを削減させる手段として米国も同等の核兵器を配備して両国の均衡を維持しつつゼロにしなければならない。

すなわち、アラスカ州へのＩＮＦ配備にはゼロを実現する交渉材料としての可能性が認められる。この交渉材料を放棄してソ連に弾頭一〇〇個の残置を認めれば、北海道や東北の「日本の航空基地にあるいろいろなもの〔三沢基地の在日米空軍Ｆ—16など—引用者注〕をどうかしろ」という条件がソ連から出されるかもしれなかった。ゆえに、中曽根は日本の安全保障上の利益を守るためには、ＳＳ—20との相殺条件を米国に与えてアジア部ＩＮＦ全廃を実現する方針を貫いたのである。[175]ただし、先述した通り中曽根の本心はソ連のＳＳ—20の演習や訓練時の移動が査察を困難にする点から、直ちにゼロを目指すべきとするものであった。[176]

このように均衡に立脚した核軍縮の必要を訴えた中曽根に対し、野党はアジア部ＩＮＦゼロの実現のためソ連にＳＳ—20撤去を迫りつつ、米国に海洋核配備の停止を促すのが基本課題であるとして追及の矛先を日米同盟の根幹に向け始めた。七月二一日の参議院予算委員会で質問に立った橋本敦（日本共産党）は、「大事なことは、まさにアジア核ゼロ、これをやるためには、ソビエトに対してもＳＳ20を撤去しなさい、同時にアジア・太平洋地域、ここでもアメリカは核の配備をやめなさいというのが基本的な課題ではありませんか」と述べたのである。[177]

こうした考えは、のちに外務省がＩＮＦ交渉妥結に対する国内的反響として最も憂慮した出来事であった。特に軍縮課はＩＮＦ交渉の妥結後もソ連の平和攻勢が続くと、太平洋での海洋軍備管理・軍縮への関心が次第に高まる可能性について神経を尖らせた。

ＩＮＦ条約調印間近の一一月三〇日に、軍縮課は「ＩＮＦ協定締結後の軍備管理・軍縮問題の展望」についての考え方をまとめている。その中で「わが国内においては、本件地上配備ＩＮＦ全廃合意を受けて『海上核を中心とする核軍備交渉を』（二六日朝日社説）、『アジア非核地帯構想を』（社会党の主張）、更に欧州での通常兵器軍備管理交渉開始への動きをみて、『太平洋地域でも通常兵器軍備管理交渉を』といった風潮を生ずる素地があることが注目される」と記している。[178]

特に、外務省が注意を向けた『朝日新聞』の社説は、「海上核を中心とする核軍縮交渉を」求める考え方として、「INF全廃後、米ソがどのような核兵器体系を再構築するか、まだわからないが、海上や海中、あるいは空中から発射される核巡航ミサイルが主柱の一つになることだけは明白である。〔中略〕INFはなくなったが、日本周辺は米ソ巡航ミサイルでいっぱい、というのでは困る。将来を見通した対応を政府に望みたい」と論じていた。[179] 同社説はまた、ソ連アジア部のSS―20の脅威が日本の防衛力増強の理由の一つであったと説明し、INF全廃によりSS―20が姿を消すのならば、日本の防衛力整備にもそれに見合った措置が求められるべきだと主張していた。以上を踏まえた上で、日本がINF後に備えなければならないこととして、海洋発射型の核巡航ミサイルの縮減についても見通しが必要ではないかと提言したのである。

しかし、軍縮課にとってみれば、このような新聞の論調や海洋核軍縮を求める世論の高まりは、「日米安保体制の円滑な運用に大いなる支障をきたし得る」問題であった。この問題への対応として、軍縮課は「米ソ交渉上、戦略兵器の範疇に入っているSLCMの今後の取扱い如何は、SLCM搭載米国艦艇の寄港に深刻な影響を及ぼしかねない」という認識のもとで、「INF交渉では回避し得たFBS及び核・非核両用システムの議論が、明年にも予想される欧州通常戦力軍備管理交渉においていかなる取扱いを受けるか我が国として注視し、西側の交渉参加国から緊密な協議を受ける体制を整える要があろう」と提言した。[180]

さらに、軍縮課は一二月二日付の内部文書において、国内世論がINF協定を過大評価し、「デタントの再現」、「アジアでも海上核を中心とする核軍縮交渉を」といった風潮が生ずることは好ましくないことと判断した。そして、そもそも軍縮は、均衡のとれたより低いレベルの安定を目指すべきものであって、関係国の安全保障を害するものであってはならないとの認識を強調した。これに基づき、軍縮課は「西側に不利な『アジアでの海上核の核軍縮交渉』、『太平洋における海軍力削減交渉』等を行なわんとすることは、我が国の安全保障に資するものでないことを訴えていくこととする」という対応方針を示すこととなった[181]。

外務省は同文書の中でＩＮＦ協定を「はじめて実際の核兵器削減（撤廃）を図るもの」であり「画期的」と評価しながらも、日米安保体制を通じた米国の拡大抑止に直接影響が及ぶアジア太平洋での海洋核の軍縮交渉に対してはなお慎重な姿勢を貫いていたのである。

五　ＩＮＦ条約の調印

ソ連のグローバル・ダブル・ゼロ提案

アラスカ州への核配備をめぐる日本国内での議論は、「均衡に基づく軍縮論」の域を超えることなく収束することとなった。というのは、七月二二日にゴルバチョフがインドネシアの『ムルデカ』紙とのインタビューにおいて、アジア部を含めた全地球規模でＬＲＩＮＦとＳＲＩＮＦを全廃する考えを示したからである。これによって、アラスカ州へのＩＮＦ配備は事実上必要がなくなった。

ゴルバチョフはインタビューの中で、アジア諸国が置かれた状況とその安全保障上の懸念を考慮して、アジア部にある全てのＬＲＩＮＦを撤去する用意があると語った。また、ジュネーブでの米ソ交渉で検討されたＬＲＩＮＦの弾頭一〇〇個を保持する考えを撤回する意向を示し、米国も同様の行動をとればＳＲＩＮＦの撤去に応じると述べた。

ゴルバチョフはこれをグローバル・ダブル・ゼロと呼んだ[182]。ソ連はこのオプションがアジア部ＩＮＦ残置の問題を解決し、アジア諸国に強い好印象を与えるものと考えていた[183]。他方で、ソ連は米国が朝鮮半島、フィリピン、ディエゴ・ガルシア島で保持している核兵器を増強しないことを希望した。また、米国がソ連領土に到達し得る核兵器を追加配備しないことを条件に、アジア部で戦略爆撃機を増強しないことを約束する用意を示した。

後に、外務省軍縮課はソ連がアジア部ＩＮＦ全廃に同意するに至った動機について、その真の理由は定かではないと断りつつも、関係改善を図ろうとしている中国への配慮が考えられると分析した。また、一部のＩＮＦの存置は検証を複雑にし、協定の早期成立を危うくすることや、ＩＮＦ削減のモーメンタムを生かし非核化を進めるという戦略に齟齬をきたしかねないとの判断がソ連内部で働いたのではないかと推測している。さらに、アジア部一〇〇発存置では、国際世論に対し非核化を訴える点では迫力を欠くと考えた可能性も指摘された。[184]

いずれにせよ、ゴルバチョフはレーガンとの間でＩＮＦ全廃協定を早期に成立させ、核軍縮交渉の成果を世界に示すため、アジア部でのＩＮＦ全廃を決断するに至った。そして、これはウラジオストック演説でゴルバチョフが示した対中関係の改善への期待が、軍事面でも具体的なシグナルとなって現れたことを意味していたのである。[185]

グローバル・ダブル・ゼロへの反応

ゴルバチョフのグローバル・ダブル・ゼロ提案に対し、西側各国はどのような反応を示しただろうか。交渉当事国である米国は、二三日にフィッツウォーター(Marlin Fitzwater)大統領首席報道官を通じて特別声明を発表した。声明は、「われわれは米大統領が一九八一年一一月に提示した米ソ両国の長射程ＩＮＦ全廃の提案を、ソ連が受諾するとの報道を歓迎する」と述べた。その上で、フィッツウォーターはゴルバチョフの提案を「欧州およびアジアに対するソ連の核の脅威を実質的に軽減し、検証の効果を高めるもの」だと評価した。[186]

米国にとって今回のゴルバチョフ提案は、レーガンが六年前に提示したゼロ・オプションをようやくソ連が受け入れたとの理解であった。ただし、米国は今回のソ連提案が西独保有のパーシングⅠａについて何一つ言及していないことを気にかけていた。二三日には、レーガンも日記に「ゴルバチョフが明らかにしたＩＮＦのゼロ・ゼロ提案は、西ドイツのパーシングⅠaについて彼ら〔ソ連―引用者注〕が妥協しないことで止まっているのだろう」と懸念を記している(187)。フィッツウォーターに続きソ連提案について背景を説明した米政府高官は、パーシングⅠaを米ソ交渉の対象外にするとの米国の立場は一貫していると語り、ソ連がこの問題で譲歩するよう求めた。なお、米ソ間でのパーシングⅠaの最終的な取り扱いについては次項で詳述する。

次に日本側の反応も見てみよう。二三日午前、国会内で記者の取材に応じた中曽根は、ゴルバチョフによるＩＮＦ全廃の提案を受けて「米ソ会談の希望は出てきた」と答えた。また、午後の会見でもＩＮＦ全廃提案について「いちばん正しい射程に入っている」とおおむね好意的に評価する姿勢を見せた(188)。

さらに、同じ日の参議院予算委員会で中曽根は菅野久光（日本社会党）から、ゴルバチョフ提案に関連して、アラスカへのＩＮＦ一〇〇個配備を提案している日本国首相として所感を述べるように求められた。これに対し、中曽根はゴルバチョフ提案を「歓迎すべき政策である」と評価した。その上で、「ゴルバチョフ書記長が言われておるのは、アメリカが同じようにやる〔米国領土内のＩＮＦを全廃する―引用者注〕ならばシベリアにおいて百〔弾頭の残置―引用者注〕はやめてもいいと。つまり、アメリカがアラスカを含む領土内に《ママ》百やめるならばという条件つきであります」と答弁した(189)。すなわち、中曽根は従来からの持論である「均衡によるレベルダウン」という軍縮交渉の合理性をもう一度再認識すべきだと説いたのである。

また、中曽根はゴルバチョフがシベリアに残そうとしたＩＮＦ弾頭一〇〇個と米国がアジア地域に配備した核兵器とを対比することをやめ、パーシングⅡの展開を問題にしたことについて「本筋の話に戻った」と評価した。これをもって中曽根は、ＩＮＦのアラスカ配備を支持した「我々の判断が正しい」と考えていると述べた(190)。おそらく、中曽根は持論がゴルバチョフ提案によって実証されたと考えたのであろう。

しかし、この日の新聞は「実際には米国ＩＮＦのアラスカ配備が行われないままに、ソ連がアジアのＩＮＦ全廃を打ち出したことから言えば、首相の論理展開には無理な点もある」とやや厳しい論調を示した。
また、外務省の幹部はゴルバチョフ提案について肯定的な評価を示しながらも、その内容が大胆なだけにウラジオストック演説から一周年のタイミングを捉えたソ連のプロパガンダである面も捨て切れないと、なお警戒していた[191]。

グローバル・ダブル・ゼロについては、西独をはじめとするＮＡＴＯ西欧諸国の反応もおおむね好意的だった。二三日、ゲンシャーはゴルバチョフ提案について「実のある提案だ」と歓迎する談話を発表した。また、ＮＡＴＯ当局者もゴルバチョフの提案が「西側諸国の基本的要求に沿った内容」であると評価し、年内のＩＮＦ協定合意の可能性が出てきたとコメントした[192]。

このように、米日欧のゴルバチョフ提案に対する反応は、これまで西側が主張してきたグローバル・ゼロの考え方をソ連が受け入れたことに関して、全般的に高い評価を下したと見ることができよう。

パーシングⅠａ近代化問題の再燃

だが、レーガンが懸念していたパーシングⅠａの取り扱いは時を置かずに、再び米ソ間の議論の俎上に上った。その発端となったのは、七月二三日にソ連のウォロンツォフ(Yuli Vorontsov)第一外務次官とアフロメーエフ参謀総長らがモスクワで開いた記者会見だった。ウォロンツォフは、ゴルバチョフ提案をウラジオストック演説でのソ連の立場を一歩進めたものと位置付けた上で、短期間でＩＮＦ交渉の合意に辿り着ける内容だと強調した。

一方、アフロメーエフは米ソ合意に至るまでには次の四つの問題が解決されなければならないと述べた。第一に、西独連邦軍保有のパーシングⅠａに搭載された米国管理の核弾頭を廃棄すること。第二に、パーシングⅡやＧＬＣＭの改造および換装を禁止すること。第三に、米ソ双方のＩＮＦミサイルを同じ比率で廃棄すること。そして第四に、適切で効果的な検証、査察の権利を米ソ両国が持つことである。アフロメーエフはこれらの問題について米側に譲歩を求めたが、特にパーシングⅠａ問題の解決が最重要課題だと述べた[193]。アフロメーエフの発言は、レーガンの予想が正しかったことを裏付けるものであった。ソ連は、グローバル・ダブル・ゼロを全面的に受諾しながらも、西側にパーシングⅠａを廃棄させることを諦めていなかったのである。

同日午後にジュネーブで行われたＮＳＴのＩＮＦ分野全体会合で、ソ連のオブホフ次席代表は、米側に対しグローバル・ダブル・ゼロを正式に提案するとともに、パーシングⅠａの廃棄を要請した。オブホフが、この要請を米側が拒否した場合でも交渉継続は可能だと表明したことは注目に値しよう[194]。少なくとも表向きには、パーシングⅠａの廃棄は、ソ連にとってＩＮＦ交渉合意の必要条件ではなくなったからである。

この問題に関して、ベネチア・サミットで政治声明を執筆した外務省の新井情報調査局長は、「残る主要な問題はパーシングⅠａ及び検証問題であるが、もともと、ソ連にとってはパーシングⅡ及び巡航ミサイルが排除されればＳＳ―20等の破棄という代価を払っても決して悪い取り引きではなく、結局何らかの形で妥協が図られる可能性が少なくない」と推測していた[195]。

また、米国のエーデルマンＡＣＤＡ局長はパーシングⅠａの撤去問題について、「西独ＳＲＩＮＦは二〇年近くも存在しており、それが真にソ連にとって軍事的脅威であるとしたら、ソ連軍部がとっくに問題提起していたはずである。ＩＮＦ交渉の最終段階で初めてソ連側が持ち出したことは、単なる難くせとしか思えない」と批判した[196]。

米政府は、これまでの交渉経緯に照らして、ソ連が数カ月以内にパーシングⅠａの撤去要請を取り下げると予測していた。その上で、国務省も同ミサイルをＩＮＦ交渉に含めることを拒否し続け、西独との協力計画を維持し、ミサイルの近代化についての権利を留保するとの立場を堅持したのである[197]。

一方、西独政府は、パーシングⅠａを保持することが東側との軍事バランス上、絶対に必要であると考え、ソ連のミサイル撤去要請に強く反論した。西独国防省の広報官は二四日、パーシングⅠａの廃棄をＩＮＦ交渉に含めることを認めないとする談話を発表した。西独政府は、ワルシャワ条約機構の通常兵力が優位に立っている以上、NATO柔軟反応戦略の信頼性確保のため、引き続きパーシングⅠaの配備が必要との立場を改めて表明したのである[198]。

七月三一日に在西独日本国大使館員が西独国防省関係者からパーシングⅠaに関する立場を聴取した際にも、西独側は「国防省の基本姿勢としては、パーシングⅠaをINFに関する米・ソ交渉の枠外におくことを貫くというものであり、その旗を下ろすことはあり得ない」と強気を見せていた。その背景には、西独政府がこの問題でソ連に対し断固たる姿勢をとる限り、NATO諸国、特に英仏両国は自国の核兵器の保有に問題が波及することを恐れ、西独の立場を強く支持するに違いないとの確信があった[199]。

しかし、以前検討したように、西独内ではパーシングⅠaの扱いをめぐる立場は二分されていた。八月初め、連立与党のパートナーでありゲンシャーが属するFDP内部では、西独政府のパーシングⅠaに対する姿勢のゆえに米ソ交渉が決裂することがあってはならないとの声が高まった。ゲンシャー自身、INF全廃協定の実現のためにあらゆる努力をすることが西独の利益であると表明し、国内ではこれがパーシングⅠa放棄の意向と受け取られた[200]。FDPの影響力が大きい西独外務省も、かりに米国がINF交渉と分離した形でパーシングⅠaの事実上の廃棄を決定した場合には、速やかにこれに従う公算が高いと見られていた[201]。また、八月中旬には野党のSPDも同ミサイルの無条件での廃棄を主張する立場からFDPに同調する姿勢を見せた。

他方、与党のCDUとその姉妹政党であるCSUの保守派、そして国防省内の一部の関係者は、安全保障上の観点からパーシングⅠaの廃棄に強い抵抗を示した。政府によるグローバル・ダブル・ゼロ受諾は誤った決定だと批判していた彼らの中からは、パーシングⅠa廃棄[202]についていて、これをソ連の短距離核ないし通常戦力削減のための取引材料とすべきだと意見も出てきたのである。

パーシングⅠa近代化の放棄

八月下旬、コールに残されたオプションは、パーシングⅠaが老朽化を迎える一九九一年までミサイルの近代化に関する決定を先送りしＩＮＦ交渉不算入の立場を貫くか、パーシングⅠa近代化の一方的な放棄という選択肢を交渉最終段階まで残しておき、ソ連の短距離核削減との取引材料として利用するかのいずれかであった(203)。だが、コールはどちらの選択肢も取らず、八月二六日に条件付きでパーシングⅠaの近代化を実施せずミサイルを廃棄すると発言した。コールは、米ソ間でＩＮＦのグローバルな全廃合意が達成されるのならば、米ソＩＮＦミサイルの最終的な廃棄とともに「パーシングⅠaミサイルが近代化されず、廃棄されることになるであろう」と表明したのである(204)。この発言は、上に挙げた二つの選択肢がなお採用可能であったことも考慮すれば、従来の姿勢を大きく転換する内容であった。

コールはなぜこのような決定を行ったのだろうか。この点について、在西独日本国大使館は「対米、対ソ関係上の考慮」および「西独の安全保障上の意味」という観点から次のように推測した。

まず、対外関係上の考慮として、コールはモーメンタムを失うことなく米ソがＩＮＦ協定を早期に妥結するには、その政治的障害となっているパーシングⅠa問題について突破口を開かなければ交渉が再び暗礁に乗り上げかねないと認識していた。そこで、コールはパーシングⅠaの交渉不算入の原則を維持し、米国やＮＡＴＯ諸国の従来の立場を損わずに「西独がマヌーバーできる余地がある方策として」ミサイルの近代化を放棄する方針を打ち出さざるを得なかった。この方針は従来の原則を逸脱するものではないため、米国や他のＮＡＴＯ諸国からの同意は比較的得やすいと考えられた。

他方、この方針はソ連に対しても「西独の頑な姿勢のゆえにＩＮＦ交渉が挫折した」という口実を作らせない点で、ソ連による西独非難を抑制する効果を持っていた。「かくして、コール提案は、ソ連がＩＮＦ協定の成立の重要な前提としていたパーシングⅠaの核弾頭の交渉参入要求を逆手にとり、条件と結果をそっくり入替え」たのである。[205]

次に、西独の安全保障上の意味としては、パーシングⅠaが元々、ソ連領土に届かず、しかも老朽化の進んでいるミサイルであることから軍事的にはさしたる価値を持たなくなっていた事実が挙げられた。また、一九九一年以降にミサイルの近代化に着手する場合には、これに反対すると見られるFDPとの対立が必至であることから連立政権の基盤が揺らぐ可能性もあった。したがって、コールは予想される反対を押し切ってまでミサイルの近代化を推進する利点はなく、安全保障上の観点からも重要性に乏しいと判断したのであろう。[206]

パーシングⅠa近代化を放棄するというコールの発言は、あくまで首相個人の考えであった。この発言に対し、連立与党のCDUとFDPは歓迎する意向を表明し、野党SPDも肯定的な見方を示した。しかし、CSUや西独国防省関係者はコール発言に対する態度を留保した。それまでパーシングⅠa近代化放棄に消極的立場をとってきたヴェルナーは、INF交渉を前進させるためにはその廃棄もやむを得ないと考えるようになっていた。[207]

一方、西独連邦軍内部には近代化の放棄に対して消極的な見方が残っていた。連邦軍の戦略・作戦指揮・軍縮を担当するヒッツテル少将(国防省連邦総監部第三部長)は、コール発言は「より高度の判断に基づき実施された政治的決断であり軍部はこれに従わざるを得ない」として、コールの決定を追認した。しかしながら、ヒッツテルは「本件は、いずれ軍事サイドではなく政治的に明確にすべき問題であった訳であるが、自分としては、内心おだやかではない」と不満を漏らした。[208]

西独軍部から見れば、六月四日のコールによる政府声明と、それに基づくヴェルナーのパーシングⅠa存続を前提とした対米交渉の継続が既定路線だった。にもかかわらず、現実の状況はそれを許さなかった。アフロメーエフの発言を機に、パーシングⅠaの廃棄を決断しなければ今度は西独がINF全廃協定の早期妥結を阻んでいるとの批判を免れず、コールは政治的に持ち堪えられない状況に追い込まれた。

軍部はどちらかといえば、コールに苦渋の決断を迫った政治的状況に対して不満を抱いていた。ヒッツテルはコールに対し、パーシングＩａの柔軟反応戦略の中に占める地位につき十分説明したことを明らかにするとともに、今回のコール発言は同ミサイルの保持および不保持の功罪を踏まえたものと理解していると述べた。要するに、軍部の不満はコールの決定そのものに向けられたものではなかったのである。

米側の歓迎とソ連の反発

八月二六日、レーガンはロサンゼルスのセンチュリープラザホテルで演説し、コールのパーシングＩａ近代化放棄に関わる声明を歓迎した。レーガンは「われわれは、一定クラスのすべてのミサイルを廃絶できる歴史的な合意に近づいている」と述べ、ＩＮＦ全廃協定の早期妥結に期待を示した[209]。その一方で、ソ連に対してはパーシングＩａミサイルに関する土壇場での要求は根拠のないものであると批判した[210]。同じ頃、国務省はコールの声明を受けて、西独がパーシングＩａのミサイル本体を解体した場合には、その核弾頭は米本土に送り返されることを明らかにした。

しかし、ソ連側はコールの声明について完全に納得したわけではなかった。九月一日、ベススメルトヌイフ外務次官は、コールの声明について「一定の限度で有益な一歩」と評した。しかし、コールの声明が「パーシングＩａ用核弾頭の処分権は排他的に米国に属する」と認めるのならば、核弾頭に関する問題の解決はジュネーブの米ソ交渉に委ねられる、との結論が導き出されるとコメントした[211]。特に、ベススメルトヌイフは、パーシングＩａから外された米核弾頭の今後の行く末が不明瞭となっていることを問題視した。

また、カルポフ軍備制限・軍縮問題局長は、西独配備のパーシングＩａだけでなく米本土に存在する同型ミサイルの廃棄も交渉の対象とするよう米側に求めた[212]。これに関連して、一一日に西独を訪れたペトロフスキー外務次官は、ソ連が西独配備のパーシングＩａを含む全ての核弾頭の廃棄を提案したのは、検証問題に関する米ソ間の意見相違を克服するためであると説明した[213]。

このようなソ連政府高官の相次ぐ対米要請は、米側の交渉担当者をひどく苛立たせた。シュルツは一一日の会見で、カルポフの要請を取り上げ、米国がＩＮＦ条約の合意に向けて努力を傾注している中でソ連が新たな障害を設けていると非難した。そして「アメリカは条約に調印する用意があるが、ソ連がこれまでの努力を無駄にしたいと思うなら、それは彼ら次第だ」と怒りを露わにしたのである。[214]四日後にシェワルナゼとの会談を控えていたシュルツは、この発言でソ連の追加要求を牽制しようとした。

一方、一三日付けの西独『ウェルト・アム・ゾンターク』紙は、シェワルナゼが米ソ外相会談において、米国が管理するパーシングＩａの核弾頭八二個と米本土に存在する同型の核弾頭四〇〇個の廃棄を提案すると報じた。[215]ただし、この報道の真意は判然とせず、米側も目立った反論はしなかった。パーシングＩａ問題をめぐり再び暗礁に乗り上げた交渉の行く末は、一五日から二日間行われた外相会談に委ねられた。

米ソ外相会談――ＩＮＦ基本合意

九月一三日、ワシントンＤＣに到着したシェワルナゼは「われわれは、中距離ミサイルと戦術ミサイルに関する条約の準備完了に近づいた」と発言し、ＩＮＦ交渉の合意に意欲を見せた。[216]一五日正午、シェワルナゼはホワイトハウスを訪れ、レーガンにゴルバチョフの書簡を手渡した。書簡には、ＩＮＦ交渉の早期合意を望むゴルバチョフの真剣な姿勢が綴られていた。

我々が貴方に提案している解決策は、米側がこれまで幾度か示してきた提案と重要な側面で事実上同一である。〔中略〕私は、西独政府がパーシングＩａミサイルを近代化せずに撤去する決定を下したことは事態を容易にすると理解している。もちろん、我々は西独政府との関係を含めて、米国の同盟関係に干渉する意図はない。しかし、西独のミサイル用とされる米核弾頭がどうなるかについての問題は明確にする必要がある。

〔中略〕我々は射程五〇〇キロメートルから五五〇〇キロメートルまでの全てのクラスのミサイルと、これらのミサイル用の全核弾頭の廃棄を求める。中・短距離ミサイルに関わる合意の成否は、全面的に米国指導部、そして協定を締結しようとする大統領の個人的な熱意にかかっている。我々のアプローチに関しては、それが建設的なものとなることを当てにしてよい[217]。

書簡を一読したレーガンは、ゴルバチョフのＩＮＦ交渉に対する考えについて特にコメントをしなかった。しかし、彼は書簡の後段に、米国がＳＤＩ研究で一方的優位を確保する企てを放棄しない限り、戦略兵器削減交渉の最終的合意に達することができないという主張に注意を向けた。そこで、レーガンはシェワルナゼに対し「われわれがＳＤＩについては譲るつもりのないことをゴルバチョフに伝えてほしい」と要請した[218]。

その直後に国務省で行われた米ソ外相会談で、両国はＩＮＦ交渉の基本合意に至った。会談でソ連側は、パーシングⅠａの核弾頭廃棄を協定本体には明記せず、協定とは別に独立した文書の中で廃棄を明文化するとの妥協案を示した。

これに対し、米側はこれまで主張してきたパーシングⅠａのＩＮＦ交渉からの除外を維持できることから、妥協案の受け入れを検討する意向を示した[219]。そのほか、今回のシェワルナゼの訪米中には、偶発的紛争の機会を最小化するための危機防止センターを設置する協定に米ソ両外相が署名し、両国間の関係改善がより一層進展した[220]。両国は人権、地域問題、二国間関係、軍備管理の四分野で新たに作業部会を設置することで合意した。

さらに、シェワルナゼは非公式の場でシュルツにアフガニスタンからのソ連軍撤退の意向を伝えた[221]。一五日の日記でレーガンは、「これは良い会談だった。いくつかの点では意見が対立したが、かつて見慣れていた敵対心はなかった」と記している[222]。

外相会談が成功裏に終了したのを受けて、レーガンはＩＮＦ全廃に関して米ソ両国が基本合意に至ったこと、

ＩＮＦ条約の調印式が年内に開催の米ソ首脳会談で行われること、そして、残された技術的問題（ソ連が主張する西独パーシングⅠａ核弾頭の米ソＩＮＦとの同時廃棄およびＩＮＦ全廃のスケジュールに関する問題）については、ジュネーブで最終的な交渉が行われることを公表した[223]。

また、米ソは戦略核兵器の五〇％削減に向けて努力を傾注することに合意した。そして、ＳＤＩの研究開発に関してはＡＢＭ条約の伝統的解釈（狭義解釈）を遵守することで基本的了解に達したのである[224]。

ＩＮＦ基本合意の歓迎

米ソ両国がＩＮＦ交渉で基本合意に達したことを受けて、アジア部ＳＳ―20の撤去を求めてきた中曽根はどのような反応を示したのであろうか。一八日の会見でＩＮＦ基本合意についてコメントを求められた中曽根は、次の通り答えた。「非常に朗報だ。具体化に向けて着実に前進することを期待している」。中曽根は、ＩＮＦ交渉が日本政府の期待する方向に進んでいることを評価したのである[225]。

また、一九日に行われた参議院大蔵委員会で多田省吾（公明党）から、基本合意に対する感想と核軍縮についての決意を尋ねられた中曽根は次のように答えている。

> 米ソにおいて基本的合意がＩＮＦ廃止についてできたということは大きな成果であり前進でありまして、日本政府としてはこれを歓迎し、かつアメリカ及びソ連の首脳部の御努力に対して敬意を払い、称賛の言葉を送りたいと思っております。〔中略〕今回のＩＮＦにつきましては、特にアジアの犠牲においてこれが処理されるということがなかった。世界的規模において全部廃止する、そういうことが決まりまして、日本が年来唱えてきたアジア部に百ソ連が残すという意図は完全に消滅いたしました。このことは、我々の外交努力が実ったものであると考えております[226]。

このように中曽根は米ソの基本合意を称賛した上で、今後の最終的作業や包括的核実験禁止(CTB)などの交渉には、日本も側面から支援していく意向を明らかにした。これはあくまでも米ソ核軍縮交渉を外交面で支持してきた政治レベルからの評価である。

他方、実務レベルからは「政治が実務を追い込んだ」との声も聞こえてきた。例えば今井隆吉前軍縮大使は、当時のインタビューで個人的見解と断りながらも、INF全廃の基本合意は米ソ両国が政治的判断を優先させて交渉に臨んだ結果、得られたものと評した。つまり、従来の軍縮交渉のパターンとは正反対に、本来は先行すべき実務交渉の方が政治合意を追いかけざるを得ない状況だったのである。

今井はその背景として、残り少ないレーガンの任期と米ソ両国の軍備制限への期待のほかに、ゴルバチョフが次期米大統領の就任まで交渉妥結を待てなかった、などの要因を挙げている[227]。換言すれば、実務レベルの予想よりも遥かに速いスピードで米ソの基本合意が実現したということになるであろう。

GLCM配備中止と対ソ強硬派の失脚

INF基本合意を受けて、ベルギーのマルテンス首相とオランダのファン・エーケレン(Willem Frederik van Eekelen)国防相は、米ソがINF条約を調印・批准すれば、八八年に予定されていたGLCMの追加配備、導入計画を中止すると発表した[228]。欧州非核化というゴルバチョフのイニシアティブは、基本合意を境に早速効果を見せ始めたのである。

その一方で、ガルビン(John Galvin)NATO軍最高司令官が語ったように、西側の国防関係者の中には、INF条約が欧州戦域でのNATOの防衛力を弱体化させるという批判的見解を持つ者も少なくなかった。ガルビンは、欧州非核化に対抗してNATOの通常戦力、戦術核兵器、ALCMの増強を図り、INF条約締結に伴うリスクを軽減することを提案した[229]。

しかし、この時までに国防関係者やワインバーガー、パールといった対ソ強硬派のレーガン政権に対する影響力は小さくなりつつあった。ワインバーガーらがＩＮＦ交渉を頓挫させようとしてソ連に突き付けたゼロ・オプションをゴルバチョフが容認し、さらにそれを超える提案（グローバル・ダブル・ゼロ）をソ連が行ったことも、米政権内における強硬派の発言権を弱める大きな要因となった。

また、レイキャビク会談後、シュルツやニッツェら国務省の対ソ交渉推進派がソ連との間で着実にＩＮＦ交渉を基本合意へと導いたことも、戦略核兵器半減やＳＤＩ計画でソ連に譲歩しない強硬派に対する評価を厳しくした。ワインバーガーはレーガンの個人的信任を得ていたものの、大統領夫人のナンシーはソ連に対して常に敵意を抱くワインバーガーを快く思っていなかった。彼女がしだいにシュルツの味方をするようになったことも、ワインバーガーを苦しめたという[230]。

対ソ強硬派の権威失墜を決定的にしたのはホワイトハウスが関与したイラン・コントラ事件であった。ニカラグアの左派政権サンディニスタに対抗する反政府組織であるコントラを支援するため、レーガンの意を受けたマクファーレン国家安全保障担当大統領特別補佐官やケーシー（William Casey）ＣＩＡ長官、ノース（Oliver North）海兵隊中佐らは、違法行為であるイランへの武器輸出を図り、その利益をコントラ支援に充てていた[231]。

一九八六年一一月にこの工作が明るみに出ると、マクファーレンの後任を務めていたポインデクスター（William Poindexter）国家安全保障担当大統領特別補佐官とノースは解任され、八七年三月にはレーガンが事件に対する責任の所在を明らかにして公式に謝罪した。工作を承認したレーガンやブッシュ副大統領は訴追を免れたが、マクファーレン、ポインデクスター、ノースらは連邦議会の公聴会で有罪とみなされた。また、ワインバーガーも起訴されたが、ブッシュの大統領就任後に恩赦を受け無罪となった。

この事件により対ソ強硬派の多くが政権ポストを追われた[232]。そして一一月五日にワインバーガーが夫人の病気を理由に国防長官を辞任すると、その後の対ソ交渉の主導権はシュルツの率いる国務省が掌握することになった。

三月の謝罪会見で支持率を回復したレーガン政権であったが、イラン・コントラ事件のほかにも、双子の赤字と呼ばれた膨大な財政・経常収支赤字をはじめ多くの内患を抱えていた。連邦議会や民主党からの批判をかわし、翌年の秋に迫った大統領選挙で共和党候補者を勝利に導くためにも、レーガンはソ連とのＩＮＦ条約を早期に調印して軍縮交渉の成功を示す必要に迫られていたのである。

ロン・ヤス憲章

九月二一日、ニューヨークで第四二回国連総会が開かれた。総会一般討論における演説で、レーガンは米ソ外相会談での基本合意に触れ「われわれが米ソ核兵器の中の一つのクラスを、そっくり廃絶する真に歴史的な条約調印に原則的に合意したことは喜ばしい」と述べた。彼はＳＤＩ計画の実現を諦めない姿勢を示しながらも、ゴルバチョフとの間で合意した戦略核兵器五〇％削減の目標を追求し続けると宣言した[233]。この時、レーガンにとってソ連との核軍縮交渉を成功させることは国際的な「公約」となったのである。

中曽根も同じ日の国連演説で、ＩＮＦ条約の原則合意の成立と第三回のレーガン＝ゴルバチョフ会談の開催を歓迎し、米ソ両首脳の政治的決断を高く評価すると述べた[234]。

二一日午後、演説を終えた日米両首脳は米国連代表部で会談を行った。中曽根が首相としてレーガンと会談するのはこれが最後の機会となった。中曽根はＩＮＦ問題でのレーガンの決断とシュルツの外交努力に謝意を表明した。その上で、「テレビで大統領と国務長官がうれしそうにしておられたのを拝見したが、自分もうれしかった」と基本合意について率直な感想を述べた。

次の米ソ首脳会談の開催はいつ頃かと尋ねた中曽根に対し、レーガンは笑みを浮かべながら「一一月かも知れない」と答えた。また、レーガンはＩＮＦ交渉全体を振り返り、交渉の根底に西側同盟国間の分裂がなかったことが功を奏し、ゴルバチョフが西側の分断に失敗したと結論付けた。そして、基本合意の中で日本の関心事であるアジア部のSS―20を取り除いたことを説明し、「対ソ関係に若干の改善、前進をみたのは、西側の団結によるところ大である」として、これまでのG7サミットでの米日欧の取り組みを評価した[235]。

会談終了後、両首脳は五年間の個人的な信頼関係とその成果を集大成した「ロン・ヤス憲章」と題する文書を交換し署名した。四項目から成る同憲章の中で、INF交渉に対する日本の側面協力については直接言及されていない。しかしながら、憲章は両首脳の日米関係強化への貢献、両国間の経済問題の建設的解決、日米関係の不動の基盤について記したのち、次のような表現で日本の側面協力を評価した。

「レーガン大統領は、両国がより安全な世界を構築するに際し、日米間の協力と西側の団結を増進していくため、総理が過去五年間に亘り極めて重要な役割を果たしてきたことを評価した。大統領はまた、総理が日本の対外的イメージを歴史的に変えた旨述べた[236]」。同憲章は私的文書として位置付けられていたが、その内容は政権が代わっても日米関係に揺るぎがないことを改めて確認するものであった[237]。

INF交渉の総仕上げ

INF交渉の最終段階とも言うべきモスクワでの米ソ外相会談は、一〇月二一日から三日間の日程で行われた。二二日の会談でシュルツ、シェワルナゼ両外相は西独のパーシングIaについて、米ソINFの全廃後に西独がミサイルを解体し、核弾頭を米本土に返還することで合意した[238]。

また、INF全廃のスケジュールについても、両国は条約発効から三年以内にLRINFを、一年半以内にSRINFを廃棄する案で合意した。パーシングIaの扱いとINF全廃のスケジュールの両方で、ソ連は米国の提案を受け入れたのである。その日、シュルツから報告を受けたレーガンは「外相会談は建設的かつビジネスライクで人権、地域問題、軍備管理をカバーする内容であり、パーシングIa問題は解決されたと信じる」と日記に記した[239]。

翌日、シュルツはクレムリンでゴルバチョフと会談し、米ソ両国がＩＮＦ条約調印に向けた最終段階の作業に全力で取り組んでいることを伝えた。同席したシェワルナゼも前日の外相会談で、残されていたＩＮＦ条約交渉の技術的問題を解決し合意に至ったことをゴルバチョフに報告した。ただし、彼は検証と査察の分野でいくつかの難題が残っていることを明かした。

また、シェワルナゼは検証と査察は両国の利益に関わる微妙な問題だが、この問題の難しさを考慮に入れた客観的なアプローチの下で解決できると述べた。両外相の説明を受けて、ゴルバチョフはいまやＩＮＦと短距離ミサイルは最重要の課題ではなくなったと発言した。彼は戦略核兵器の五〇％削減の問題を解決する展望を開き、実務的な決定に向けて交渉を動かそうというシュルツの意見に同意したのである。(240)

そして、シェワルナゼも米ソ双方が望めばＩＮＦ条約に関する最終的な作業は三週間で完了することが可能だと請け合った。しかし彼は、残念なことにＡＢＭ条約の維持を条件としつつ、戦略兵器の五〇％削減問題を解決するための実質的な原則はまだないと指摘した。(241) この問題については、シュルツも全く同じ感想を抱いていた。

会談の中盤、ゴルバチョフは戦略兵器と宇宙兵器問題の解決は、米ソ両国の安全保障にとって非常に重要であり、相互に受け入れ可能な解決策を見出す必要性を説いた。彼は、レイキャビクで提案した通り米ソ両国がＡＢＭ条約から一〇年間脱退しないことを条件として、戦略兵器を半減する解決案に言及した。そして、米国がこの条件を受け入れるならば、ソ連はＩＣＢＭの弾頭を三〇〇〇―三三〇〇個以下に、海洋発射弾道ミサイル（sea launched ballistic missile, SLBM）の弾頭を一八〇〇―二〇〇〇個以下に、ＡＬＣＭの弾頭を八〇〇―九〇〇個以下に制限することに同意すると述べた。(242) こうしてゴルバチョフは、来るワシントンＤＣでの米ソ首脳会談で、ＩＮＦ条約調印と同時に戦略兵器削減とＡＢＭ条約に関する基本的立場についても合意に至ることを希望した。(243)

彼の真の狙いは、翌年に予定されるレーガンの答礼訪問の際に、モスクワで戦略兵器と宇宙兵器に関する基本的立場を記した合意文書に調印することだった。しかし、ゴルバチョフの訪米を招請したシュルツの言葉には、戦略兵器とABMに関する基本合意への言及はなかった。彼は、首脳会談が開かれる「その頃〔一一月末―引用者注〕までには中距離ミサイル条約調印が準備されるものと思います」と説明し、それ以上の成果を期待していたゴルバチョフに疑問を抱かせたのである。(244)

会談を終えたシュルツは、戦略兵器と宇宙兵器問題でソ連の歩み寄りが見られなかったため、ゴルバチョフの訪米および首脳会談の日程を設定できなかったことを明らかにした。一方、ソ連側はINF条約調印前の一一月一日より、LRINFおよびSRINFの生産、実験、配備に関する作業を一年間凍結することを米国に提案した。戦略兵器分野で譲歩しない米国に対し、ソ連は既に合意が確実となったINF分野で平和攻勢をかけたのである。

シェワルナゼ外相訪米――ソ連の譲歩

中曽根との会談でも明らかにしていたように、レーガンは一一月末のゴルバチョフ訪米に期待感を示した。しかし、ゴルバチョフ自身は一二月中旬か年末の訪米を望んでいた。彼は三回目となるレーガンとの会談を、INF条約の調印式だけで終わらせるような「尻切れトンボの」首脳会談にはしたくなかったのである。(245)

対するレーガンは、二三日にオーヴァル・オフィスで行われた欧州記者陣との会見で、戦略兵器削減の合意を達成するために、SDIに関する自らの立場を変える用意はないことを明かした。(246)彼は翌日の日記に、「ゴルバチョフが首脳会談でSDIを取り上げようとしているのは、自分が議会対策で忙殺される中で首脳会談の開催を必要としていることを彼が察知しているからではないか」と記している。(247)

また、シュルツもソ連からの帰国の途次に出席したNATO外相会議後の会見において、米ソ首脳会談でINF条約が調印されることが望ましいが、もし首脳会談が開かれないということになれば、ほかに条約調印の方法を探さなければならないと言及した。(248)こうした言動を見る限り、レーガンもシュルツも、ゴルバチョフが取り上げたいＳＤＩと戦略兵器の問題を首脳会談の議題からできるだけ遠ざけようとしているのは明らかだった。

一方、ＩＮＦ交渉妥結に期待を寄せてきた中曽根は、米ソ首脳会談の日程が持ち越しとなったことについて「〔交渉の―引用者注〕最後には、つばぜりあいがあるものだ。まだ情報を集めてみないとわからないが、大筋ではまとまると思う」と述べ、楽観的な見通しを示した(249)。

二七日、シュルツを乗せた特別機がアンドルーズ空軍基地に到着した頃、モスクワではマトロック（Jack F. Matlock Jr.）駐ソ米国大使がソ連外務省に呼び出された。出迎えたシェワルナゼは、マトロックに対し急遽一〇月中にワシントンＤＣを訪問する意向を伝えた。またシェワルナゼは、訪米の際にゴルバチョフの書簡を携えていくことも約束した。マトロックは、シェワルナゼが米ソ首脳会談の準備を軌道に戻す強い意志を感じ取った(250)。シェワルナゼ訪米の報は直ちにレーガンに伝達された。二七日早朝、シュルツとの電話会議でシェワルナゼ訪米の知らせに接したレーガンは「ソ連が瞬きした。シェワルナゼがゴルバチョフの代理として、ＩＮＦや首脳会談のプランを打ち合わせるために木曜日にやって来る」と日記に記した(251)。

果たして、ゴルバチョフは首脳会談でＳＤＩを取り上げることを諦めたのだろうか。同日、国連本部で会見に応じたソ連のペロノゴフ（Alexander Peronogov）国連大使は、ＩＮＦ条約の調印だけを目的とした首脳会談の開催は可能であるとの見方を示した(252)。こうしたソ連側の譲歩に呼応するかのように、米側もゴルバチョフが訪米時にＳＤＩ問題を持ち出すのを断念したことを察知している。シュルツからシェワルナゼ訪米について説明を受けたアスピン下院軍事委員長は、クレムリンがＩＮＦ交渉の最終合意とＳＤＩ問題とのリンケージを断念したことは間違いないと語った(253)。

ＩＮＦ交渉の年内合意への期待を背負ったシェワルナゼは、三〇日にワシントンＤＣを訪れた。ホワイトハウスでレーガンと会談したシェワルナゼは、二八日付のゴルバチョフの書簡を手渡した。書簡の中でゴルバチョフは、来るべきワシントン首脳会談でＩＮＦ条約調印に同意する意向を示した。また、戦略兵器削減交渉を始動させるとともに、米側に対しＡＢＭ条約の遵守と一〇年間同条約を破棄しないことを約束するよう要請した[254]。

書簡を一瞥したレーガンは、ゴルバチョフが戦略兵器削減交渉の前提としてＳＤＩ研究に制限を設けなければならないという従来の主張を取り下げたことを理解した。これにより、ＩＮＦ条約調印への障害は全て取り除かれたのである。会談終了後、シュルツとシェワルナゼは共同声明を発表し、一二月七日にワシントンＤＣで米ソ首脳会談を開催することを明らかにした。首脳会談では、軍備管理に加え人権、人道上の問題、地域紛争の解決、二国間関係を含む幅広い議題について話し合いが行われることが決まった[255]。

中曽根＝レーガン書簡――ＩＮＦ全廃実現への祝意

米ソ首脳会談開催が決定したことを受けて、中曽根は「かねて予期した通りの結果で、良かった。日本にとっては、シベリアのＳＳ20百基がなくなるので、ある意味で日本外交の勝利だ」「ＩＮＦ〔条約―引用者注〕ができるだろうし、ＩＣＢＭ〔の削減交渉―引用者注〕もある程度までいくんじゃないか」と語った[256]。また、米ソ交渉が成功すればゴルバチョフ訪日の展望も開けるのではないかと期待を示した。中曽根の発言には、Ｇ７サミットで示された西側結束がソ連に真剣な交渉を促し、一九八六年二月の日本の提案が米ソ交渉に影響を与え得たという自信が漲っていた。

これまで検討してきた通り、日本はＩＮＦ問題において、西欧諸国のようにＩＮＦ配備に伴う国内政治的コストをほとんど払わず、米国に対する外交的関与を通じて西欧と同等の好結果を得ることとなったのである。

米ソ首脳会談の日程が決まり、ＩＮＦ条約調印がほぼ確実となったのは中曽根の首相退任一週間前のことであった。前年七月の衆参同日選挙で大勝し、異例の総裁三選による一年間の任期延長を全うした中曽根は、八七年一〇月二〇日に竹下登《たけしたのぼる》自民党幹事長を次期総裁に指名した。五年に及ぶ任期において中曽根内閣は、政権初期や売上税導入問題で不支持率が高くなった時期を除けば、おおむね四〇―五〇％台の高い支持率を維持してきた。回復基調にあった退任前の支持率は五〇・一％であった[257]。

しかし、中曽根内閣後半には対米貿易黒字の縮小問題をはじめ、東芝機械によるソ連への九軸旋盤不法輸出事件、半導体や航空自衛隊の次期支援戦闘機開発をめぐる技術摩擦、ペルシャ湾岸海域への掃海艇派遣問題など、日米間で経済・安全保障上の懸案事項が数多く浮上した。こうした対米摩擦の解消が、調整型の政治を得意とする竹下次期内閣に託されることとなった。

一一月四日、中曽根は総理退任記者会見のためのメモをまとめたが、その中で在任中に「うれし」かったことを三点挙げている。第一は「国鉄」の民営化（一九八七年四月一日）、第二は「W選三〇四席」（一九八六年七月六日）、そして第三が「シベリヤSS20」の全廃が決まったこと（一九八七年一一月三〇日）であった[258]。国鉄民営化と衆参同日選挙での勝利はいずれも内政に関わる出来事である。中曽根が退任にあたって嬉しいと感じた外交上の出来事をシベリアSS―20の撤去と書き記したことは、政権初期の対米・対韓関係改善や日中友好関係の深化、その他数多くの首脳外交における業績に比較すると、やや意外な印象を受ける。しかし、中曽根がシベリアSS―20撤去を嬉しかったことの一つとして挙げたことは、それが紛れもなく日本の対米側面支持の成果であったからだろう。

一一月一八日、レーガンから竹下首相宛ての最初の書簡が届いた。書簡には、ジュネーブの米側代表団が効果的かつ検証可能なINF条約を完成させるべく尽力し、来る米ソ首脳会談でゴルバチョフと条約に署名することへの期待が記されていた。レーガンは「これは、戦略攻撃兵器の大幅かつ安定的削減の分野における重要な作業への扉を開く」ものであるとして、INF条約署名をSTART本格化の出発点に位置付けている[259]。

これに対し、二八日発出の竹下のレーガン宛て書簡では「INFのグローバルな全廃が実施されることは、我が国の主張にも応えたもの」であるとしてレーガンの尽力に謝意が表された。また、それにとどまらず、戦略攻撃兵器の大幅削減を目指して、ゴルバチョフとの間で徹底的な話し合いが行われることへの期待が示された[260]。竹下の首相就任から間もないこともあり、二人の初めての書簡の往復は事務的なやり取りに終始した。ワシントンでのＩＮＦ条約署名に合わせて、一二月九日午前に発表された宇野宗佑《うのそうすけ》外相談話と竹下のレーガン宛て祝電の内容も、事前に外務省国連局軍縮課が起案したものである。

以下に示す通り、竹下の祝電は非常に簡潔な内容であった。

竹下総理発レーガン大統領宛て祝電

今般ＩＮＦ協定が署名され、交渉開始以来貴国が提案され我が国が主張してきたＩＮＦのグローバルな全廃が合意されたことを心から歓迎するとともに、右を達成するに当たっての貴大統領の決意と手腕に改めて敬意を表します。(261)

同じ日、もう一つの祝電が外務省を通じてレーガンに送られた。発出したのは中曽根前首相である。

親愛なるロン

ＩＮＦ協定の署名にあたり、貴方に心からの祝福を送ります。

長い困難な交渉の過程で、貴方が常に日本の主張に理解を示し、ついにアジアを含めたグローバルなＩＮＦ全廃の実現に至ったことに対し、心からの敬意と謝意を表します。本件について貴方との緊密な協議は、心暖まる思い出として、常に私の心に残るでありましょう。

ゴルバチョフ書記長との会談が、今後共成功裏に終わることをお祈りします。

ヤス(262)

ＩＮＦをめぐる最初の書簡のやりとりから四年後、関係諸国の様々な思惑を含め幾度の紆余曲折があったにせよ、ゼロ・オプションをＩＮＦ交渉の最終目標として掲げてきたレーガンと中曽根の政治的努力はここに結実したのである。

外務省によるＩＮＦ条約の評価

さて、米ソ両首脳のＩＮＦ条約の署名に際して、外務省はどのような評価と対応を示したのであろうか。

まず、一一月四日に村田良平外務次官が行った談話について見てみたい。談話では、ＩＮＦ全廃合意と今後の国際情勢に関して次のような見解が示された。第一に、ＩＮＦ廃絶の合意は既に生産・配備済みの核兵器を廃絶する合意であって、軍備管理の歴史において画期的な出来事であること。第二に、合意により全廃されるＩＮＦ戦力は、米ソが有する核戦力の四％―五％であり、ＳＴＡＲＴが進展して戦略核削減につき米ソ合意が成立するとしても、膨大な核戦力は依然として残ること、である。こうした点から外務省は、「今回のＩＮＦ合意のみにより国際安全保障をめぐる情勢がそれほど大きく変わることはない」「今回の米ソ間のＩＮＦ廃絶は、わが国にとって悪い影響を与えるものではない」との見方を示した(263)。

しかし、村田次官の談話のみでは、なぜ外務省がＩＮＦ合意後も膨大な核戦力が残ることや国際安全保障情勢に大きな変化がないことをもって、ＩＮＦ廃絶がわが国に悪い影響を与えないと判断したのかは明確ではない。そこで、当時外務省内で作成されたＩＮＦ条約署名に対する評価を参考として、このような判断がなされた論拠を検討してみよう。外務省軍縮課は一一月二三日の米ソ外相会談から一二月八日のＩＮＦ条約調印までの間に、同条約に対する評価とわが国の対応について分析した文書を二回作成している。

まず、一一月二六日に「米ソ軍備管理交渉―ＩＮＦ協定署名に当たって我が国としてとるべき対応―」と題する文書の草稿が作成された。この草稿は、「米ソ軍備管理交渉の現状について―ＩＮＦ協定署名に対する評価と今後の予想される動き──」という一一月三〇日付決裁の文書を別紙として位置付けつつ、以下のようなラインでＩＮＦ交渉後の動きに対応していくことを提示した。

第一は、米国に対しＩＮＦ全廃が達成されることについてその交渉努力を高く評価し、ＳＴＡＲＴなど今後の米ソ交渉の過程で引き続き日米間の緊密な協議を維持してほしい旨を申し入れることである。その際、日本としては「米ソ交渉の対象となる戦略状況、特に極東・太平洋地域の状況を変え得る事項について緊密な協議を求めるとともに、非核三原則を堅持する我が国としては、ＳＬＣＭ及びＦＢＳを規制の対象とする場合には大いに問題となり得ること」を累次の機会に申し入れるとしている。(264) 八六年二月の日本の提案における主張がここにも活かされていると言えよう。

第二に、文書はＩＮＦ全廃後の西欧情勢に関心を向ける。とりわけ、西欧の戦略立て直しや通常兵器削減交渉における核・非核両用兵器の扱いが、日本の安全保障に直接・間接の影響を与え得るとの認識から、今後とも「西欧各国との対話の強化をはかる」と謳った。

第三は、ソ連の平和攻勢と日米欧ないしは西側政府と西側世論に対する分断工作への対応である。依然として核廃絶、核実験禁止などの問題については、ソ連の西側分断工作によって「国際世論の前で米国及び一握りの西側の国のみが孤立するとの形になる懸念が十分ある」と判断され、そうした懸念を現実のものとさせないように西側主要国間の意見交換をさらに密接に実施することを求めている。

そして、第四は国内世論対策である。前にも検討したように、軍縮課はＩＮＦ条約が国内で過大に評価されて「デタントの再現」や「アジアでの海上核の軍縮交渉」といった論調が生じるのを好ましからざる状況と位置付けていた。そこで、こうした風潮に対しては、「本件協定の対象となる核弾頭は全体からすれば極く一部であり、戦略核兵器の削減交渉の進展こそ望まれるとしてＩＮＦ協定過大評価を回避する」ことが提案された。それとともに、軍縮は均衡のとれたより低い水準の安定を目指すべきであり関係国の安全を害するものであってはならないことを強調し、西側に不利な「アジアでの海上核の軍縮交渉」を行うことは日本の安全保障に資するものではないことを訴えていく方針を示したのである[265]。

このような考え方から、外務省はＩＮＦ条約署名後も米ソ間のＳＴＡＲＴや欧州通常戦力削減交渉において均衡のとれた軍備削減が行われることを期待し、それによって日本を含む関係諸国の安全保障が維持されることを望んでいた。ＩＮＦ合意により国際情勢が大きく変わることはなく、ＩＮＦ廃絶そのものはわが国に悪影響を与えないとする村田次官の談話も、こうした考え方に基づいていたのだろう。その背景には、米国の日本に対する拡大抑止の中核を成しているＳＬＣＭやＦＢＳが規制対象となれば、核兵器を持たない日本にとっては安全保障上の懸念材料になりかねないという外務省の見識があった。

一二月二日、前記の「米ソ軍備管理交渉―ＩＮＦ署名協定に当たって我が国としてとるべき対応―」は軍縮課長の手によって決裁され、翌年一月に予定されていた日米首脳会談において、第一と第二に挙げた考え方を日本側から提起することになった。ただし、この間にいくつかの文言が修正されている。

まず、第一に、「極東・太平洋地域の状況を変え得る事項」は「極東・太平洋地域の安全保障に係わる事項」に差し替えられた。また、「ＳＬＣＭ及びＦＢＳを規制の対象とする場合」についても、それは「我が国の安全保障上大いに問題となり得る」という表現に改められた[266]。これは、今後の軍縮交渉の過程においても、日本の安全保障上の利益に配慮するよう米国に要請することを意図していた。

第二に、西欧での核戦力再構築における核・非核両用兵器の扱いが日本の安全保障に直接・間接の影響を与え得るとの認識に関しては、今後「米国、西欧各国との意見交換を一層緊密化させる」と改められた。これは竹下内閣においても、外務省が引き続き軍備管理分野における西側諸国との対話を維持・強化する意向を有していたことを示している。

なお、国内世論対策については、ワシントンＤＣでの首脳会談に向けた米ソ交渉の進展の度合いを踏まえて、

「INF条約の対象となる核弾頭は全体からすればごく一部である」との文言は削除された。以上の修正に基づいて、一二月九日に宇野外相の談話が発表された。その内容は次の通りであった。

（1）今般INF協定が署名され、交渉開始以来米国が提案し我が国が主張してきたINFのグローバルな全廃が合意されたことを心から歓迎するとともに、同協定の早期発効を期待する。本件全廃合意が成立したのは、西側の安全は不可分であるとの認識の下に、西側が結束して米国を支持してきた団結の賜物である。

（2）同協定は、また、初めて既存の核兵器を削減するとともに詳細な現地査察を規定したものであり、核軍縮の第一歩として高く評価する。

（3）我が国としては、今般の米ソ首脳会談において米ソ関係、ひいては東西関係の安定的発展に向けていかなる話し合いが行われるかを注視しているところである。(267)

INF条約の調印

米ソ両国は一二月八日に行われたワシントンDCでの首脳会談で「中射程、及び短射程ミサイルを廃棄するアメリカ合衆国とソビエト社会主義共和国連邦の間の条約（INF条約）」に調印した。同条約は一七カ条から成る本文と、データ交換に関する了解覚書、廃棄手続きに関する議定書、査察に関する議定書の四つで構成されている。

INF条約においては、射程一〇〇〇―五五〇〇キロメートルの地上発射弾道ミサイルおよび地上発射巡航ミサイルが中距離ミサイルとして定義され、また射程五〇〇―一〇〇〇キロメートルの地上発射弾道ミサイルおよび地上発射巡航ミサイルが短距離ミサイルとして位置付けられた。

条約はこれら全てのミサイル本体と発射システムを対象とし、条約発効から三年以内に廃棄を完了することを定めた。またミサイルの関連支援施設、すなわちミサイルおよび発射システムの製造施設、修理施設、訓練施設、貯蔵施設、解体施設、ミサイル射場の廃棄を条約発効後一八カ月以内に完了することが明記された。

さらに、相互査察については条約発効後一三年間にわたり実施する権利が米ソ両国に認められた。条約の有効期間は無期限とされ、国益に関わる不測の事態が生起した際の脱退については、条約離脱の理由を明記した上で、脱退の六カ月前に相手国に通告することが定められた(268)。

核軍縮をめぐる日米協力の意義

かくして、ＩＮＦ交渉は成功裏に終了し、ＩＮＦ条約の調印は冷戦終結への確かな一歩となった。最後に、一九八七年に生じた核軍縮交渉の急展開に対し、日本の主張や言動がどのようなインパクトを与えたのかを振り返っておきたい。

これまで本書で検討してきたように、日本がＩＮＦ問題に関与した背景には、ＳＳ―20の削減と撤廃に関して日本を含むアジアの安全保障が欧州のそれに比較して軽視されているのではないかとの危機感が存在した。中曽根首相と安倍外相、そして倉成外相がこの外交上の危機を正確に把握し、外務省と連携してＩＮＦのグローバル・ゼロという対ソ交渉上の米国の政策を側面から支援し続けたことが、西側結束に強靭性を与える源となった。

また、中曽根内閣による「西側安全保障の不可分」の継続的な主張は、ＩＮＦ問題の解決で欧州とアジアを差別すべきでないとする日本の考えを米欧首脳に浸透させ、のちの日米・日欧間の生産的協議の礎を築いた(269)。削減の第一段階でアジア部に五〇％残置されるＳＳ―20をソ連中央部に移転して、欧州・アジア間でソ連ＩＮＦの脅威を均等にするという日本の提案は、米国が欧州部とアジア部のＩＮＦ問題で差別的解決を図るという最悪の結果を回避できる可能性を含んでいた。

さらに、アジア部での核バランス問題の複雑化が米国の前方展開戦力の存在意義を問い直す議論に発展する可能性を示唆した外務省の主張は、米国がアジア部INF削減を自国の太平洋戦略の維持と結び付けて考えざるを得ない状況を作り出した。これらが米国の対ソ交渉に日本外交が大きく貢献した点であろう。首脳間の信頼から始まったロン・ヤス関係は個人のレベルに止まらず、外務省が米国の対ソ交渉姿勢を自らの望む方向に引き寄せるのに一定の役割を果たしていた。言い換えれば、ロン・ヤス関係は個人的な信頼関係を越えて、核軍縮交渉をめぐる日米間の問題を解消するための実務協力に資するものだったのである。

こうした日本の主張、言動、そしてその背景にある論理は、八七年を通じて大きく変化することはなかった。例えば、東欧歴訪時の中曽根のベオグラード講演は、ソ連の内政上の変化や東欧諸国に対する政治的影響力の相対化という時代背景を見据えて行われた。その内容は、軍備管理交渉に対する従来からの日本の主張を一般論として再確認するものであった。だが、NST推進の障害となっていたソ連のパッケージを批判的に論じ、有効な打開策を示した点では、日本の首相が国際問題でソ連共産党書記長に直言しようとした珍しい事例と言えよう。

さて、中曽根の講演から間もなく、ゴルバチョフはNST三分野のパッケージを解除したが、本章でも言及した通り、それは米国のSDI配備を阻止するためにINF削減に応じるというソ連の「一歩後退・二歩前進」の戦略に沿うものであった。実際に、同時期に示されたゴルバチョフの欧州非核化案は、SRINFの全廃も含む内容であり、これらの核ミサイルにより東側の軍事行動を抑止してきた西欧諸国に政治的動揺をもたらしたのである。このような西欧諸国側の政治的な「危機」に際して、日本は欧州域外から対ソ再結束を促し、対ソ交渉に臨む米国の立場を強化する役割を担った。ベネチア・サミットでは事前に中曽根とシェルパとの間で対ソ政策について議論を積み重ねていたことが幸いして、欧州非核化構想をめぐり紛糾した西側首脳の協議の方向性を正し、G7を再結束へ導くことが可能になった。

日本がこうした行動をとることができた背景には、八七年一月末の段階で、米国がアジア部INFの扱いをめぐる対ソ交渉方針を固めていたことが大きく影響していたと考えられる。米国はNST第七ラウンドで提示したINF条約草案で、欧州部INF全廃とアジア部INF一〇〇個残置を記したが、そこには日本の予てからの要請通り、残置されるSS―20をソ連中央部の一カ所に集中配備するという案が入っていた。また、これに続く日米協議で米国は日本の要請に配慮して、アジア部INF一〇〇個残置は、その全廃までの暫定措置であることを約した。そして、五月には日米首脳会談の場で、レイキャビク暫定合意を尊重しつつ、最終的にINFを地球的規模で全廃することの重要性が確認された。このように、INF条約草案の内容が日米の事務レベルと政治レベルの両方で確認されたことにより、日本は米国からアジア部INFの問題に関して明確なコミットメントを得たと言えよう。

一方、ソ連のダブル・ゼロ・オプション提案に対し、慎重な歓迎もしくは政治的動揺を表した英仏独は、LRINFおよびSRINF全廃後にどのようにして東側の通常戦力と自らの戦力との均衡を保つのかという問題を考慮せざるを得なくなった。すなわち、西欧諸国はINFが全廃された後に、米国の西欧防衛に対するコミットメントをいかに確保するのかとの問題に直面したのである。もし日米間と米欧間の安全保障上の紐帯に落差が生じれば、それは西側の同盟関係に楔を打ち込もうとしてきたソ連にとって好機と映ったであろう。ベネチア・サミットで日本が米欧関係の詳細に立ち入ることを避けつつ、対ソ再結束が最重要事項であることを西側首脳に認識させることができたのは、INF全廃に伴う安全保障上の問題に関して日本が米国からコミットメントを得ていたことが背景の一つとして考えられるであろう。

（1）シェワルナゼ、エドアルド／朝日新聞外報部訳『希望』（朝日新聞社、一九九一年）一四〇頁。
（2）中曽根康弘『天地有情――五十年の戦後政治を語る』（文藝春秋、一九九六年）五六九頁。および、中曽根康弘氏へのインタビュー（二〇一〇年一月一二日）。

（3）中曽根康弘／中島琢磨・服部龍二・昇亜美子・若月秀和・道下徳成・楠綾子・瀬川高央編『中曽根康弘が語る戦後日本外交』（新潮社、二〇一二年）四六〇頁。

（4）下斗米伸夫「冷戦下の日ソ関係」波多野澄雄編『外交史　戦後編』（日本の外交　第二巻）（岩波書店、二〇一三年）一一一頁参照。

（5）長谷川和年氏へのインタビュー（二〇一一年九月一六日）。

（6）世界平和研究所編『中曽根内閣史――首相の一八〇六日』下巻（世界平和研究所、一九九六年）一二五二―一二五三頁。

（7）世界平和研究所編『中曽根内閣史――日々の挑戦』（世界平和研究所、一九九六年）七七一―七七二頁。

（8）中曽根康弘氏へのインタビュー（二〇一〇年一月一二日）。

（9）中曽根は東独訪問の前の一月一〇日にフィンランドを訪問し、ソルサ(Kalevi Sorsa)首相、コイビスト大統領と会談した。この首脳会談の模様については、世界平和研究所編『中曽根内閣史――日々の挑戦』七七二頁を参照。

（10）在ユーゴスラビア大塚大使発倉成外務大臣宛電信第一〇四号「第一回日・東独首のう会談」（一九八七年一月一五日）二〇〇九―〇〇三八〇―七、四頁。

（11）同前、六―七頁。

（12）同前、七頁。

（13）在ポーランド松原大使発倉成外務大臣宛電信第一一八号「総理の東独訪問(首のう会談取りまとめ)」（一九八七年一月一五日）二〇〇九―〇〇三八〇―九、一―二頁。

（14）同前、三頁。

（15）同前、二頁。

（16）前掲「第一回日・東独首のう会談」一―三頁。

（17）在ユーゴスラビア大塚大使発倉成外務大臣宛電信第一一〇号「第二回日・東独首のう会談」（一九八七年一月一五日）二〇〇九―〇〇三八〇―八、二頁。

（18）前掲「総理の東独訪問(首のう会談取りまとめ)」三―四頁。

（19）中曽根康弘氏へのインタビュー（二〇一〇年一月一二日）。

（20）前掲「第一回日・東独首のう会談」一五―一八頁。および、前掲「第二回日・東独首のう会談」七頁。

（21）在ポーランド松原大使発倉成外務大臣宛電信第一二五号「総理ユーゴー訪問(ミクリッチ首相との第一回会談・二国間関

係)」(一九八七年一月一六日)二〇〇九—〇〇三八〇—四、四—一四頁。
(22) 同前、四—一四頁。
(23) 在ポーランド松原大使発倉成外務大臣宛電信第一三三号「総理ユーゴー訪問(ミクリッチ首相との第二回会談・国際情勢)」(一九八七年一月一六日)二〇〇九—〇〇三八〇—五、二—三頁。
(24) 同前、四—五頁。
(25) 同前、六頁。
(26) 同前、六頁。
(27) 「中曽根内閣総理大臣のベオグラード大学における演説—欧州の友人へ—」(一九八七年一月一五日)外務省編『わが外交の近況——外交青書』(一九八七年版)、[http://www.mofa.go.jp/mofaj/gaiko/bluebook/1987/s62-shiryou-205.htm]、二〇一四年三月五日アクセス。
(28) 中曽根康弘氏へのインタビュー(二〇一〇年一月一二日)。
(29) 同前。
(30) 同前。
(31) 在アンカレッジ有松総領事発倉成外務大臣宛電信第一八号「総理ポーランド訪問(第一回ヤルゼルスキー会談)」(一九八七年一月一七日)二〇〇九—〇〇三八〇—一、五—六頁。
(32) 同前、八—九頁。
(33) 松本佐保『バチカン近現代史——ローマ教皇たちの「近代」との格闘』(中公新書、二〇一三年)一九一—一九四頁。
(34) 松岡完・広瀬佳一・竹中佳彦編『冷戦史——その起源・展開・終焉と日本』(同文舘出版、二〇〇三年)二一九—二二〇頁。
(35) 中曽根『天地有情』五七〇頁。
(36) 世界平和研究所編『中曽根内閣史——日々の挑戦』七七五頁。
(37) 在アンカレッジ有松総領事発倉成外務大臣宛電信第二三号「総理のポーランド訪問(メスネル首相との会談)」(一九八七年一月一七日)二〇〇九—〇〇三八〇—二、一一—一二頁。
(38) 在アンカレッジ有松総領事発倉成外務大臣宛電信第二四号「総理のポーランド訪問(ヤルゼルスキーとのテタ・テート会談)」(一九八七年一月一八日)二〇〇九—〇〇三八〇—三、四—五頁。

(39) 世界平和研究所編『中曽根内閣史――資料篇』（世界平和研究所、一九九五年）二四一頁。
(40)『読売新聞』一九八七年一月二九日朝刊。
(41) 同前、一九八七年二月一一日朝刊。
(42) 同前、一九八七年二月一一日朝刊。
(43) 同前、一九八七年二月一六日夕刊。
(44) Brinkley, Douglas ed. *The Reagan Diaries: Unabridged* (New York: Harper Collins, 2009), p. 687.
(45)『読売新聞』一九八七年二月一二日夕刊。
(46) 斎藤直樹『戦略防衛構想――ミサイル防衛論争を振り返って』（慶應通信、一九九二年）一〇八―一〇九頁。
(47)『読売新聞』一九八七年二月一二日夕刊。
(48) 同前、一九八七年二月九日朝刊。
(49) 同前、一九八七年二月一四日朝刊。
(50) 同前。
(51) 同前。
(52) 同前。
(53) 同前、一九八七年二月一七日朝刊。
(54) 在西独宮沢大使発倉成外務大臣宛電信第四六一号「ＳＤＩ（ＡＢＭ条約解釈に関する米国の対同盟国説明）」（一九八七年二月二七日）二〇一〇―〇〇〇三三―四、一頁。
(55) 在西独宮沢大使発倉成外務大臣宛電信第四三七号「ＳＤＩ（ＡＢＭ条約解釈に関する米国の対同盟国説明）」（一九八七年二月二六日）二〇一〇―〇〇〇三三―四、一頁。
(56) 同前、一頁。
(57) レイキャビク会談後、ソ連共産党政治局会合で行われたパッケージ維持の議論がパッケージ切り離しへと変化する過程については、岡田美保「ソ連による弱さの自覚と対外政策の転換――ＩＮＦ交渉の再検討」（『国際政治』第一五七号、二〇〇九年）二一―二二頁を参照。
(58) U. S. S. R. Politburo Session, "On soviet-American Relations and Negotiations on Nuclear and Space Armaments" (February 26, 1987), in *The National Security Archive Electronic Briefing Book No. 238, The INF Treaty and the*

Washington Summit: 20 Years Later, Document 3, p. 1.

(59) 『朝日新聞』一九八七年三月二日朝刊。および、『読売新聞』一九八七年三月二日朝刊。

(60) Memorandum from Yakovlev to Gorbachev, "Toward an Annalysis of the Fact of the Visit of Prominent American Political Leaders to the USSR" (February 25, 1987), in *The National Security Archive Electronic Briefing Book No. 238, The INF Treaty and the Washington Summit: 20 Years Later*, Document 2, p. 8.

(61) 『読売新聞』一九八七年三月三日夕刊。

(62) 同前、一九八七年三月二日朝刊。

(63) 世界平和研究所編『中曽根内閣史——首相の一八〇六日』下巻、一三〇七頁。

(64) 『読売新聞』一九八七年三月二日夕刊。

(65) 同前、一九八七年三月三日朝刊。

(66) 同前、一九八七年三月五日朝刊。

(67) 同前、一九八七年三月三日夕刊。

(68) 同前、一九八七年三月二日朝刊。

(69) 同前、一九八七年三月三日朝刊。

(70) Public Papers of Ronald Reagan, "Remarks to Reporters on Intermediate-Range Nuclear Force Reductions" (March 3, 1987), [http://www.reagan.utexas.edu/archives/speeches/1987/30387b.htm], accessed on November 18, 2013.

(71) Brinkley, *The Reagan Diaries*, p. 696.

(72) 『読売新聞』一九八七年三月一〇日朝刊。

(73) 同前、一九八七年三月四日朝刊。

(74) 同前、一九八七年三月五日朝刊。

(75) 同前。

(76) 同前、一九八七年三月五日朝刊。

(77) 同前、一九八七年三月七日朝刊。

(78) 同前、一九八七年三月一三日夕刊。

(79) 同前、一九八七年三月二五日朝刊。

(80) 同前、一九八七年三月五日朝刊。
(81) 同前、一九八七年三月六日朝刊。
(82) 同前、一九八七年三月七日夕刊。
(83) 同前、一九八七年三月五日朝刊。
(84) 同前、一九八七年三月六日夕刊。
(85) 同前、一九八七年三月八日朝刊。
(86) Public Papers of Ronald Reagan, "Remarks at a White House Briefing for Members of the National Newspaper Association" (March 5, 1987), [http://www.reagan.utexas.edu/archives/speeches/1987/030587a.htm], accessed on November 18, 2013.
(87) Public Papers of Ronald Reagan, "Statement on Intermediate-Range Nuclear Force Reductions" (March 06, 1987), [http://www.reagan.utexas.edu/archives/speeches/1987/030687b.htm], accessed on November 18, 2013.
(88) ワルシャワ条約機構の軍事支出は、ソ連がアフガニスタンに侵攻した一九七九年には三三三億ドルであったが、ベルリンの壁が崩壊した一九八九年には三六五七億ドルにまで膨らんだ。この間、軍事支出の対ＧＮＰ比は一一・七％から一〇・九％に低下しているが、ＮＡＴＯ諸国の四％台に比較すると二倍以上の割合で推移していた。Sandler, Todd and Keith Hartley, *The Economics of Defense* (Cambridge: Cambridge University Press, 1995), p. 204.
(89) 『朝日新聞』一九八七年五月一六日朝刊。
(90) 金子譲『ＮＡＴＯ　北大西洋条約機構の研究——米欧安全保障関係の軌跡』(彩流社、二〇〇八年) 二三四頁。
(91) 在西独宮沢大使発倉成外務大臣宛電信第五〇〇号「ＩＮＦ」(一九八七年三月五日) 二〇一〇—〇〇〇三四—一、二頁。
(92) 『読売新聞』一九八七年三月二一日朝刊。
(93) サッチャー、マーガレット/石塚雅彦訳『サッチャー回顧録——ダウニング街の日々』下巻(日本経済新聞社、一九九三年) 四一頁。
(94) 『読売新聞』一九八七年三月二〇日朝刊。
(95) 同前、一九八七年四月一日朝刊。
(96) 同前。
(97) 同前、一九八七年四月一一日朝刊、一九八七年四月一一日夕刊。

(98) 同前、一九八七年四月一四日朝刊。

(99) "Letter from Reagan to Gorbachev" (April 10, 1987), in *The National Security Archive Electronic Briefing Book No. 238, The INF Treaty and the Washington Summit: 20 Years Later*, Document 5, p. 1.

(100) "Memorandum of Conversation between M.S. Gorbachev and U.S. Secretary of State George Shultz" (April 14, 1987), in *The National Security Archive Electronic Briefing Book No. 238, The INF Treaty and the Washington Summit: 20 Years Later*, Document 4, p. 1.

(101) ゴルバチョフ、ミハイル／工藤精一郎・鈴木康雄訳『ゴルバチョフ回想録』下巻（新潮社、一九九六年）四八頁。

(102) 同前、四八頁。

(103) Op cit. "Memorandum of Conversation between M.S. Gorbachev and U.S. Secretary of State George Shultz", pp. 2-3.

(104) Ibid., p. 4.

(105) ゴルバチョフ、ミハイル／田中直毅訳『ペレストロイカ』（講談社、一九八七年）三五七—三五八頁参照。

(106) ゴルバチョフ、ミハイル／工藤精一郎・鈴木康雄訳『ゴルバチョフ回想録』下巻（新潮社、一九九六年）四八頁。

(107) 「シュルツ国務長官の会見要旨」『読売新聞』一九八七年四月一六日朝刊。

(108) 「シェワルナゼ外相発言要旨」『読売新聞』一九八七年四月一六日朝刊。

(109) 『読売新聞』一九八七年四月一七日朝刊。

(110) 同前。

(111) 同前、一九八七年四月二九日朝刊。

(112) 同前。

(113) 同前、一九八七年四月三〇日朝刊。

(114) 同前、一九八七年四月二八日朝刊。

(115) 同前。

(116) 同前。

(117) 在西独宮沢大使発倉成外務大臣宛電信第九二六号「米ソ軍備管理交渉（ＩＮＦ問題）」（一九八七年四月二一日）二〇一〇—〇〇〇三四—一、一—二頁。

(118) 同前、二—三頁。

(119) 同前、三頁。
(120) 『読売新聞』一九八七年四月二三日朝刊。
(121) 在ベルギー加藤大使発倉成外務大臣宛電信第五三二号「ＮＡＴＯ情勢（ＩＮＦ問題：ＮＡＴＯ事務局筋内話）（防衛情報）」（一九八七年五月二五日）二〇一〇―〇〇〇三四―四、三頁。
(122) 同前、三頁。なお、この特定シーリング設定案を積極的に支持していたのは、ＳＲＩＮＦ全廃に異を唱えるヴェルナーであった。
(123) 金子『ＮＡＴＯ　北大西洋条約機構の研究』一八〇頁。
(124) 『読売新聞』一九八七年四月三〇日朝刊。
(125) Public Papers of Ronald Reagan, “Interview with White House Newspaper Correspondents” (April 28, 1987), [http://www.reagan.utexas.edu/archives/speeches/1987/42887e.htm], accessed on November 18, 2013.
(126) 『読売新聞』一九八七年五月一五日夕刊。
(127) 在西独宮沢大使発倉成外務大臣宛電信第九六八号「ＳＲＩＮＦ問題（内話）」（一九八七年四月二八日）二〇一〇―〇〇〇三四―七、一頁。
(128) 『読売新聞』一九八七年五月一六日朝刊。
(129) 『朝日新聞』一九八七年五月一六日朝刊。および、NATO, “Final Communique Chairman: Lord Carrington” (15 May, 1987), [http://www.nato.int/cps/en/SID-188AC67B-4CBE719E/natolive/official_texts_23391.htm?selectedLocale=en], accessed on November 7, 2013.
(130) 『読売新聞』一九八七年五月二三日朝刊。
(131) 同前。
(132) 在西独宮沢大使発倉成外務大臣宛電信第一〇六四号「西側諸国の安全保障政策（内話）」（一九八七年五月一三日）二〇一〇―〇〇〇三四―一、一頁。
(133) 同前、二頁。
(134) 同前、三頁。
(135) NATO, “Final Communique Chairman: Lord Carrington” (May 27, 1987), [http://www.nato.int/cps/en/SID-188AC67B-4CBE719E/natolive/official_texts_23390.htm?selectedLocale=en], accessed on November 7, 2013.

(136) 前掲「西側諸国の安全保障政策(内話)」、五頁。

(137) Public Papers of Ronald Reagan, "Interview With Foreign Television Journalists Prior to the Venice Economic Summit" (May 27, 1987), [http://www.reagan.utexas.edu/archives/speeches/1987/52787a.htm], accessed on November 18, 2013.

(138) 『読売新聞』一九八七年五月二九日朝刊。

(139) 同前、一九八七年五月二一日朝刊。

(140) 世界平和研究所編『中曽根内閣史――首相の一八〇六日』下巻、一四〇六頁。

(141) 在米国松永大使発倉成外務大臣宛電信第四二九〇号「第二回日米首のう会談」(一九八七年五月二日) 二〇〇九―〇〇三八二―一、一頁。

(142) 国際連合局軍縮課「INF問題(参考二)INF問題に関する西独・連立与党党首・関係閣僚会議決定要旨」(一九八七年六月一日) 二〇一〇―〇〇〇三四―三、三頁。

(143) 軍縮課「INF問題(西独の立場)」(一九八七年六月二日) 二〇一〇―〇〇〇三四―三、一―二頁。

(144) 在ヴェネチア西田大使発倉成外務大臣宛電信第八八号「日独首のう会談」(一九八七年六月八日) 二〇〇九―〇〇七九二―一、一―二頁。

(145) 同前、二―三頁。

(146) 『読売新聞』一九八七年六月九日夕刊。

(147) 世界平和研究所編『中曽根内閣史――資料篇』六五六―六五七頁。

(148) Brinkley, *The Reagan Diaries*, p. 733.

(149) 後にまとめられたレーガンの回想録では、欧州からの短距離ミサイルの撤去に関して日記の内容と異なる記述が見られる。回想録では、コールが短距離ミサイルを撤去することを望み、これに対しサッチャーが射程三〇〇マイル(四八〇キロメートル)以下のミサイルを引き続き保持しなければならないと主張したとされている。また、レーガンは短距離ミサイルも撤去すべきだというコールの主張に賛成したと記している。Reagan, Ronald, *An American Life*, (New York: Simon & Shuster, 1990), pp. 685-686 を参照。

(150) 世界平和研究所編『中曽根内閣史――資料篇』六五七頁。

(151) 在ヴェネチア西田大使発倉成外務大臣宛電信第一九〇号「VSⅡ(総理記者会見)」(一九八七年六月一一日) 二〇〇九―〇〇五八六―一、四―七頁。

(152) 『読売新聞』一九八七年六月一〇日朝刊。
(153) 中曽根『中曽根康弘が語る戦後日本外交』四七四頁。
(154) 世界平和研究所編『中曽根内閣史――資料篇（続）』九〇頁。
(155) 嶌信彦『首脳外交――先進国サミットの裏面史』（文春新書、二〇〇〇年）一一七頁。
(156) 中曽根『中曽根康弘が語る戦後日本外交』四七七頁。
(157) 世界平和研究所編『中曽根内閣史――首相の一八〇六日』下巻、一四〇六頁。
(158) 同前、一四二〇頁。
(159) 「第一三回主要国首脳会議（ヴェネチア・サミット）関連文書（ハ）東西関係に関する声明（仮訳）」（一九八七年六月九日）外務省編『わが外交の近況――外交青書』（一九八七年版）、[http://www.mofa.go.jp/mofaj/gaiko/bluebook/1987/s62-shiryou-412.htm]、二〇一四年三月一五日アクセス。
(160) 『読売新聞』一九八七年六月一〇日夕刊。
(161) 前掲「VSⅡ（総理記者会見）」、四―六頁。および、『朝日新聞』一九八七年六月一一日朝刊。
(162) NATO, "Statemant on the Ministerial Meeting of the North Atlantic Council" (June 11-12, 1987), [http://www.nato.int/cps/en/natolive/official_texts_23401.htm], accessed on July 20, 2010.
(163) 『朝日新聞』一九八七年六月一三日朝刊。
(164) 村田晃嗣『現代アメリカ外交の変容――レーガン、ブッシュからオバマへ』（有斐閣、二〇〇九年）六一頁。
(165) Public Papers of Ronald Reagan, "Remarks on East-West Relations at the Brandenburg Gate in West Berlin" (June 12, 1987), [http://www.reagan.utexas.edu/archives/speeches/1987/61287d.htm], accessed on November 18, 2013.
(166) Ibid.
(167) 村田晃嗣『レーガン――いかにして「アメリカの偶像」となったか』（中公新書、二〇一一年）二七八頁。
(168) "National Security Decision Directive Number 278: Establishing a U.S. Negotiating Position on SRINF Missiles" (June 13, 1987), in *The National Security Archive Electronic Briefing Book No. 238, The INF Treaty and the Washington Summit: 20 Years Later*, Document 10, p. 1.
(169) Public Papers of Ronald Reagan, "Address to the Nation on the Venice Economic Summit, Arms Control, and the Deficit" (June 15, 1987), [http//:www.reagan.utexas.edu/archives/speeches/1987/061587r.htm], accessed on November 15,

2013.

(170) 『読売新聞』一九八七年六月一六日夕刊。

(171) 世界平和研究所編『中曽根内閣史――首相の一八〇六日』下巻、一四二六頁。なお、六月一五日のレーガンの演説には、...and we hope the ultimate elimination of longer range INF missiles. と記されている。

(172) 世界平和研究所編『中曽根内閣史――首相の一八〇六日』下巻、一四三〇頁。

(173) 『読売新聞』一九八七年六月一九日夕刊。

(174) 同前。

(175) 「第百九回国会参議院会議録第三号」（一九八七年七月一〇日）六一頁。

(176) 前掲「日独首のう会談」二―三頁。

(177) 「第百九回国会参議院予算委員会会議録第三号」（一九八七年七月二一日）二七頁。

(178) 前掲「米ソ軍備管理交渉の現状について―ＩＮＦ協定署名に対する評価と今後の予想される動き―」八―九頁。

(179) 「社説　ポストＩＮＦに備えよう」『朝日新聞』一九八七年一一月二六日朝刊。

(180) 前掲「米ソ軍備管理交渉の現状について―ＩＮＦ協定署名に対する評価と今後の予想される動き―」九頁。

(181) 軍縮課「米ソ軍備管理交渉―ＩＮＦ協定署名に当たって我が国としてとるべき対応―」（一九八七年一二月二日）二〇〇七―〇〇五四〇―六、二頁。

(182) 『朝日新聞』一九八七年七月二三日朝刊。および、『読売新聞』一九八七年七月二三日夕刊。

(183) U. S. S. R. Politburo Session, "About negotiations with American on middle-range missiles" (July 9, 1987), in *The National Security Archive Electronic Briefing Book No. 238, The INF Treaty and the Washington Summit: 20 Years Later*, Document 11, p. 1.

(184) 前掲「米ソ軍備管理交渉の現状について―ＩＮＦ協定署名に対する評価と今後の予想される動き―」五―六頁。

(185) 金子『ＮＡＴＯ　北大西洋条約機構の研究』二三五頁。

(186) Public Papers of Ronald Reagan, "Statement by Assistant to the President for Press Relations Fitzwater on the Soviet-United States Intermediate-Range Nuclear Force Reductions Negotiations" (July 22, 1987), [http://www.reagan.utexas.edu/archives/speeches/1987/072287c.htm], accessed on November 18, 2013.

(187) Brinkley, *The Reagan Diaries*, p. 753.

(188) 世界平和研究所編『中曽根内閣史――首相の一八〇六日』下巻、一四六九頁。
(189) 「第百九国会参議院予算委員会会議録第五号」（一九八七年七月二三日）一二頁。
(190) 同前、一二頁。
(191) 『読売新聞』一九八七年七月二四日朝刊。
(192) 同前。
(193) 同前。
(194) 同前、一九八七年七月二四日朝刊。
(195) 情報調査局「米ソ関係の動向及び問題点」（一九八七年八月五日）二〇一〇―〇〇〇三四―一、一頁。
(196) 『読売新聞』一九八七年七月三〇日朝刊。
(197) U.S. Department of State, Briefing Paper "Intermediate-range Nuclear Forces (INF)" (August 11, 1987), in *The National Security Archive Electronic Briefing Book No. 238, The INF Treaty and the Washington Summit: 20 Years Later*, Document 12, p. 1 :『読売新聞』一九八七年七月二九日朝刊、一九八七年七月三〇日朝刊。
(198) 『読売新聞』一九八七年七月二五日朝刊。
(199) 在西独宮沢大使発倉成外務大臣宛電信第一六一七号「ＩＮＦ問題（Ｐ―Ｉａに関する西独国防省の立場：内話、防衛情報）」（一九八七年七月三一日）二〇一〇―〇〇〇三四―五、一―二頁。
(200) 在西独宮沢大使発倉成外務大臣宛電信第一七四〇号「ＰＩａ問題と西独内政（当館コメント）」（一九八七年八月二五日）二〇一〇―〇〇〇三四―六、二頁。
(201) 同前、四頁。
(202) 同前、五頁。
(203) 在西独宮沢大使発倉成外務大臣宛電信第一七六二号「Ｐ―Ｉａ問題に関するコール首相提案（当館コメント）」（一九八七年八月二八日）二〇一〇―〇〇〇三四―六、二頁。
(204) 軍縮課「（参考）Ｐ―Ｉａの問題に関する西独政府の立場」（一九八七年八月二六日、コール首相記者会見発言）二〇一〇―〇〇〇三四―五、一頁。
(205) 前掲「Ｐ―Ｉａ問題に関するコール首相提案（当館コメント）」四頁。
(206) 同前、六頁。

(207) 金子『ＮＡＴＯ　北大西洋条約機構の研究』二三四頁。
(208) 在西独宮沢大使発倉成外務大臣宛電信第一七六九号「ＰＩａに関するコール首相発言（国防省筋内話、防衛情報）」（一九八七年八月三一日）二〇一〇―〇〇〇三四―六、一頁。
(209) Public Papers of Ronald Reagan, "Remarks on Soviet-United States Relations at the Town Hall of California Meeting in Los Angeles" (August 26, 1987), [http://www.reagan.utexas.edu/archives/speeches/1987/082687a.htm], accessed on November 18, 2013.
(210) 『読売新聞』一九八七年八月二七日夕刊。
(211) 在ソ連鹿取大使発倉成外務大臣宛電信第四〇四七号「米ソ軍備管理交渉（ＩＮＦ交渉の現況）」（一九八七年九月一日）二〇一〇―〇〇〇三四―一、一―二頁。
(212) 『読売新聞』一九八七年九月一二日夕刊。
(213) 同前。
(214) 同前。
(215) 同前、一九八七年九月一四日朝刊。
(216) 同前、一九八七年九月一四日夕刊。
(217) "Letter from Gorbachev to Reagan" (September 10, 1987), in *The National Security Archive Electronic Briefing Book No. 238, The INF Treaty and the Washington Summit: 20 Years Later*, Document 15, pp. 3-4.
(218) Reagan, *An American Life*, p. 691.
(219) 『読売新聞』一九八七年九月一七日夕刊。
(220) Brinkley, *The Reagan Diaries*, p. 773.
(221) 和田修一『米ソ首脳外交と冷戦の終結』（芦書房、二〇一〇年）九二頁。
(222) Brinkley, *The Reagan Diaries*, p. 773.
(223) Public Papers of Ronald Reagan, "Joint Statement on Soviet-United States Diplomatic Talks" (September 18, 1987), [http://www.reagan.utexas.edu/archives/speeches/1987/091887a.htm], accessed on November 18, 2013.
(224) タルボット、ストローブ／加藤紘一・茂田宏・桂誠訳『米ソ核軍縮交渉――成功への歩み』（サイマル出版会、一九九〇年）三八一―三八二頁。

(225) 世界平和研究所編『中曽根内閣史――首相の一八〇六日』下巻、一五二八―一五二九頁。
(226) 「参議院大蔵委員会会議録第九号」（一九八七年九月十九日）四頁。
(227) 『読売新聞』一九八七年九月一九日朝刊。
(228) 同前、一九八七年九月一九日夕刊。
(229) 同前、一九八七年九月二二日朝刊。
(230) パウエル、コリン、ジョゼフ・E・パーシコ／鈴木主税訳『マイ・アメリカン・ジャーニー［コリン・パウエル自伝］――ワシントン時代編　一九七七―一九八九』（角川文庫、二〇〇一年）一九二頁。
(231) レーガン政権のニカラグア戦争への関与については、ウェスタッド、O・A／佐々木雄太監訳『グローバル冷戦史――第三世界への介入と現代世界の形成』（名古屋大学出版会、二〇一〇年）三四四―三四九頁を参照。
(232) Stone, Oliver and Peter Kuznick, *The Untold History of the United States* (New York: Simon & Shuster, 2012), pp. 458-459.
(233) 『読売新聞』一九八七年九月二二日朝刊。
(234) 「第四二回国連総会一般討論における中曽根内閣総理大臣演説」外務省編『外交青書――我が外交の近況』（一九八八年版）、[http://www.mofa.go.jp/mofaj/gaiko/bluebook/1988/s63-contents-5.htm]、二〇一五年五月一六日アクセス。
(235) 在国連菊地大使発倉成外務大臣宛電信第三一八七号「日米首のう会談（米ソ、INF、アフガン問題）」（一九八七年九月二一日）二〇〇九―〇〇〇九五―六、一―二頁。
(236) 「ロン―ヤス憲章」久保田富弘『ロンとヤス――日米首脳この5年』（グラフ・ジャパン、一九八七年）九八頁。
(237) 『読売新聞』一九八七年九月二二日朝刊。
(238) 同前、一九八七年一〇月二二日朝刊。
(239) Brinkley, *The Reagan Diaries*, p. 790.
(240) "Memorandum of conversation between M. S. Gorbachev and U. S. Secretary of State G. Shultz. Excerpt" (October 23, 1987), in *The National Security Archive Electronic Briefing Book No. 238, The INF Treaty and the Washington Summit: 20 Years Later*, Document 16, pp. 3-4.
(241) Ibid, p. 7.
(242) Ibid, pp. 9-10.

（243）　Ibid, p. 14.
（244）　ゴルバチョフ『ゴルバチョフ回想録』下巻、六四―六五頁。
（245）　同前、六五頁参照。
（246）　Public Papers of Ronald Reagan, "Excerpts From an Interview With European Journalists on Soviet-United States Relations" (October 23, 1987), [http://www.reagan.utexas.edu/archives/speeches/1987/102387b.htm], accessed on November 19, 2013.
（247）　Brinkley, *The Reagan Diaries*, p. 791.
（248）　『読売新聞』一九八七年一〇月二五日朝刊。
（249）　世界平和研究所編『中曽根内閣史――首相の一八〇六日』下巻、一五六三頁。
（250）　Matlock, Jr., Jack F., *Reagan and Gorbachev: How the Cold War Ended* (New York: Random House, 2004), p. 267.
（251）　Brinkley, *The Reagan Diaries*, p. 792.
（252）　『読売新聞』一九八七年一〇月二八日夕刊。
（253）　同前。
（254）　"Letter from Gorbachev to Reagan" (October 28, 1987), in *The National Security Archive Electronic Briefing Book No. 238, The INF Treaty and the Washington Summit: 20 Years Later*, Document 17, pp. 1-3.
（255）　Public Papers of Ronald Reagan, "Joint Statement of the Soviet-United States Summit Meeting" (October 30, 1987), [http://www.reagan.utexas.edu/archives/speeches/1987/103087d.htm], accessed on November 19, 2013.
（256）　世界平和研究所編『中曽根内閣史――首相の一八〇六日』下巻、一五六九頁。および、『読売新聞』一九八七年一一月一日朝刊。
（257）　世界平和研究所編『中曽根内閣史――資料篇』六六五頁。
（258）　世界平和研究所編『中曽根内閣史――資料篇（続）』一〇二頁。
（259）　軍縮課「一一月一八日付レーガン大統領書簡　軍備管理・軍縮問題関連部分（仮訳）」（一九八七年一二月二日）二〇〇七―〇〇五四〇―九、四頁。
（260）　軍縮課「竹下総理のレーガン大統領宛返簡（発出済み）」（一九八七年一二月二日）二〇〇七―〇〇五四〇―九、三頁。
（261）　宇野外務大臣発在米国松永大使宛電信第七九四九号別電一「ＩＮＦ協定署名（竹下総理祝電、本大臣談話）」（一九八七年一二月七日）二〇〇七―〇〇五四〇―一〇、二頁。
(262)　宇野外務大臣発在米国臨時代理大使宛電信案「中曽根前総理よりのレーガン大統領宛て祝電（ＩＮＦ協定署名）」（一九八七年一二月九日）二頁、中曽根康弘事務所所蔵。
(263)　作成者不詳「政策ガイドライン　第一七〇号〔次官記者懇談要旨（四日）〕ＩＮＦ廃絶合意」（一九八七年一一月七日）二〇〇七―〇〇五四〇―一、二―三頁。
(264)　前掲「米ソ軍備管理交渉―ＩＮＦ協定署名に当たって我が国としてとるべき対応―」（一九八七年一一月二六日）二〇〇七―〇〇五四〇―三、一頁。
(265)　同前、二頁。
(266)　前掲「米ソ軍備管理交渉―ＩＮＦ協定署名に当たって我が国としてとるべき対応―」（一九八七年一二月二日）二〇〇七―〇〇五四〇―六、一頁。
(267)　宇野外務大臣発在米国松永大使宛電信第七九四九号別電二「ＩＮＦ協定署名（竹下総理祝電、本大臣談話）」（一九八七年一二月七日）二〇〇七―〇〇五四〇―一〇、二頁。
(268)　金子『ＮＡＴＯ　北大西洋条約機構の研究』一二三六頁。
(269)　五百旗頭真・伊藤元重・薬師寺克行編『岡本行夫――現場主義を貫いた外交官（九〇年代の証言）』（朝日新聞出版、二〇〇八年）一四九頁。および、大河原良雄『オーラルヒストリー日米外交』（ジャパンタイムズ、二〇〇六年）三五一―三五四頁。

終章　核軍縮交渉に関する側面協力をめぐって

外交は時にガーデニングに例えられる。どんなに良好な二国間関係も水やりや雑草を抜いたり、という日々のケアを忘れてはならないという趣旨である。常に変化し続ける自然の営みに常に気を配りながら、適切なタイミングで水やりや肥料を与えていくことで、皆の心を打つような光景がつくられていく(1)。

冒頭に引用したのは、内閣副広報官・官邸国際公報室長を務める外交官の言葉である。本書を通じて考察してきた一九八〇年代の日本の核軍縮外交と対米側面協力の本質も、短くまとめればこの一言に尽きるのではないだろうか。

さて、ここでは序章で言及した三つの課題に対する現段階での答えを示した上で、中曽根内閣期の日本の核軍縮外交が実を結んだ背景について改めて考えたい。

本書の第一の課題は、日本政府のＳＳ—20問題に関する政策形成過程を検討することであった。ここでは、本書で論じた内容を踏まえ、首相官邸と外務省との間の政策形成および首相と外相との間の連携に焦点を当てて振り返ってみたい。

まず、最初の中曽根＝レーガン書簡からウィリアムズバーグ・サミットまでの政治過程についてである。八三年一月、首相官邸はアンドロポフ構想の撤回、すなわちＳＳ—20の極東移転の阻止に重点を置き、対米協議を進めようとしていた。これに対して、外務省は当初、アジア部に既に配備済みのSS―20を撤去させるにはどうすればよいかを試案した。この両者間の問題認識の相違は、三月の中曽根宛てレーガン書簡による日本側への回答と、米欧諸国およびソ連との直接協議の結果、徐々に解消していくことになった。

中曽根の証言や当時のメモを見る限り、SS―20問題を極東移転阻止とアジア部に配備済みのミサイル撤去という二つの問題に分けて考えた形跡はない(2)。おそらく、外務省はアジア部に配備済みのSS―20を撤去させることは政治的に難しいと判断し、サミットでこの問題を積極的に取り上げるように首相に進言しなかったのであろう。

また、中曽根も新たな配備を阻止することよりも、既に配備されたミサイルを撤去させることの方が難しく、かなりの政治力を要すると考えていた。これらのことから、中曽根はサミットの場で直接SS―20の撤去に言及することは控え、極東移転阻止で西側が結束するように環境を整えたのである。

なお、サミットに臨む基本戦略や政治宣言のキーワードとなった「西側安全保障の不可分」は、村田経済局長や加藤欧亜局長をはじめとする外務省局長クラスの人間が適宜、首相に助言してきたアプローチである(3)。もちろん、中曽根自身のリーダーシップやコミュニケーション能力が外交の場で発揮され、紛糾した議論をまとめ上げていく姿が各国首脳の記憶に深く刻まれたことも、国際国家としての日本のプレゼンスを高めることにつながった。サミットの後も、中曽根が数多くの首脳外交の場で、INF問題に関する日本の安全保障上の利益と主張を巧みにプレイアップすることに成功した事例は、本書で説明してきた通りである。

このとき駐米大使を務めていた大河原良雄は、中曽根のイニシアティブで日本がSS―20の問題に関与したことによって、「逐次、非公式な形ではあるが、NATOとの接触ができるように」なったことを認めている。それ以前は、平和主義的な国内情勢に配慮して、外務省の人間がNATOの事務局に出入りすることすら控える状態であったが、冷戦末期にはかなり接触を深めるようになっていったという(4)。そのような意味で、八六年一二月の倉成外相によるNATO事務総長への表敬訪問は、日本とNATOとの直接的協力を示す象徴的な出来事であったと位置付けられよう。

今一度、ここで留意しておきたいのは、ウィリアムズバーグ・サミットで成功を収めた後も、中曽根がINF問題の解決に関してたびたび外務省からの助言を参考にしていたことである。中でも最も重要な例が、八六年二月のレーガン宛て中曽根書簡と、直後の日米協議のプロセスであろう。首相就任以来、レーガンの対ソ交渉方針を支持し続けてきた中曽根にとって、この時のレーガン書簡の内容は、いささかショッキングなものであったのかもしれない。

本書で検討したように、八五年一一月のジュネーブ米ソ首脳会談の開催は、レーガン再選やゴルバチョフ登場といった直接的要因によるところも大きいが、米国のINF交渉方針を支持してきた西側同盟国の結束があって初めて、実現可能になったのである。ようやくソ連のトップレベルが会談に応じたことを受けて、東京サミットで米ソ関係改善への期待を強く打ち出そうとしていた中曽根にとって、レーガンによる突然の方針変更は寝耳に水であったに違いない。

ともあれ、中曽根の返簡に盛り込むための具体的な対案が、外務省の課長クラス四名の手により作成され、省内幹部と首相の署名を経て直ちに米側に提示された。そのプロセスは本書で検討した通りであるが、この時の省内協議と対外説明は、マスメディアに嗅ぎつけられないように隠密かつ迅速に行われた。岡本行夫が証言しているように、対米折衝を極秘裏に進めて、米国内にも欧州にも「日本はタダ乗りをして歴史的な米ソ合意を邪魔しようとしている」との反発が起こるのを避けねばならなかったからである。(5)

岡本も認めているように、日米首脳レベルで信頼関係があったことが、対米折衝がうまくいった理由の一つである。これまでの首脳外交における成果の積み重ねを踏まえて、外務省も安全保障上、急を要する対米折衝では、日本が具体的な代替案を示せば米国を説得できると踏んだのであろう。なお、レーガンが中曽根を厚遇したキャンプ・デービッド会談において、中曽根は対案の最も枢要な部分（アジアにＩＮＦが残置された場合、その撤廃交渉でＦＢＳが取引材料とされることへの危惧）に言及し、アジア部ＩＮＦを残そうとするソ連の提案を受け入れられないと明言した。

八六年七月の第三次中曽根内閣の発足に伴って、外相が安倍から倉成に交代した後も、首相と外務省との連係プレーは続いた。本書で論じたように、中曽根にとって最後のサミット出席となったベネチア・サミットでも、日本のイニシアティブで東西関係と対ソ政策に関わる政治声明の原案が作成された。特にこの時の政治声明の焦点は、ゴルバチョフの欧州非核化構想によって動揺した西側諸国の結束を取り戻すことにあった。

声明の原案は、北村外務審議官を介して新井情報調査局長が執筆し、草稿段階から最終案の修正に至るまで中曽根が直接意見を提示した。おそらく中曽根は、こうした外務省との緊密な意見交換に基づいて、Ｇ７で議論が紛糾した非核化問題を欧州内で再協議するように促し、対ソ再結束の方向へと西側諸国を導くことができたのであろう。

一般的に「官邸主導の外交」とは、外交の場面で外務省では対応できない政治判断と総合政策調整を官邸主導で行っていることを指すが、中曽根内閣のＩＮＦ問題への対応を子細に検討していくと、その全ての段階においてトップダウン型の政策決定が行われていたとは言い難い。むしろ、首相の外交政策が非常に明瞭であり、内閣発足当初からソ連を除いて米欧、アジア諸国に対する全方位の友好関係を構築・維持できたことが、外交の実働部隊（事務レベル）に自ら考えて行動する余地を与え、ボトムアップの原動力となっていたと言えるであろう。

次に、中曽根と安倍、倉成両外相との連携について見てみよう。第一次中曽根内閣発足後、国務大臣として初めて欧州を訪問したのは安倍外相であった。一九八三年の間だけでも安倍は一月の西欧五カ国歴訪、五月の訪仏、六月の欧州三カ国訪問、八月の東欧二カ国公式訪問と四度も欧州を訪れ、各国の外相と会談を開いている。

その後も安倍は八四年に二回、八五年に三回、八六年に二回、それぞれ欧州を訪問し、西欧との外相定期協議を開催したほか、北欧・東欧諸国とも経済・貿易面を中心に協力関係を構築した。外相就任時に安倍が打ち出した日欧政治協力、すなわち東西問題での対立で西側陣営内が対決の関係にならないように、米国と西欧の中間で日本が西側結束を進めるという考え方が、実際の行動に反映されていたと言えるであろう。

外相在任中、安倍は中曽根が外国を訪問する際には公式・非公式を問わず同行し、首脳外交を補完した。首相に同行した回数は一四回に及ぶ[6]。訪問先は米欧諸国にとどまらず、ＡＳＥＡＮ、南アジア、大洋州、ソ連にまで広がった。興味深いことに、訪米やＧ７サミットに同行する際、安倍は中曽根とは別のルートで現地入りし、帰国の途上では中曽根が首相としてまだ公式訪問していなかった国（ユーゴスラビア、スペインなど）に立ち寄り、後の首脳会談開催のお膳立てをしている。

また、八四年六月のロンドン・サミット開催までの過程で、安倍は日欧政治協力の基礎を固めつつ、中曽根が二回目のサミットでもイニシアティブを執りやすい環境を整えた。さらに、弔問外交で二回、外相定期協議で一回ソ連を訪問している。特に八六年五月の訪ソ時にはゴルバチョフ書記長とシェワルナゼ外相との間で、軍縮や安全保障、領土問題について長時間の協議を行い、ゴルバチョフ訪日に向けた道筋を整えようとした。しかし、同年一〇月のレイキャビク米ソ首脳会談を契機に、ソ連の外交努力が対米関係に集中したため、中曽根内閣期にゴルバチョフ訪日が実現することはなかった。

安倍がポスト中曽根時代を担うニューリーダーと目されていたことと相まって、当時は首相と外遊回数の多さを競っているのではないかとの見方もあったが、実際には首相と行動を共にしている機会が多い（安倍が単独ないし首相以外の閣僚と外遊した回数は二五回である。したがって外遊三九回のうち三分の一は首相に同行していたことになる）。対米関係においても、安倍はシュルツ国務長官との間で強いパートナーシップを築くことに成功した。八三年一月の初訪米から八六年四月のキャンプ・デービッド会談に至るまで、全体会議で安倍は中曽根の右隣、シュルツの正面に座り議論に参加していた。

ただし、そうしたことは、外相として独自のカラーを前面に打ち出すには寄与しなかった。たしかに、在任中の安倍は外務省内の国内広報課が作った「創造的外交」という言葉を活用して、首脳外交との違い、とりわけ首相が訪れていなかった東欧や中東、アフリカに対する外交で独自色を出したかったのかもしれないが、それらの地域は日本国内から重視されていたとは言い難い。

改めて、首相が外交の基本方針を決めており、外相が外交問題について首相に異を唱えることが一切なかったことを想起すれば、外遊時の首相同行回数は、外相の存在感を対外的にアピールすることになるとしても、国内的にはかえって創造的外交の独自色を薄めてしまう結果になった。しかも、皮肉なことに、安倍は外相として世界を飛び回った分、派閥の領袖としての役目や自民党内の問題解決については手を抜かざるを得ず、中曽根の後継をめぐるレースでも、最大派閥である田中派から独立した竹下派の前に敗れてしまった(7)。

八六年七月の安倍外相退任後、後を引き継いだ倉成は、安倍以上に中曽根に忠実な閣僚だった。政治的野心のない倉成であったが、一年三カ月間の在任中に一一回の外遊を重ねている。しかし、そのうち首相に同行したのは、八七年四月の訪米と六月のベネチア・サミット、そして九月の国連総会の三回にすぎない。

それまでの中曽根と安倍の外遊により外交の地平が東西に広がり、西側各国との定期協議が制度化されていたこともあって、倉成が外相として新たに開拓できる余地は自然と限られたものになっていた。そうした状況の中、倉成は就任直後に開かれたＩＩＳＳ年次会議の場で演説し、ＩＮＦのグローバルな全廃を訴えることで、従来の政府の立場に変わりがないことを示し、さらに日米欧で緊密な協議を図ろうとした。

倉成が単独で行った外遊の中で、ＩＮＦ問題をめぐって重要だったのは八六年一二月の西欧三カ国訪問であろう。この歴訪の途上、日本の外相とＮＡＴＯ事務総長との初会談が開かれたが、アジア部ＳＳ―20の問題について、従来のＮＡＴＯ側回答よりも日本の立場に目線を合わせた言葉を引き出している。

一方、在任期間が短いことや米ソ関係が急展開を見せたこともあって、倉成が外相としてソ連を訪問することは一度もなかった。中曽根内閣全体を通じ、首相と外相のほかにソ連を訪問した閣僚は、日ソ漁業問題の解決を所掌する農水相であったが、それも第三次中曽根内閣ではわずか一回の訪問に限られた。こうしたことから見ても、中曽根内閣末期にはソ連との関係が打開に向けて前進しなかったことが明らかである。しかしながら、日本が対ソ西側結束の一翼を担い続け、時宜に応じて結束の緩みを正したことが奏功し、ソ連はアジア部からのＩＮＦ撤去を決めた。

それを可能としたのが本書で論じてきた、日本のＩＮＦ問題に対する対米側面協力であった。ＩＮＦ問題に関する交渉方針をめぐって問題が生じた際には、中曽根とレーガンの個人的関係を基礎としつつ、首相のみならず外相や外交当局者が直ちに米国との協議チャンネルを利用して、日本の安全保障上の利益とそれに基づく主張を米国の政権中枢に伝達できる信頼関係が維持されていたのである。

核保有国でもＮＡＴＯ加盟国でもない日本が、なぜ米欧・米ソ間の核軍備管理・軍縮交渉の「水先案内人」としての役割を果たすことができたのか。この問題については、今後の新たな外交史料の公開を待ってさらに考察を深めていく必要があろう。

本書の第二の課題は、一九八〇年代において、いかなる国際情勢や時代背景が日米間の核軍縮に関する生産的協議を可能としたのか、その全体像を描出することであった。

日本の対米側面協力を含むＩＮＦ問題へのコミットメントは、まず何よりも国内の政治的安定性が持続したことによって可能となった。国内政治の安定性について具体的に考える際の指標として、ここでは内閣支持率と国政選挙の結果に触れておきたい。

まず、当時の中曽根内閣の支持率は、二四・七―五一・八％（時事通信社・中央調査社調べ）ないし二六・九―五九・六％（共同通信社調べ）の間で推移していた。中曽根の在任中、内閣を「支持しない」人の割合が五〇％を超えたのは八七年三月―六月の四カ月間だけで、これは売上税法案が廃案となった時期に重なる。[8]

また、中曽根内閣の「支持・不支持」の理由について見ても、興味深い結果となっていることがわかる。八二年一二月から八三年一〇月までの調査では内閣を支持する人のうち「外交に期待できる」と答えた人の割合は一桁(四・九―九・二%)にすぎなかった(共同通信社調べ)。それが二桁台に上昇したのは八三年一一月(一二・四%)で、二桁台で安定的に推移するようになったのは八四年六月(一一・二%)以降のことであった。[9]

おそらく、初訪米やウィリアムズバーグ・サミットでの中曽根の言動は、海外では高く評価された半面、国内的には従来の安全保障政策の枠で捉え切れないような公約をしたと受け止められ、低い評価に止まったものと考えられる。他方で、八三年秋以降に外交への期待が高まったのは、コール、レーガン、トルドー、胡耀邦が相次いで来日し、中曽根外交の本格始動を国民に強く印象付けたからであろう。

反対に、中曽根内閣を「支持しない」と答えた人の中で、「外交に期待が持てない」と答えた人の割合は、八二年一二月―八七年九月の全調査期間において二桁になることはなかった(三・〇―九・八%の間で推移)。[10]

長期スパンのデータではないため、比較対照とするのは難しいが、鈴木前政権末期の八二年九月の調査を見ると、内閣支持率は三二・六%と健闘していた。[11] しかし、そのうち鈴木内閣の「外交に期待できる」と答えた人の割合はわずか一・一%にとどまった。[12] また、同時期の内閣不支持率は五〇・三%と半数をわずかに超えていたが、うち「外交に期待が持てない」と答えた人の割合は一二・四%であった。[13] こうした数字は、いずれも鈴木政権期の対米、対韓外交の行き詰まりを反映したものであろう。

次に、国政選挙の結果も振り返っておこう。中曽根内閣期には衆議院議員総選挙と参議院議員通常選挙がそれぞれ二回実施された。八三年六月の参院選で、自民党は選挙区で三議席増やし、非改選と合わせて一三七議席を獲得して安定多数を維持したが、同年一二月の衆院選においては二五〇議席の確保にとどまり惨敗した。[14] だが、政権後半の八六年七月に行われた衆参同日選挙で自民党は、衆院三〇四、参院七二(非改選と合わせて一四〇)もの議席を獲得し、両院で過半数を超える歴史的勝利をおさめた(15)。

こうした国政選挙の勝敗要因の分析は本書における考察の範囲を超えるので、ここで立ち入ることは避けるが、いずれにしても中曽根の掲げる「中道やや右」の保守政権、西側自由陣営寄りの外交政策、そして新自由主義的な経済政策が有権者の支持を受けていた結果であろう。ともあれ、一八〇六日間にわたる中曽根政権が国内的にも高い支持を受けていたことによって、外交の基本方針もぶれることなく、世界の中での日本の存在感を示しつつ、国際協調を図ることができたと言えよう。

さて、日米間の生産的協議を可能とした国際的な政治環境に目を転じてみよう。ここでは、西側諸国のソ連に対する基本的姿勢、ＩＮＦ削減交渉をめぐる外交当局と軍部との関係、中ソ関係改善がアジア部ＩＮＦ撤去に与えたインパクトについて簡単にまとめておきたい。

米、英、西独をはじめとする西側諸国の政治指導層の多くは自由主義を重視する保守長期政権であった（レーガンは八年、サッチャーは一一年、コールは一六年、それぞれ政権の座にあった）。本書で見てきた通り、西側の保守政権はソ連による米欧離間策に動じず、ＩＮＦ削減交渉を進めるためにＮＡＴＯの二重決定に基づく政策を推し進めていった。レーガン、そしてサッチャーとコールも、国内で核廃絶を求める運動の急速な高まりを宥めつつ、ソ連との関係においてより慎重な核軍備管理・軍縮へのロードマップを示し、これを実現しようとした。

そうした西側諸国の中でも、独自の立場を貫こうとしたのがフランスである。ミッテラン政権は二三年ぶりに生まれた社会党政権であった。だが、内政面では経済政策の行き詰まりを打開できず、国民が政治に新風を求めた結果、八六年三月の議会総選挙でシラクが率いる保守派の勝利を許し、いわゆるコアビタシオン（保革共存）の体制が生まれた。他方、フランスは外交面では社会党政権としてソ連との政治的対話のパイプを保っていたが、ミッテランがソ連の政策に与することは一切なく、西側の一員としてＮＡＴＯやＧ７の政策を追認した。ＳＤＩ研究への参加問題をめぐっても、ミッテランは米国を中心とする戦略形成にフランスが関与できないことを理由に参加を拒否したが、民間レベルでの参加は否定しなかった。また、ミッテランは経済サミットで政治問題を議論することに違和感を覚えていたが、そのことを理由に彼が首脳会議を欠席したのは八五年一〇月の緊急サミットだけであり、慣例のG７サミットを欠席することはなかった。

次に、軍備管理交渉と軍部との関係についてである。ＩＮＦ削減交渉においては、東西両陣営を問わず、核ミサイルの削減を必ずしも望まない国防関係者や軍部の意向を抑える必要があった。例えば、ソ連側ではアフロメーエフ総参謀長・第一国防次官が交渉団に入ったことで、軍部を抑えながら米側と直接的に協議を進めることが可能になった。

他方、米国では議会やＮＡＴＯ軍司令官を中心に、欧州からの戦術核撤去に対する反発が出たものの、時を置かずしてワインバーガーやパールをはじめとする対ソ強硬派が相次いで政権を去り、交渉に対する軍部の影響力は低下した。その後の交渉の主導権をシュルツが握ったことで、最終段階までソ連と調整がつかなかったパーシングⅠaとＳＤＩの問題においても、妥協の余地を見出すことができたのである。

そして、本書で考察したように、日米両国によるＳＳ—20の削減案を、ソ連のゼロ・オプション受け入れの要因の一つとして位置付ける場合には、当時の中ソ関係とアジア部ＩＮＦとの関連を考慮に入れる必要があることを指摘したい。八六年五月、ゴルバチョフは対中関係改善を視野に入れ、その障害となるアジア部ＩＮＦを除去する意向を示した。また、レイキャビク米ソ首脳会談で、ソ連はＩＮＦ配備数の制限に同意したものの、バルナウルへのＩＮＦ移転については、五〇％残されるＳＳ—20の標的が全て中国向けと映るため、トップレベルでの協議を暫定合意に止めた経緯がある。

一方、中国は西欧や日本により形成されたＳＳ—20反対陣営に潜在的に加わり、限られた回数ではあるがソ連に対しアジア部ＳＳ—20の全廃を要求した[16]。これに対し、中国と国境を接するソ連は、アフガニスタン問題等で悪化した中ソ対立の早期終結を重要な外交課題と強く認識していた。しかも、それはアジア太平洋地域で新たな核軍縮交渉を始めることに比べれば、容易に解決し得る問題だったのである。このような中ソ関係史の文脈から、ＩＮＦ交渉を捉え直すことが可能となれば、より客観的な核軍備管理交渉の歴史を描くことができるであろう。

本書の第三の課題は、米ソのＩＮＦ削減交渉が進展する中で、日本政府が米国の拡大抑止をソ連ミサイルとの取引材料とされないように、どのようなアプローチでこれに対応したのかを明らかにすることであった。

本書の考察でも言及してきたことであるが、ＩＮＦ問題に関する交渉方針をめぐり、たびたび日米間で認識の相違が生じた背景は何であろうか。たしかに、日本は西欧と異なり、ＩＮＦ導入という政治的・軍事的負担を引き受けずに、ＮＡＴＯ二重決定に支持を与え、他の西側諸国との間で対ソ結束を図っていた。国内に反核運動やＩＮＦ導入に反対する閣僚を抱えながらも、議会での承認や政治決定によって核ミサイルの配備を図った西欧五カ国と、非核政策の立場からソ連との交渉材料を何一つ持つことができない日本とのステータスの違いがこれほどまでに浮き彫りとなった事例は後にも先にもないであろう。そうした政治的・軍事的負担の有無が顕著であったことが、レーガンに中間的解決案、つまり「欧州ゼロ・アジア五〇％削減」という案を選択させる要因の一つになったと考えられる。

外交問題にせよ安全保障問題にせよ、日本から見れば同盟国アメリカの基本方針は内外要因や政権内の合従連衡がもとで一夜にして突然変わることがある。一九五〇年の対日占領政策の変更、一九七二年の米中和解、一九七九年のカーター・ドクトリン、二〇〇一年のＡＢＭ条約からの脱退などがそうしたケースに当てはまるだろう。

本書で見た通り、米国はＩＮＦ問題においても、突然交渉のアプローチを変えることがあった。交渉開始当初はゼロ・オプションを掲げながらも、ソ連の強い反発を受けてその実現が困難だと分かると、今度は西欧の安全保障に配慮して欧州部ＳＳ―20の撤去を優先事項とする暫定協定を探ろうとした。しかし、対ソ結束において軽視し得ない日本からの要請が強くなると、再びアジアの安全保障を犠牲にしない形でＩＮＦ問題に決着をつける方向に軌道修正した。

こうした同盟国の安全に対する配慮だけでなく、ＳＳ—20の移動可能性自体が問題であり、欧州・アジア双方のミサイルを撤去させなければ根本的な問題解決に至らないと考えた国防総省の見解が、米政権内で優勢となったことも交渉方針に大きな影響を与えた。

日本にとって有利であったのは、ＩＮＦ交渉の末期までワインバーガーがレーガン政権内にとどまり、中間的解決案でソ連との妥協を図ろうとする国務省サイドを常に牽制する構図が定着していたことである。いわゆる対ソ強硬派が閣外に去った後も、国務省がアジアの安全保障を二の次にした妥協を図ろうとすることはなかった。

もっとも、ソ連が絶対に拒むであろうと予想していたゼロ・オプションが、ゴルバチョフの手によってソ連の政策とされてしまった時点で、対ソ強硬派の発言力は弱められていたといえる。米ソ双方でゼロ・オプションがＩＮＦ問題の基本的解決案であると認知された後は、交渉の焦点がＳＲＩＮＦとＳＮＦの削減を含む欧州非核化問題へと移ったのである。

西側同盟国に対する配慮と対ソ交渉推進との間で揺れ動いたレーガンの方針に対し、中曽根のＩＮＦ問題に対する基本的姿勢は全くと言ってよいほどにぶれなかった。そのこと自体が米欧諸国に対する日本側の強いメッセージになっていたと考えられる。軍事的観点から見れば、日本にソ連との取引材料はなく、日本の対ソ抑止力は米国の後ろ盾があって初めて機能するものであった。そうした力の均衡を外交面で巧妙に利用することができたからこそ、日本はＩＮＦ交渉の方向性が日本の安全保障上の利益と乖離していかないように、一定の影響力を及ぼすことができたのであろう。

さて最後に、ベネチア・サミットにおける中曽根のアラスカＩＮＦ配備への支持が、日米間での「核の傘」の内容を検討することとは具体的に結び付いていなかった点に注目したい。

そもそもアラスカ州へのＩＮＦ配備は、アジア部のＳＳ—20との均衡を一定期間保つものであり、それ自体が直接的な対抗戦力とは言い難いものであった。当時、米国は欧州戦域でソ連の攻撃を受けた際に、極東地域においては西太平洋からソ連に対する海上攻撃を実施する戦略をとっていた[17]。したがって、アジア部のSS―20に対抗するのは第七艦隊のSLCMであり、アラスカ州に地上配備される予定だったINFではなかったのである。

本書で検討してきたように、外務省はアジアでの核軍縮問題に関連して、艦船や軍用機への搭載を含め、核コンポーネントの所在を肯定も否定もしないNCND政策が公に論ぜられる状況が生ずれば、日米同盟の運営に重大な影響を及ぼす点で危険であるとの見解を有していた。これを踏まえて、日本政府は核搭載艦船の寄港問題との関連で国内世論を刺激しないため、NCNDの尊重と引き換えに、拡大抑止に関する本質的な議論を避けていたと見ることもできるだろう。

外務省のINF削減案は、拡大抑止の手段をINF交渉の取引材料にしないという約束を米国から引き出すのに有効であった。その半面で、拡大抑止の信頼性をいかに確保するかという問題はのちの時代に持ち越されることとなったのである。

見通し得る将来、日米同盟における信頼関係の政治的安定性を図りつつ、どのようにして世界的規模での核軍備管理・軍縮に向けた現実的な道筋を同盟国とともに示していくのか。それがいまもなお、日本外交に課せられている重要な課題の一つであることに変わりはない。

（1）　小野日子「官邸における国際広報の現状と課題」金子将史・北野充編著『パブリック・ディプロマシー戦略――イメージを競う国家間ゲームにいかに勝利するか』（PHP研究所、二〇一四年）三三二頁。

（2）　中曽根康弘／中島琢磨・服部龍二・昇亜美子・若月秀和・道下徳成・楠綾子・瀬川高央編『中曽根康弘が語る戦後日本外交』（新潮社、二〇一二年）三四一頁。

（3）　村田良平『村田良平回想録　上巻――戦いに敗れし国に仕えて』（ミネルヴァ書房、二〇〇八年）三二三―三二七頁。

（4）　大河原良雄『オーラルヒストリー日米外交』（ジャパンタイムズ、二〇〇六年）三五三―三五四頁。

（5）五百旗頭真・伊藤元重・薬師寺克行編『岡本行夫――現場主義を貫いた外交官（九〇年代の証言）』（朝日新聞出版、二〇〇八年）一四四頁。
（6）「国務大臣の公務海外出張一覧」世界平和研究所編『中曽根内閣史――資料篇』（世界平和研究所、一九九五年）三五―五〇頁。
（7）長谷川和年／瀬川高央・服部龍二・若月秀和・加藤博章編『首相秘書官が語る中曽根外交の舞台裏――米・中・韓との相互信頼はいかに構築されたか』（朝日新聞出版、二〇一四年）三〇〇頁参照。
（8）世界平和研究所編『中曽根内閣史――資料篇』六六二―六六五頁。
（9）同前、六六六頁。
（10）同前、六六八頁。
（11）同前、六六三頁。
（12）同前、六六六頁。
（13）同前、六六七頁。
（14）世界平和研究所編『中曽根内閣史――日々の挑戦』（世界平和研究所、一九九六年）一八二頁、二七五頁参照。
（15）同前、七〇八頁。
（16）在西独宮崎大使発安倍外務大臣宛電信第一〇六四号「西側諸国の安全保障政策（内話）」（一九八七年五月一三日）二〇一〇―〇〇〇三四―一、六頁。
（17）金田秀昭・小林一雅・田島洋・戸崎洋史『日本のミサイル防衛――変容する戦略環境下の外交・安全保障政策』（日本国際問題研究所、二〇〇六年）一八七頁。

参考文献

未公刊史料

●外務省外交史料館所蔵「歴史資料としての価値が認められる開示文書（写し）」（番号は外交史料館における管理番号を示す）

在中国吉田大使発大来外務大臣宛電信第二六一五号「総理訪中（第一回首のう会談）（A）」（一九七九年一二月六日）〇四―五八九。

アジア局中国課「福田総理・鄧副総理会談記録（第一回目）」（一九七八年一〇月二三日）〇一―九三五。

――「伊東大臣の訪中（項目別会談記録）」（一九八〇年九月五日）〇四―一〇二五。

――「趙紫陽総理訪日会談記録」（一九八二年六月一〇日）〇四―一〇二六。

●外務省外交史料館所蔵「戦後期外務省記録」（番号は外交史料館における管理番号を示す）

欧亜局西欧第一課「福田総理主催シュミット首相歓迎晩餐会における主要話題」（一九七八年一〇月一一日、於総理官邸）二〇一〇―六五二二。

――「シュミット首相主催リターン・バンケットに於ける総理・首相間の主要話題」（一九七八年一〇月一二日、於迎賓館）二〇一〇―六五二二。

在ドイツ吉野大使発園田外務大臣宛電信第六〇号「グアダループ会議（内話）（A）」（一九七九年一月一三日）二〇一二―一六二一。

「レーガン大統領発中曽根総理宛書簡（仮訳）」（一九八三年三月二三日）二〇一四―二四二四。

「中曽根総理発レーガン大統領宛書簡」（一九八三年三月二五日）二〇一四―二四二四。

「レーガン大統領発中曽根総理宛書簡（仮訳）」（一九八三年三月二九日）二〇一五―〇二二九。

「レーガン米国大統領発中曽根総理宛書簡」（一九八三年九月一〇日）二〇一四―二四二四。

「中曽根総理発レーガン米国大統領宛書簡」（一九八三年九月一五日）二〇一四―二四二四。

「INF交渉に関するレーガン親書（仮訳）」（一九八三年九月二〇日）二〇一四―二四二四。

「中曾根総理夫妻主催晩餐（十一月一日）における総理挨拶」（一九八三年一一月一日）二〇一四―〇七一七。

「コール・ドイツ連邦共和国首相挨拶」（一九八三年一一月一日）二〇一四―〇七一七。

在西独小野寺臨時代理大使発安倍外務大臣宛電信第一九〇〇号「ＩＮＦ問題（コール首相記者会見）」（一九八三年一一月七日）二〇一四―二四二四。

●情報公開法に基づく行政機関の開示文書（番号は外務省開示文書の請求番号を示す）

外務本省

アジア局中国課「日中首脳会談記録（その二　全体会議）」（一九八三年一一月二四日）二〇〇六―〇一一三一―一。

――「日中外相会談記録（二五日、一〇：〇〇―一一：四五）」（一九八三年一一月二五日）二〇〇六―〇一一三一―二。

安倍外務大臣発在英国臨時代理大使宛電信第八三五号「日英定期協議（第一回会談その一）」（一九八四年四月二五日）二〇〇九―〇〇〇七四―一。

安倍外務大臣発在カナダ御巫大使宛電信第七六八号「トルドー首相の訪日（首脳会談・軍縮イニシアティヴ）」（一九八三年一一月一九日）二〇〇九―〇〇三七六―一。

安倍外務大臣発在国連黒田大使宛電信第一五五五号「大韓航空機撃墜事件（九月六日の安保理における我が国ステートメント）」（一九八三年九月七日）二〇〇八―〇〇五五〇―九。

安倍外務大臣発在ソ連鹿取大使宛電信第六五七号「日独・日仏軍縮協議（在京ソ大に対するブリーフ）」（一九八五年三月二〇日）二〇〇七―〇〇五四三―二。

安倍外務大臣発在フランス本野大使宛電信第六八二号「ルヌアール仏戦略・軍縮部長との協議」（一九八五年三月一二日）二〇〇七―〇〇五四三―三。

安倍外務大臣発在米国大河原大使宛電信第七五三号「シュルツ長官訪日（総理表敬）」（一九八三年二月一日）二〇〇九―〇〇一四七―二。

――電信第七六四号「シュルツ長官訪日（第二回外相会談）」（一九八三年二月一日）二〇〇九―〇〇一四七―一。

――電信第五〇五四号「ワインバーガー米国防長官の本大臣表敬」（一九八三年九月二四日）二〇〇七―〇〇三四六―一一。

安倍外務大臣発在米国松永大使宛電信第一二四九号「エメリーＡＣＤＡ副長官との協議」（一九八六年二月二六日）二〇〇七―〇〇五四四―一六。

安倍外務大臣発在ベルギー臨時代理大使宛電信第一九四号「マルテンス首相訪日（日白首脳会談）」（一九八四年四月一三日）二〇一

〇—〇〇〇三一—一。

宇野外務大臣発在米国松永大使宛電信第七九四九号別電一、別電二「ＩＮＦ協定署名(竹下総理祝電、本大臣談話)」(一九八七年一二月七日) 二〇〇七—〇〇五四〇—一〇。

——電信第六七〇二号「カンペルマン米ＮＳＴ代表の来日(栗山外審との協議)(二の二)」(一九八八年一〇月二四日) 二〇〇七—〇〇五四六—六。

欧亜局西欧第一課「コール西独首相訪ソ」(一九八三年七月六日) 二〇〇七—〇〇五六五—三。

——「コール・ドイツ連邦共和国首相訪日(昭和五八年一〇月三一日—一一月四日)主要会談等記録」(一九八三年一一月) 二〇〇八—〇〇五四九—一。

欧亜局ソヴィエト連邦課「第二回日ソ事務レベル協議議事録(その一：国際情勢)」(一九八二年一月) 二〇〇七—〇〇六八一—一。

——「第三回日ソ事務レベル協議議事録」(一九八三年四月)。

——「第五回日ソ事務レベル協議議事録」(一九八五年九月五日、六日)。

——「シェヴァルナッゼ・ソ連邦外相訪日記録」(一九八六年一月一五日、一六日) 二〇〇九—〇〇七八九—一。

——「安倍外務大臣訪ソ記録　4．外相間定期協議」(一九八六年五月三〇日) 二〇〇九—〇〇七九〇—一。

——「安倍外務大臣訪ソ記録　5．ゴルバチョフ書記長との会談」(一九八六年五月三〇日) 二〇〇九—〇〇七九〇—二。

——電信第二八六三号「カーピッツァ次官来日(梁井外審との会談)」(一九八六年一〇月二〇日) 二〇一〇—〇〇七九一—二。

倉成外務大臣発在米国松永大使宛電信第六二五一号「米ソ軍備管理交渉(ラウニー大使の本大臣表敬)」(一九八六年一〇月一五日) 二〇一〇—〇〇二六三—一。

国際連合局軍縮課「レーガン大統領の平和・安全保障問題に関する演説について」(一九八一年一一月三〇日) 二〇〇七—〇〇五三七—五。

——「三月三一日のレーガン米大統領軍縮関連発言」(一九八二年四月一日) 二〇〇七—〇〇五三九—一。

——「ブレジネフ書記長の第十九回コムソモール大会における戦略兵器削減交渉等に関する演説(取敢えずのコメント)」(一九八二年五月一九日) 二〇〇七—〇〇五三九—五。

——「中距離核戦力(ＩＮＦ)交渉」(一九八三年二月九日) 二〇〇七—〇〇五六四—一四。

——「軍縮委員会一九八三年春会期における今井大使演説」(一九八三年二月一〇日) 二〇〇七—〇〇五六四—一六。

——「(参考資料)ＩＮＦ交渉」(一九八三年六月) 二〇〇七—〇〇三四五—三。

国際連合局軍縮課「グリットマン大使の訪日」(一九八六年七月一六日)二〇〇七―〇〇五四四―一三。

――「ラウニー特使の訪日(改訂版)」(一九八六年七月二一日)二〇〇七―〇〇五四四―一三。

――「ラウニー顧問と梁井外審との協議概要」(一九八六年七月二二日)二〇〇七―〇〇五四四―一二。

――「軍備管理交渉に関するレーガン大統領のゴルバチョフ書記長宛返書(対ソ提案部分骨子)」(一九八六年七月二一日)二〇〇七―〇〇五四四―一四。

――「INF問題(参考一)INF問題に関する西独・連立与党党首・関係閣僚会議決定要旨」(一九八七年六月一日)二〇一〇―〇〇〇三四―三。

――「INF問題(西独の立場)」(一九八七年六月二日)二〇一〇―〇〇〇三四―三。

――「(参考)P―Iaの問題に関する西独政府の立場」(一九八七年八月二六日)二〇一〇―〇〇〇三四―五。

――「米ソ軍備管理交渉―INF協定署名に当たって我が国としてとるべき対応―」(一九八七年一一月二六日)二〇〇七―〇〇五四〇―三。

――「米ソ軍備管理交渉の現状について―INF協定署名に対する評価と今後の予想される動き―」(一九八七年一一月三〇日)二〇〇七―〇〇五四〇―五。

――「米ソ軍備管理交渉―INF協定署名に当たって我が国としてとるべき対応―」(一九八七年一二月二日)二〇〇七―〇〇五四〇―六。

――「一二月一八日付レーガン大統領書簡　軍備管理・軍縮問題関連部分(仮訳)」(一九八七年一二月二日)二〇〇七―〇〇五四〇―九。

――「竹下総理のレーガン大統領宛返簡(発出済み)」(一九八七年一二月二日)二〇〇七―〇〇五四〇―九。

国際連合局政治課「国連安保理における大韓航空機撃墜事件」(一九八三年九月九日)二〇〇八―〇〇五五〇―一。

――「大韓航空機事件(安保理)―票決結果―」(一九八三年九月一三日)二〇〇八―〇〇五五〇―三。

情報調査局「米ソ関係の動向及び問題点」(一九八七年八月五日)二〇一〇―〇〇〇三四―一。

大臣官房調査企画部「極東におけるSS―20への対応(試論)」(一九八三年二月一六日)二〇〇七―〇〇五六一―一。

――・北米局・欧亜局・国連局「ウィリアムズバーグ・サミットにおける政治声明　関連想定問答」(一九八三年六月一五日)二〇〇七―〇〇三四八―四。

大臣官房報道課「東京サミット首脳共同記者会見における中曽根総理の口頭発言記録」(一九八六年五月六日)二〇〇九―〇〇五八

七―一。

北米局北米第一課「(トルドー首相の訪日)日加首脳会談」(一九八三年一一月一九日)二〇〇九―〇〇三七六―二。

作成者不詳「グロムイコ外相記者会見」(一九八三年四月二日)二〇〇七―〇〇五六五―一四。

――「グロムイコ・ソ連外相記者会見に対するとりあえずのコメント」(一九八三年四月三日)二〇〇七―〇〇五六五―一五。

倉成外務大臣発在ソ連鹿取大使宛電信第二六四四号「本大臣とソロヴィヨフ大使との会談」(一九八六年一〇月一日)二〇一〇―〇〇二六六―一。

――「ＩＮＦ交渉をめぐる最近の動き」(一九八三年四月)二〇〇七―〇〇五六五―一九。

――「政策ガイドライン　第一七〇号〔次官記者懇談要旨(四日)〕ＩＮＦ廃絶合意」(一九八七年一一月七日)二〇〇七―〇〇五四〇―一。

在外公館

在アンカレッジ有松総領事発倉成外務大臣宛電信第一八号「総理ポーランド訪問(第一回ヤルゼルスキー会談)」(一九八七年一月一七日)二〇〇九―〇〇三八〇―一。

――電信第二三号「総理のポーランド訪問(メスネル首相との会談)」(一九八七年一月一七日)二〇〇九―〇〇三八〇―二。

――電信第二四号「総理のポーランド訪問(ヤルゼルスキーとのテタ・テート会談)」(一九八七年一月一八日)二〇〇九―〇〇三八〇―三。

在ウイリアムズ大河原大使発安倍外務大臣宛電信第一二号「ウイリアムズバーグ・サミット(日英首のう会談)」(一九八三年五月二九日)二〇〇七―〇〇三四八―一二。

――電信第一五号「ウイリアムズバーグ・サミット(日仏首のう会談)」(一九八三年五月二八日)二〇〇七―〇〇三四八―一三。

――電信第四六号「ウイリアムズバーグ・サミット(ＩＮＦ等に関するステートメント)」(一九八三年五月三〇日)二〇〇七―〇〇三四八―三二、一〇―一一頁。

在ヴェネチア西田大使発倉成外務大臣宛電信第八八号「日独首のう会談」(一九八七年六月八日)二〇〇九―〇〇七九二―一。

――電信第一九〇号「ＶＳⅡ(ヴェネチア・サミット総理記者会見)」(一九八七年六月一一日)二〇〇九―〇〇五八六―一。

在英国平原大使発安倍外務大臣宛電信第一五二〇号「ＩＮＦ交渉(英内話)」(一九八三年六月二八日)二〇〇七―〇〇五六〇―一。

――電信第一五八〇号「ＩＮＦ交渉」(一九八三年七月四日)二〇〇七―〇〇五六〇―一。

在国連黒田大使発安倍外務大臣宛電信第二一三四、二一四五号「安保理（大韓航空機事件）」（一九八三年九月二日）二〇〇八—〇〇五五〇—六。

——電信第二一六四、二一六五、二一七九号「安保理（大韓航空機事件）」（一九八三年九月六日）二〇〇八—〇〇五五〇—一〇。

——電信第二二〇〇号「安保理（大韓航空機事件）」（一九八三年九月七日）二〇〇八—〇〇五五〇—一〇。

——電信第三〇七二号、三〇七二号号外「主要国首のう会合（分割電報）（三の一—三の三）」（一九八五年一〇月二五日）二〇〇九—〇〇二九三—一。

——電信第三〇七三号「主要国首のう会合（レーガン大統領主催ばんさん会）」（一九八五年一〇月二五日）二〇〇九—〇〇二九三—二。

在国連菊池大使発倉成外務大臣宛電信第二七二七号「国連総会（日米外相会談—SDI）」（一九八六年九月二三日）二〇一〇—〇〇二六四—一、一頁。

——電信第三一八七号「日米首のう会談（米ソ、INF、アフガン問題）」（一九八七年九月二一日）二〇〇九—〇〇〇九五—六。

在西独宮崎大使発安倍外務大臣宛電信第一四号「大臣訪欧（ピム外相との会談）」（一九八三年一月五日）二〇〇七—〇〇五四一—一六。

——電信第二三号「安倍大臣訪欧（ゲンシャー外相との会談、その二、政治問題等）」（一九八三年一月六日）二〇〇七—〇〇五四一—一五。

——電信第六〇六号「高島大使のチーホノフ首相との会談」（一九八三年四月六日）二〇〇七—〇〇五六五—一三。

——電信第一一六〇号「SDI（WEU外相・国防相会議）」（一九八五年四月二五日）二〇一〇—〇〇〇三三—二。

——電信第一二二九号「第一回日独首のう会談（その三—SDI関係）」（一九八五年五月一日）二〇〇九—〇〇二九四—三。

——電信第一二七〇号「ボン・サミット（日米首のう会談についての記者ブリーフィング）」（一九八五年五月二日）二〇〇九—〇〇三七八—一。

——電信第一三二九号「ボン・サミット（総理記者会見）」（一九八五年五月五日）二〇〇九—〇〇五八八—一。

——電信第三〇三七号「SDI（対話）」（一九八五年一二月五日）二〇一〇—〇〇〇三三—五。

在西独宮沢大使発倉成外務大臣宛電信第四三七、四六一号「SDI（ABM条約解釈に関する米国の対同盟国説明）」（一九八七年二月二六、二七日）二〇一〇—〇〇〇三三—四。

――電信第一四七号「独のSDI研究参加(バンゲマン訪米)」(一九八六年一月一九日)二〇一〇―〇〇〇三三―三。

――電信第三六四号「独のSDI研究参加」(一九八六年二月一八日)二〇一〇―〇〇〇三三―三。

――電信第五〇〇号「INF」(一九八七年三月五日)二〇一〇―〇〇〇三四―一。

――電信第九二六号「米ソ軍備管理交渉(INF問題)」(一九八七年四月二一日)二〇一〇―〇〇〇三四―一。

――電信第九六八号「SRINF問題(内話)」(一九八七年四月二八日)二〇一〇―〇〇〇三四―七。

――電信第一〇六四号「西側諸国の安全保障政策(内話)」(一九八七年五月一三日)二〇一〇―〇〇〇三四―一。

――電信第一六一七号「INF問題(P―Iaに関する西独国防省の立場:内話、防衛情報)」(一九八七年七月三一日)二〇一〇―〇〇〇三四―五。

――電信第一七四〇号「PIa問題と西独内政(当館コメント)」(一九八七年八月二五日)二〇一〇―〇〇〇三四―六。

――電信第一七六二号「P―Ia問題に関するコール首相提案(当館コメント)」(一九八七年八月二八日)二〇一〇―〇〇〇三四―六。

――電信第一七六九号「PIaに関するコール首相発言(国防省筋内話、防衛情報)」(一九八七年八月三一日)二〇一〇―〇〇〇三四―六。

在ソ連鹿取大使発安倍外務大臣宛電信第一二四〇号「日ソ関係(ナカソネ総理・ゴルバチョフ書記長会談)」(一九八五年三月一五日)二〇〇九―〇〇〇七七―一。

在ソ連鹿取大使発倉成外務大臣宛電信第四〇四七号「米ソ軍備管理交渉(INF交渉の現況)」(一九八七年九月一日)二〇一〇―〇〇〇三四―一。

在中国鹿取大使発安倍外務大臣宛電信第一三三六号「総理訪中(首のう会談―国際情勢)」(一九八四年三月二四日)二〇〇六―〇一一三二―四。

在フランス本野大使発安倍外務大臣宛電信第三一三六、三一三七、三一三八号「総理訪仏(ミッテラン大統領とのテタ・テート会談:その一(対ソ関係)、その二(SDI)、その三(新ラウンド))」(一九八五年七月一五日)二〇一〇―〇〇〇三二―一。

在米国大河原大使発安倍外務大臣宛電信第四四六四号「総理訪米(日米首のう会談・テタテート)」(一九八三年五月二八日)二〇〇七―〇〇三四八―一五。

――電信第六三六五号「ワインバーガー国防長官との会談」(一九八三年八月二三日)二〇〇七―〇〇三四六―一〇。

――電信六三六七号「防衛庁長官の訪米」(一九八三年八月二三日)二〇〇七―〇〇三四六―一八。

在米国松永大使発安倍外務大臣宛電信第九三四二号「英国のSDI研究参加（防衛情報）」（一九八五年一二月六日）二〇一〇—〇〇〇三三一—三。

——電信第七〇九号「SDI」（一九八六年一月二五日）二〇一〇—〇〇〇三三一—五。

——電信第三三九五号「日米首のう会談（首のうランチ）」（一九八六年四月一四日）二〇〇九—〇〇三七九—二。

——電信第三四〇〇号「第一回日米首のう会談（米ソ関係）」（一九八六年四月一四日）二〇〇九—〇〇三七九—一。

——電信第三四二二号「第二回日米首のう会談（東西関係）」（一九八六年四月一五日）二〇〇九—〇〇三七九—三。

在米国松永大使発倉成外務大臣宛電信第四二九〇号「第二回日米首のう会談」（一九八七年五月二日）二〇〇九—〇〇三八二—一。

在米国村角臨時代理大使発安倍外務大臣宛電信第四四九〇号「第二九回日米政策企画協議」（一九八四年七月三日）二〇一五—〇〇〇九〇—一。

在ベルギー徳久大使発安倍外務大臣宛電信第一二二二号「NATO外相理（事務総長内話）」（一九八二年一二月一四日）二〇〇七—〇〇五四一—一二。

在ベルギー山本大使発倉成外務大臣宛電信第八九三号「大臣訪欧（キャリントンNATO事務総長との会談）」（一九八六年一二月一六日）二〇〇九—〇〇五八四—一。

在ベルギー加藤大使発倉成外務大臣宛電信第五三一号「NATO情勢（INF問題：NATO事務局筋内話）（防衛情報）」（一九八七年五月二五日）二〇一〇—〇〇〇三四—四。

在ホノルル中村総領事発安倍外務大臣宛電信第一一号「日米首のう会談（拡大）（米ソ）」（一九八五年一月五日）二〇〇九—〇〇〇七六—二。

——電信第二三、二四、二五号「日米首のう会談（少人数）」（一九八五年一月五日）二〇〇九—〇〇〇七六—三。

——電信第二五号「第一六回SSC」（一九八六年一月一五日）二〇〇九—〇〇一〇〇—二。

在ポーランド松原大使発倉成外務大臣宛電信第一一八号「総理の東独訪問（首のう会談取りまとめ）」（一九八七年一月一五日）二〇〇九—〇〇三八〇—九。

——電信第一二五号「総理ユーゴー訪問（ミクリッチ首相との第一回会談・二国間関係）」（一九八七年一月一六日）二〇〇九—〇〇三八〇—四。

——電信第一三三号「総理ユーゴー訪問（ミクリッチ首相との第二回会談・国際情勢）」（一九八七年一月一六日）二〇〇九—〇〇三八〇—五。

在ミュンヘン田村総領事発安倍外務大臣宛電信第二九四号「ＳＤＩ研究に関する問題（報道）」（一九八五年一一月二二日）二〇一〇—〇〇〇三三—三。

在ユーゴスラビア大塚大使発倉成外務大臣宛電信第一〇四号「第一回日・東独首のう会談」（一九八七年一月一五日）二〇〇九—〇〇三八〇—七。

——電信第一一〇号「第二回日・東独首のう会談」（一九八七年一月一五日）二〇〇九—〇〇三八〇—八。

- 中曽根康弘事務所

「中曽根康弘文書」

「官邸日記」

「長谷川和年外交ファイル」

- 国会会議録検索システム[http://kokkai.ndl.go.jp/]

- The National Security Archive（The George Washington University）

National Security Archive Electronic Briefing Book No. 19, China and the United States: From Hostility to Engagement, 1960–1998. [http://www2.gwu.edu/~nsarchiv/NSAEBB/NSAEBB19/]

National Security Archive Electronic Briefing Book No. 172, To the Geneva Summit: Perestroika and the Transformation of U.S.-Soviet Relations. [http://www2.gwu.edu/~nsarchiv/NSAEBB/NSAEBB172/index.htm]

National Security Archive Electronic Briefing Book No. 203, The Reykjavik File: Previously Secret Documents from U.S. and Soviet Archives on the 1986 Reagan-Gorbachev Summit. [http://www2.gwu.edu/~nsarchiv/NSAEBB/NSAEBB203/index.htm]

National Security Archive Electronic Briefing Book No. 238, The INF Treaty and the Washington Summit: 20 Years Later. [http://www2.gwu.edu/~nsarchiv/NSAEBB/NSAEBB238/index.htm]

- North Atlantic Treaty Organization (NATO) e-Library: Official Text (Chronological)
  [http://www.nato.int/cps/en/natolive/official_texts.htm]

- The Ronald Reagan Presidential Library: The Public Papers of President Ronald W. Reagan (Chronological Index)
  [http://www.reagan.utexas.edu/archives/speeches/publicpapers.html]

公刊史料

世界平和研究所編『中曽根内閣史——資料篇』（世界平和研究所、一九九五年）。

———編『中曽根内閣史——首相の一八〇六日』上・下巻（世界平和研究所、一九九六年）。

———編『中曽根内閣史——資料篇（続）』（世界平和研究所、一九九七年）。

The National Security Archive, *China and the United States: From Hostility to Engagement, 1960–1998* [microfiche] (ProQuest Information and Learning, 1999).

———, *Japan and the United States: Diplomatic, Security and Economic Relations, part II: 1977–1992* [microfiche] (ProQuest Information and Learning, 2004).

———, *Japan and the United States: Diplomatic, Security, and Economic Relations, Part III: 1961–2000* [microfiche] (ProQuest Information and Learning, 2012).

定期刊行物

『朝日新聞』

『日本経済新聞』

『毎日新聞』

『読売新聞』

『日本の防衛——防衛白書』

『わが外交の近況——外交青書』

日記・回想録・オーラルヒストリー

五百旗頭真・伊藤元重・薬師寺克行編『岡本行夫――現場主義を貫いた外交官（九〇年代の証言）』（朝日新聞出版、二〇〇八年）。

大河原良雄『オーラルヒストリー日米外交』（ジャパンタイムズ、二〇〇六年）。

栗山尚一／中島琢磨・服部龍二・江藤名保子編『外交証言録――沖縄返還・日中国交正常化・日米「密約」』（岩波書店、二〇一〇年）。

後藤田正晴／御厨貴監修『情と理――カミソリ後藤田回顧録』下巻（講談社＋α文庫、二〇〇六年）。

ゴルバチョフ、ミハイル／田中直毅訳『ペレストロイカ』（講談社、一九八七年）。

――／工藤精一郎・鈴木康雄訳『ゴルバチョフ回想録』下巻（新潮社、一九九六年）。

サッチャー、マーガレット／石塚雅彦訳『サッチャー回顧録――ダウニング街の日々』上・下巻（日本経済新聞社、一九九三年）。

シェワルナゼ、エドアルド／朝日新聞外報部訳『希望』（朝日新聞社、一九九一年）。

シュミット、ヘルムート／永井清彦・片岡哲史・内野隆司訳『シュミット外交回想録』下巻（岩波書店、一九八九年）。

スピークス、ラリー、ロバート・パック／椋田直子・石山鈴子訳『スピーキング・アウト――レーガン政権の内幕』（扶桑社、一九八八年）。

丹波實『日露外交秘話（増補版）』（中公文庫、二〇一二年）。

東郷和彦『北方領土交渉秘録――失われた五度の機会』（新潮社、二〇〇七年）。

中曽根康弘『政治と人生――中曽根康弘回顧録』（講談社、一九九二年）。

――『天地有情――五十年の戦後政治を語る』（文藝春秋、一九九六年）。

――『自省録――歴史法廷の被告として』（新潮社、二〇〇四年）。

――／中島琢磨・服部龍二・昇亜美子・若月秀和・道下徳成・楠綾子・瀬川高央編『中曽根康弘が語る戦後日本外交』（新潮社、二〇一二年）。

パウエル、コリン、ジョゼフ・E・パーシコ／鈴木主税訳『マイ・アメリカン・ジャーニー［コリン・パウエル自伝］――ワシントン時代編　一九七七―一九八九』（角川文庫、二〇〇一年）。

長谷川和年／瀬川高央・服部龍二・若月秀和・加藤博章編『首相秘書官が語る中曽根外交の舞台裏――米・中・韓との相互信頼はいかに構築されたか』（朝日新聞出版、二〇一四年）。

村田良平『村田良平回想録　上巻――戦いに敗れし国に仕えて』（ミネルヴァ書房、二〇〇八年）。

森田一／服部龍二・昇亜美子・中島琢磨編『心の一燈　回想の大平正芳――その人と外交』（第一法規、二〇一〇年）。

レフチェンコ、S・A『KGBの見た日本――レフチェンコ回想録』（日本リーダーズ・ダイジェスト社、一九八四年）一四八―一四九頁。
ワインバーガー、キャスパー／角間隆監訳『平和への闘い』（ぎょうせい、一九九五年）。
Brinkley, Douglas ed., *The Reagan Diaries: Unabridged* (New York: Harper Collins, 2009).
Gates, Robert M., *From the Shadows: The Ultimate Insider's Story of Five Presidents and How They Won the Cold War* (New York: Palgrave Macmillan, 1996).
Glitman, Maynard W., *The Last Battle of the Cold War: An Inside Account of Negotiating the Intermediate Range Nuclear Forces Treaty* (New York: Palgrave Macmillan, 2006).
Matlock, Jr., Jack F., *Reagan and Gorbachev: How the Cold War Ended* (New York: Random House, 2004).
Nitze, Paul H., *From Hiroshima to Glasnost: At the Center of Decision—A Memoir* (New York: Grove Weidenfeld, 1989).
Reagan, Ronald, *An American Life* (New York: Simon & Shuster, 1990).

単行本

朝日新聞経済部『ミリテクパワー（軍事技術力）――究極の日米摩擦』（朝日新聞社、一九八九年）。

アッシュ、ティモシー・ガートン／杉浦茂樹訳『ヨーロッパに架ける橋――東西冷戦とドイツ外交』上・下（みすず書房、二〇〇九年）。

安倍晋三『美しい国へ』（文春新書、二〇〇六年）。

安倍晋太郎・永野信利『創造的外交をめざして』（行政問題研究所、一九八四年）。

五百旗頭真編『日米関係史』（有斐閣、二〇〇八年）。

――編『戦後日本外交史〔第三版補訂版〕』（有斐閣、二〇一四年）。

伊藤昌弘・森本真章『赤い電波――モスクワ放送ぶんま帳』（山手書房、一九八五年）二四三頁。

今井隆吉『核軍縮――軍備管理の実態』（サイマル出版会、一九八七年）。

――『武器の逆襲――冷戦後の核管理をどうするか』（東洋経済新報社、一九九二年）。

岩田修一郎『核戦略と核軍備管理――日本の非核政策の課題』（日本国際問題研究所、一九九六年）。

岩出俊男『SDIと日本――戦略防衛構想の政治学』（原書房、一九八七年）。

ウェスタッド、オッド・アルネ／佐々木雄太監訳／小川浩之・益田実・三須拓也・三宅康之・山本健訳『グローバル冷戦史――第三世界への介入と現代世界の形成』（名古屋大学出版会、二〇一〇年）。

宇治敏彦『鈴木政権・八六三日』（行政問題研究所、一九八三年）。

遠藤乾編『ヨーロッパ統合史』（名古屋大学出版会、二〇〇八年）。

岡崎久彦『戦略的思考とは何か』（中公新書、一九八三年）。

金子将史・北野充編著『パブリック・ディプロマシー戦略――イメージを競う国家間ゲームにいかに勝利するか』（PHP研究所、二〇一四年）。

金子譲『NATO　北大西洋条約機構の研究――米欧安全保障関係の軌跡』（彩流社、二〇〇八年）。

金田秀昭・小林一雅・田島洋・戸崎洋史『日本のミサイル防衛――変容する戦略環境下の外交・安全保障政策』（日本国際問題研究所、二〇〇六年）。

北岡伸一『自民党――政権政党の三八年』（読売新聞社、一九九五年）。

木村汎『遠い隣国――ロシアと日本』（世界思想社、二〇〇二年）。

ギャディス、ジョン・ルイス／五味俊樹・坪内淳・阪田恭代・太田宏・宮坂直史訳『ロング・ピース――冷戦史の証言「核・緊張・平和」』（芦書房、二〇〇二年）。

キャロル、ジェームズ／大沼安史訳『戦争の家――ペンタゴン』下巻（緑風出版、二〇〇九年）。

クック、ステファニー／藤井留美訳『原子力　その隠蔽された真実――人の手に負えない核エネルギーの70年史』（飛鳥新社、二〇一一年）。

久保田富弘『ロンとヤス――日米首脳この5年』（グラフ・ジャパン、一九八七年）。

コックバーン、アンドルー／赤羽龍夫訳『脅威――ソ連軍事機構の実体』（早川書房、一九八五年）。

斎藤直樹『戦略防衛構想――ミサイル防衛論争を振り返って』（慶應通信、一九九二年）。

――『戦略兵器削減交渉――冷戦の終焉と新たな戦略関係の構築』（慶應通信、一九九四年）。

佐々木卓也編『戦後アメリカ外交史〔新版〕』（有斐閣、二〇〇九年）。

信田智人『官邸外交――政治リーダーシップの行方』（朝日新聞社、二〇〇四年）。

嶌信彦『首脳外交――先進国サミットの裏面史』（文春新書、二〇〇〇年）。

上毛新聞社編『宰相・中曽根の一八〇六日』（上毛新聞社、一九八八年）九一頁。

世界平和研究所編『中曽根内閣史――理念と政策』（世界平和研究所、一九九五年）。

――編『中曽根内閣史――日々の挑戦』（世界平和研究所、一九九六年）。

関場誓子『超大国の回転木馬――米ソ核交渉の6000日』（サイマル出版会、一九八八年）。

セベスチェン、ヴィクター／三浦元博・山崎博康訳『東欧革命一九八九――ソ連帝国の崩壊』（白水社、二〇〇九年）。

田中明彦『安全保障――戦後五〇年の模索』（読売新聞社、一九九七年）。

タルボット、ストローブ／加藤紘一・茂田宏・桂誠訳『米ソ核軍縮交渉――成功への歩み』（サイマル出版会、一九九〇年）。

手嶋龍一『たそがれゆく日米同盟――ニッポンFSXを撃て』（新潮文庫、二〇〇六年）。

友田錫『入門・現代日本外交――日中国交正常化以後』（中公新書、一九八八年）。

豊田祐基子『「共犯」の同盟史――日米密約と自民党政権』（岩波書店、二〇〇九年）。

中曽根康弘『新しい保守の論理』（講談社、一九七八年）。

波多野澄雄編『外交史――戦後編』（日本の外交　第二巻）（岩波書店、二〇一三年）。

早野透『田中角栄――戦後日本の悲しき自画像』（中公新書、二〇一二年）。

福永文夫『大平正芳――「戦後保守」とは何か』（中公新書、二〇〇八年）。

藤本一美・大空社編集部編『戦後アメリカ大統領事典』（大空社、二〇〇九年）。

ブラウン、アーチー／小泉直美・角田安正訳『ゴルバチョフ・ファクター』（藤原書店、二〇〇八年）。

ヘイズ、ピーター、リューバ・ザルスキ、ウォルデン・ベロ／小川明雄訳『核戦争の最前線・日本』（朝日新聞社、一九八七年）。

前田哲男『核戦争シミュレーション』（ちくまライブラリー、一九八七年）。

牧太郎『中曽根政権・一八〇六日』上巻（行政問題研究所、一九八八年）。

松岡完・広瀬佳一・竹中佳彦編『冷戦史――その起源・展開・終焉と日本』（同文舘出版、二〇〇三年）。

松本佐保『バチカン近現代史――ローマ教皇たちの「近代」との格闘』（中公新書、二〇一三年）。

マン、ジェームズ／鈴木主税訳『米中奔流』（共同通信社、一九九九年）。

水野均『「世界」は日米同盟に反対していたのか――総合雑誌の安全保障論を検証する』（並木書房、二〇一二年）。

村田晃嗣『現代アメリカ外交の変容――レーガン、ブッシュからオバマへ』（有斐閣、二〇〇九年）。

――『レーガン――いかにして「アメリカの偶像」となったか』（中公新書、二〇一一年）。

吉田文彦・朝日新聞特別取材班編『核を追う――テロと闇市場に揺れる世界』（朝日新聞社、二〇〇五年）。

吉田文彦『核のアメリカ――トルーマンからオバマまで』（岩波書店、二〇〇九年）。

若月秀和『大国日本の政治指導　一九七二―一九八九』（現代日本政治史4）（吉川弘文館、二〇一二年）。

和田修一『米ソ首脳外交と冷戦の終結』（芦書房、二〇一〇年）。

渡邉昭夫編『戦後日本の宰相たち』（中公文庫、二〇〇一年）。

渡邊啓貴『フランス現代史――英雄の時代から保革共存へ』（中公新書、一九九八年）。

――『米欧同盟の協調と対立――二十一世紀国際社会の構造』（有斐閣、二〇〇八年）。

――編『ヨーロッパ国際関係史――繁栄と凋落、そして再生〔新版〕』（有斐閣、二〇〇八年）。

ワプショット、ニコラス／久保恵美子訳『レーガンとサッチャー――新自由主義のリーダーシップ』（新潮選書、二〇一四年）。

Anderson, Martin and Annelise Anderson, *Reagan's Secret War: The Untold Story of His Fight to Save the World from Nuclear Disaster* (New York: Crown Publishers, 2009).

Andrew, Christopher and Vasili Mitrokhin, *The World was Going Our Way: The KGB and the Battle for the Third World* (New York: Basic Books, 2005).

Gaddis, John Lewis, *The Cold War* (London: Penguin Books, 2007).

——, *The United States and the End of the Cold War: Implications, Reconsiderations, Provocations* (Oxford: Oxford University Press, 1992).

Grachev, Andrei, *Gorbachev's Gamble* (Cambridge: Polity Press, 2008).

Hayward, Steven F., *The Age of Reagan: The Conservative Counterrevolution 1980-1989* (New York: Crown Forum, 2009).

Johnson, R. W., *Shootdown: Flight 007 and the American Connection* (New York: Viking, 1986)（邦訳：ジョンソン、R・W／妹尾作太郎・大西道永訳『悪魔の飛行計画――大韓航空機撃墜の真相』上・下、ダイナミックセラーズ、一九八七年）.

Launius, Roger D. and Howard E. McCurdy ed., *Spaceflight and the Myth of Presidential Leadership* (Urbana and Chicago: University of Illinois Press, 1997).

Leffler, Melvyn P. and Odd Arne Westad (ed.), *The Cambridge History of the Cold War, Vol.III: Endings* (Cambridge: Cambridge University Press, 2010).

Lettow, Paul, *Ronald Reagan and His Quest to Abolish Nuclear Weapons* (New York: Random House, 2005).

Mann, James, *The Rebellion of Ronald Reagan: A History of the End of the Cold War* (New York: Viking Penguin, 2009).

Nuti, Leopoldo (ed.), *The Crisis of Détente in Europe* (Routledge: New York, 2009).
Rhodes, Richard, *Arsenals of Folly: The Making of the Nuclear Arms Race* (New York: Simon and Schuster, 2007).
Samuels, Richard J., "*Rich Nation Strong Army*" (New York: Cornell University Press, 1994).
Sandler, Todd and Keith Hartley, *The Economics of Defense* (Cambridge: Cambridge University Press, 1995).
Stone, Oliver and Peter Kuznick, *The Untold History of the United States* (New York: Simon and Schuster, 2012).
Thornton, Richard C., *The Reagan Revolution I: The Politics of U.S. Foreign Policy* (Victoria: Trafford Publishing, 2003).
Walsh, David M., *The Military Balance in the Cold War* (New: Routledge York, 2008).
Wilentz, Sean, *The Age of Reagan: A History 1974-2008* (New York: HarperCollins Publishers, 2008).

紀要・雑誌論文

伊藤憲一「ＳＳ20極東配備に日本はどう対応すべきか――ロシア時代から続くソ連の対外政策の原型と極東の戦略構造の特性から導かれる対応策は」(『中央公論』一九八三年七月号)。

伊東孝之「転換期の東欧安全保障システム――ユーロミサイルの影で」(『国際問題』第三〇三号、一九八五年)。

猪口邦子「中距離核軍縮に関する戦略的考察」(『上智法學論集』第三二巻第三号、一九八九年)。

岡田美保「ソ連による弱さの自覚と対外政策の転換――ＩＮＦ交渉の再検討」(『国際政治』第一五七号、二〇〇九年)。

小川伸一「『核の傘』の理論的検討」(『国際政治』第九〇号、一九八九年)。

川中子真「『核の傘』と日本――ＩＮＦ全廃とそれ以後」(『国際政治』第九〇号、一九八九年)。

阪中友久「ＩＮＦ交渉と日本の安全保障」(『世界週報』一九八七年一〇月六日号)。

佐藤行雄「西欧の安全保障と米欧関係(下)」(『国際問題』第三〇九号、一九八五年一二月)。

瀬川高央「中曽根政権の核軍縮外交――極東の中距離核戦力(ＳＳ―20)問題をめぐる秘密交渉」(『經濟學研究』第五八巻第三号、二〇〇八年)。

――「中曽根政権期の軍縮外交と米ソ中距離核戦力削減交渉――日本にとってのＳＳ―20問題」(『ＳＵ―ＲＥＰ』第八号、二〇〇八年)。

――「『ロン・ヤス』時代の平和と軍縮――新冷戦の転換期における日本の課題設定と多角的交渉」(『年報　公共政策学』第四号、二〇一〇年)。

――「冷戦末期の日米同盟協力と核軍縮――ＩＮＦ削減交渉に見る『ロン・ヤス』関係の帰結点」（『国際政治』第一六三号、二〇一一年）。

――「日本のＳＤＩ研究参加をめぐる政策決定過程：一九八五―一九八七」（『年報　公共政策学』第九号、二〇一五年）。

田久保忠衛「日本をも狙う『政治的兵器』――ＳＳ20にどう対応するか」（『世界週報』一九八三年四月五日号）。

――「西側全体の戦略調整が必要に――米『衰退論』を中心として」（『新防衛論集』第一六巻第一号、一九八八年）。

中川八洋「軍備管理と核抑止の相克――岐路に立つ西側の安全保障」（『国際政治』第九〇号、一九八九年）。

中西輝政「『レイキャビク』と新しい歴史の潮流――ポストＩＮＦのヨーロッパ安全保障」（『新防衛論集』第一六巻第一号、一九八八年）。

ブラウ、エリーサーベト「『核なき世界』は見果てぬ夢に」（『ニューズウィーク日本版』二〇一四年五月二〇日号）。

山本真智子「一九七〇年代及び一九八〇年代におけるフランスの『抑止、防衛、デタント』政策」（『国際政治』第一五七号、二〇〇九年）。

Schmidt, Helmut, "The 1977 Alastair Buchan Memorial Lecture," *Survival*, Vol. XX, No.1 (Jan/Feb 1978).

Tachibana, Seiitsu, "Much Ado About Something: the Factors that Induced Reagan and Gorbachev to Conclude the INF Treaty," *Hiroshima Peace Science*, Vol.11 (1988).

あとがき

本書は、筆者が二〇〇七年度から二〇一五年度にかけて行ってきた研究の成果をまとめたものである。

研究者を含めて、一般的にわれわれが戦後日米関係の重要局面をイメージする時には、一九五一年のサンフランシスコ講和と独立回復、六〇年の安保条約改定、七二年の沖縄返還、といった出来事を思い浮かべることが多い。翻って、一九八〇年代における日米関係の重要局面は何かと問われると、前半は同盟の実質化（不沈空母、日米運命共同体など）、後半は経済関係のライバル化（経済摩擦、プラザ合意など）を想起される方が多いのではないだろうか。もちろん、それらは八〇年代の日米関係の特徴を表す重要なキーワードに違いないが、いずれも過去の日米関係の積み重ねから導出された特徴的な出来事であり、講和・独立、安保改定、沖縄返還に匹敵するような時代の「画期」として位置付けるのはなかなか難しい。

加えて、一般的にわれわれが戦後日米関係を振り返る際には、「過去」の外交上の出来事が「現在」の情勢にどのようなインパクトを与えているのか、という視点を重視する。もちろん、現在と将来の対米関係の在り方を考える際に、これまでの日本外交の何がうまくいき、どこに問題があったのかを見極めることは欠かすことのできない作業であろう。

このようなことを考えた際、本書で論じた米ソＩＮＦ交渉に対する日本の側面協力はどう位置付けられるだろうか。一言で言えば、日本のＩＮＦゼロ・オプション支持というアプローチは、実際に米ソ間でＩＮＦのグローバル・ゼロが実現したのであるから、うまくいったこと、すなわち「成功物語」として語られる。しかし、より重要なのはなぜこのアプローチがうまくいったのかについて、時代背景、国内政治の情勢、指導者や外交官の思考などを含めて問うことである。おそらく、その問いは、外交上うまくいかなかったことを問い直すのと同等に重要な作業に違いない。

たしかに、八〇年代の日本の外交アプローチは、アジア部のＩＮＦ問題に関する限り、後世に何らの問題も積み残すことがなかった。しかし、その成果は一夜にして得られたものではなく、米国やソ連をはじめ、問題の関係国すべてと緊密な意見交換を繰り返し、各国首脳に「アジア部ＩＮＦ問題の背景には日本の安全保障上の利害がある」ことを周知させ、アジア部ＳＳ―20の撤去なしに問題は解決しないと認識させることができたことが土台になっている。

歴史はそのまま反復することはないとはいえ、将来においても自国の外交・安全保障上の利益について、自らの立場の客観的な検討とそれに基づく主張を怠れば国際舞台から取り残され、日本が理不尽な要求を呑まされることがないとは言い切れない。そうならないためにも、日本が国際安全保障問題に対して「主体」的に政策形成に参加し「成功」を導いた過程を、事実に基づいて検証することが重要であると考えている。

さて、本書に至る研究を始めたのは、筆者が大学院を修了した二〇〇七年初夏のことであった。その約半年前、日米防衛協力をテーマとした博士論文を執筆する過程で、ある米国務省文書の中に「日本政府はＩＮＦを注視している」との記述を見つけ、強く興味を惹かれたことを鮮明に憶えている。

その後、手さぐりで外務省の外交記録・情報公開室に対し関連する行政文書の開示請求を行い、収集した史資料を解析して、具体的な研究成果にまとめるまで約一年を要した。当初はファイルごと開示請求をするという「力技」を試していたが、その結果思いもよらぬ史資料に巡り合えたのも事実である。

本書で引用した外務省文書の大半は二〇〇七年から二〇一四年にかけて開示請求を行い、開示されたものである。現在進行形の問題（領土、国境画定、平和条約など）を抱える日ロ（日ソ）関係の文書については依然、不開示の文書も多いが、それでも軍縮・軍備管理に関わる記録が三〇年を経ずに公開されたことは、本研究を進める上で大変励みになった。

また、本書では国内外の政治家や外交官の日記、回想録、オーラルヒストリーを活用することで、公刊史料や未公刊史料の行間からは見えてこない当事者の問題認識や当時の心境を描き出そうと試みた。その試みがどこまで成功しているかは、読者諸賢のご判断を仰ぎたい。

なお、本書の書き下ろし部分と既に公刊済みの論文との関係はおおよそ以下の通りである。ただし、各章において既発表論文の大幅な加筆修正を行っているため、原型のまま収録したものはない。

序　章：書き下ろし。

第一章：「中曽根政権の核軍縮外交――極東の中距離核戦力（SS―20）問題をめぐる秘密交渉」（『経済学研究』第五八巻第三号、二〇〇八年）。

第二章：「『ロン・ヤス』時代の平和と軍縮――新冷戦の転換期における日本の課題設定と多角的交渉」（『年報公共政策学』第四号、二〇一〇年）。

第三章：「日本のSDI研究参加をめぐる政策決定過程：一九八五―一九八七」（『年報　公共政策学』第九号、二〇一五年）。

第四章：「冷戦末期の日米同盟協力と核軍縮――INF削減交渉に見る『ロン・ヤス』関係の帰結点」（『国際政治』第一六三号、二〇一一年）。

第五章：同前。

終　章：書き下ろし。

本書を執筆する上で、中曽根康弘元総理と長谷川和年元総理秘書官・元駐豪大使への十数回に及ぶインタビューは非常に貴重な機会であった。特に、中曽根元総理へのインタビューでは、八七年七月のベネチア・サミットについてお聞きした際に、アラスカ州へのＩＮＦ配備を支持されたことをはっきりとご記憶されていたのが印象的だった。おそらく、当時の出来事を憶えている読者でも、中曽根氏が国際舞台で対ソ再結束を呼びかけ、均衡に基づいた核軍縮の重要性を説いたことまで思い出せる方は少ないのではないだろうか。

また、長谷川大使へのインタビューでは、官邸側から見た中曽根外交の実像と、官邸と外務省との関係について数多くのご教示を賜った。レーガン大統領との書簡のやり取りや、ミッテラン大統領との初会談の様子など、政権初期の重要局面に関する長谷川氏の貴重な証言は、外交記録の行間を読み解く上で大変参考になった。長時間にわたるインタビューに快く応じてくださった中曽根氏と長谷川氏に、厚く御礼を申し上げたい。

なお、お二方のインタビューの記録は、既にオーラルヒストリーと回想録としてそれぞれ公刊されている。両プロジェクトにおいては、若月秀和先生、道下徳成先生、服部龍二先生、中島琢磨先生、昇亜美子先生、楠綾子先生、加藤博章先生、石田智範先生、江藤名保子先生から多大な御教示と御指導をいただいた。特に、若月先生からは本研究の立ち上げ期以来、八〇年代の日本外交研究に関して貴重なご助言や史資料の提供をいただいただけでなく、中曽根氏のオーラルヒストリー・プロジェクトに筆者をお誘いくださった。

また、道下先生には、二〇一〇年度日本国際政治学会における研究報告でご一緒させていただき、事前の打ち合わせなどで北東アジアの安全保障問題と日本の対応について、戦略的観点から御教示を賜った。服部先生と中島先生には、オーラルヒストリー終了後も、東京での戦後東アジア国際政治研究会にお誘いいただいたり、日中関係や沖縄返還に関するご著書の恵送を賜り、筆者の視野を大きく広げて下さった。あわせて心から御礼を申し上げたい。

本書で直接引用ないし間接的に依拠した史料には、財団法人世界平和研究所・中曽根康弘事務所所蔵の個人文書、官邸日記、長谷川元秘書官の外交文書ファイルが含まれている。同事務所の井出康子氏には、中曽根・長谷川両氏のオーラルヒストリー実施・編集時にお世話になったばかりでなく、これらの貴重な史料を閲覧させていただいた。改めて厚く御礼を申し上げたい。

本書の基礎を成す論文の発表や研究報告の機会には、学内外の諸先生方から助言や示唆をいただいた。日本国際政治学会での研究報告および論文投稿の過程では、小川伸一先生、西原正先生、秋山信将先生、神谷万丈先生、田所昌幸先生、石川卓先生、佐々木卓也先生、水野均先生から貴重なコメントをいただいた。また、学内外の研究会では、大学院生時代の指導教官としてお世話になった佐々木隆生先生をはじめ、中村研一先生、遠藤乾先生、鈴木一人先生、桑原真人先生、三須拓也先生から数えきれないほどのご支援やご助力をいただいている。

特に、佐々木隆生先生からは、筆者が博士課程を修了した後、専門研究員として本研究に取り組もうとした際に有益なコメントをいただいたばかりでなく、行政文書の開示請求に際しても様々な形でご支援を賜った。本研究の内容を北海道大学出版会にご紹介くださったのも佐々木先生である。中村先生には、博士論文の審査以来お世話になっているのみならず、本書第三章の基となった日本のＳＤＩ参加問題の研究に着手した際に、数多くの有益なご助言をいただいた。ここに記して厚く御礼申し上げたい。

また、田所先生と三須先生には、日本の米ソＩＮＦ交渉への側面協力という「本来的には閉じた議論」を、日本外交全体の中に位置付け直すことと、核軍縮交渉における日本の対内・対外的レバレッジとは何であり、それがどこまで目的を果たせたのかという形で議論を再構成してみてはどうかとの貴重なアドヴァイスを賜った。この場を借りて深く感謝申し上げたい。本書における議論では、これまでに頂戴したコメントやアドヴァイスを全て活かしきれたか否か、筆者の力量の問題もあり甚だ心許ないが、諸先生方が提起された論点に僅かばかりでも近付いているとすれば、これにまさる喜びはない。

また、お名前を記すことは控えさせていただくが、筆者の研究に関心を寄せ、中曽根内閣期のＩＮＦ問題に対するアプローチを「アジェンダ・セッティング」として捉えてみることを勧めてくださった現役の外交官の方にも感謝申し上げたい。

以上のように、本研究に対してこれまで数多くのご支援とご助言を受けてきたが、本書の内容に関する全ての責任は筆者だけに属する。

本書は、二〇〇九—二〇一〇年度科学研究費補助金（若手研究B・課題番号二一七三〇一三三「中曾根政権の核軍縮外交」）および、二〇一四—二〇一五年度科学研究費補助金（若手研究B・課題番号二六七八〇〇九九「核軍縮外交における情報管理と政策広報」）による研究成果の一部である。また、本書の出版には、二〇一五年度科学研究費補助金（研究成果公開促進費・課題番号一五ＨＰ五一三二）の交付を受けた。記して感謝申し上げたい。

そして、本書の刊行にあたり、企画から審査、編集作業に至るまで数多くのご指導とご助力をいただいた北海道大学出版会の今中智佳子氏と上野和奈氏、そして前編集担当の滝口倫子氏に厚く御礼申し上げたい。

最後に私事になるが、筆者の研究を物心両面で支えてくれた両親に感謝の意を表しつつ、擱筆としたい。

二〇一五年十二月

瀬川高央

事項索引

あ　行

か　行

さ　行

た　行

な　行

は 行

ま 行

や 行

ら 行

わ 行

人名索引

あ 行

か 行

さ　行

た　行

な　行

は　行

ファビウス(Laurent Fabius)　245
ファン・エーケレン(Willem Frederik van Eekelen)　434
ファンファーニ(Amintore Fanfani)　95
フィッツウォーター(Marlin Fitzwater)　423
フィリュービン(Nikolai Firiubin)　51
フォーゲル(Hans-Jochen Vogel)　61
福田赳夫　52
藤井宏昭　266
藤尾正行　266
藤波孝生　217
ブッシュ(George W. H. Bush)　65
ブラウン(Harold Brown)　373
ブラント(Willy Brandt)　145
フルシチョフ(Nikita S. Khrushchov)　246
ブレジネフ(Leonid I. Brezhnev)　12
ブレジンスキー(Zbigniew Brzezinski)　157
ヘーゲル(Charles T. Hagel)　1
ベススメルトヌイフ(Alexander Bessmertnykh)　178
ヘーゼルタイン(Michael Heseltine)　264
ベッシー(John Vessey Jr.)　178
ペトロフスキー(Vladimir Petrovsky)　51
ヘルマンソン(Steingrimur Hermannsson)　377
ペロノゴフ(Alexander Peronogov)　440
ポインデクスター(William Poindexter)　435
ホーネッカー(Erich Honecker)　146, 358

ま 行

槇田邦彦　100
マクファーレン(Robert McFarlane)　174
マステルコフ(L. E. M. Masterkov)　328
松永信雄　89
マトロック(Jack F. Matlock Jr.)　440
マルテンス(Wilfried Martens)　158
マルルーニ(Brian Mulroney)　230
マンスフィールド(Michael Mansfield)　328
ミクリッチ(Branko Mikulic)　363
ミッテラン(François Mitterrand)　93-100, 232, 246-250
宮崎弘道　263
宮澤泰　386
宮本雄二　302
村田良平　89
ムラデーノフ(Petar Mladenov)　102
メスネル(Zbigniew Messner)　369
本野盛幸　89
盛田昭夫　309
モロトフ(Vyacheslav Molotov)　180
モンデール(Walter Mondale)　144

や 行

ヤコブレフ(Aleksandr Yakovlev)　376
梁井新一　254
柳谷謙介　51
ヤルゼルスキ(Wojciech Jaruzelski)　358, 367
ヨーナス(Gerard Yonas)　223
ヨハネ・パウロ二世(Pope John Paul Ⅱ)　368

ら 行

ラウニー(Edward Rowny)　22, 302
リーガン(Donald Regan)　322
リヘンシュタイン(Charles M. Lichenstein)　106
リンハード(Robert Linhard)　305
ルーガー(Richard Lugar)　2
ルンス(Joseph M. Luns)　62
レアード(Melvin Laird)　157
レーガン(Ronald W. Reagan)　1, 20, 41, 78, 83, 108-110, 114, 141, 144, 154-157, 161-163, 228, 241, 255-261, 297, 301, 309-311, 337-340, 383, 405-407, 412, 417, 430-432, 436-442
レノヴィツア(Milanko Renovica)　363
レフチェンコ(Stanislav A. Levchenko)　129
ロジャーズ(Bernard W. Rogers)　379
ロッドマン(Peter W. Rodman)　167

わ 行

ワインバーガー(Casper Weinberger)　45
和田教美　419
渡辺允　251
渡辺美智雄　268
ワレサ(Lech Walesa)　368

瀬川　高央（せがわ たかお）

1977年　札幌市生まれ
2007年　北海道大学大学院経済学研究科博士後期課程修了　博士（経済学）
現　在　北海道大学公共政策学研究センター研究員
専　攻　外交史，安全保障論，インテリジェンス
おもな編著書・論文等　『首相秘書官が語る中曽根外交の舞台裏』（長谷川和年著，服部龍二ほかとの共編，朝日新聞出版，2014年），『中曽根康弘が語る戦後日本外交』（中曽根康弘著，中島琢磨ほかとの共編，新潮社，2012年），「ソ連の平和攻勢に対する日本外務省の情報分析と対応―1970年代の「アジア集団安全保障構想」を事例に―」（『年報公共政策学』第10号，2016年）（近刊），「日本のSDI研究参加をめぐる政策決定過程：1985-1987」（『年報公共政策学』第9号，2015年）など。

米ソ核軍縮交渉と日本外交
―― INF問題と西側の結束 1981-1987

2016年2月25日　第1刷発行

著　者　瀬　川　高　央

発行者　櫻　井　義　秀

発行所　北海道大学出版会
札幌市北区北9条西8丁目 北海道大学構内（〒060-0809）
Tel. 011(747)2308・Fax. 011(736)8605・http://www.hup.gr.jp

アイワード／石田製本

ISBN978-4-8329-6818-9